精品课程新形态教材
21 世纪应用型人才培养系列教材
新时代创新型人才培养精品教材

精品

U0730843

会计电算化

主编 吕 明 马靖杰

副主编 吴丽龙 吴奇峰 李 婷

许薇浩 何孟渺

KUAIJI

DIANSUANHUA

中国海洋大学出版社
CHINA OCEAN UNIVERSITY PRESS

图书在版编目（CIP）数据

会计电算化／吕明，马靖杰主编．—青岛：中国
海洋大学出版社，2018.7（2024.6 重印）
ISBN 978-7-5670-1897-6

Ⅰ.①会… Ⅱ.①吕… ②马… Ⅲ.①会计电算化—
教材 Ⅳ.①F232

中国版本图书馆 CIP 数据核字（2018）第 173462 号

出版发行	中国海洋大学出版社			
社　　址	青岛市香港东路 23 号		邮政编码	266071
出 版 人	杨立敏			
网　　址	http://pub.ouc.edu.cn			
电子信箱	258327282@qq.com			
订购电话	010-82477073（传真）		电　　话	010-82477073
责任编辑	王积庆			
印　　制	涿州汇美亿浓印刷有限公司			
版　　次	2018 年 7 月第 1 版			
印　　次	2024 年 6 月第 3 次印刷			
成品尺寸	185 mm×260 mm			
印　　张	18.5			
字　　数	435 千			
印　　数	13000—18000			
定　　价	42.00 元			

版权所有　侵权必究
告读者：如发现本书有印装质量问题，请与印刷厂质量科联系。
联系电话：010-82477073

前　言

党的二十大报告中指出："坚持以人民为中心发展教育，加快建设高质量教育体系，发展素质教育，促进教育公平。"

会计电算化教学一直是会计专业教学的重要组成部分，并在会计从业资格考试中长期作为考试科目之一。会计从业资格考试取消会计信息化科目考试以及会计从业资格考试本身的取消，并未使会计信息化教学的重要性减低，全国院校技能大赛会计赛项信息化环节比赛的多年开展，推动了会计信息化教学逐步走向规范化、细节化和结构化，需要教师和学生对会计信息化软件的使用更细化、更严谨、更系统。

本教材定位于会计电算化的基础性操作，将全国院校技能大赛对会计电算化环节基础部分的操作要求、内容要求融入教材，同时面向中小企业的岗位需求，更多地倾向一般性业务的分析处理。

本教材首先对会计电算化的概念及发展、会计软件以及 ERP 软件进行了介绍，并对用友 ERP-U8V10.1 中与操作相关的模块功能进行了介绍。在随后的实训部分，以会计电算化操作为线索，将整个操作流程分为六大模块。模块二，着重于为企业建立新账套和设置操作员，并对操作员设置功能权限。基于模块二所建立的账套和设置的操作员，在模块三对账套进行基础性设置，包括企业的部门、人员、企业的供应商和客户、企业的存货资料等，由此，为企业搭建起基本数据框架，使企业的采购、销售工作都有对应的数据资源可利用。模块四把企业当期期初数据输入到系统，从而使企业可以将手工账和计算机账能衔接起来，确保企业会计数据的连续性。模块三和模块四共同为企业的日常业务处理奠定了扎实的数据基础，是教材的重点模块。模块五主要进行日常业务处理的分析和操作，以一家企业一个月的业务发生时间先后为线索，涉及所有子系统操作，涵盖对上月未结束、本月新发生等各类业务的处理。供应链环节的业务涉及采购退货、销售退货、采购暂估收到发票、销售有定金、采购有运费等各种可能出现情况的业务处理。在操作步骤之外，从模块五开始特别设置了业务分析，通过细致的分析，使学生能理解每笔业务的特殊之处，在动手之前能对业务安排其操作流程，养成先思考再动手的习惯。又通过操作步骤将业务分析具体落实，并通过操作步骤的微调，使学生对操作效率提高有更多的认识。模块六和模块七是操作流程的最后两个环节，分别指导学生进行期末处理和报表编制，期末处理中通过操作步骤着重强调了操作的先后顺序以及转账时记账的重要性，报表编制中对自定义报表和报表模板分别做了介绍，以财务指标分析表的编制为载体，将 UFO 报表系统格式设计功能和公式设置等都一一做了讲解，使学生可以通过练习掌握报表系统的格式和数据状态操作。

感谢陆珊对本书的参与编写。

由于编写仓促及编者的水平所限，书中难免有错误与疏漏，敬请读者批评指正。

编　者

CONTENTS 目录

模块一　会计电算化概述

任务描述

1. 会计电算化概念和意义
2. 会计电算化与手工会计的联系和区别
3. 会计电算化的特点
4. 国内外会计电算化的发展及我国会计电算化发展趋势
5. 会计软件概念、种类和评价
6. 会计软件功能组成及商品化会计软件的选择
7. ERP 软件及用友 ERP-U8 V10.1 软件的功能组成

学习目标

1. 掌握会计电算化的概念
2. 掌握会计电算化与手工会计的联系和区别
3. 掌握会计软件的种类划分和功能组成
4. 了解会计电算化的发展历程和发展趋势
5. 理解用友 ERP-U8 V10.1 功能组成及子系统间的数据传递关系

任务一　会计信息化的概念

一、会计电算化的概念

概念：所谓会计电算化，就是把计算机应用于会计事务中，在计算机上建立一个应用当代电子信息技术的会计信息系统。

注意：会计信息系统包括手工会计信息系统和计算机会计信息系统，在应用计算机技术之前，会计信息系统本身就已存在，但还只是手工的会计信息系统，直至运用了计算机工具后，会计信息系统才变得功能强大。所以，在工作中，一般提到会计信息系统时，都是指基于计算机的会计信息系统。

二、会计电算化的意义

1. 减轻会计人员的劳动强度，提高会计工作效率

实现会计电算化后，大量的数据计算、分析等工作由计算机来完成，会计人员只需将

1

原始数据输入计算机即可。

2. 提高会计核算质量

会计电算化不仅减少了手工处理会计数据的差错，且增强了会计数据存储的能力，细化了会计核算的内容，使许多在手工处理方式中难以实现的核算方法得到应用。例如：固定资产分项提取折旧，在手工处理时，因其分项过细，提取折旧类别太多而使得会计人员难以实施，而会计电算化系统则可轻松运用这一方法。

3. 促进会计工作职能的转变、实施以及财会人员工作素质的提高

会计电算化系统把大量重复的数据处理工作交由计算机完成，会计工作人员不再受此困扰，能更迅速地转移工作重心，充分发挥会计参与管理决策的职能。会计工作职能转变也即从财务会计职能转向管理会计职能。为了适应职能转变，会计工作人员在摆脱大量数据处理任务的同时，需要去学习更多的知识，进一步提高自己的业务水平，要努力向既懂会计、又懂计算机的复合型人才转化，提高工作素质。

4. 促进会计工作的规范化、标准化

规范化、标准化的会计工作是会计信息真实、合法、正确的基本保证。在会计电算化系统中一般都建立了完善的内部控制制度，从数据输入到报表输出都有一系列的控制措施，使数据处理过程得到严格规范。例如：在操作中，执行结算功能时，要求所有凭证都必须记帐，若检查发现有未执行记帐功能的凭证，则不能结帐。

会计电算化的实施，在很大程度上促进了手工操作中不规范、易出错、易疏漏等问题的解决。因此，会计实现信息化的过程，也是促进会计工作标准化、制度化、规范化的过程。

5. 促进会计管理制度改革和会计理论的发展，促进了信息产业和计算机行业的发展

电子计算机的应用，不仅仅是核算工具的变革，而且也必然会对会计核算的内容、方法、程序、对象等会计理论和技术产生影响。例如，由于账簿存储方式和处理方式的变化导致账簿概念与分类的变化。而会计电算化的发展也使原有的会计管理制度显得滞后，会计电算化后必然要建立一个新的会计管理制度，对新生事物做出严格规范。

会计电算化系统广泛应用后，围绕信息系统的开发、经销、应用，形成了若干专业软件开发公司、经销公司及系统维修公司、部门和人员，促使了信息产业的迅猛发展。会计电算化的普及应用反过来也增加了对计算机软硬件的需求，促使计算机行业更迅速地发展。

6. 为整个管理工作现代化奠定基础

在现代社会中，企业不仅需要提高生产技术水平，而且还需要实现企业管理的现代化，以提高企业经济效益。会计工作是企业管理工作的重要部分，据统计，会计信息约占企业管理信息的60%~70%。实现会计电算化，为企业管理手段现代化奠定了重要基础，带动或加速了企业管理现代化的实现。

三、会计电算化与手工会计的联系和区别

1. 联系

（1）基本目标相同。无论会计电算化还是传统的手工会计，其基本目标都是加强企业

经营管理，为企业经营管理提供会计信息，参与企业经营决策，提高经济效益。

（2）基本职能相同。会计电算化系统和手工会计都具有数据收集职能、数据传输职能、数据加工职能、数据存储职能、信息输出职能。

（3）遵循相同的会计理论和方法。会计理论是企业会计实践的总结，可分为财务会计和管理会计两部分。会计电算化虽然发展了会计理论，使会计工作有了很大的变化，但根本而言，这种发展仍是原有会计理论的延伸。

（4）都要遵守有关的会计法令财经制度。任何会计信息系统都必须严格执行会计保密制度，也都必须按照财经制度进行操作。

（5）对保存会计档案、编制会计报表的要求相同。会计电算化系统和手工会计都要求按照企业管理的要求来有效地组织保存会计档案，都要求编制财务会计报告向投资者、债权人、政府及社会公众提供企业的会计信息。编制财务会计报告的目标也完全一致，即向财务会计报告使用者提供与企业财务状况、经营成果和现金流量等有关的会计信息，反映企业管理层受托责任履行情况，有助于财务会计报告使用者作出经济决策。

2. 区别

（1）运算工具不同。传统的手工会计主要以算盘和计算器作为运算工具，会计电算化系统则以计算机为运算工具。

（2）信息存储介质不同。手工会计采用纸张存储介质，存在占用空间大、数据检索繁琐、数据一致性差等缺点。

会计电算化则主要以磁盘为存储介质，同时可以采用 U 盘、移动硬盘等做为数据备份存储介质。与纸张相反，磁盘等存储介质占用空间很小，数据查找方便，数据一致性强，并且随着技术不断进步存储容量正在不断扩大。

（3）数据输入方式不同。在手工环境下，数据的输入方式主要是人工编制。会计电算化系统的数据输入方式则是人工编制+机内编制。在会计电算化系统中，可以由会计人员手工编制记账凭证，并输入计算机，由计算机进行记账等操作，也可由会计人员手工编制原始凭证，由计算机自动生成记账凭证，完成记账等工作。

（4）数据处理组织方式不同。

手工会计信息系统数据处理方式：分散收集，分散处理。

会计电算化系统数据处理方式：集中收集，集中处理。

通常手工处理会计数据时，按会计业务性质分组进行处理。如分为材料组、工资组、资金组、成本组、固定资产核算组。各组间主要是通过信息资料的传递和交换建立联系，因此要求各组间要相互稽核，相互牵制。电算会计信息系统由于其内部控制制度、机制更为严密，存储容量大，运算能力强，承载能力强，无需再分成若干组核算，所有数据处理均由计算机集中自动完成。

（5）人员组织体系和内部控制制度不同。由于会计电算化下数据处理组织方式不同于手工，这一改变导致了组织体系和内部控制的调整。原有的部分工作岗位被计算机替代（如数据处理工作），而信息系统的开发、设计以及运行维护又产生了一些新的工作岗位，岗位的增减变动导致企业人员的重新分工，内部控制体制也随之做出调整，从而带来内部控制制度的改变。岗位被替代的会计人员需要转向会计管理工作，参与企业管理。

（6）信息输出方式不同。所谓信息输出，简单而言就是指最后的财务会计报告以何种形式提供。在手工会计下，所有工作都由人工完成，因此，其信息输出方式是由会计人员手工编制会计报表。

而在会计电算化系统中，输出方式可以有文件输出、屏幕输出、打印输出等多种形式，相比于手工会计，会计电算化下信息输出方式更为灵活方便，效率也更高。

四、会计电算化的特点

1. 数据处理速度快，准确性和精确度高

计算机具有高精度、高准确性、逻辑判断等特点，使得数据准确性有明显提高。如在编制制凭证时，若凭证不满足有关原则，则计算机立即给出错误提示，不允许保存错误凭证，从而减少了人为因素造成的错误。

2. 信息提供系统，全面，实现共享

会计电算化可利用磁盘、光盘等存储工具，扩大信息存储量，延长信息存储时间，而网络则实现了企业内部、同城市企业之间、跨区域企业之间数据共享和信息快速传递，增强了信息处理的深度。

3. 具有较强的预测和决策能力

会计电算化系统是企业管理信息系统的重要组成部分。实现会计电算化后，管理人员借助软件可实现已有的管理模型，如最优经济订货批量模型。且可研制和建立新的计算机管理模型，利用模型迅速地存储、传递大量会计核算信息和资料，进行各种复杂的数量分析、规划求解。故管理者可相当准确地估计出各种可行方案的结果，挖掘企业内在潜力，提高管理、预测和决策的科学性和合理性。

任务二 会计电算化的发展

一、国外会计电算化的发展

计算机应用于会计领域始于20世纪50年代，1954年美国通用电器公司首次将计算机用于工资处理。从20世纪至今，可将国外会计电算化发展分为以下几个阶段。

1. 20世纪50年代

20世纪50年代计算机产生不过几年，计算机硬件十分庞大，并且硬件价格也很昂贵，严重限制了计算机应用的范围。早期的计算机数据处理也相对较弱，所以，当时的计算机主要应用于单项业务数据处理，只能局部替代手工劳动，并且在处理流程上也只是模仿手工操作。

本阶段的应用目的：简单替代手工处理会计数据，提高这方面的会计工作效率。

2. 20世纪50年代末~60年代

随着第三代计算机大规模生产、软件工具不断改进，会计电算化得到了较大发展。这一时期出现操作系统和高级语言，计算机应用从单项业务数据处理向全面综和业务发展，能对会计信息进行综合加工处理，可对会计数据进行较系统的分析，并具有一定反馈功

能，开始为基层、中层管理决策提供有用会计信息。但应用目的仍未发生根本改变。

3. 20 世纪 70 年代

在这一阶段，出现了数据库管理系统和网络，促进了企业计算机管理信息系统的全面开发，实现企业内部数据共享。这一时期，会计信息系统成为管理信息系统的重要组成部分，会计电算化呈现普及化趋势。

本阶段的应用目的：以提高会计工作质量为立足点，向决策支持系统发展，替代手工处理，参与企业决策，提高工作效率和管理水平。

4. 20 世纪 80 年代

随着微型计算机进入大、中、小型企业，会计电算化发展迅速，会计电算化已成为企业会计工作的基本要求。会计电算化普及率相当高。例如，1986 年，日本制造业、批发商业和零售商业中的大型企业，其会计电算化普及率分别为 88.2%、88.5%、76.2%。

1987 年 10 月，国际会计师联合会（IFAC）在日本东京召开了第十三届世界会计师大会，其中心议题即为会计电算化问题，表明会计电算化受到各国高度重视。会计电算化系统日趋完善。会计电算化使计算机审计也得到很快发展，美国先后发布了多项审计控制公告，最早在 1974 年，美国执业会计师协会 AICPA 发布的《审计标准文告第 3 号》，其标题为"EDP 对审计人员和评价内部控制的影响"。

5. 20 世纪 90 年代

随着微型计算机的广泛普及，计算机技术发展迅猛，会计电算化已发展为能够向管理层提供管理信息，进行财务计划、分析、预测、决策的综合信息系统，在企业的管理信息系统中居于核心地位。

6. 20 世纪 90 年代末至今

会计电算化已发展到决策支持系统（DSS）阶段。

决策问题可以分为结构化、半结构化、非结构化三个类别。其中结构化决策是指能用明确的语言和模型进行描述的决策问题。非结构化决策是指没有固定的决策方法和决策规则，往往要依靠决策者的主观判断，因而易受决策者学识、判断力、个人偏好影响的决策问题。半结构化决策居于两者之间，其决策过程和方法有一定规律可循，但不能完全确定。决策支持系统是一种能帮助解决半结构化或非结构化问题的计算机应用系统，它以管理学、运筹学等学科为基础，利用计算机信息技术向决策者提供数据信息，决策支持系统并不代替决策者进行决策，而是通过提供各种备选方案，对各种方案进行评价和优选，再通过人机间的交互，为正确决策提供支持。

会计电算化发展到决策支持系统阶段，即成为会计决策支持系统，通过建立完备的分析体系、严密的控制功能以及全面的预算体系，为决策者提供会计决策支持。因此，在决策支持系统阶段，会计电算化系统已不仅承担会计核算工作，还要承担决策支持工作。

二、我国会计电算化的发展

1. 起步阶段（1979~1982）

这一阶段处于实验试点和理论研究阶段。

1979年，财政部拨专款给长春第一汽车制造厂进行会计电算化试点工作。1981年，中国人民大学与第一汽车制造厂联合召开"财务、会计、成本应用电子计算机专题讨论会"，正式提出会计电算化概念，这是我国会计电算化理论研究的里程碑。这一时期，会计电算化发展缓慢。其发展缓慢的原因，一是人才缺乏（复合型人才缺乏），二是设备缺乏，三是还未引起领导的足够重视。

2. 推广应用阶段（1983~1987）

1983年，国务院成立电子振兴领导小组，推动全国计算机行业发展。1983年后，微机在国内市场上大量出现，同时由于汉字操作系统的开发成功，使得计算机会计系统得到迅速推广。企业往往各自组织力量开发会计软件，会计电算化处于各自为战、闭门造车的局面。会计软件的一家一户式开发，投资大、周期长、见效慢、盲目、低水平、重复，造成大量的人力、物力和财力浪费。会计电算化组织管理明显滞后。

3. 调整与普及阶段（1988~目前）

各级财政部门及企业管理部门逐步开始对会计电算化工作进行组织管理，使其走上正轨。这一时期出现了两大转折。

（1）相继产生一批专业软件开发经销公司，使会计软件开发走向规范化、专业化、通用化、商品化为主体的高水平开发。

（2）各级财政部门制定相应的发展规划管理制度及会计软件的开发标准。

会计电算化的发展进入了有序状态。

三、会计软件产业与会计电算化管理

1. 产业发展

1988年，我国出现第一批专业软件公司，到1997年，经财政部、各级财政部门评审的会计软件达到100多个，商品化会计软件年产值近10亿元，初步形成商品化会计软件市场。软件一般包括：帐务处理、工资核算、固定资产核算、材料核算、销售核算、成本核算、应收应付核算、报表等模块。进入21世纪后，国内外软件竞争更趋激烈，推动了会计软件多元化发展方向的形成，包括电子商务会计软件、网络会计软件、云会计等各种新应用和新概念不断被推出和实现。

2. 会计电算化管理

财政部1989年12月，制定第一个全国性会计电算化管理规章《会计核算软件管理的几项规定》，1994年6月，颁布《会计电算化管理办法》《会计核算软件基本功能规范》。2013年12月，财政部印发《企业会计电算化工作规范》并自2014年1月6日起施行。

四、我国会计电算化的发展趋势

（1）向管理会计电算化发展。

（2）向网络会计电算化发展。

（3）向云会计方向发展。

（4）向智能化决策支持方向发展。

任务三 会计软件选择

一、会计软件的概念及种类

1. 概念

会计软件又称财务软件，是指专门用于会计核算、管理、决策工作的电子计算机应用软件，包括采用各种计算机语言编制的用于会计工作的计算机程序。

2. 种类

（1）按功能进行划分。按会计软件的功能进行划分，可将会计软件分为核算型、管理型和决策型会计软件。

（2）按使用范围进行划分。会计软件按使用范围可分为专用会计软件和通用会计软件两种。

①专用会计软件。仅适用于个别单位的会计软件，又可称为定点开发软件。

它将指定单位的会计核算规则编入会计软件中，使得软件只能适用于该单位，且不必再做设置会计科目等系统初始化工作，而其他企业则无法直接使用软件。

优点：

第一，专用性和针对性强。

第二，完全符合企业管理要求和操作习惯，易为会计人员掌握。

第三，系统使用时基本不必进行初始化工作。初始化工作工作量很大，因此专用软件对于提升效率很有好处。

缺点：

第一，投入专门人力、财力进行开发，成本高。

第二，缺乏灵活性，设置被固定在程序中，操作使用时不能灵活处理。

②通用会计软件。通用会计软件指在一定范围内适用的会计软件，又分为全通用和行业通用会计软件。软件中只包含基本的核算规则，只解决"共性"问题，并留接口给用户自行解决"个性"问题，企业可通过一系列定义将其转化为本企业专用会计软件。

优点：

第一，成批制作成本低，售价低。通用会计软件是商业化的会计软件，可以由软件企业成批制作售卖，因而可以降低其成本。

第二，对运行环境兼容性好，界面美观。

第三，维护方便，版本升级快。

第四，通用性强，具有广泛适用性。

第五，能适应会计制度和有关核算方法的改变。

缺点：

第一，初始化工作量相对较大。

第二，对于某些特殊的会计处理在初始化调整上需要一些技巧。

（3）按是否商业化划分。按是否商业化可划分为商品化会计软件和非商品化会计软件。一般而言，商品化软件是通用软件，而非商品化软件是专用会计软件。

（4）按信息共享程度划分。按会计软件的信息共享程度，可将会计软件分为单用户会计软件、多用户会计软件和网络会计软件。

二、会计软件的评价

可从软件的性能和软件的功能等方面评价会计核算软件。

1. 软件的性能

（1）合法性。所谓合法性是指会计工作要遵循有关制度，符合有关法令规定。

（2）安全可靠性。安全性是指会计软件防止会计信息被泄露和被破坏的能力。可靠性指商品化会计软件防错、查错、纠错的能力，防止产生不正确的会计信息的能力。

（3）易使用性。会计软件应易学易懂，这包括界面友好、提示齐全、操作方便、厂家提供资料完整、自动化程度高等。

（4）适用性。适用性指会计软件适于本单位会计业务处理的程度。

（5）易适应性。易适应性指软件能否较好地适应财务处理的具体情况，能否适应工作内容的变化。

2. 软件的功能

软件功能包括主处理功能、辅助功能、服务功能、控制功能等。

三、会计软件的基本功能组成

1. 软件的初始化

是指软件安装完毕后，（第一次使用软件时）从手工会计系统转换到计算机会计系统的一系列准备工作过程。无论是商品化会计软件还是定点开发的专用会计软件初始化工作均必不可少，区别只在于工作量大小，故初始化是用户首次使用会计软件必须做的工作。初始化工作内容：设置操作人员及分工、设置会计科目、期初余额、凭证种类、会计核算方法选择等。在每一个子系统中都有初始化工作。

2. 会计数据的输入

可采用键盘手工输入、存储介质转入、网络传输等几种形式。同样，各子系统均有数据输入。

3. 会计数据的处理

会计数据的处理主要包括生成总账、明细账、日记账、辅助账等。

4. 会计数据的输出

包括由会计软件提供的查询各类账簿和报表、打印输出账簿和报表的功能。

5. 会计数据的安全

会计软件具有按照初始化功能中的设定，防止非指定人员擅自使用的功能，和对制定操作人员实行使用权限控制的功能。

四、商品化会计软件选择

对大多数企业而言，针对本企业开发一个专用软件成本相对过高，购买一个通用商品化软件更具有可行性。企业在购买商品化会计软件时，如何从众多的商品化会计软件中选择适用于本企业的会计软件，除了对软件的合法性、易使用性等做出评价外，还需要考虑以下问题。

1. 软件的版权

企业应购买正版软件，不能因盗版软件成本低而选择购买盗版，否则可能对企业造成重大损失。

2. 软件的评审

所购买的会计软件是否通过财政部门的评审也是购买软件时需要考虑的指标之一。

3. 软件的售后服务

和从多专业领域软件一样，在会计软件的使用过程中，会计人员将会面临大量的会计业务问题或者计算机硬件、软件故障问题，如果没有售后服务的承诺，则所购的会计软件将难以长期使用，甚至造成软件闲置。

4. 软件的价格

五、ERP 软件

1. ERP 的概念

所谓 ERP，即企业资源计划，由美国 Gartner Group 公司于 1990 年提出，指建立在信息技术基础上，以系统化的管理思想为企业决策层及员工提供决策运行手段的管理平台。简单而言，ERP 强调一种集成化的管理，将企业的制造、财务、销售、采购、质量管理、存货管理、运输管理、人力资源管理集成到一个平台之上，甚至跳出企业边界，将上游供应商、下游分销商都集成到平台，从而使企业可以优化资金流、物流、信息流，更充分地利用资源，改善业务流程，不断优化企业发展。

2. ERP 软件

ERP 软件就是基于 ERP 思想所设计的软件，它将供应链管理、分销管理、客户管理、财务管理、生产制造管理、库存管理、人力资源管理等企业边界内外的部门事务集成到 ERP 软件的各个模块，通过对各模块内部事务的分解和各模块间业务的衔接，使企业所有资源可以纳入计划和管理。

3. 会计软件和 ERP 软件

会计软件被 ERP 软件所包含，是 ERP 软件的核心组成部分。企业的 ERP 软件可以被分为四大模块或四大系统，即生产控制系统、物流管理系统、人力资源管理系统和财务管理系统。会计软件在 ERP 软件中即承担财务管理的职能，具体而言，ERP 软件中的财务管理系统包括了会计核算的内容，同时又包括财务管理的内容。

随着 ERP 思想的逐步普及，越来越多的企业选择购买 ERP 软件，商品化软件开发企业对 ERP 软件的推广也起到了重要作用。使用包含财务管理功能的 ERP 软件对会计工作本身也有更多优点，会计人员在利用 ERP 平台完成本部门工作时，可以将会计数据和企业所发生的业务紧密联系，并与其他部门共享信息，从而可更好地发现问题和解决问题，能对业务和数据进行多角度地分析和追踪。

任务四　用友 ERP-U8 V10.1 功能组成

一、基本介绍

用友 ERP-U8 是用友公司推出的一个企业经营管理平台，是一个 ERP 软件，而 V10.1 是该软件的一个版本号，最早推出时间是 2011 年，其后又对软件做出部分改进。U8 V10.1 包括了企业门户、财务会计、管理会计、供应链管理、生产制造、分销管理、零售管理、决策支持、人力资源管理、办公自动化、集团应用、企业应用集成。通过这一系列的产品，实现企业各部门工作的集成。

二、用友 ERP-U8 V10.1 会计核算功能构成

在即将开始的会计电算化基础实训中，我们将使用到 U8 V10.1 的 9 个模块功能，由 9 个模块共同完成会计核算工作。

1. 总账模块

总账是会计核算工作的核心，主要完成凭证的填制、审核、出纳签字、记账、转账生成等业务处理。总账之所以能成为会计核算工作的核心主要在于，其他模块所生成的凭证最终都要传递给总账系统，由总账系统对其进行审核、记账。同时，在期末结账环节也体现总账的核心地位，只有所有其他模块结账后，才能进行结账。反之，若总账已经结账，其他模块想要取消结账，则必须先对总账模块取消结账，然后才能在其他模块反结账。总账所包含的具体功能见图 1-1。

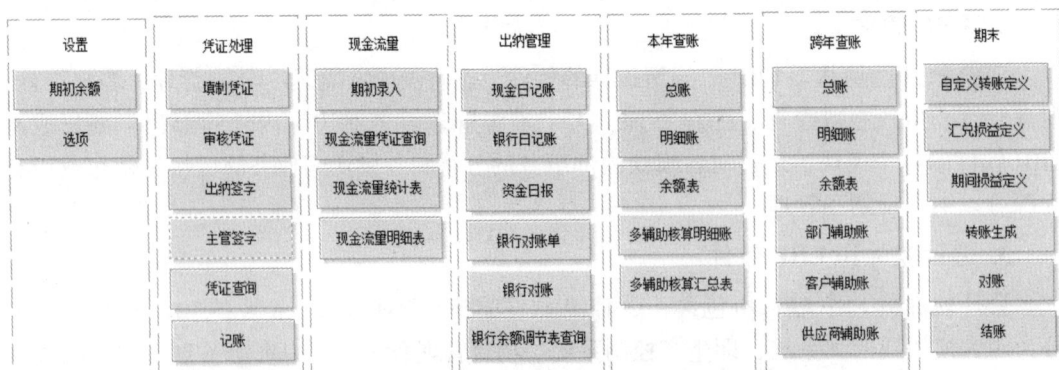

设置	凭证处理	现金流量	出纳管理	本年查账	跨年查账	期末
期初余额	填制凭证	期初录入	现金日记账	总账	总账	自定义转账定义
选项	审核凭证	现金流量凭证查询	银行日记账	明细账	明细账	汇兑损益定义
	出纳签字	现金流量统计表	资金日报	余额表	余额表	期间损益定义
	主管签字	现金流量明细表	银行对账单	多辅助核算明细账	部门辅助账	转账生成
	凭证查询		银行对账	多辅助核算汇总表	客户辅助账	对账
	记账		银行余额调节表查询		供应商辅助账	结账

图 1-1　总账业务模型（来源：用友 U8 软件企业流程图）

2. 固定资产模块

固定资产模块专用于企业固定资产的登记、计提折旧、资产变动处理、资产减值计提以及生成相关业务凭证。除了向总账传递凭证以外，固定资产模块也会与其他模块有业务关联，比如企业采购固定资产时，若是通过供应链采购管理模块进行购买，则采购的固定资产最后将转入固定资产模块，并转化为对应的固定资产卡片进行管理。图定资产所含功能及流程如图1-2。

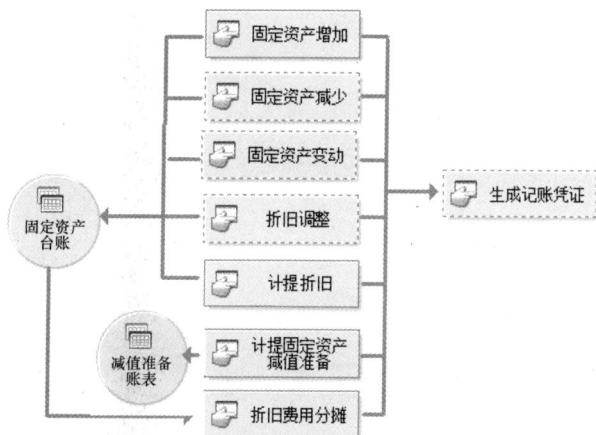

图 1-2 固定资产模块流程（来源：用友 U8 软件企业流程图）

3. 薪资管理（属于人力资源下的功能模块）

薪资管理主要用于建立企业的工资发放类别，设定工资项目和公式，并在每月进行工资变动处理，月末时对应发工资、五险一金、代扣税等进行分摊计提并生成相关凭证传递给总账系统。薪资管理主要功能及流程如图1-3。

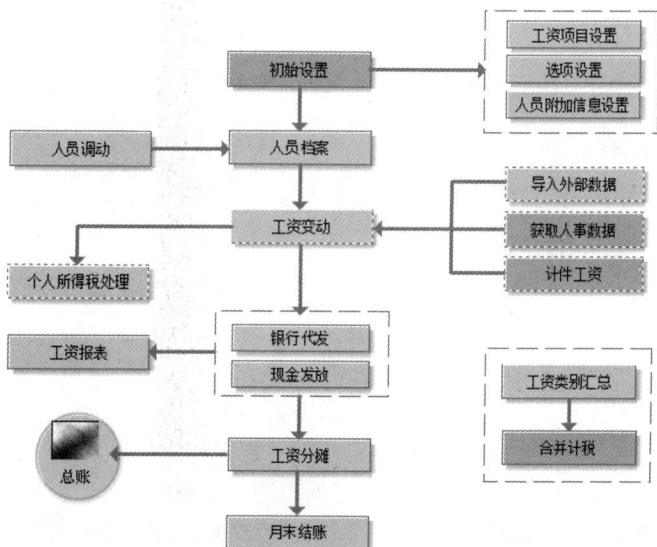

图 1-3 薪资管理模块流程（来源：用友 U8 软件企业流程图）

4. 采购管理

采购管理模块是企业供应链的重要组成部分，该模块完成从采购计划到采购订货、采购到货入库直至采购开票、采购结算的整个业务流程。应付款管理与采购管理关系密切，它主要处理企业在采购过程中形成的应付款及预付款等。图 1-4 是一笔普通采购业务所涉及的功能及其流程，图 1-5 是采购出现退货时的处理流程。

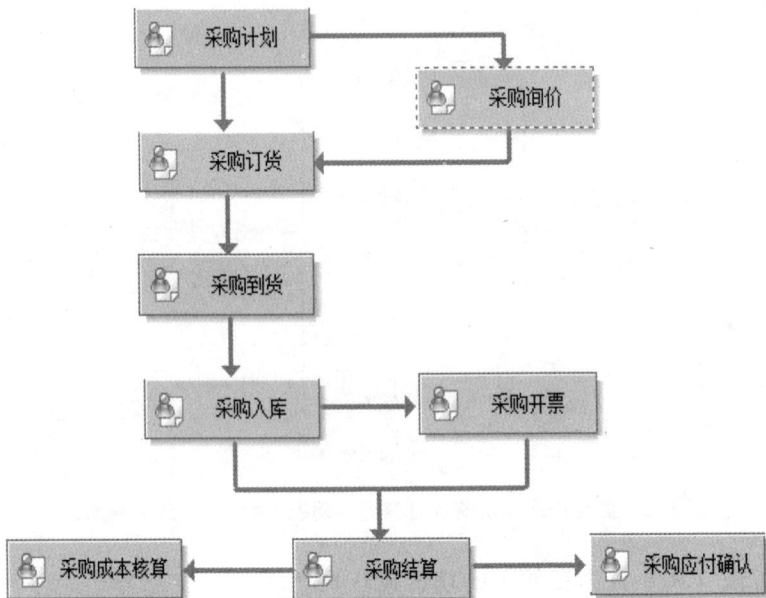

图 1-4　普通采购业务流程（来源：用友 U8 软件企业流程图）

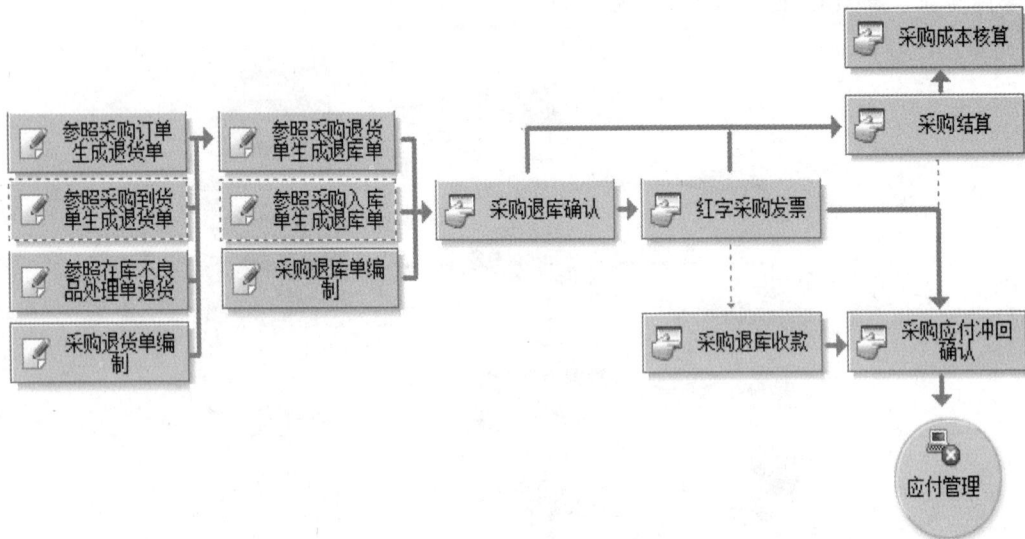

图 1-5　采购退货业务流程（来源：用友 U8 软件企业流程图）

5. 销售管理

销售管理模块是供应链的重要组成部分，它主要完成企业销售报价、销售订单、销售发货直至销售开票等工作。应收款管理与销售管理关系密切，主要负责处理销售过程中产生的应收账款、预收账款等。如图 1-6 是普通销售业务（先发货后开票）的基本流程，图 1-7 是普通销售业务（开票同时发货）的基本流程，图 1-8 是销售退货业务的处理流程。

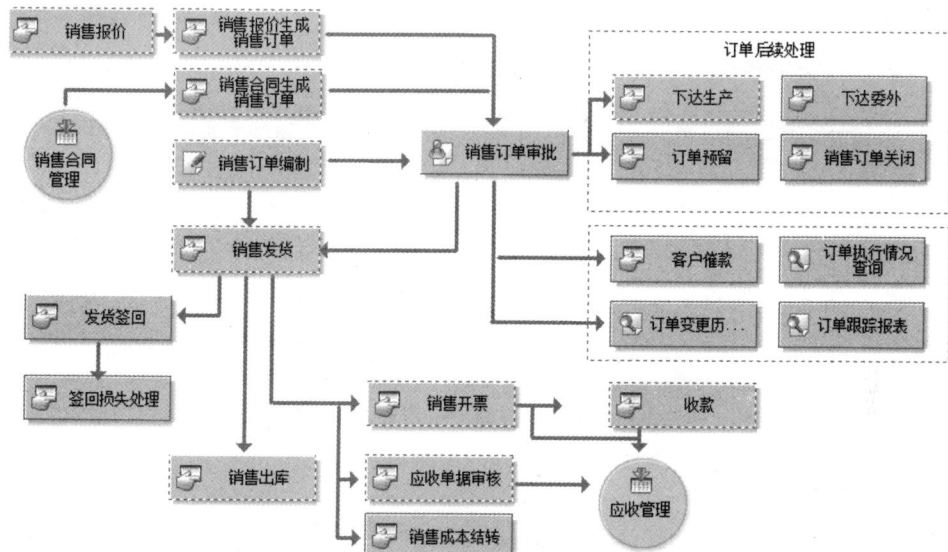

图 1-6　普通销售业务流程-先发货后开票（来源：用友 U8 软件企业流程图）

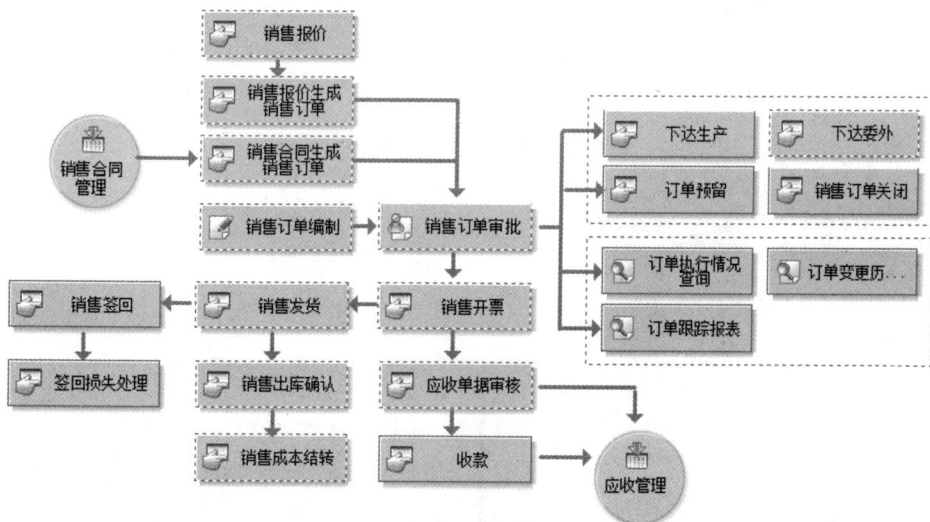

图 1-7　普通销售业务流程-开票同时发货（来源：用友 U8 软件企业流程图）

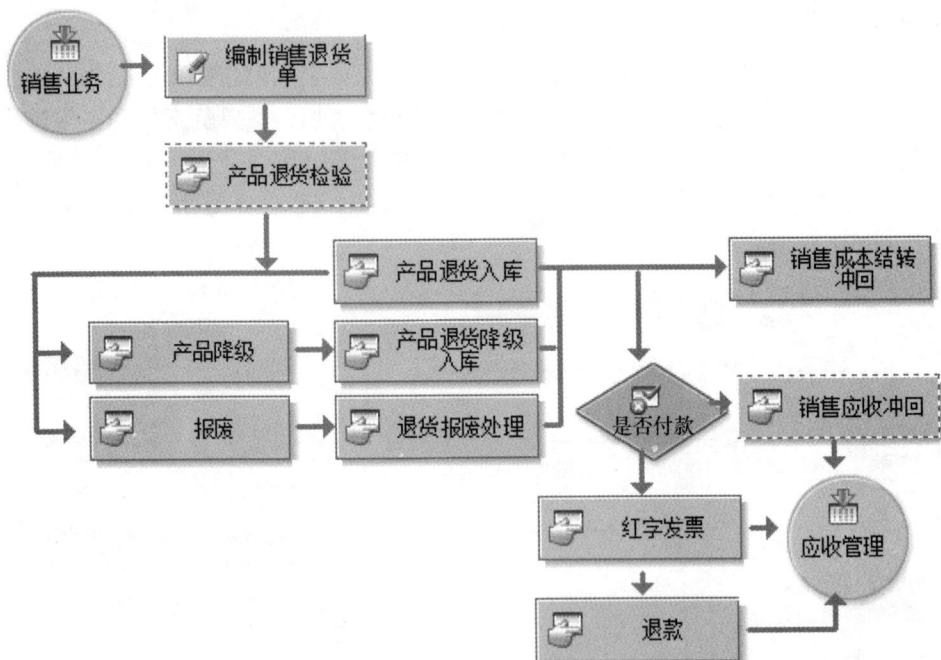

图 1-8　销售退货业务流程（来源：用友 U8 软件企业流程图）

6. 库存管理

库存管理在本教材实训中主要完成商品入库和商品出库、期末盘点时盘盈盘亏生成的其他出、入库单的审核，库存管理也是供应链的组成部分，它向存货核算系统提供出入库单据作为生成凭证的依据。如图 1-9 是采购到货及入库的流程，图 1-10 是盘点的流程。

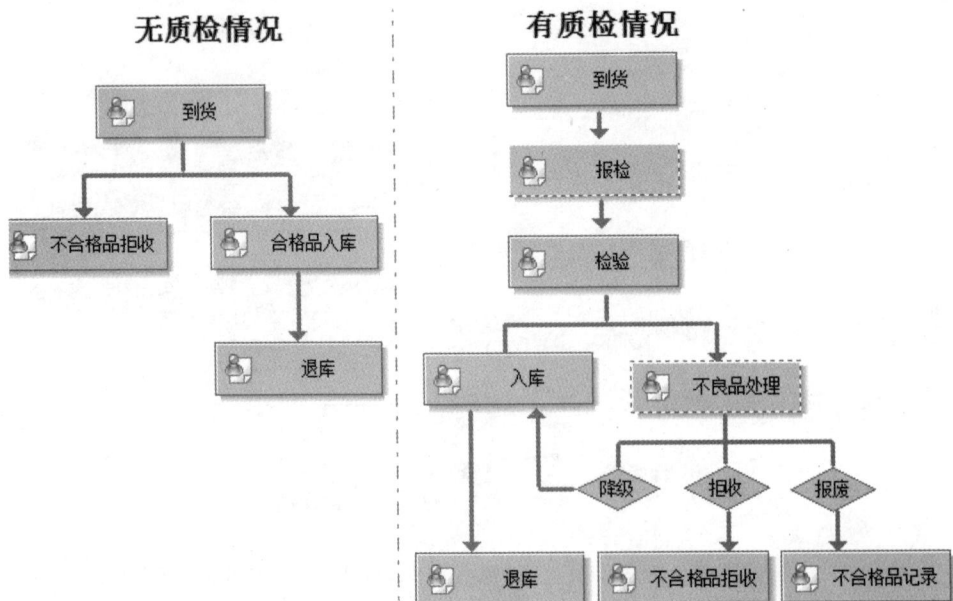

图 1-9　库存管理-入库流程（来源：用友 U8 软件企业流程图）

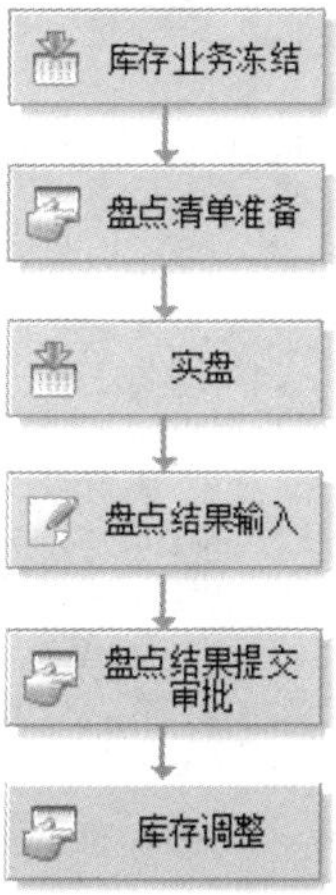

图 1-10 库存管理-盘点流程（来源：用友 U8 软件企业流程图）

7. 存货核算

存货核算也是供应链管理的组成部分，在本教材业务中，该模块主要负责对库存管理的单据进行记账，记账是将库存管理中所产生的单据登录入存货明细账，并进行成本核算。同时，存货核算中的财务核算主要完成凭证生成，将库存管理中的单据生成相应的凭证。

8. 应收款管理

应收款管理模块主要与销售管理配合完成任务。当企业销售形成应收款时，应收款管理模块将记录发票中的应收款，并等待企业收到这笔款项后，编制收款单，并对收款单与发票进行核销，确认应收账款的两清。同时，应收款管理还有票据管理功能，对企业在销售中收到的银行承兑汇票等商业票据进行登记、贴现、背书等操作管理。应收款管理基本流程如图 1-11。

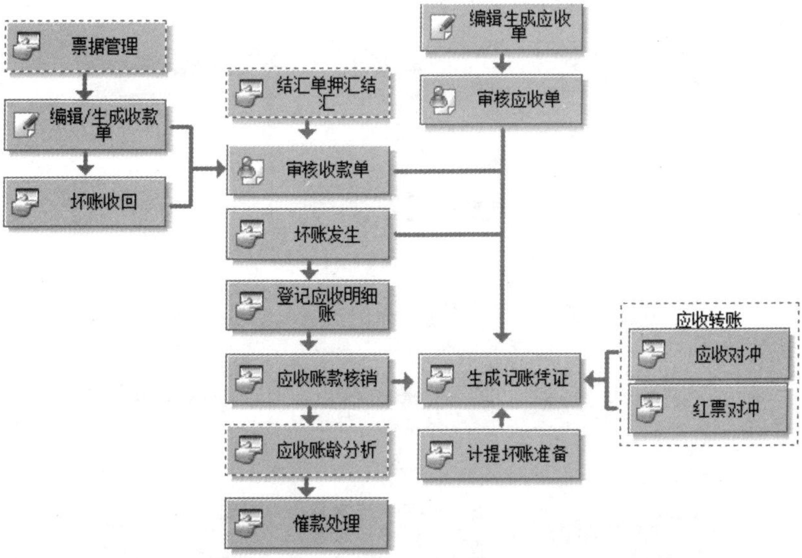

图 1-11 应收款管理流程（来源：用友 U8 软件企业流程图）

9. 应付款管理

与应收款管理模块相似，应付款管理主要完成对采购过程中形成的应付款项的处理。

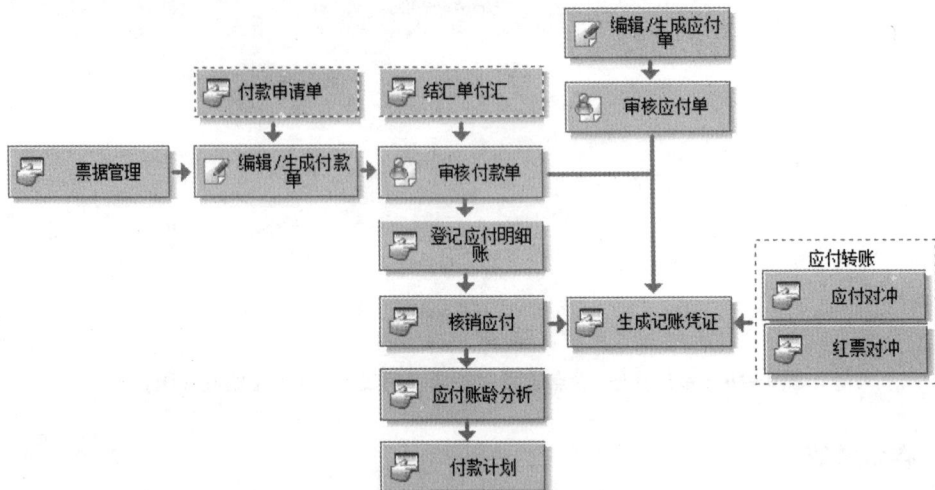

图 1-12　应付款管理流程（来源：用友 U8 软件企业流程图）

以上即是本教材所涉及的用友 U8 V10.1 会计核算模块，所有模块以总账为中心，分别处理各自范围内的业务，并在期末向总账传递数据。

前面已提到，商品化会计软件相比于专用会计软件有一个较大的缺点，即初始化工作量很大。企业必须在开始各模块日常业务处理之前，按照企业自身的特点和会计核算要求把相关的企业核算规则、数据设置到系统中，从而使通用会计软件能转化为企业自己的专用会计软件。具体到用友 U8 软件，企业在正式开始以上所有模块日常业务处理之前，也需要进行大量的初始化准备工作，为后续工作奠定基础。如图 1-13 是企业初始化阶段的基本流程，图 1-14 是企业初始化工作中基础档案的基本流程。

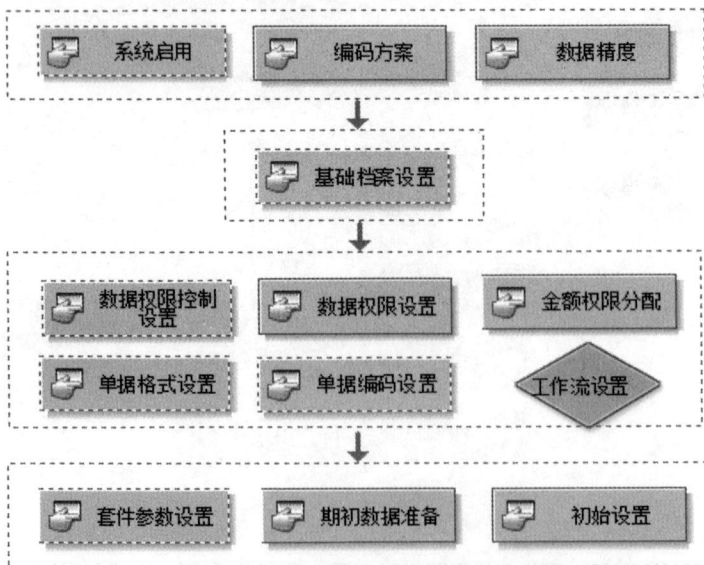

图 1-13　初始化流程（来源：用友 U8 软件企业流程图）

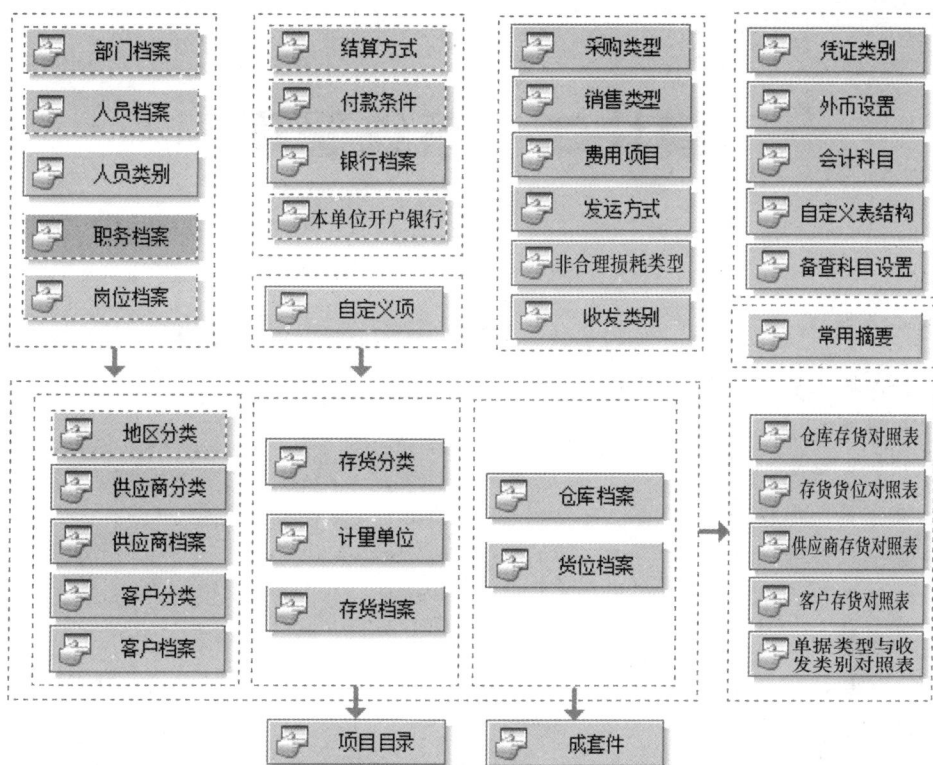

图 1-14 基础档案流程（来源：用友 U8 软件企业流程图）

模块二至模块七，将基于本模块所讲解的基本原理，自建立账套工作起，完成企业的基础工作和日常业务、期末处理工作，直至财务报表编制生成，通过学习，达到全面掌握会计电算化实操技能的目的。

模块二　系统管理

任务描述

1. 新增操作员
2. 新建账套
3. 系统启用
4. 操作员功能权限设置
5. 数据权限管理
6. 账套备份和账套引入
7. 角色管理

学习目标

1. 掌握新增操作员具体操作
2. 掌握账套建立的基本步骤和具体操作
3. 掌握系统启用的设置方法
4. 掌握操作员权限设置的具体操作
5. 掌握账套备份与账套引入的操作方法
6. 了解数据权限操作和角色管理的作用

任务一　用户管理

贵州盛德商贸有限公司（简称盛德商贸）是一家从事食品批发的商业企业，成立于2000年1月1日，法人代表赵琪。

公司于2020年1月1日采用用友U8 V10.1进行会计账务处理，所有系统操作分别由七名操作员分工完成。

一、操作员及权限资料

表 2-1 操作员及权限

编码	姓名	隶属部门	职务	操作分工
A01	赵琪	总经理办公室	总经理	账套所有权限（账套主管）
W01	钱玲	财务部	财务经理	记账凭证的审核、查询、对账、总账结账、编制 UFO 报表
W02	孙华	财务部	会计	总账（凭证处理，凭证查询、账表、期末处理、记账）、应收款和应付款管理（不含收、付款单填制、选择收款和选择付款权限）、固定资产、薪资管理、存货核算的所有权限
W03	李晴	财务部	出纳	收付款单填制、选择收款和选择付款权限、票据管理、出纳签字、银行对账
X01	周明	销售部	销售员	销售管理的所有权限
G01	吴昱	采购部	采购员	采购管理的所有权限
C01	郑昕	仓管部	库管员	库存管理的所有权限

二、操作要求及说明

1. 要求

增加所有用户，完成用户姓名、所属部门信息填制。

2. 说明

增加用户（操作员）由系统管理员 admin 在用友 U8 V10.1 的系统管理中完成。

三、操作步骤

1. 登录系统管理

依次点选"开始-所有程序-用友 U8 V10.1-系统服务-系统管理"，打开"系统管理"窗口，点选"系统-注册"，打开登录对话框（如图 2-1），检查修改下列项目，完成后点击登录。

（1）登录到：输入或选择本机计算机名。
（2）操作员：输入操作员名 admin。
（3）密码：默认没有密码。
（4）账套：默认（DEFAULT）。
（5）语言区域：默认简体中文。

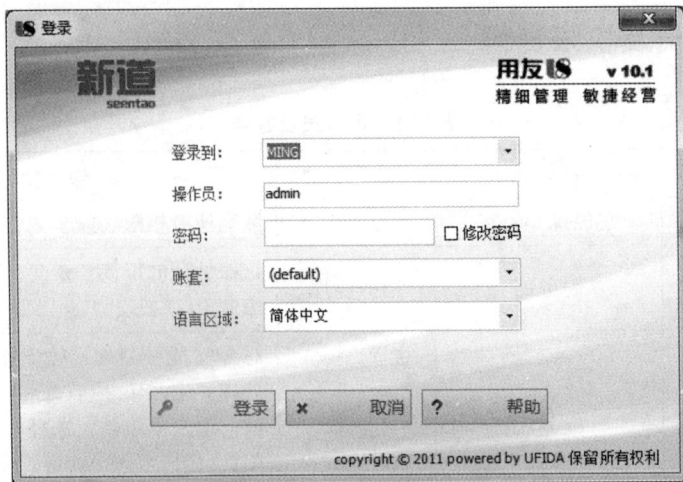

图 2-1　系统管理登录

2. 增加用户

在系统管理窗口，点选"权限-用户"，进入"用户管理"，点击"增加"，输入操作员编号、姓名、所属部门（如图 2-2），输入完毕点击增加，依序录入其他操作员信息，全部完成后点击取消。

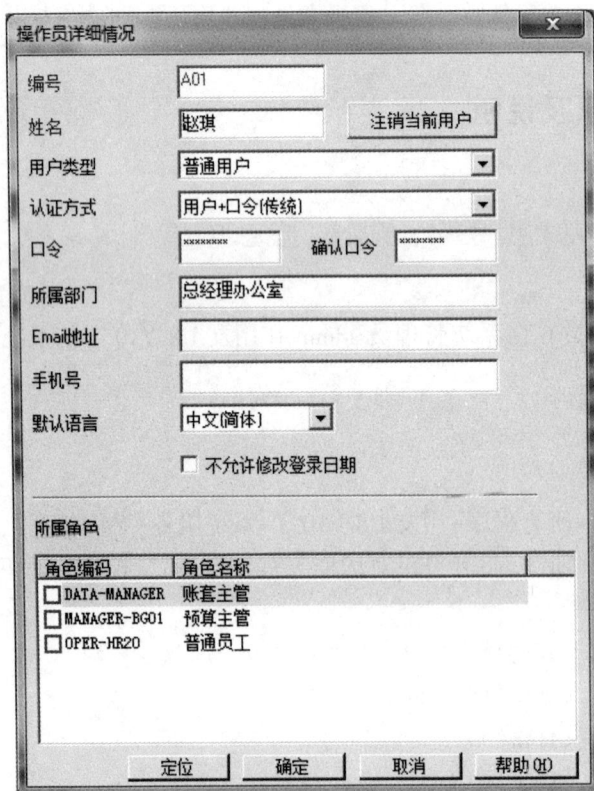

图 2-2　增加操作员

任务二 账套管理

一、账套基本资料

1. 账套信息

账套号：001。账套名称：贵州盛德商贸有限公司。账套语言：中文。账套路径：默认。启用会计期：2020 年 1 月。是否集团账套：否。建立专家财务评估数据库：否。

2. 单位信息

单位名称：贵州盛德商贸有限公司。单位简称：盛德商贸。单位地址：贵州省安顺市西秀区体育路 262 号。法人代表：赵琪。邮政编码：561000。联系电话：0851-33993893。传真：0851-33993894。电子邮件：SDSM@163.COM。税号：522501177923254563。

3. 核算类型

本币代码：RMB。本币名称：人民币。企业类型：商业。行业性质：2007 年新会计制度科目。科目预置语言：中文（简体）。账套主管（A01）：赵琪。按行业性质预置科目：是。

4. 基础信息

存货是否分类：是。客户是否分类：是。供应商是否分类：是。有无外币核算：无。

5. 编码方案

科目编码级次：42222，其余各项默认。

6. 数据精度

全部默认。

二、操作要求及说明

1. 要求

按照账套基本资料建立一个新账套，从 2020 年 1 月 1 日起启用以下九个子系统：总账、固定资产、薪资管理、应收款管理、应付款管理、采购管理、销售管理、库存管理、存货核算。

2. 说明

建立账套由系统管理员 admin 在用友 U8 V10.1 的系统管理中完成。

三、操作步骤

1. 账套资料填写

在"系统管理"窗口点选"账套-建立"，打开"创建账套"对话框，若电脑中已保存有账套，则会出现"建账方式"页，要求用户在"新建空白账套"和"参照已有账套"

间做出选择。单击选择"新建空白账套"再单击"下一步"即可进入"账套信息"页。若系统内没有保存任何账套，则打开"创建账套"对话框就直接进入"账套信息"页。

首先填制"账套信息"页，依次完成账套号、账套名称等信息资料填写（如图2-3），单击"下一步"，依序完成"单位信息"页（如图2-4）、"核算类型"页（如图2-5）、"基础信息"（如图2-6），单击完成。

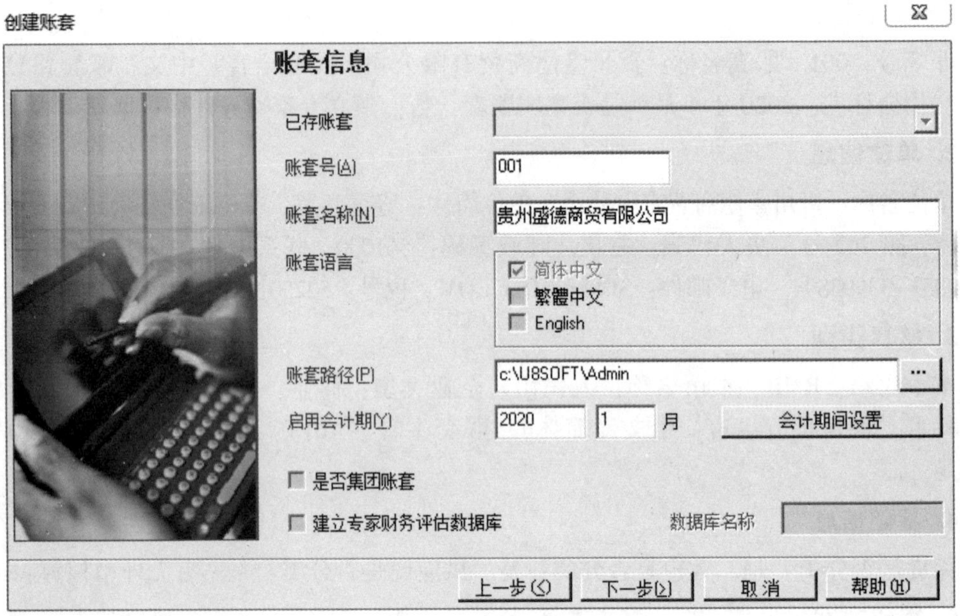

图 2-3　账套信息

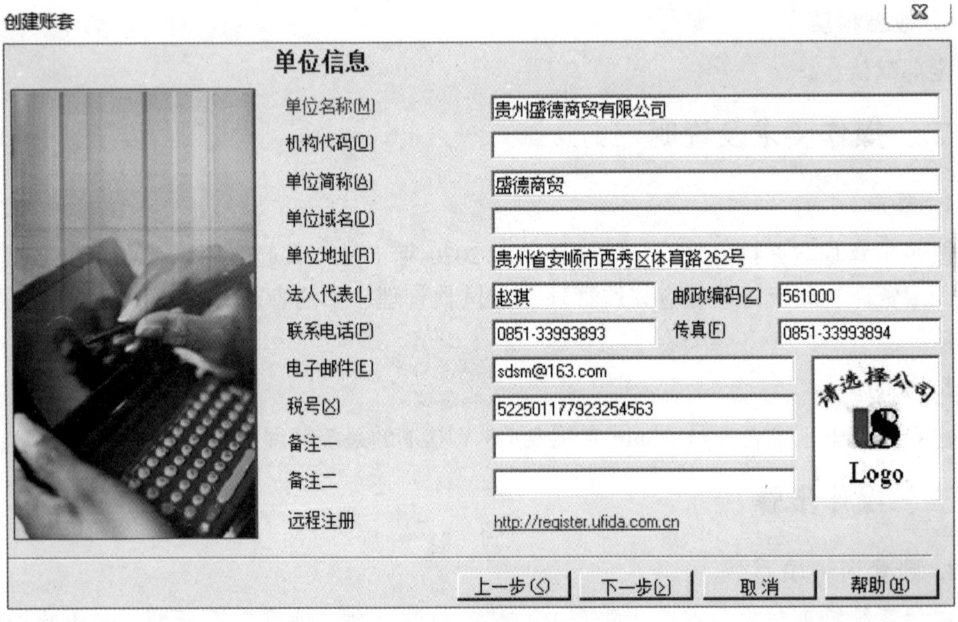

图 2-4　单位信息

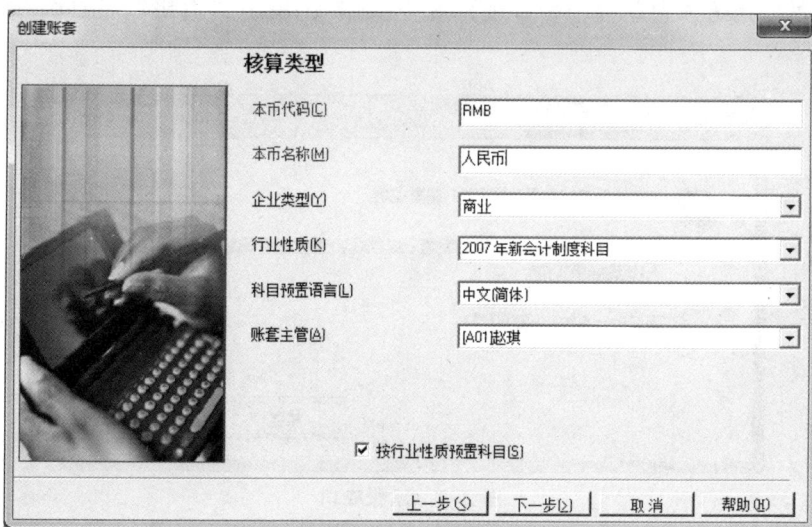

图 2-5 核算类型

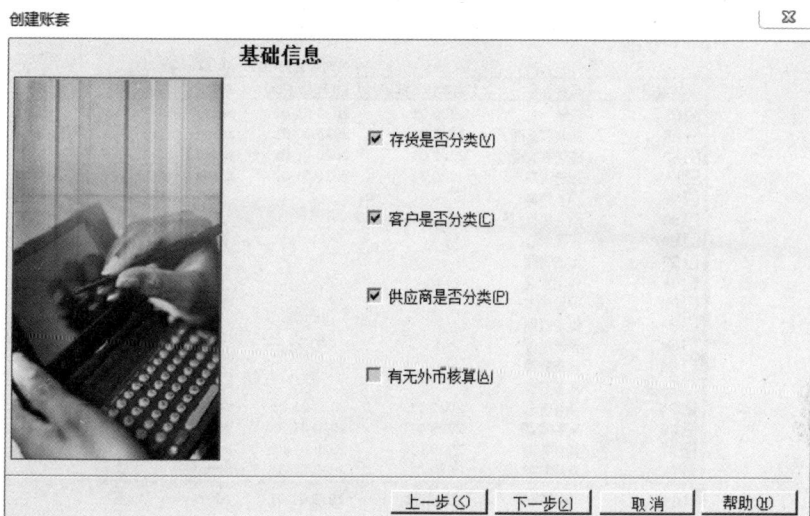

图 2-6 基础信息

2. 编码及数据精度

单击完成后，系统询问是否可以创建账套，单击"是"，此时进入创建账套工作，需要等待一段时间。之后进入编码方案对话框。修改科目编码方案为42222，单击"确定"，"确定"按钮变灰后后再单击"取消"，进入"数据精度"对话框，对数据精度不做任何更改，直接单击"确定"，等待系统出现建账成功提示（如图2-7）。

3. 系统启用

在如图2-7界面，单击"是"，进入系统启用对话框。勾选"总账"，在弹出的"日历"中修改日期为2020年1月1日并单击确定，再单击"是"。以此方法完成其他八个子系统启用，之后单击"退出"。启用系统操作结果如图2-8。

系统提示"请进入企业应用平台进行业务操作"，单击"退出"。至此，账套建立工作完成。

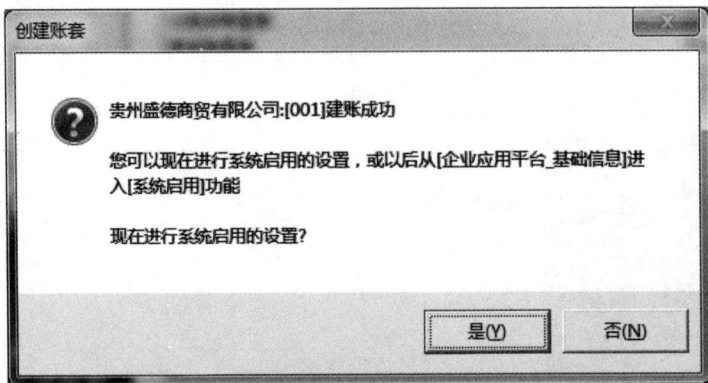

图 2-7　建账成功

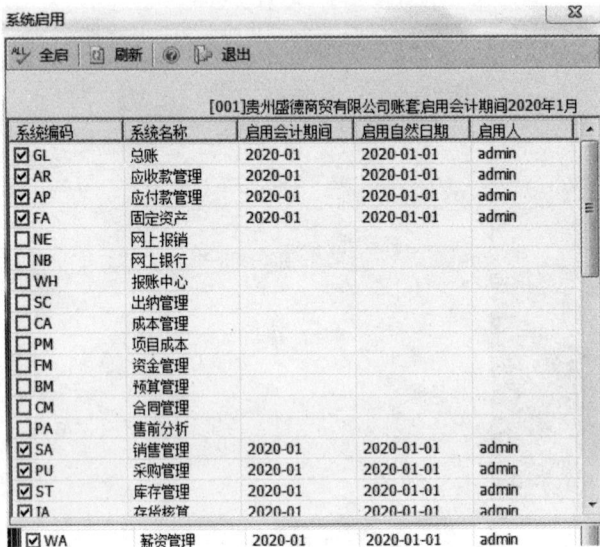

图 2-8　系统启用

任务三　权限管理

一、权限管理资料

操作员详细权限资料见表 2-1 中操作分工栏目。

二、操作要求及说明

1. 要求

按表 2-1 操作分工要求赋予操作员具体操作权限。

2. 说明

权限管理由系统管理员 admin 在用友 U8 V10.1 的系统管理中完成，A01 操作员已在建立账套时指定为账套主管，自动拥有本账套所有权限，不需再赋权。

三、操作步骤

（1）在"系统管理"窗口，点选"权限-权限"，进入"操作员权限"窗口，在窗口右上角通过下拉箭头选择 001 账套。

（2）在窗口左侧找到并鼠标单击选择操作员 W01 钱玲，点击窗口上方"修改"按钮。

（3）鼠标单击勾选一级权限中的"基本信息"；鼠标单击权限前的"🔳"展开下级权限，勾选"财务会计-总账-凭证"下"审核凭证""查询凭证"权限；勾选"财务会计-总账-期末"下"对账""结账"权限；勾选"财务会计"下"UFO 报表"权限。

（4）设置完成点击"保存"，并按前述步骤继续设置其他操作员权限，全部操作员权限设置完毕后点击退出。操作员权限设置结果如图 2-9 至图 2-12。

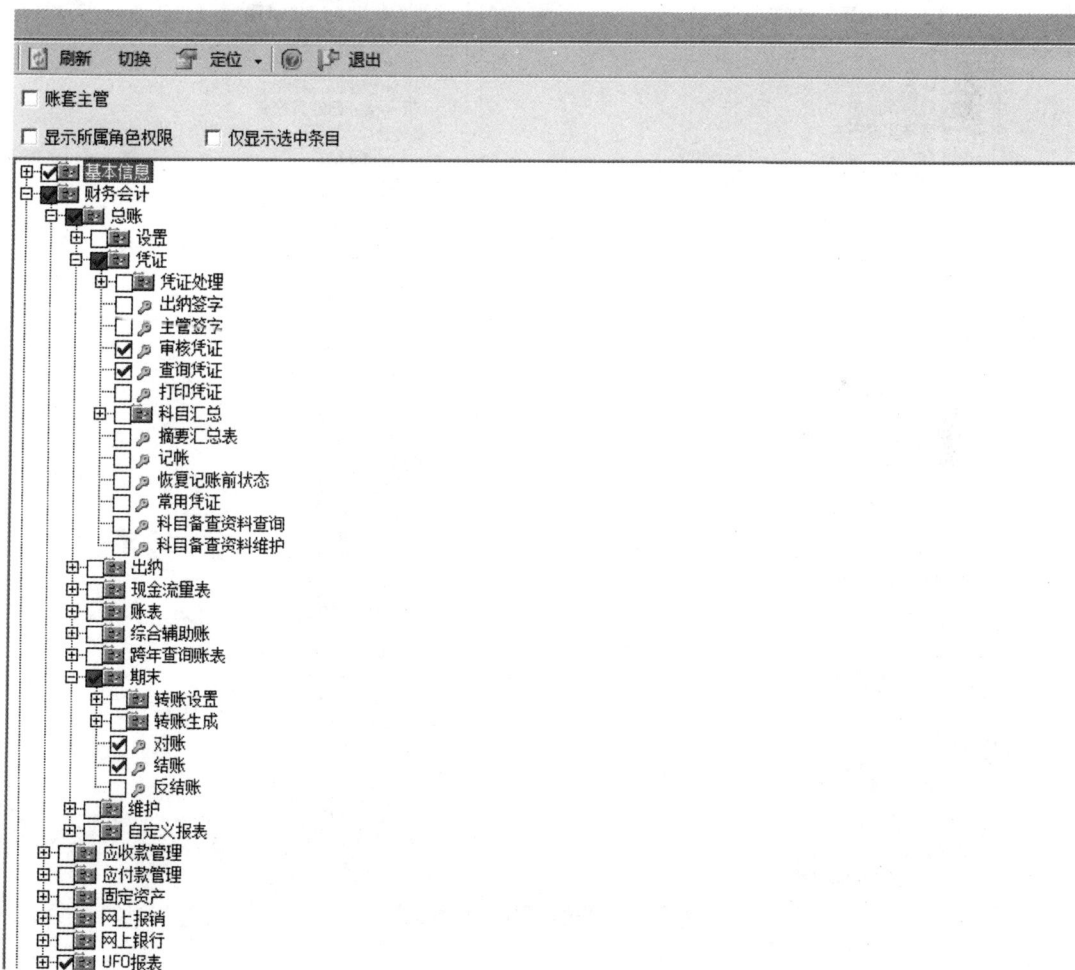

图 2-9　W01 操作员权限设置

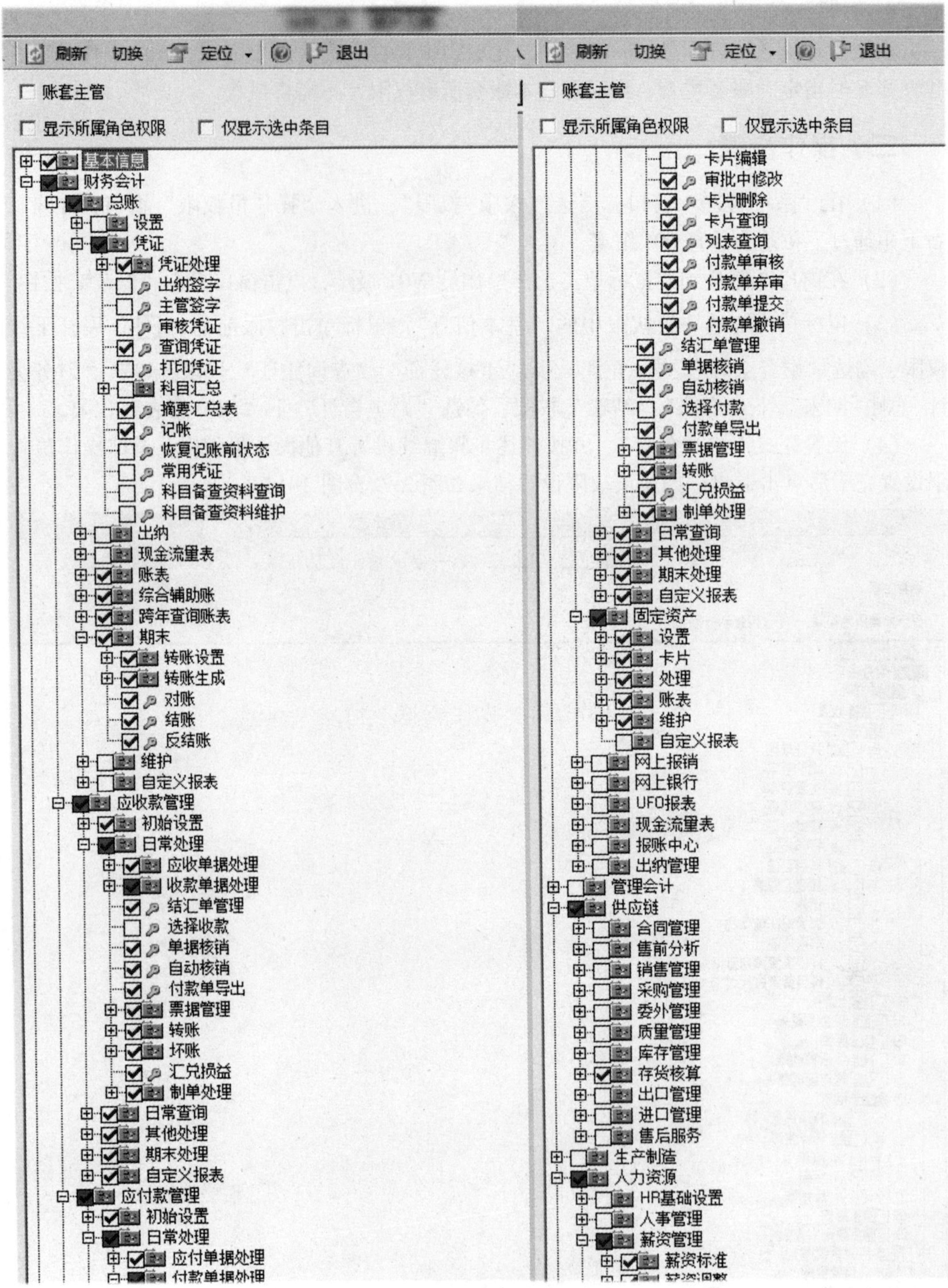

图 2-10　W02 操作员权限设置

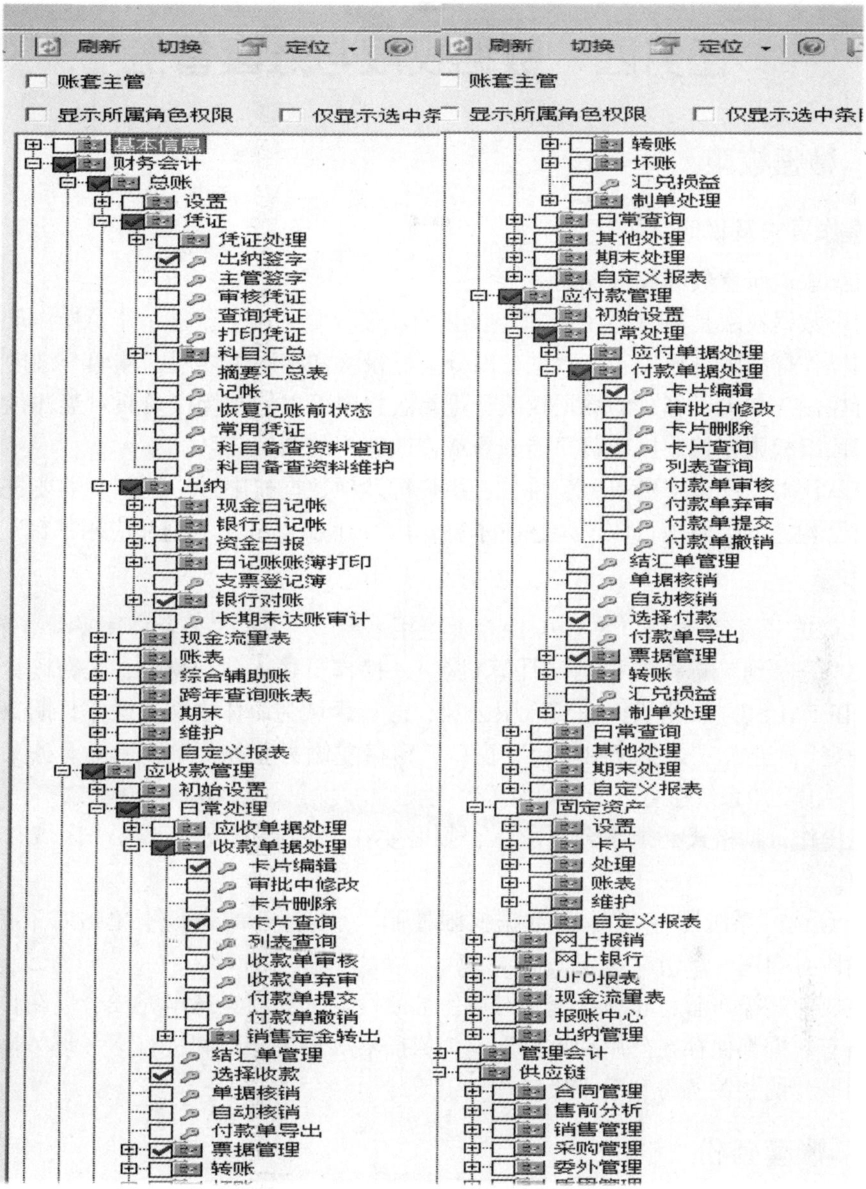

图 2-11　W03 操作员权限设置

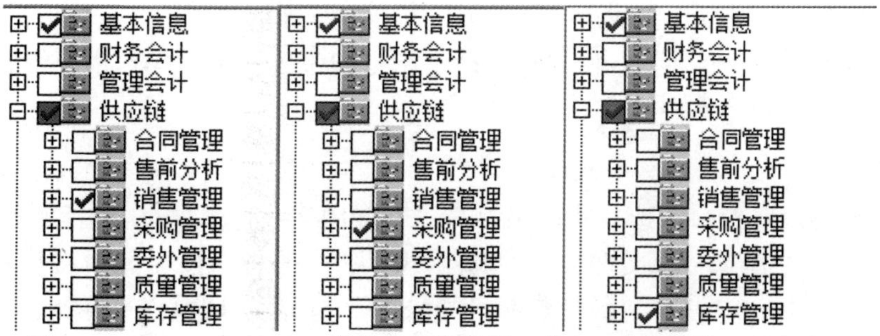

图 2-12　X01、G01、C01 操作员权限设置（从左至右依次为 X、G、C）

任务四　数据权限与账套备份

一、数据权限

1. 操作要求及说明

要求：取消所有数据权限控制。

说明：数据权限是在"系统管理"设置的功能权限基础上，进一步对操作员关于数据的查询和操作等权限进行控制。数据权限分为记录级和字段级权限，从两个维度对操作员权限进行控制。如关于客户的数据权限，记录级权限可以控制操作员只对某几位客户进行操作，字段级权限则控制操作员只能查看或修改客户的指定信息。

系统默认对仓库、工资权限、科目、用户等几项数据权限进行控制，需要进入企业应用平台对已勾选的控制项目取消勾选。本操作由 A01 操作员在"企业应用平台"完成。

2. 步骤

（1）点选"开始–用友 U8 V10.1–企业应用平台"，进入"企业应用平台登录"界面。

（2）"登录到"选择本机名（计算机名），操作员输入代码 A01，无密码，账套选择 [001]（DEFAULT）贵州盛德商贸有限公司，语言区域为简体中文，操作日期 2020-01-01。点击"确定"，进入"企业应用平台"窗口，窗口左侧为业务菜单，一级业务菜单主要包含"业务工作""系统服务""基础设置"等几项。

注意操作日期格式必须符合要求，否则需要在"控制面板"下的"区域和语言"中进行修改。

（3）点选"系统服务–权限–数据权限控制"，在打开的窗口中单击右下角"全消"按钮取消所有勾选，单击"确定"。

在完成前述操作后，建立账套和对操作员的设置工作已经基本完成，但在日常操作学习中，所有数据都保存在公用计算机上，为保证下次上机能顺利进行下一环节操作，还需要学习对账套的相关备份和引入操作。

二、账套备份

1. 要求及说明

要求：在公共机房操作完成后，每次下机前，对操作的账套进行备份输出。

说明：该操作将账套数据备份保存至硬盘指定的位置，本项操作由系统管理员 admin 在"系统管理"窗口操作完成。

2. 步骤

在"系统管理"窗口点选"账套–输出"，在如图 2-13 对话框中选择要备份的账套及保存位置（可事先建立一个文件夹），单击"确认"，等待一段时间后将显示输出成功，查看指定的文件夹，应可看到备份产生两个文件，分别为 UFDATA. BAK，UfErpAct. lst。若在备份输出的对话框中勾选了"删除当前输出账套"，则在备份数据的同时将把当前操作账套删除。

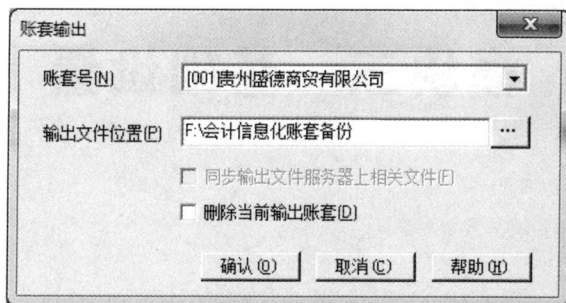

图 2-13　账套备份

三、账套引入

1. 要求及说明

要求：在公共机房每次上机时，操作账套前完成，将自己的账套引入系统，以备后续操作。

说明：该操作用于将账套备份工作中所存在的备份账套重新引入系统，以便继续后续操作，由 admin 在"系统管理"窗口完成。在引入时，原来备份产生的两个文件必须完整无缺失，否则将导致引入失败。

2. 步骤

点选"账套-引入"，出现"请选择账套备份文件"对话框，在对话框中选择备份文件所在位置，选择其中的 UfErpAct.lst，点击"确定"，系统显示要选择账套引入的目录，点击"确定"后，进入"请选择账套引入的目录"对话框，可直接单击"确定"将备份账套引入至默认目录，也可指定其他路径或新建文件夹来引入。但若指定的账套引入路径存储空间不够则可能无法正常引入。

四、角色管理

在"系统管理"中对操作员设置权限时，可以利用角色实现操作员的批量赋权。具体操作如下：首先，增加角色，并在增加角色的对话框中勾选需要赋予同等权限的操作员；保存角色后，在权限设置对话框中对角色进行权限设置并保存，此时所有在角色设置中勾选的操作员将自动拥有该角色的所有权限。

本教材实训不进行角色管理操作。

模块三　基础设置

任务描述

1. 部门设置
2. 人员类别和人员档案设置
3. 供应商分类与供应商档案设置
4. 客户分类与客户档案设置
5. 存货分类与存货档案设置
6. 计量单位设置
7. 会计科目设置
8. 凭证类别设置
9. 项目目录设置
10. 结算方式设置
11. 付款条件设置
12. 仓库档案设置
13. 收发类别设置
14. 采购类型与销售类型设置
15. 费用项目设置
16. 仓库存货对照表设置

学习目标

1. 掌握部门的增删改操作
2. 掌握人类类别与人员档案的增删改操作
3. 掌握供应商及客户分别和档案设置的具体操作
4. 掌握存货分类、计量单位设定、存货档案设置的具体操作
5. 掌握会计科目增删改及指定科目的具体操作
6. 掌握凭证类别的设置方法
7. 掌握增加项目大类、定义项目目录的具体操作
8. 掌握结算方式的具体操作
9. 掌握付款条件的具体操作
10. 掌握仓库设置操作
11. 掌握收发类别、采购及销售类型设置操作
12. 了解费用项目、仓库存货对照表操作

任务一　机构人员设置

一、机构人员资料

1. 部门

表 3-1　部门档案

部门代码	部门名称	成立日期
1	总经理办公室	2020-01-01
2	财务部	2020-01-01
3	销售部	2020-01-01
4	采购部	2020-01-01
5	仓管部	2020-01-01
6	人力资源部	2020-01-01

2. 人员类别

表 3-2　人员类别

档案编码	档案名称
101	正式工
1011	企管人员
1012	销售人员
1013	采购人员
1014	仓管人员
102	合同工
103	实习生

3. 人员

表 3-3　人员档案

编码	姓名	性别	行政部门	雇佣状态	人员类别	是否业务员
101	赵琪	女	总经理办公室	在职	企管人员	是
201	钱玲	女	财务部	在职	企管人员	是
202	孙华	女	财务部	在职	企管人员	是
203	李晴	女	财务部	在职	企管人员	是
301	周明	男	销售部	在职	销售人员	是

续表

编码	姓名	性别	行政部门	雇佣状态	人员类别	是否业务员
401	吴昱	男	采购部	在职	采购人员	是
402	高勤成	男	采购部	在职	采购人员	是
501	郑昕	女	仓管部	在职	仓管人员	是
502	杜兴仕	男	仓管部	在职	仓管人员	是
601	曹林捷	男	人力资源部	在职	企管人员	是

二、操作要求和说明

1. 要求

按照给定资料依次设置企业的部门、人员类别和人员信息，资料中未给出的信息按系统默认。

2. 说明

本任务由 A01 赵琪登录"企业应用平台"完成。

三、操作步骤

1. 部门设置

（1）登录"企业应用平台"，操作员 A01，日期为 2020-01-01。

（2）点选"基础设置-基础档案-机构人员-部门档案"，进入"部门档案"窗口。

（3）单击窗口上方"增加"按钮，在部门编码处输入"1"、部门名称处输入"总经理办公室"，单击保存，该部门设置完成。单击"增加"，按照表 3-1 继续增加其他部门，全部完成后单击"退出"按钮退出"部门档案"窗口。设置结果如图 3-1。

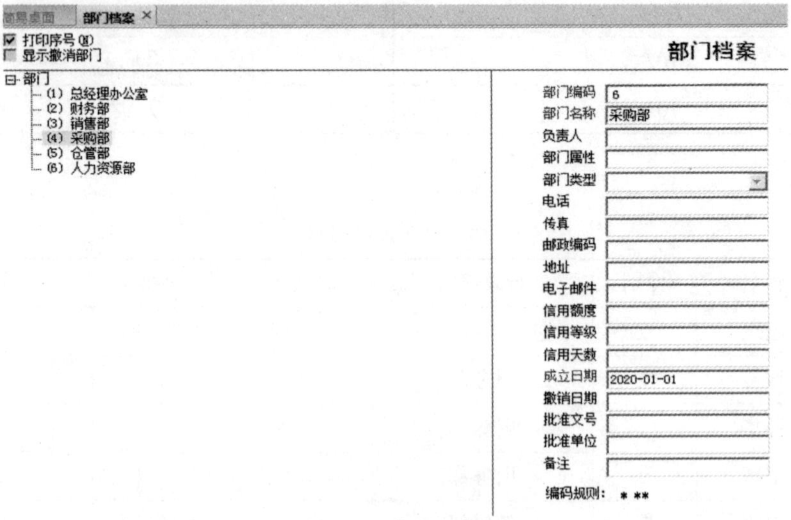

图 3-1 部门设置

2. 人员类别设置

（1）点选“基础设置-基础档案-机构人员-人员类别”，进入“人员类别”窗口。

（2）在窗口左侧单击选中“正式工”，单击“增加”，即是在正式工类别下增加下级类别。

（3）修改档案编码为1011，并输入档案名称“企管人员”，单击“确定”，按照表3-2继续完成其他人员类别添加，全部人员类别添加完毕点击“取消”退出“增加”对话框。单击“退出”退出“人员类别”窗口。设置结果如图3-2。

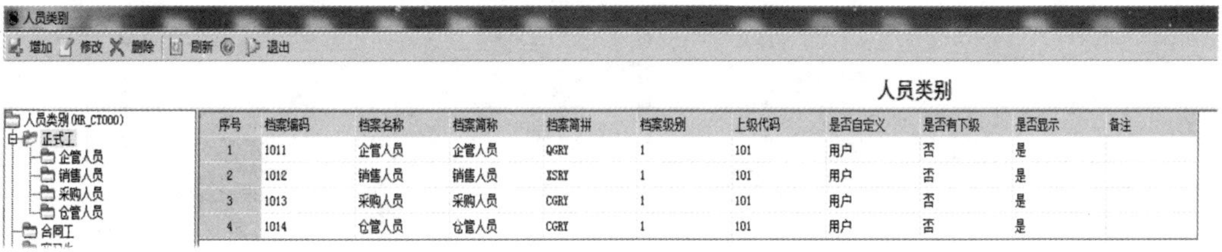

序号	档案编码	档案名称	档案简称	档案简拼	档案级别	上级代码	是否自定义	是否有下级	是否显示	备注
1	1011	企管人员	企管人员	QGRY	1	101	用户	否	是	
2	1012	销售人员	销售人员	XSRY	1	101	用户	否	是	
3	1013	采购人员	采购人员	CGRY	1	101	用户	否	是	
4	1014	仓管人员	仓管人员	CGRY	1	101	用户	否	是	

图3-2　人员类别

3. 人员档案设置

（1）点选“基础设置-基础档案-机构人员-人员档案”，进入“人员档案”窗口。

（2）单击“增加”，进入“人员档案增加”窗口，也可先单击左侧的某一部门，再单击“增加”，从而在新增人员档案中自动带入部门信息。

（3）按照表3-3人员档案，依次填制或选择人员编码、姓名、性别、行政部门、雇佣状态、人员类别，勾选“是否业务员”，“业务或费用部门”与该人员“行政部门”相同。所有信息填制或修改完成后，单击保存。保存后不需要单击增加，可直接填制下一人员档案。所有人员档案保存后退出窗口。设置结果如图3-3、图3-4。

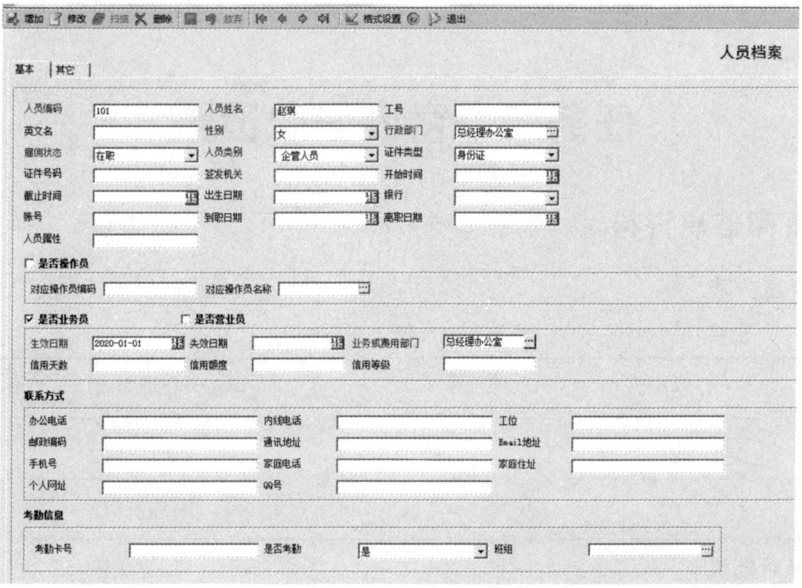

图3-3　人员档案增加

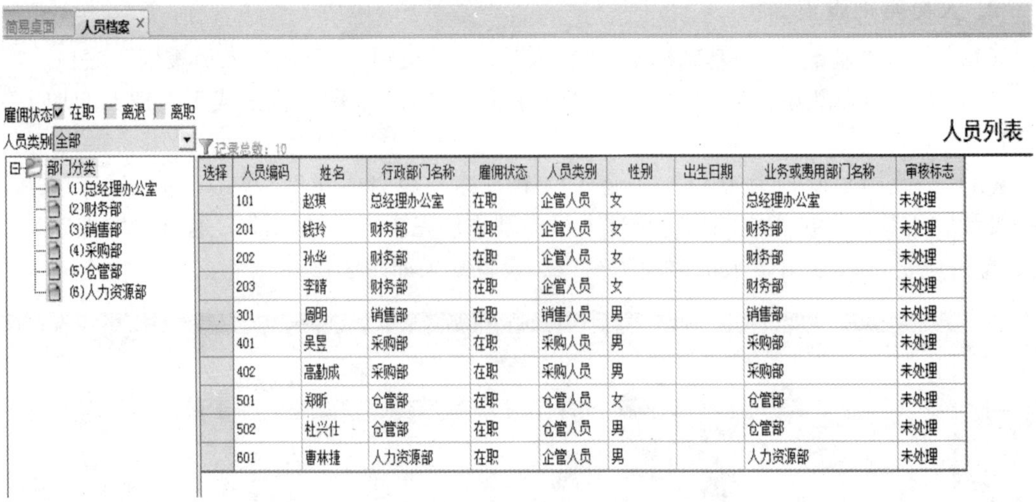

选择	人员编码	姓名	行政部门名称	雇佣状态	人员类别	性别	出生日期	业务或费用部门名称	审核标志
	101	赵琪	总经理办公室	在职	企管人员	女		总经理办公室	未处理
	201	钱玲	财务部	在职	企管人员	女		财务部	未处理
	202	孙华	财务部	在职	企管人员	女		财务部	未处理
	203	李晴	财务部	在职	企管人员	女		财务部	未处理
	301	周明	销售部	在职	销售人员	男		销售部	未处理
	401	吴昱	采购部	在职	采购人员	男		采购部	未处理
	402	高勤成	采购部	在职	采购人员	男		采购部	未处理
	501	郑昕	仓管部	在职	仓管人员	女		仓管部	未处理
	502	杜兴仕	仓管部	在职	仓管人员	男		仓管部	未处理
	601	曹林捷	人力资源部	在职	企管人员	男		人力资源部	未处理

图 3-4　人员档案列表

在本任务操作中，可以总结一些软件操作的特点，并在其后操作中提高操作效率和确保操作正确。

首先，软件快捷键的使用可以提高操作效率，如人员档案新增可按“F5”，人员档案保存可按“F6”。

其次，修改单据或档案中某一栏目的默认信息时，需要先将原有信息删除，才能调出所有候选项，如在人员档案设置中，第一个人员档案增加完毕后，系统默认行政部门为“总经理办公室”，因此需要将该项改为“财务部”，正确的操作应先将该栏中已填制的“总经理办公室”删除，再单击其后的按钮即可调出所有部门档案。若不删除栏目中内容，则单击按钮后只能调出已填入的“总经理办公室”。

第三，所有窗口中的蓝色项目为必填项，所有必填项必须填写完整，否则将无法保存数据。

任务二　客商信息设置

一、客商信息资料

1. 供应商分类

表 3-4　供应商分类

分类编码	分类名称
01	国内供应商
02	国外供应商

2. 供应商档案

表 3-5 供应商档案

编码	名称	简称	所属分类	税号	开户银行	银行账号	是否默认值
0101	广西好味食品有限公司	广西好味	01	450202988754356712	工商银行柳州分行城南支行	7562002408976538956	是
0102	陕西诺连有限公司	陕西诺连	01	610101123756984121	建设银行西安分行丁口支行	3211558995463325321	是
0103	四川盐花食品有限公司	四川盐花	01	510105963578945612	工商银行成都分行南巷支行	7545133426154538977	是
0104	贵州岩拿有限公司	贵州岩拿	01	520101546879213753	工商银行贵阳分行城西支行	7517553502343245010	是
0105	贵州巨隐食品有限公司	贵州巨隐	01	522130147587963121	工商银行仁怀分行小河支行	7567091308956798306	是
0106	贵州达常有限公司	贵州达常	01	520101116636549978	工商银行贵阳分行岭西支行	7517332512390000141	是
0107	安顺勤翔有限公司	安顺勤翔	01	522501986632574401	建设银行安顺分行东条支行	3247917394100325012	是
0108	安顺德美食品有限公司	安顺德美	01	522501969794321221	农业银行安顺分行南村支行	98002227854712431	是
0109	安顺鸿悠工业公司	安顺鸿悠	01	522501229188745644	工商银行安顺分行罗乾支行	7552000013274732285	是
0110	贵阳速易物流有限公司	贵阳速易	01	520103991764571147	建设银行安顺分行腾龙支行	3219458123452125316	是

3. 客户分类

表 3-6 客户分类

分类编码	分类名称
01	国内客户
02	国外客户

4. 客户档案

表 3-7 客户档案

编码	名称	简称	所属分类	税号	开户银行	银行账号	是否默认值
0101	安顺金安超市有限公司	安顺金安	01	522501003924257633	建设银行安顺分行柳丁支行	3200001239865483211	是
0102	贵州运卓百货有限公司	贵州运卓	01	520101454812010125	建设银行贵阳分行瑞祥支行	3263369852751211145	是

续表

编码	名称	简称	所属分类	税号	开户银行	银行账号	是否默认值
0103	安顺承齐百货有限公司	安顺承齐	01	5225029996 48936274	工商银行安顺分行祺诚支行	75411245789 55741222	是
0104	安顺前轩超市有限公司	安顺前轩	01	5225010156 89877621	工商银行安顺分行晋宝支行	75070020054 40759543	是
0105	安顺家永食品有限公司	安顺家永	01	5225049741 12330132	工商银行安顺分行真义支行	75778954123 01018880	是

二、操作要求和说明

1. 要求

按照客商资料完成供应商和客户的分类及客户信息填制，资料未提供信息按默认。

2. 说明

本任务由 A01 赵琪登录平台完成。

三、操作步骤

1. 供应商分类

在企业应用平台业务菜单中点选"基础设置-基础档案-客商信息-供应商分类"，进入"供应商分类"窗口，单击增加，输入分类编码"01"，分类名称为"国内供应商"，单击"保存"完成第一条供应商分类记录填制，再单击"增加"完成国外供应商记录编制。全部完成后，单击"退出"退出"供应商分类"窗口。

2. 供应商档案

在"供应商分类"同级菜单双击"供应商档案"，进入"供应商档案"窗口，在窗口左侧选择"国内供应商"，单击"增加"，按照资料在档案的"基本"页面依次输入或选择第一位供应商的编码"0101"、名称"广西好味食品有限公司"、简称"广西好味"、所属分类"01-国内供应商"、税号"450202988754356712"等信息。单击窗口左上方"银行"按钮，进入"供应商银行档案"窗口，如图3-5。

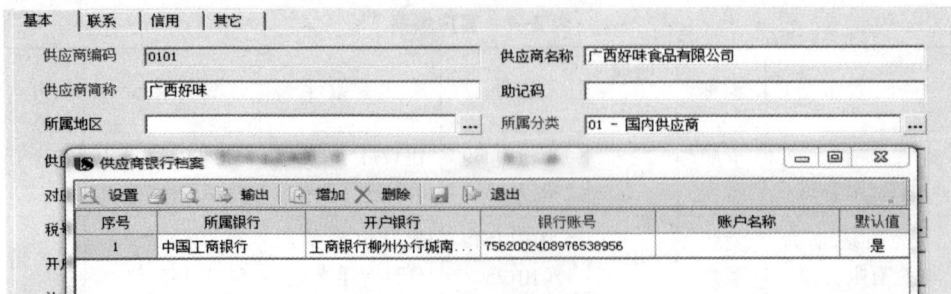

图3-5　供应商银行档案

单击"所属银行"栏后按钮，选择"中国工商银行"，在开户银行栏输入"工商银行柳州分行城南支行"，银行账号栏输入"7562002408976538956"，默认值选择"是"。单击"保存"再单击"退出"，回到供应商档案基本信息页面，单击"保存并新增"，继续增加其他供应商，设置结果如图3-6。最后一个供应商增加完毕单击"保存"，再单击页面右上方"关闭"按钮退出页面，最后单击"退出"退出供应商档案窗口。此外，页面下方供应商属性除0110供应商外均默认为"采购"，0110贵阳速易物流有限公司供应商属性勾选"采购""服务"。

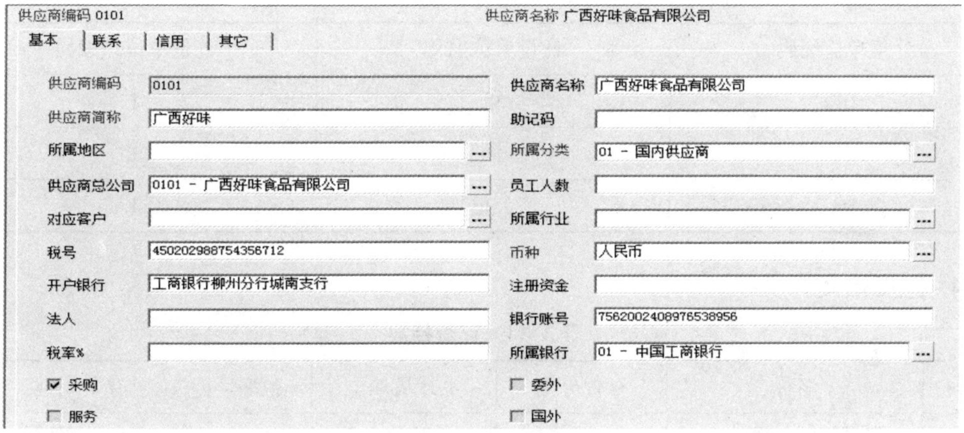

图3-6　供应商档案

3. 客户分类与客户档案

点选业务菜单"基础设置-基础档案-客商信息-客户分类"即可进入"客户分类"窗口，与供应商分类操作类同。

点选业务菜单"基础设置 基础档案-客商信息-客户档案"，可进入"客户档案"窗口，客户档案增加操作与供应商档案增加操作类同，需要注意的是，档案项目的位置有差异。

任务三　存货设置

一、存货资料

1. 存货分类

表3-8　存货分类

分类编码	分类名称
01	调味料
02	方便食品
03	肉制品
04	固定资产
05	应税劳务

2. 计量组

表 3-9　计量单位分组

计量单位组编码	计量单位组名称	计量单位组类别	是否默认组
1	计量	无换算率	是

3. 计量单位

表 3-10　计量单位

计量单位编码	计量单位名称	计量单位组编码
01	箱	1
02	辆	1
03	公里	1

4. 存货档案

表 3-11　存货档案

编码	名称	存货分类	主计量单位	税率	存货属性
0101	彭诚花生辣椒酱	01	01 箱	13%	内销、外购
0102	彭诚豆豉辣椒酱	01	01 箱	13%	内销、外购
0201	黔井方便剪粉	02	01 箱	13%	内销、外购
0202	里记方便米粉	02	01 箱	13%	内销、外购
0301	舒记牛肉干	03	01 箱	13%	内销、外购
0302	滕记卤汁羊肉	03	01 箱	13%	内销、外购
0303	百池香辣猪肉条	03	01 箱	13%	内销、外购
0304	景记乡村腊肉	03	01 箱	13%	内销、外购
0401	运昌牌堆高车	04	02 辆	13%	外购、资产
0501	运费	05	03 公里	9%	外购，应税劳务

二、操作要求和说明

1. 要求

按照资料设置存货分类、计量单位组、计量单位和存货档案，资料中未涉及项目按默认。

2. 说明

本任务由 A01 赵琪于 2020 年 1 月 1 日在企业平台登录完成。

三、操作步骤

1. 存货分类

点选"基础设置-基础档案-存货-存货分类",进入"存货分类"窗口,单击增加,输入存货分类编码"01",存货分类名称"调味料",单击"保存",完成第一条记录,再单击"增加"继续增加其他分类,全部分类填制完成后单击"退出"退出"存货分类"窗口。结果如图 3-7。

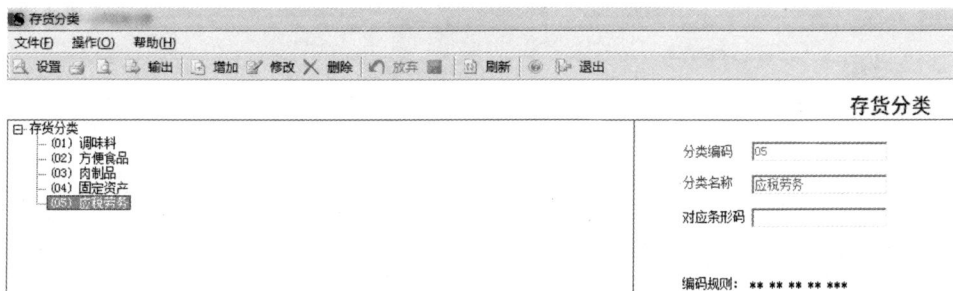

图 3-7　存货分类

2. 计量单位组和计量单位

点选"基础设置-基础档案-计量单位",进入"计量单位"窗口。

(1)增加计量单位组。单击窗口上方"分组"按钮,进入"计量单位组"对话框,单击对话框"增加",输入计量单位组编码"01",名称"计量",计量单位组类别选择为"无换算率",即计量单位间不存在换算关系,勾选"默认组",单击"保存",再单击"退出"。返回"计量单位"窗口。计量组设置如图 3-8。

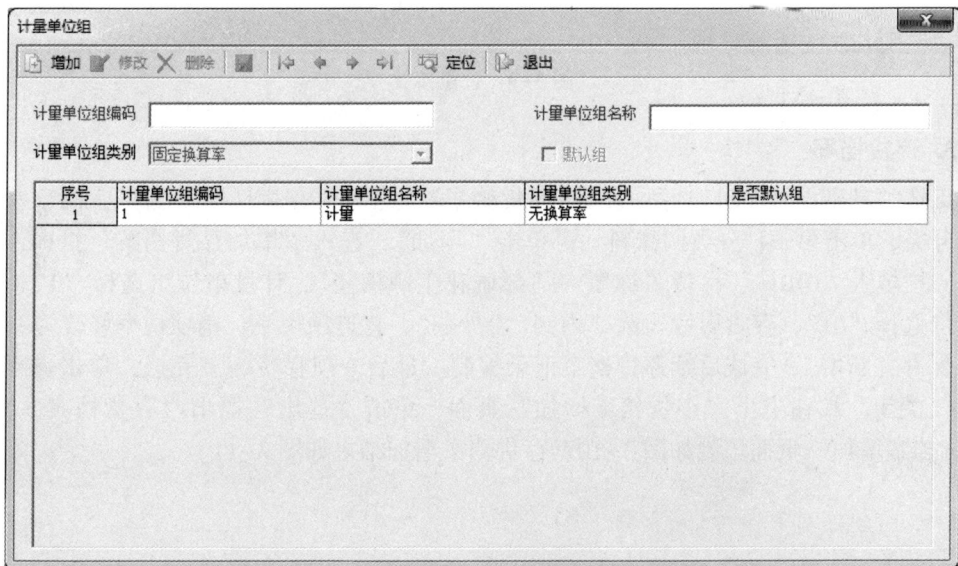

图 3-8　计量单位组

（2）增加计量单位。在"计量单位"窗口左侧选择"01 计量（无换算率）"，单击窗口上方"单位"按钮，进入"计量单位"对话框，单击"增加"，输入计量单位编码"01"，名称"箱"，单击"保存"后再单击"增加"，继续输入其他计量单位，全部完成后退出该对话框及"计量单位"窗口。计量单位设置结果如图 3-9。

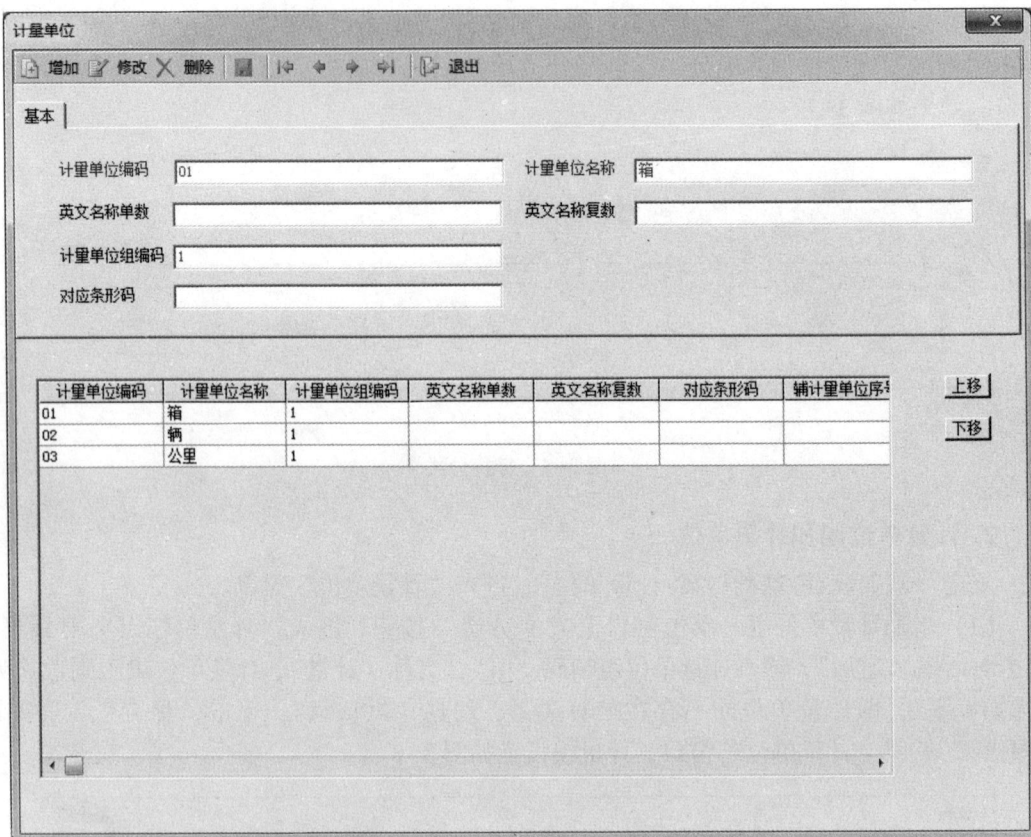

图 3-9　计量单位

3. 存货档案

点选"基础设置-基础档案-存货-存货档案"，进入"存货档案"窗口，窗口左侧为存货分类，单击第一种分类调味料，再单击"增加"，进入"增加存货档案"页面，在存货编码栏填入"0101"，存货名称填入"彭诚花生辣椒酱"，计量单位组选择"1"，主计量单位选择"01"，存货属性勾选"内销""外购"，将进项税率、销项税率修改为13，单击"保存并新增"，完成后续存货档案记录编制。最后一项存货编制完成，单击保存后再单击"关闭"按钮退出"存货档案增加"页面，单击"退出"退出"存货档案"窗口。"存货档案增加"页面填制如图 3-10，存货档案增加结果如图 3-11。

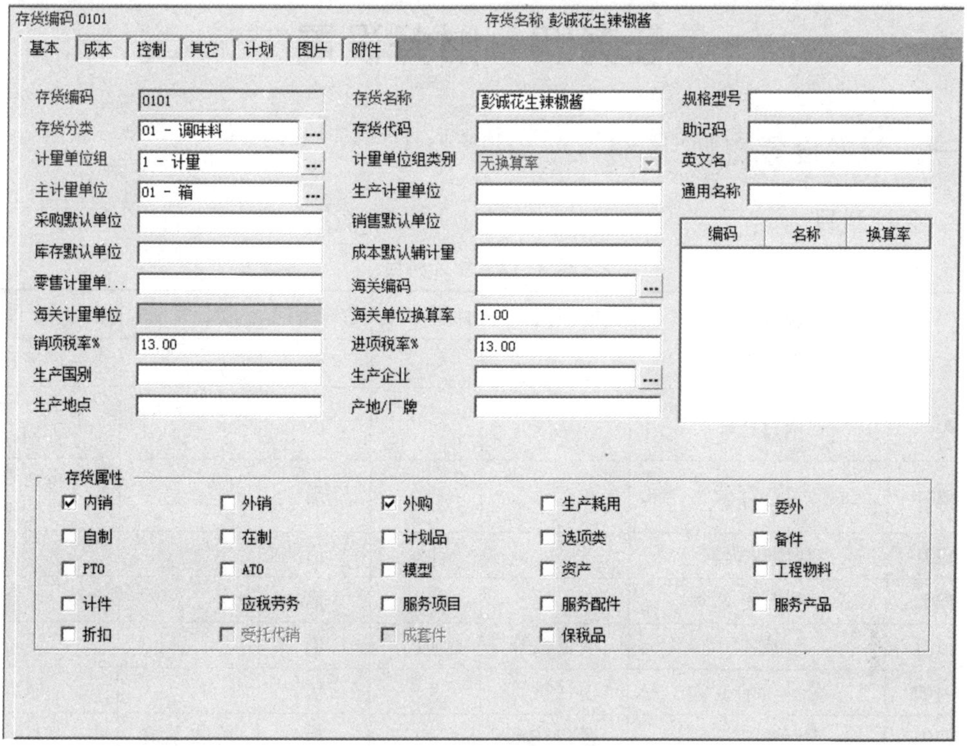

图 3-10 增加存货档案

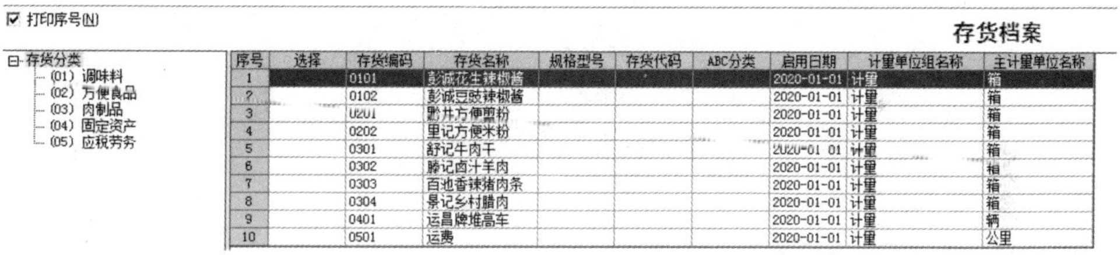

序号	选择	存货编码	存货名称	规格型号	存货代码	ABC分类	启用日期	计量单位组名称	主计量单位名称
1		0101	彭诚花生辣椒酱				2020-01-01	计量	箱
2		0102	彭诚豆豉辣椒酱				2020-01-01	计量	箱
3		0201	黔井方便煎粉				2020-01-01	计量	箱
4		0202	里记方便米粉				2020-01-01	计量	箱
5		0301	舒记牛肉干				2020-01-01	计量	箱
6		0302	滕记卤汁羊肉				2020-01-01	计量	箱
7		0303	百池香辣猪肉条				2020-01-01	计量	箱
8		0304	景记乡村腊肉				2020-01-01	计量	箱
9		0401	运昌牌堆高车				2020-01-01	计量	辆
10		0501	运费				2020-01-01	计量	公里

图 3-11 存货档案

存货属性中，“内销”是指对内销售，即商品是对国内客户进行销售，“外销”则是对国外客户进行销售。若某项存货既不勾选“内销”也不勾选“外销”，则无法用于销售，在今后“销售管理”中填制销售单据里，将无法选择该存货。因此，如存货需要对外销售，则至少勾选“内销”和“外销”中的一项。

存货属性中的“外购”是指该存货可从外部采购。若存货未勾选“外购”属性，则无法进行采购操作，在今后“采购管理”中填制采购单据里无法参照该项存货。

存货属性中，“资产”属性将限定该存货对应的仓库只能是“资产仓”，而不能是非资产仓。“应税劳务”则主要指运费、包装费等采购费用。“生产耗用”“自制”“在制”等存货属性用于制造企业的存货设定。“受托代销”专用于企业受托代销业务中存货属性设定，“委外”用于委外管理存货属性设定。

任务四　财务设置

一、财务设置资料

1. 会计科目

表 3-12　会计科目

科目编码	科目名称	辅助核算	计量单位	余额方向	受控系统	银行账/日记账
1001	库存现金			借		日记账
1002	银行存款			借		银行账 日记账
100201	工行存款			借		银行账 日记账
101201	存出投资款			借		
101202	银行汇票			借		
110101	成本	项目核算	股	借		
110102	公允价值变动	项目核算		借		
112101	银行承兑汇票	客户往来		借	应收系统	
112102	商业承兑汇票	客户往来		借	应收系统	
1122	应收账款	客户往来		借	应收系统	
1123	预付账款	供应商往来		借	应付系统	
122101	个人往来	个人往来		借		
122102	单位往来	客户往来		借		
190101	待处理流动资产损溢			借		
190102	待处理非流动资产损溢			借		
220101	银行承兑汇票	供应商往来		贷	应付系统	
220102	商业承兑汇票	供应商往来		贷	应付系统	
220201	一般应付款	供应商往来		贷	应付系统	
220202	暂估应付款	供应商往来		贷		
2204	合同负债			贷		
220401	预收定金	客户往来		贷		
220402	预收货款	客户往来		贷	应收系统	
221101	工资			贷		
221102	职工福利			贷		
221103	社会保险			贷		

科目编码	科目名称	辅助核算	计量单位	余额方向	受控系统	银行账/日记账
22110301	医疗保险			贷		
22110302	工伤保险			贷		
221104	设定提存计划			贷		
22110401	失业保险			贷		
22110402	养老保险			贷		
221107	职工教育经费			贷		
221108	住房公积金			贷		
221109	工会经费			贷		
222101	应交增值税			贷		
22210101	进项税额			借		
22210102	进项税额转出			贷		
22210103	销项税额			贷		
22210104	已交税金			借		
22210105	出口退税			贷		
22210106	转出未交增值税			借		
222102	未交增值税			贷		
222103	应交企业所得税			贷		
222104	应交个人所得税			贷		
222105	应交城市维护建设税			贷		
222106	应交教育费附加			贷		
222107	应交地方教育费附加			贷		
224101	住房公积金			贷		
224102	养老保险			贷		
224103	医疗保险			贷		
224104	失业保险			贷		
250201	面值			贷		
250202	利息调整			贷		
410101	法定盈余公积			贷		
410102	任意盈余公积			贷		
410401	提取法定盈余公积			贷		
410402	提取任意盈余公积			贷		
410403	应付现金股利或利润			贷		

科目编码	科目名称	辅助核算	计量单位	余额方向	受控系统	银行账/日记账
410404	转作股本股利			贷		
410405	盈余公积补亏			贷		
410406	未分配利润			贷		
510101	折旧费			借		
6403	税金及附加			借		
660101	包装费			借		
660102	广告费			借		
660103	运杂费			借		
660104	职工薪酬			借		
660105	业务招待费			借		
660106	折旧费			借		
660107	手续费			借		
660108	差旅费			借		
660109	其他			借		
660201	职工薪酬			借		
660202	办公费			借		
660203	差旅费			借		
660204	招待费			借		
660205	折旧费			借		
660206	其他			借		
6702	信用减值损失			借		
671101	债务重组损失			借		
671102	盘亏支出			借		
671103	捐赠支出			借		
671104	处置非流动资产损益			借		
680101	当期所得税费用			借		
680102	递延所得税费用			借		

2. 指定科目

现金科目：1001 库存现金。银行科目：1002 银行存款。

3. 凭证类别

类别名称：记账凭证。

4. 项目目录

表 3-13　项目大类

项目大类名称	项目级次	项目栏目
金融资产	默认	默认

表 3-14　项目档案

核算科目	项目结构	项目分类定义		项目目录	
		分类编码	分类名称	项目编号	项目名称
110101 110102	默认	1	股票	1	益佰制药

二、操作要求和说明

1. 要求

根据表 3-12 会计科目表在系统中增加新科目或修改原科目的相关信息，表 3-12 中列示的所有科目必须进行修改或新增，未涉及科目按系统默认。

所有凭证不分类，统一归为记账凭证；在会计科目中指定现金科目和银行科目；根据表 3-13、2-14 建立项目目录。

2. 说明

本任务由 A01 于 2020 年 1 月 1 日登录企业应用平台完成。

三、操作步骤

1. 会计科目设置

会计科目设置主要包括会计科目增加和会计科目修改两种情况。

（1）会计科目增加。

以科目 100201 为例，在企业应用平台业务菜单点选"基础设置-基础档案-财务-会计科目"，进入"会计科目"窗口，单击窗口上方"增加"按钮，屏幕出现"新增会计科目"对话框，输入科目编码"100201"，科目名称"工行存款"，勾选对话框右下方的"日记账""银行账"，单击"确定"完成科目增加。此时，"确定"按钮变为"增加"按钮，可单击"增加"继续增加其他科目。如图 3-12。

以科目 110101 为例，单击"增加"进入"新增会计科目"对话框，输入科目编码及科目名称，在右侧勾选"项目核算"，勾选左下方"数量核算"，并输入计量单位为"股"，单击"确定"完成科目增加。

以科目 122102 为例，在"新增会计科目"对话框中，输入科目编码及名称后，在右侧辅助核算区域勾选"客户往来"。此时，对话框右下方自动选择"受控系统"为"应收系统"，而该科目并不受控应收。单击受控系统右侧下拉箭头，选择空白，单击"确定"完成新增。

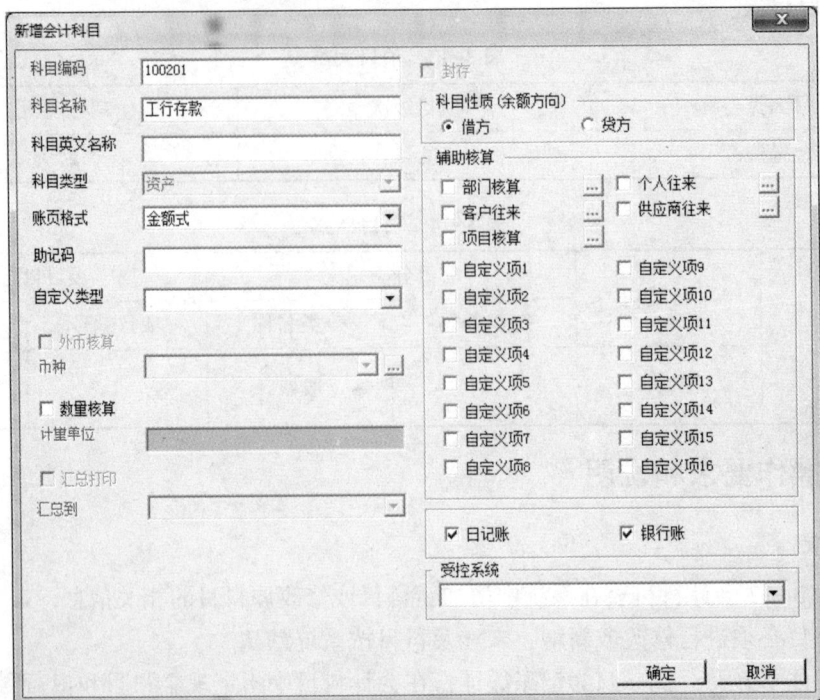

图 3-12　新增会计科目（工行存款）

科目 110101 新增如图 3-13，科目 122102 新增如图 3-14。

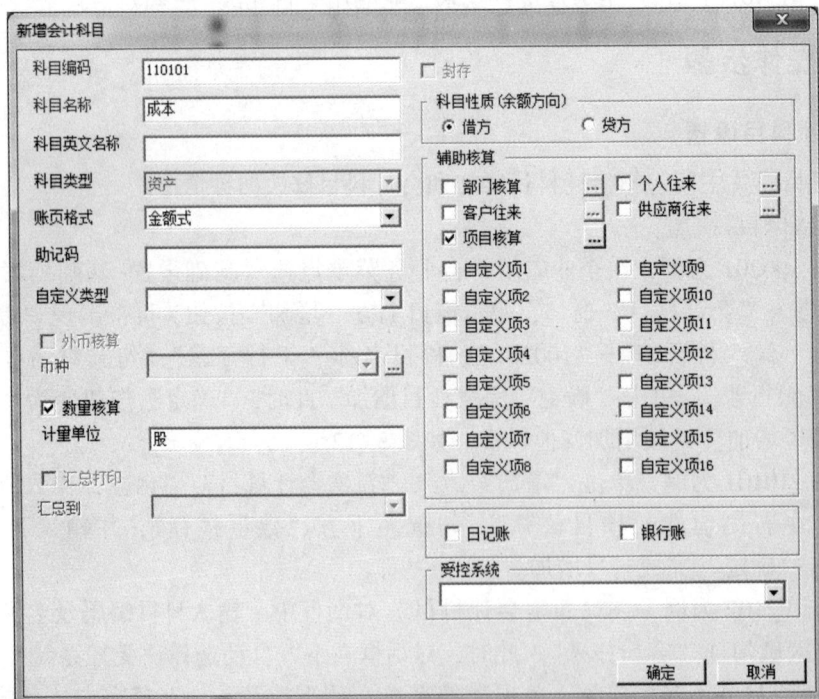

图 3-13　新增会计科目（交易性金融资产-成本）

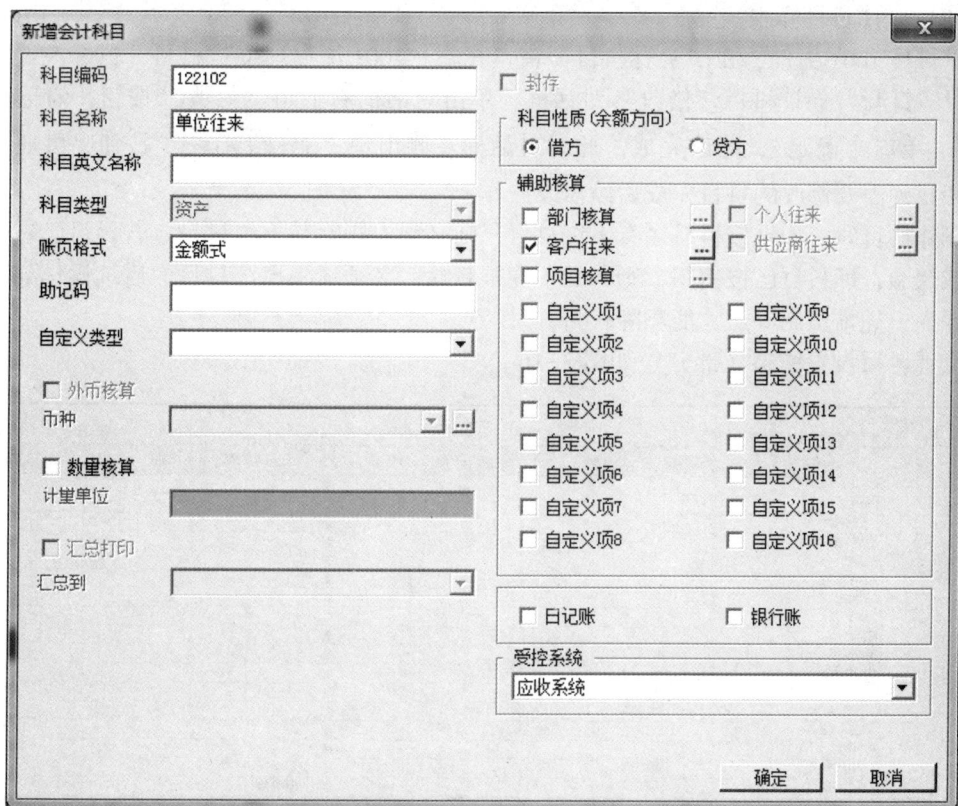

图 3-14 新增会计科目（其他应收款-单位往来）

当某两个科目的下级科目比较相似时，可以通过"成批复制"来批量增加会计科目。以科目 6601 和 6602 为例，假设 6601 已增加完所有下级科目，在增加 6602 下级科目时，单击"会计科目"窗口上方菜单"编辑"，单击其中的"成批复制"，在"将科目编码"后填入 6601，在"复制为科目编码"后输入"6602"，单击"确认"。退出后可看到窗口中 6602 下新增 9 个下级科目，对照资料对科目进行修改，单击窗口上方"删除"按钮删除多余科目。"成批复制"如图 3-15。

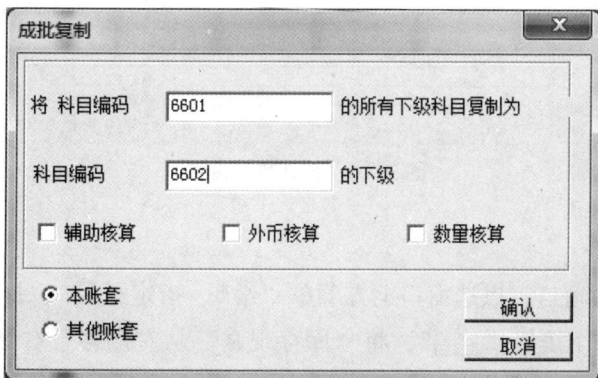

图 3-15 成批复制

（2）会计科目修改。

以科目 1001 为例，在"会计科目"窗口找到"1001 库存现金"科目，鼠标左键双击该科目，打开"会计科目_ 修改"对话框，单击对话框右下角"修改"按钮，勾选"日记账"，单击"确定"，修改完成。此时对话框左侧出现" $\boxed{\blacktriangleleft}\boxed{\blacktriangleleft}\boxed{\blacktriangleright}\boxed{\blacktriangleright\!\!|}$ "按钮，可通过这些按钮找到需要修改的科目完成后续修改操作。

删除科目时，如果该科目还有下级科目，则必须先删除其下级科目。若科目已有了发生额或余额，即科目已被使用，则科目不能被删除，必须清除掉该科目的后续操作如期初余额录入、凭证填制等后才能删除科目。

会计科目设置结果（部分）如图 3-16。

级次	科目编码	科目名称	外币币种	辅助核算	银行科目	现金科目	计量单位	余额方向	受控系统	是否封存	银行账	日记账	自定义类型
1	1001	库存现金				Y		借				Y	
1	1002	银行存款			Y			借			Y	Y	
2	100201	工行存款			Y			借			Y	Y	
1	1003	存放中央银行款项						借					
1	1011	存放同业						借					
1	1012	其他货币资金						借					
2	101201	存出投资款						借					
2	101202	银行汇票						借					
1	1021	结算备付金						借					
1	1031	存出保证金						借					
1	1101	交易性金融资产						借					
2	110101	成本		项目核算			股	借					
2	110102	公允价值变动		项目核算				借					
1	1111	买入返售金融资产						借					
1	1121	应收票据						借					
2	112101	银行承兑汇票		客户往来				借	应收系统				
2	112102	商业承兑汇票		客户往来				借	应收系统				
1	1122	应收账款		客户往来				借	应收系统				
1	1123	预付账款		供应商往来				借	应付系统				
1	1131	应收股利						借					
1	1132	应收利息						借					
1	1201	应收代位追偿款						借					
1	1211	应收分保账款						借					
1	1212	应收分保合同准备金						借					
1	1221	其他应收款						借					
2	122101	个人往来		个人往来				借					
2	122102	单账往来		客户往来				借					
1	1231	坏账准备						贷					
1	1301	贴现资产						借					
1	1302	拆出资金						借					
1	1303	贷款						借					
1	1304	贷款损失准备						贷					
1	1311	代理兑付证券						借					
1	1321	代理业务资产						借					
1	1401	材料采购						借					
1	1402	在途物资						借					
1	1403	原材料						借					
1	1404	材料成本差异						借					
1	1405	库存商品						借					
1	1406	发出商品						借					
1	1407	商品进销差价						贷					
1	1408	委托加工物资						借					
1	1411	周转材料						借					

图 3-16　会计科目设置

2. 指定科目

在"会计科目"窗口，点选窗口上方菜单"编辑-指定科目"，打开"指定科目"对话框，单击中间第一个按钮" ▷ "，将"库存现金"从左侧移至右侧，即指定为现金科目，单击左侧的"1002 银行存款"，再单击按钮" ▷ "，将"银行存款"移至右侧，即指定为银行科目，如图 3-17。单击"确定"返回"会计科目"窗口，所有会计科目操作完成后,退出会计科目窗口。

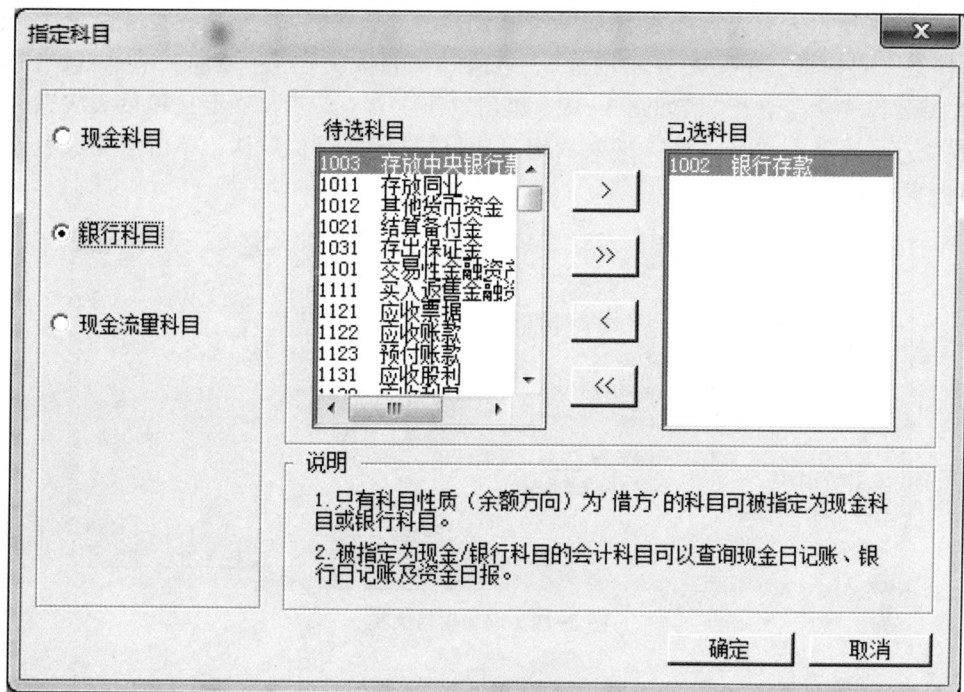

图 3-17 指定会计科目

3. 凭证类别

在企业应用平台业务菜单点选"基础设置-基础档案-财务-凭证类别",打开"凭证类别预置"对话框,单击"确定",屏幕显示"凭证类别"对话框后,单击"退出"按钮退出对话框。如图 3-18。

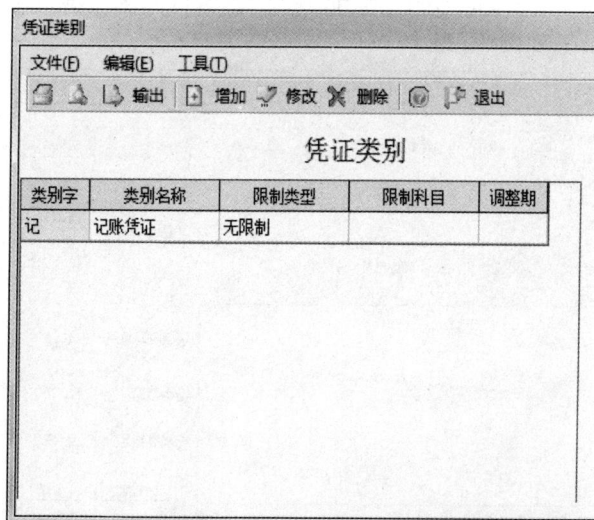

图 3-18 凭证类别设置

4. 项目目录

（1）增加项目大类。点选业务菜单"基础设置-基础档案-财务-项目目录"，进入"项目档案"对话框，单击上方"增加"，进入"项目大类定义_增加"对话框，输入新项目大类名称"金融资产"，如图 3-19。单击"下一步"，进入"定义项目级次"，不做任何改变，直接单击"下一步"进入"定义项目栏目"，保持默认，单击"完成"，返回"项目档案"对话框。

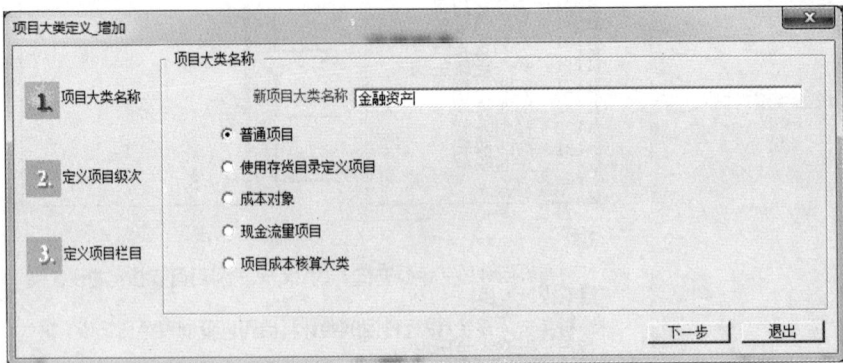

图 3-19　增加项目大类

（2）核算科目设置。在"项目档案"对话框右上方通过下拉箭头将"项目大类"从默认的"现金流量项目"改为"金融资产"，单击" > "或" >> "将左侧待选科目移至右侧的已选科目，单击"确定"。

（3）项目结构。项目结构保持默认，不需要操作。

（4）项目分类定义。完成"核算科目"设置后，在"项目档案"对话框单击"项目分类定义"，进入"项目分类定义"选项卡，输入分类编码"1"，分类名称"股票"，单击"确定"，完成分类定义。此步操作的结果即是在项目大类"金融资产"之下建立一个分类"股票"，操作结果如图 3-20。

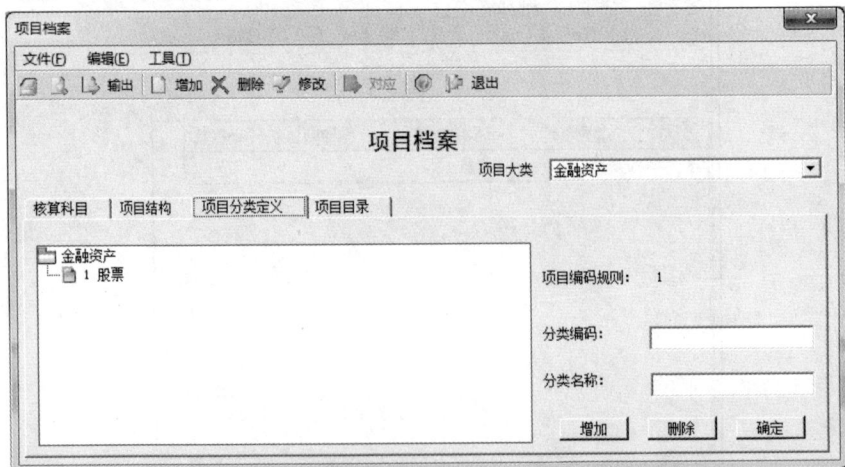

图 3-20　项目分类定义

（5）项目目录。单击"项目目录"，进入"项目目录"选项卡，单击右侧"维护"按钮，进入新窗口后，单击"增加"，屏幕出现空行，在"项目编号"输入"1"，"项目名称"输入"益佰制药"，是否结算默认，即"否"，所属分类码可直接输入"1"，也可通过栏目后的按钮选择"1 股票"，如图 3-21。填制完成单击"退出"，返回"项目档案"对话框。

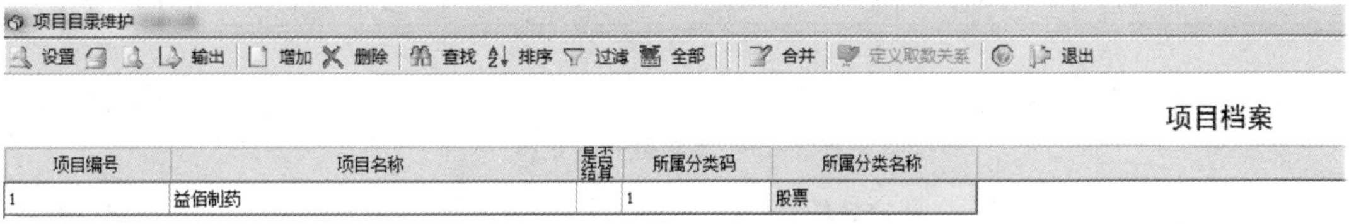

图 3-21　项目目录维护

任务五　收付结算设置

一、收付结算基本资料

1. 结算方式

表 3-15　结算方式

结算方式编码	结算方式名称
1	现金
2	支票
201	现金支票
202	转账支票
3	托收承付
4	委托收款
5	电汇
6	银行汇票
7	商业汇票
701	银行承兑汇票
702	商业承兑汇票
8	其他

2. 付款条件

表 3-16　付款条件

编码	信用天数	优惠天数	优惠率 1	优惠天数 2	优惠率 2	优惠天数 3	优惠率 3
01	30	10	3.0	20	2	30	0
02	30	10	2.0	20	1	30	0

3. 本单位开户银行

表 3-17　本单位开户银行

编码	银行账号	账户名称	币种	是否暂封	开户银行	所属银行编码
01	7512223251263621005	贵州盛德商贸有限公司	人民币	否	工商银行安顺分行体育路支行	01

二、操作要求和说明

1. 要求

根据资料完成结算方式设置、付款条件设置、本单位开户银行信息填制工作，其中支票结算方式包含现金支票、转账支票两种具体结算方式，商业汇票分为商业承兑汇票和银行承兑汇票两种具体结算方式。资料中未给出的项目按默认。

2. 说明

本任务由 A01 于 2020 年 1 月 1 日在企业应用平台登录操作完成。付款条件资料中信用天数指付款的时间期限，超过该期限，企业将面临违约金。在优惠天数内付款，享受优惠率 1 的现金折扣，即在编码"01"的付款条件下享受 3% 的现金折扣，在优惠天数 2 内付款，享受优惠率 2。

三、操作步骤

1. 结算方式设置

点选"基础设置-基础档案-收付结算-结算方式"，输入结算方式编码"1"，结算方式名称"现金"，单击"保存"完成第一条记录编制，单击"增加"继续填制其他结算方式，所有结算方式编制完成，单击"退出"。设置结果如图 3-22。

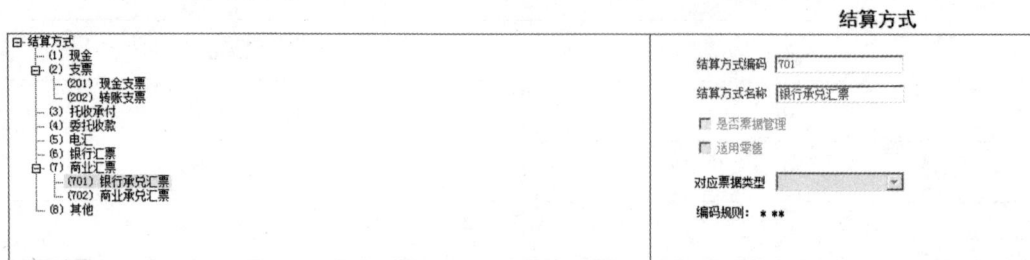

图 3-22　结算方式

2. 付款条件

点选"基础设置-基础档案-收付结算-付款条件",进入"付款条件"窗口,单击"增加",依次输入付款条件编码为"01",信用天数为"30",优惠天数1为"10",优惠率1为"3",优惠天数2为"20",优惠率2为"2",其余可不填,单击"保存"完成第一条付款条件编制,如图3-23。系统自动增加下一行,继续编制第二项付款条件,完成后单击保存,系统自动增加下一行,可不用删除,直接单击"退出"即可。设置结果如图3-24。

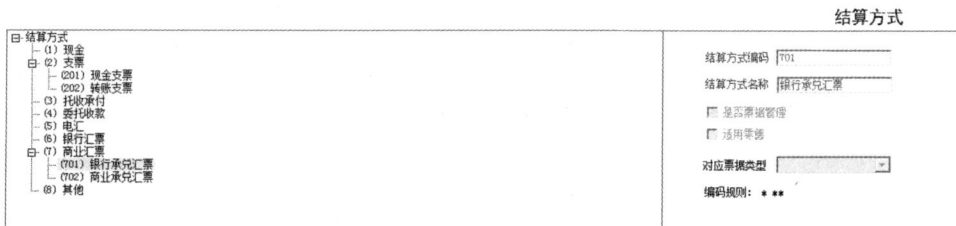

图 3-23 付款条件增加

序号	付款条件编码	付款条件名称	信用天数	优惠天数1	优惠率1	优惠天数2	优惠率2	优惠天数3	优惠率3	优惠天数4	优惠率4
1	01	3/10, 2/20, n/30	30	10	3.0000	20	2.0000		0.0000	0	0.0000
2	02	2/10, 1/20, n/30	30	10	2.0000	20	1.0000		0.0000	0	0.0000

图 3-24 付款条件

3. 本单位开户银行

(1) 取消企业账户规则"定长"。

由于企业应用平台默认勾选企业账户规则"定长",且将企业账号长度设定为12位,使本单位开户银行19位银行账号无法输入,在设置本单位开户银行前需要先取消这一规则。

点选"基础设置-基础档案-收付结算-银行档案",进入"银行档案"窗口,双击"中国工商银行",取消"定长"前的对勾,如图3-25,单击"保存",退出"银行档案"。

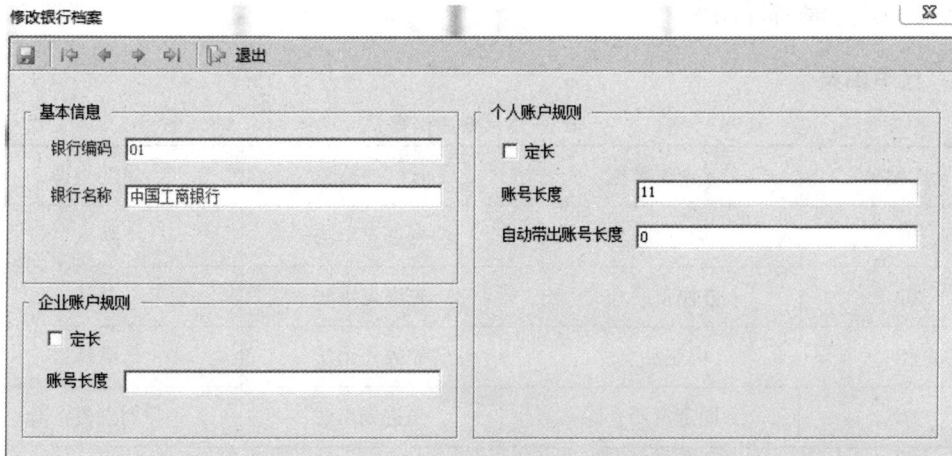

图 3-25 银行档案修改-取消企业账户定长

（2）本单位开户银行设置。

点选"基础设置-基础档案-收付结算-本单位开户银行"，进入窗口后单击"增加"，输入编码、银行账号、账户名称，单击"所属银行编码"栏目"..."按钮并选择"01中国工商银行"，输入开户银行信息，单击"保存"，最后单击"退出"。设置结果如图3－26。

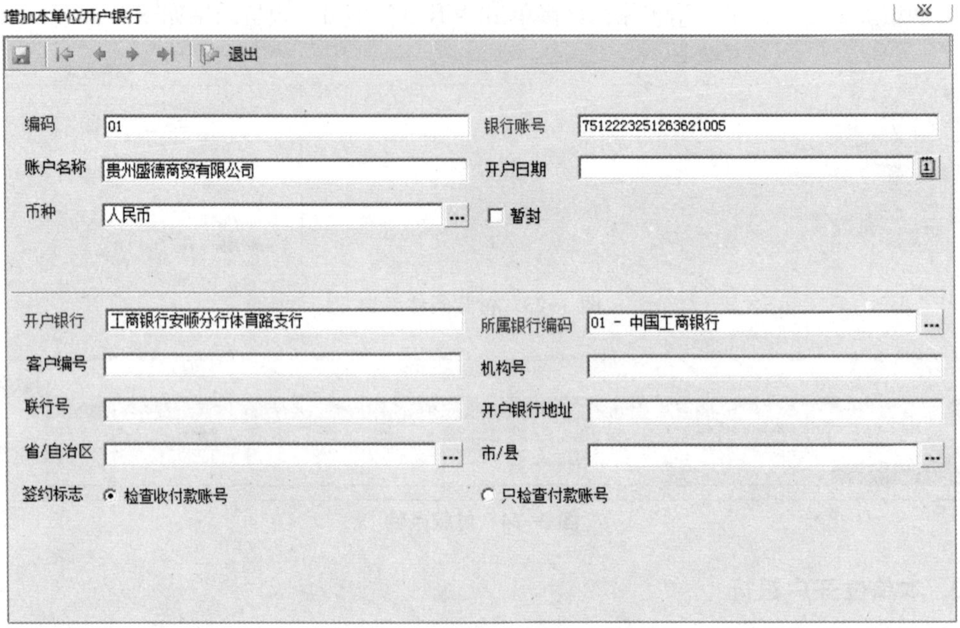

图3-26　本单位开户银行增加

任务六　业务设置

一、业务基本资料

1. 仓库档案

表3-18　仓库档案

仓库编码	仓库名称	计价方式	属性勾选
01	调味料仓库	先进先出法	默认
02	方便食品仓库	先进先出法	默认
03	肉制品仓库	先进先出法	默认
04	固定资产仓库	先进先出法	只勾选资产仓

2. 收发类别

表 3-19　收发类别

收发类别编码	收发类别名称
1	入库
11	采购入库
12	盘盈入库
13	其他
2	出库
21	销售出库
22	盘亏
23	其他出库

3. 采购类型

表 3-20　采购类型

采购类型编码	采购类型名称	入库类别	是否默认值	是否委外默认值	是否列入MPS/MRP 计划
01	直接采购	采购入库	是	否	否
02	资产采购	采购入库	否	否	否

4. 销售类型

表 3-21　销售类型

销售类型编码	销售类型名称	出库类别	是否默认值	是否列入 MPS/MRP 计划
01	直接销售	销售出库	是	否

5. 费用项目分类

表 3-22　费用项目分类

分类编码	分类名称
1	运杂费
2	销售费用

6. 费用项目明细

表 3-23　费用项目

费用项目编码	费用项目名称	费用项目分类
101	代垫运杂费	1
201	运费	2
202	包装费	2

7. 仓库存货对照表

表 3-24　仓库存货对照表

仓库编码	存货编码
01	0101
01	0102
02	0201
02	0202
03	0301
03	0302
03	0303
03	0304
04	0401

二、操作要求和说明

1. 要求

完成资料中 1-7 项目设置操作，资料中未涉及项目按默认。

2. 说明

本业务由 A01 赵琪于 2020 年 1 月 1 日登录企业应用平台完成操作。

三、操作步骤

1. 仓库档案

点选业务菜单"基础设置-基本档案-业务-仓库档案"，进入"仓库档案"窗口，单击窗口上方"增加"按钮，按资料输入仓库编码"01"，仓库名称"调味品仓库"，下拉箭头选择计价方式为"先进先出法"，如图 3-27，单击"保存"，继续增加其他仓库档案。

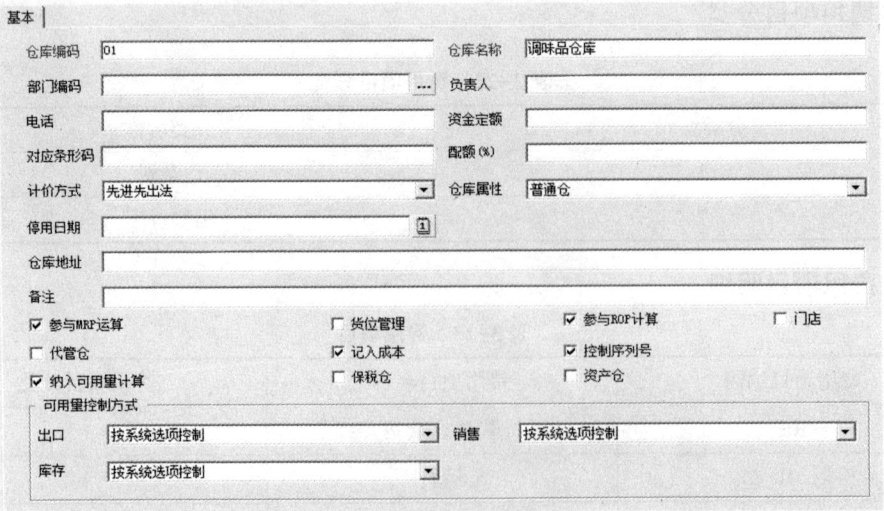

图 3-27　增加仓库档案

固定资产仓库档案增加时，先取消原来的勾选项，再勾选“资产仓”，其余仓库档案不需要改变下方勾选项。所有档案增加完毕，退出“仓库档案”窗口。固定资产仓库档案设置如图 3-28，仓库档案设置结果如图 3-29。

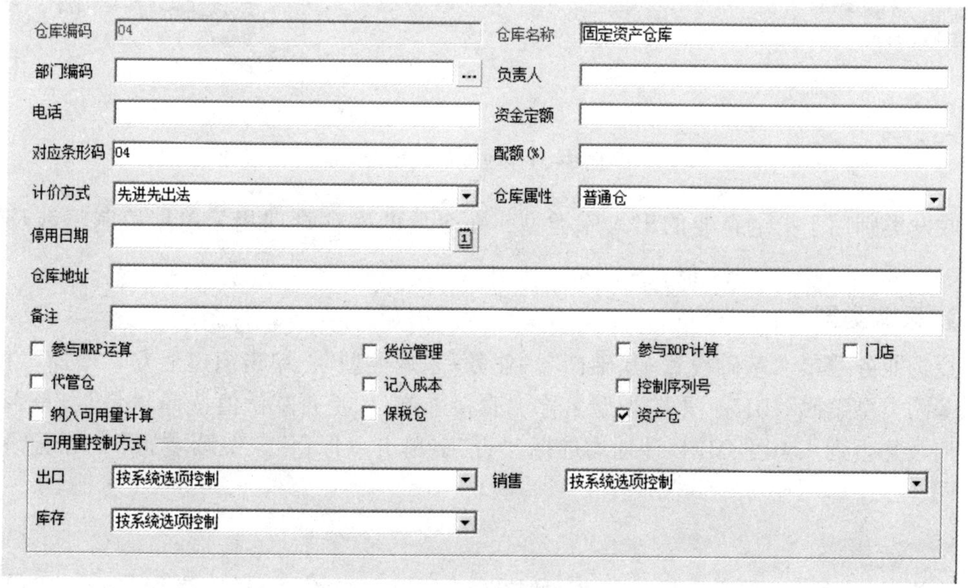

图 3-28　增加仓库档案

☑ 打印序号(N)

仓库档案

序号	仓库编码	仓库名称	部门名称	仓库地址	电话	负责人	计价方式	是否货位管理	资金定额	对应条形码	是否参与MRP运算	是否参与ROP计算	仓库属性	配额(%)	资产仓	控制序列号
1	01	调味料仓库					先进先出法	否		01	是	是	普通仓		否	是
2	02	方便食品仓库					先进先出法	否		02	是	是	普通仓		否	是
3	03	肉制品仓库					先进先出法	否		03	是	是	普通仓		否	是
4	04	固定资产仓库					先进先出法	否		04	否	否	普通仓		是	否

图 3-29　仓库档案

2. 收发类别

点选“基础设置-基础档案-业务-收发类别”，在“收发类别”窗口中按资料依序收发类别的编码和名称，并选定入库及其下级收发标志为“收”，出库及其下级收发标志为“发”。注意收发类别设置的编码每一级只有一位。输入完毕如图 3-30，单击“保存”，继续输入其他收发类别，全部完成后单击“退出”。设置结果如图 3-31。

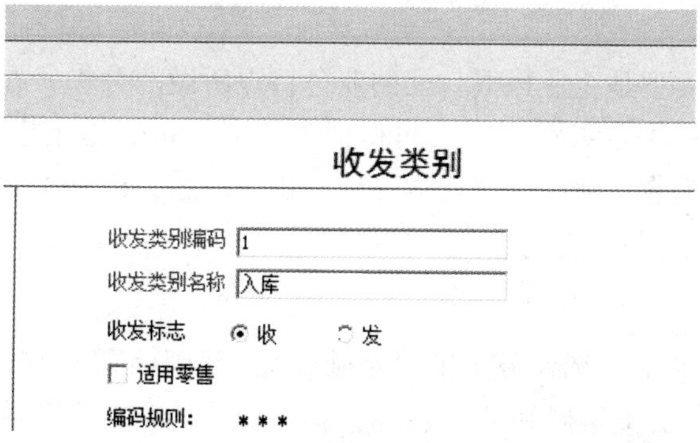

图 3-30　收发类别增加

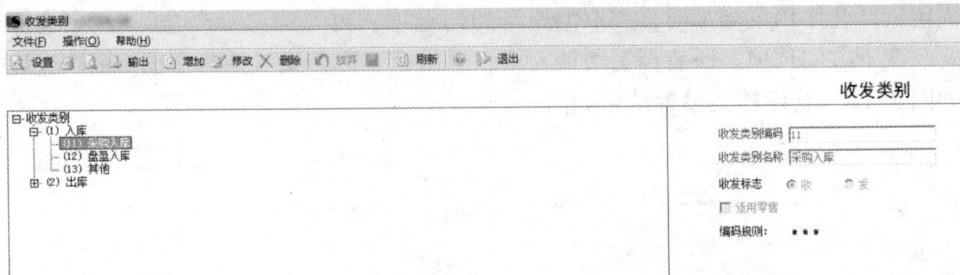

图 3-31 收发类别设置

收发类别用于指定企业的出入库类型，在今后的库存管理相关单据填制将涉及这些类别。

3. 采购类型

点选业务菜单"基础设置-基础档案-业务-采购类型"，单击窗口上方"增加"按钮，输入采购类型编码"01"，采购类型名称"直接采购"，是否默认值选择"是"，是否委外默认值及是否列入 MPS/MRP 计划均选择"否"，单击"保存"，继续增加下一条记录。结果如图 3-32。

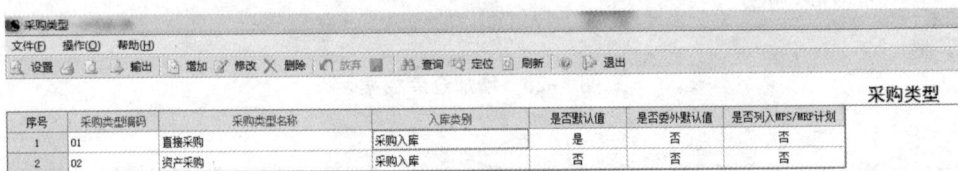

图 3-32 采购类型设置

4. 销售类型

操作与"采购类型"类同，结果如图 3-33。

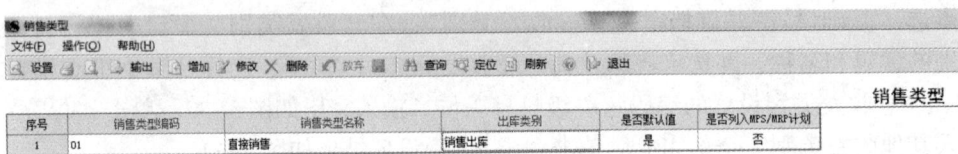

图 3-33 销售类型设置

采购类型和销售类型是企业根据自己的业务特点所做的分类，在今后的采购管理、销售管理业务单据填制中将会用到这些采购和销售类型。MPS 是主生产计划，MRP 是物料需求计划，用于生产型企业解决生产安排和原料供应问题，由于本企业是商业企业，不考虑生产安排和原料需求问题。

5. 费用项目

（1）费用项目分类。点选业务菜单"基础设置-基础档案-业务-费用项目分类"，单击"增加"，依次输入分类编码和分类名称，单击"保存"，继续录入其他费用分类，录入完毕保存后退出窗口。结果如图 3-34。

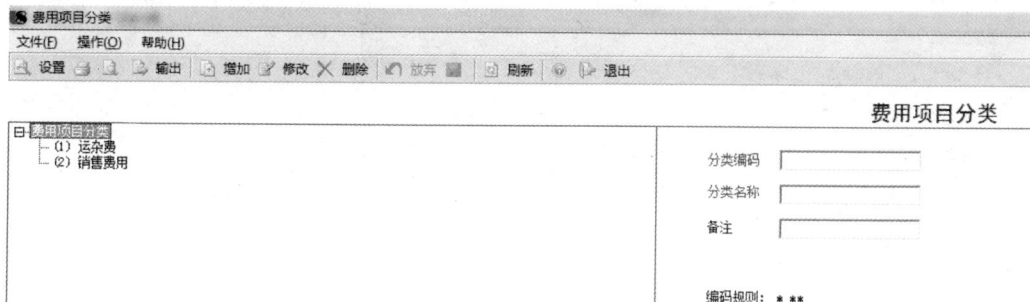

图 3-34 费用项目分类

（2）费用项目。点选业务菜单"基础设置–基础档案–业务–费用项目"，单击"增加"，依次输入费用项目编码和费用项目名称，双击费用项目分类栏目出现""按钮，单击按钮选择对应项目分类，单击"保存"，继续录入其他费用项目，录入完毕保存后退出窗口。结果如图 3-35。

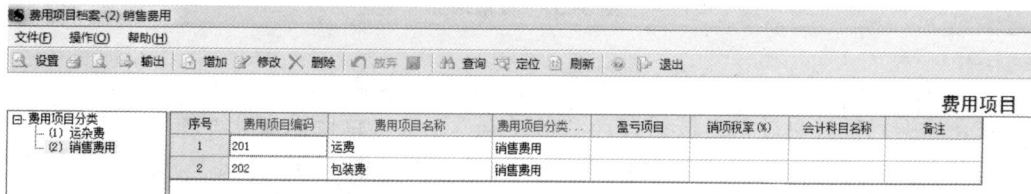

图 3-35 费用项目设置

6. 仓库存货对照表

点选业务菜单"基础设置–基础档案–对照表–仓库存货对照表"，单击"增加"，分别单击"仓库编码"和"存货编码"后的""按钮，选择对应的仓库和存货，保存后继续录入其他对照关系直至全部录入完成，退出窗口。结果如图 3-36。

图 3-36 仓库存货对照表

由于存货事先已进行分类，因此，仓库存货对照表还可用批量设置方式，在"仓库存货对照表"窗口单击上方"选择"按钮，打开"批量增加"对话框，如图 3-37。

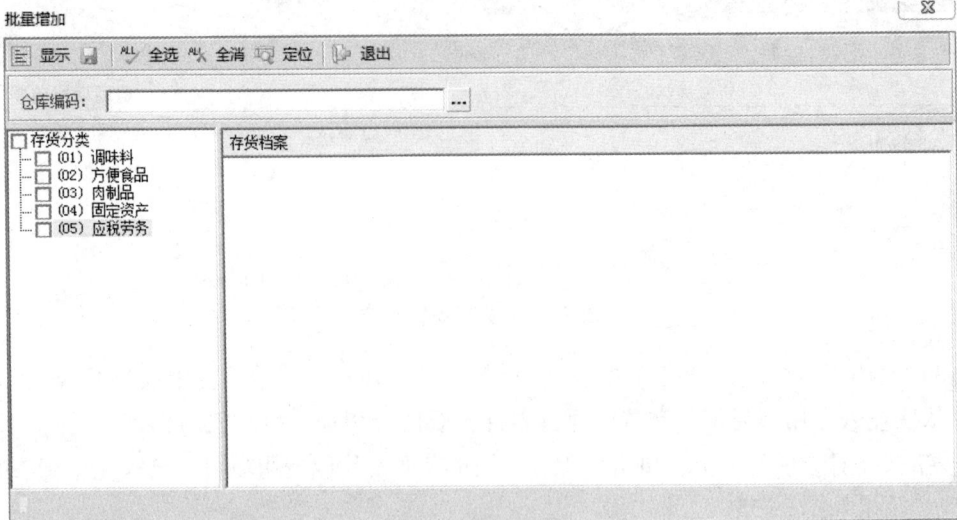

图 3-37　批量增加

在仓库编码栏目通过单击按钮选择"01 仓库"，也可直接输入仓库编码"01"，在左侧"存货分类"菜单中选择"（01）调味料"，单击对话框上方"显示"按钮，右侧将显示出调味料分类下所有存货，再单击"保存"，如图 3-38。重复上述步骤，继续增加其他对照关系，全部增加完毕退出对话框和"仓库存货对照表"窗口。

在批量增加时，勾选某一存货分类并不能将该存货分类下的存货与仓库建立对应关系，仓库只能与末级存货建立对应关系。因此，在勾选存货后类后，必须单击"显示"按钮，对该分类下末级存货进行勾选，才能建立起仓库存货对照关系。

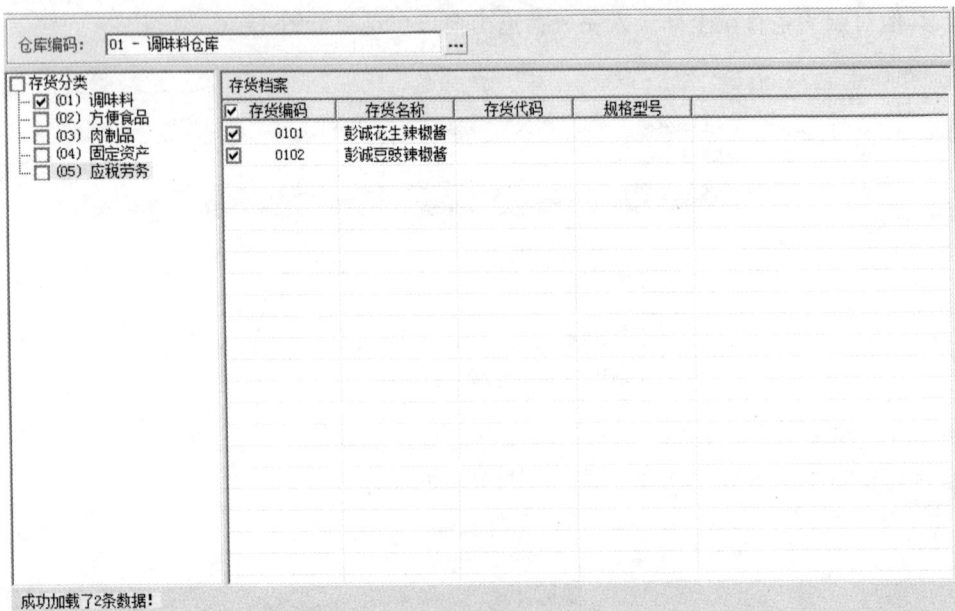

图 3-38　调味料仓库存货对照批量增加

任务七 单据设置

一、单据设置资料

1. 单据格式设置

（1）采购入库单"采购类型""入库类别"设置为必输，销售出库单"出库类别"设置为必输。

（2）销售订单增加"必有定金"和"定金原币金额"。

（3）销售发票增加"退补标志"。

2. 单据编号设置

采购订单、采购专用发票、销售订单、销售专用发票采用"完全手工编号"。

二、操作要求和说明

1. 要求

按照单据设置资料完成单据格式设置和单据编号设置，在设置时保证原有格式不被破坏，新增项目显示完整。资料未涉及项目不做任何改动调整。

2. 说明

本任务由 A01 赵琪在企业应用平台登录完成。

三、操作步骤

1. 单据格式设置

（1）采购入库单与销售出库单表头设置。

点选业务菜单"基础设置-单据设置-单据格式设置"，进入"单据格式设置"窗口，窗口左侧是单据类型树形目录，点击目录中"库存管理"项前的"⊞"，展开下级单据类型，找到其中的"采购入库单"，并继续展开目录，直至出现"采购入库单显示模板"，如图3-39。

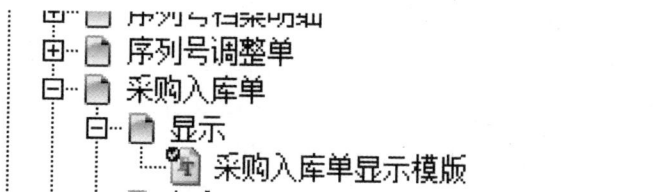

图3-39 采购入库单显示模板菜单

单击"采购入库单显示模板"，窗口右侧出现采购入库单界面，单击窗口上方"表头项目"按钮，出现"表头"项目设置对话框。对话框左上方显示所有在单据表头中可选择出现的项目，在项目名称列表中找到并单击"采购类型"，勾选其属性中的"必输"，如图 3-40。再查找"入库类别"，按前述方式进行设置。设置完成后，单击"表头"对话框"确定"按钮，再单击窗口上方"保存"按钮（按钮分两行，注意"保存"在第一行，第二行相似的图标是"另存为"）。

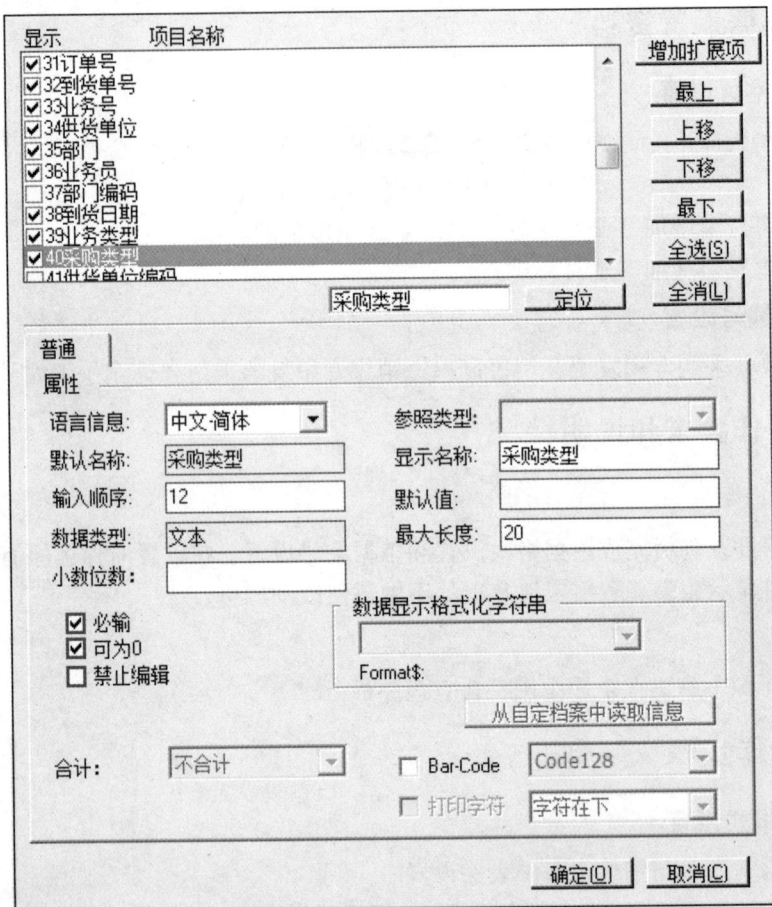

图 3-40　采购入库单表头设置

按前述操作步骤，在"库存管理"中找到"销售出库单"，将"出库类别"设置为"必输"，并保存对单据格式的修改。

（2）销售订单表头设置。

在单据类型目录中找到"销售管理"，展开下级找到"销售订单"，打开"销售订单显示模板"，单击上方"表头项目"按钮，在项目名称中勾选"必有定金""定金原币金额"，如图 3-41，单击确定返回"销售订单显示模板"。

此时，新增的"必有定金"和"定金原币金额"被放置于单据左上角，且被其他栏目遮挡，需要对单据格式进行微调。单击表体，表体四周出现 8 个黑点，鼠标拖动表体上方正中黑点将表体向下适当压缩（根据左边标尺，向下拖动约 0.5 单位），为新项目留出位置。再将新增项目拖至留出的空白位置，并调整新项目宽度，与原有表头项目对齐，如图 3-42。单击"保存"。

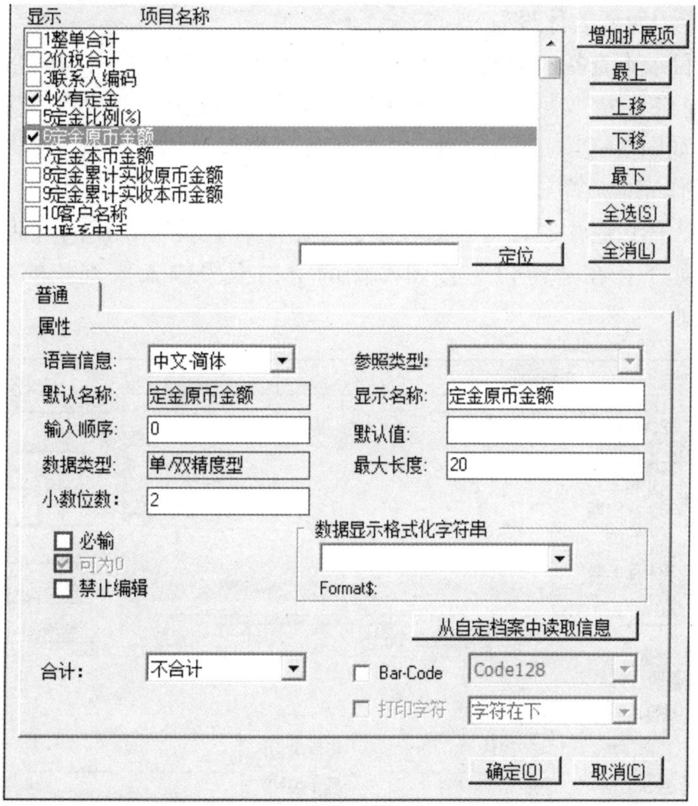

图 3-41　销售订单表头设置

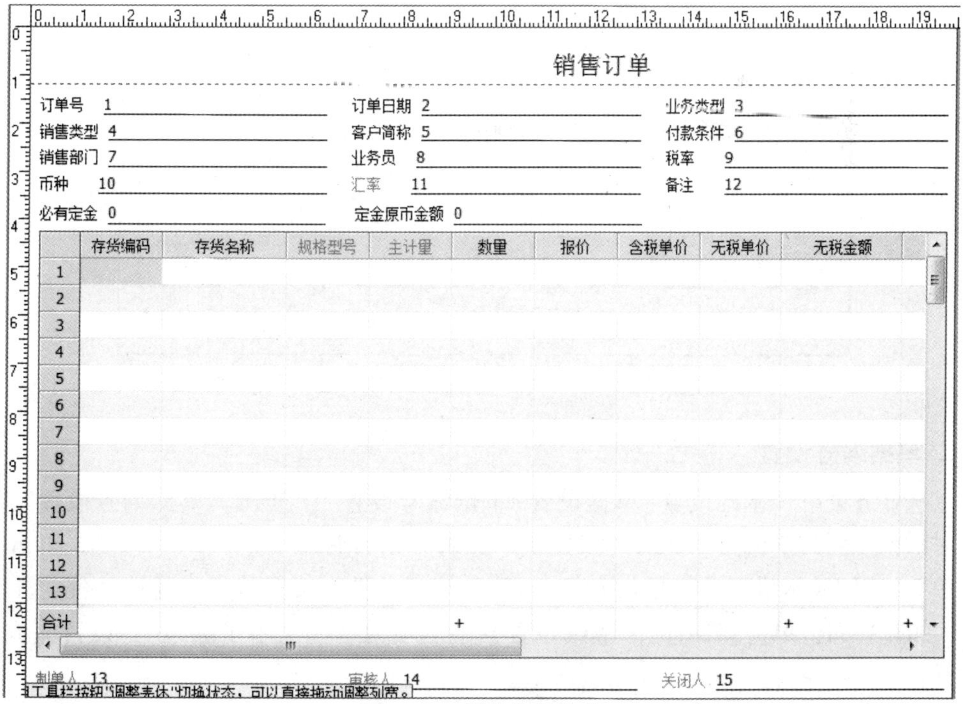

图 3-42　销售订单格式

（3）销售专用发票表体设置。

在单据类型目录中查找"销售管理"，展开下级菜单，找到并打开"销售专用发票显示模板"，单击窗口上方"表体项目"，打开"表体"对话框，在项目名称中找到"退补标志"并勾选，如图3-43。单击"确定"，返回"销售专用发票显示模板"窗口，单击"保存"。全部操作完成后单击"退出"，退出"单据格式设置"。

在以上表头表体设置中，由于项目较多，项目名称查找可以使用对话框中的"定位"按钮，操作方法如下：在"定位"按钮左侧的空白框中输入要查找的项目名称，单击"定位"即可找到。

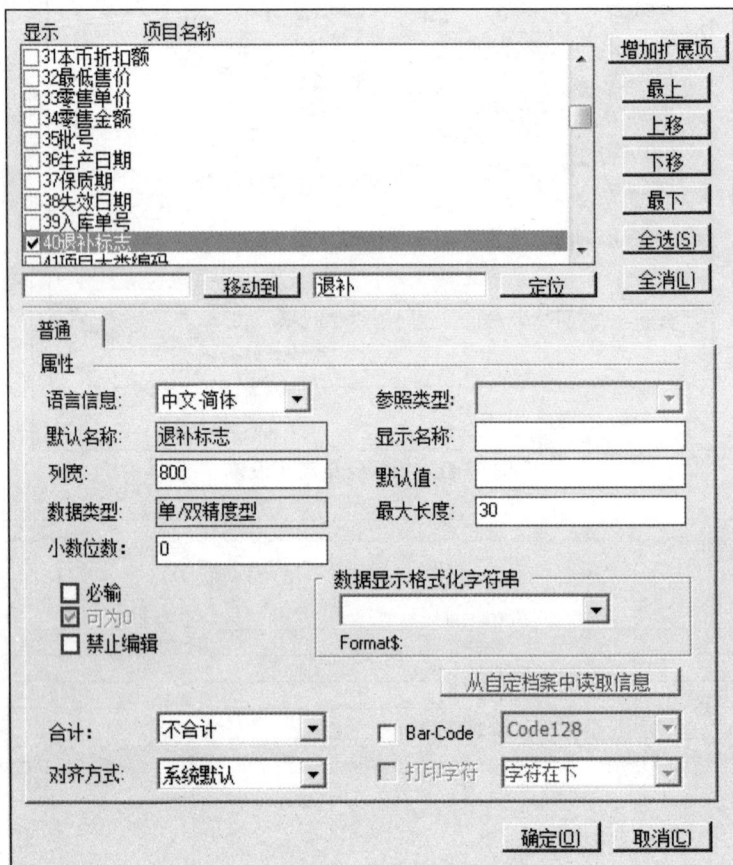

图3-43　销售专用发票表体设置

2. 单据编号设置

点选业务菜单"基础设置-单据设置-单据编号设置"，打开"单据编号设置"对话框，对话框左侧为单据类型目录，在目录中找到"销售管理"展开下级目录，单击"销售订单"，右侧显示设置项，单击右侧"🖎"按钮，进入编辑状态，勾选"完全手工编号"，如图3-44，单击"保存"。继续设置其他三项为"完全手工编号"，设置完成，退出对话框。

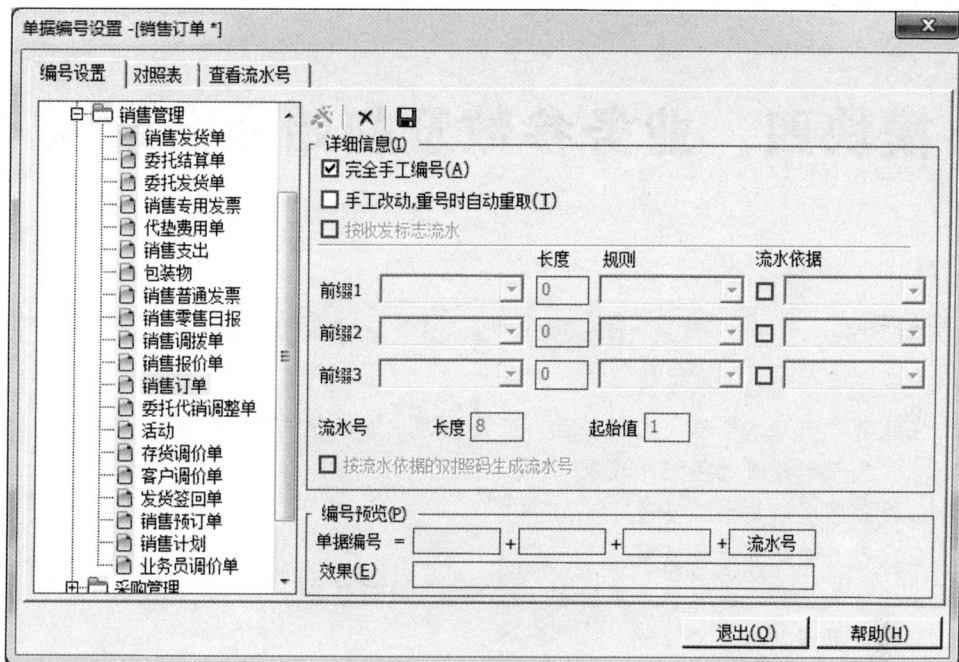

图 3-44　单据编号设置

模块四 业务参数及初始数据录入

学习目标

1. 掌握应收款管理账套参数设置、初始设置及期初余额录入的具体操作
2. 掌握应付款管理账套参数设置、初始设置及期初余额录入的具体操作

3. 掌握销售管理的选项设置操作

4. 掌握采购管理选项设置和各种采购期初单据的录入操作

5. 掌握库存管理选项设置和期初结存数据设置操作

6. 掌握存货核算选项设置、期初余额取数、存货科目及对方科目设置操作

7. 掌握薪资管理选项设置、人员档案引入、工资项目及公式定义具体操作

8. 掌握总账选项、期初余额录入及试算平衡的具体操作

9. 掌握固定资产管理初始化、折旧科目、资产类别、增减方式具体操作

10. 掌握固定资产管理原始卡片录入具体操作

11. 理解所录入的初始数据在企业会计工作连续性中所起的重要作用

12. 理解和掌握录入后的初始数据在后续日常业务处理中的单据传递关系

任务一　应收款管理设置

一、应收款管理设置资料

1. 账套参数设置

表 4-1　账套参数设置

参数名	取值
坏账处理方式	应收余额百分比法
自动计算现金折扣	是

2. 初始设置

（1）基本科目设置。

表 4-2　基本科目设置

基础科目种类	科目
应收科目	应收账款
预收科目	合同负债/预收货款
商业承兑科目	应收票据/商业承兑汇票
银行承兑科目	应收票据/银行承兑汇票
票据利息科目	财务费用
现金折扣科目	财务费用
税金科目	应交税费/应交增值税/销项税额
销售收入科目	主营业务收入
销售退回科目	主营业务收入

（2）控制科目设置。

表 4-3　控制科目设置

客户简称	应收科目	预收科目
安顺金安	应收账款	
贵州运卓	应收账款	合同负债/预收货款
安顺承齐	应收账款	合同负债/预收货款
安顺前轩	应收账款	
安顺家永	应收账款	

（3）产品科目设置。

表 4-4　产品科目设置

类别编码	类别名称	销售收入科目	应交增值税科目
01	调味料	主营业务收入	应交税费/应交增值税/销项税额
02	方便食品	主营业务收入	应交税费/应交增值税/销项税额
03	肉制品	主营业务收入	应交税费/应交增值税/销项税额
04	固定资产		
05	应税劳务		

（4）结算方式科目设置。

表 4-5　结算方式科目设置

结算方式	币种	本单位账号	科目
现金	人民币	75122232251263621005	1001
现金支票	人民币	75122232251263621005	100201
转账支票	人民币	75122232251263621005	100201
托收承付	人民币	75122232251263621005	100201
委托收款	人民币	75122232251263621005	100201
电汇	人民币	75122232251263621005	100201
银行汇票	人民币	75122232251263621005	100201
银行承兑汇票	人民币	75122232251263621005	100201
商业承兑汇票	人民币	75122232251263621005	100201

（5）坏账准备设置。

表4-6　坏账准备设置

项目	取值
提取比例	0.5%
坏账准备期初余额	590.85
坏账准备科目	坏账准备
对方科目	信用减值损失

3. 期初余额

（1）应收账款期初余额。

表4-7　期初销售专用发票

项目	取值
单据名称	销售发票
单据类型	销售专用发票
方向	正向
开票日期	2019-12-26
发票号	80912301
客户	安顺家永食品有限公司
销售部门	销售部
业务员	周明
货物编号	0303
数量	100
无税单价	1010

（2）应收票据期初余额。

表4-8　期初银行承兑汇票

项目	取值
单据名称	应收票据
单据类型	银行承兑汇票
票据编号	10245651
客户	贵州运卓百货有限公司
承兑银行	中国工商银行
票据面值	52000

续表

项目	取值
票据余额	52000
面值利率	5%
科目	应收票据/银行承兑汇票
签发及收到日期	2019-12-30
到期日	2020-1-30
部门	销售部
业务员	周明
摘要	销售商品

（3）预收货款期初余额。

表4-9 期初预收货款

项目	取值
单据名称	预收款
单据类型	收款单
日期	2019-12-25
客户	安顺承齐百货有限公司
结算方式	转账支票
金额及本币金额	30000
票据号	10245621
款项类型	预收款
科目	合同负债/预收货款

二、操作要求和说明

1. 要求

依据资料，完成应收款管理系统的初始化工作，资料中未涉及项目保持默认。

2. 说明

本业务由 A01 赵琪于 2020 年 1 月 1 日登录企业应用平台完成。

三、操作步骤

1. 账套参数设置

点选业务菜单"业务工作-财务会计-应收款管理-设置-选项"，进入"账套参数设置"对话框，有"常规""凭证""权限与预警""核销设置"四个选项卡。在"常规"

选项卡下，单击"编辑"，系统提示"选项修改需要重新登录才能生效"，单击"确定"。

在"常规"选项卡找到"坏账处理方式"参数，修改处理方式为"应收余额百分比法"，右侧勾选"自动计算现金折扣"，如图4-1，单击"确定"完成账套参数设置。

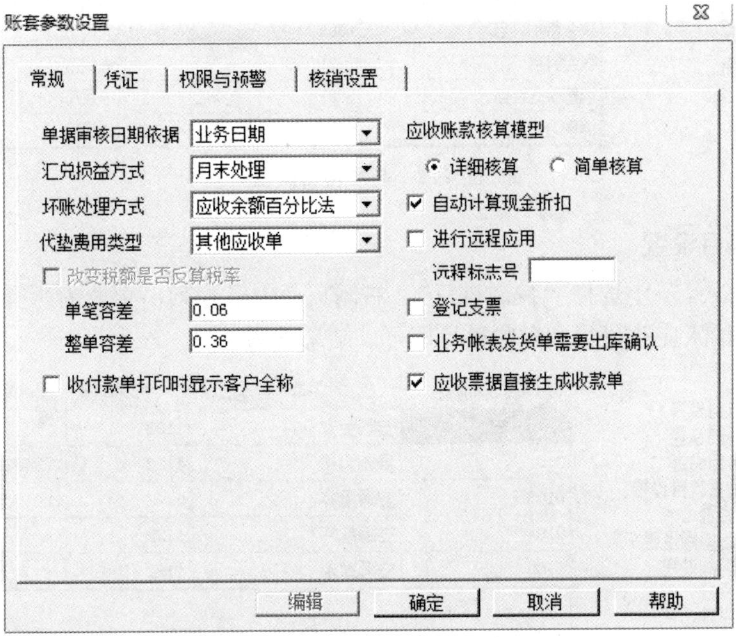

图 4-1 应收款管理账套参数设置

账套参数设置是企业根据自身业务需要，对应收账款业务处理进行个性化的设置，所做的设置会影响将来的业务处理。如"凭证"选项卡中勾选"核销生成凭证"，则将来企业的每笔收款单与发票的核销都必须纳入制单工作，即使该笔核销不会产生任何分录，也必须在制单时将其纳入合并制单。若勾选了"核销生成凭证"，月末存在核销单据未纳入制单处理，则应收款管理子系统将无法实现月末结账。

此外，总账系统和所有子系统都有参数设置操作，该项操作除了进入子系统菜单选择操作外，还可在业务菜单"基础设置-业务参数"下选择相应项进行操作，当需要集中设置各子系统参数时，后一种方法有利于提高操作效率。

2. 应收款管理基本科目设置

在业务菜单点选"业务工作-财务会计-应收款管理-设置-初始设置"，进入"初始设置"对话框，在此依次可完成"基本科目设置""控制科目设置""产品科目设置"等多项操作。

选择"基本科目设置"，单击"增加"，在空行第一列双击，出现下拉箭头后选择"应收科目"，第二列输入"应收账款"的科目代码"1122"或通过栏目后的按钮进行科目选择。完成应收科目设置后按资料继续设置其他基本科目。结果如图4-2。

基础科目种类	科目	币种
应收科目	1122	人民币
预收科目	220402	人民币
商业承兑科目	112102	人民币
银行承兑科目	112101	人民币
票据利息科目	6603	人民币
现金折扣科目	6603	人民币
税金科目	22210103	人民币
销售收入科目	6001	人民币
销售退回科目	6001	人民币

左侧导航：
设置科目
　基本科目设置
　控制科目设置
　产品科目设置
　结算方式科目设置
坏账准备设置
账期内账龄区间设置
逾期账龄区间设置
报警级别设置
单据类型设置
中间币种设置

图4-2　基本科目设置

3. 控制科目设置

在"初始设置"中选择"控制科目"，右侧页面中已预列出企业的所有客户代码及简称，按表4-3输入应收科目和预收科目即可。结果如图4-3。

左侧导航：
设置科目
　基本科目设置
　控制科目设置
　产品科目设置
　结算方式科目设置
坏账准备设置
账期内账龄区间设置
逾期账龄区间设置
报警级别设置
单据类型设置
中间币种设置

客户编码	客户简称	应收科目	预收科目
0101	安顺金安	1122	
0102	贵州运卓	1122	220402
0103	安顺承齐	1122	220402
0104	安顺前轩	1122	
0105	安顺家永	1122	

图4-3　控制科目设置

4. 产品科目设置

在"初始设置"中选择"产品科目设置"，右侧页面中显示出所有存货分类代码及分类名称，这里是要针对存货类别设置其在销售时对应的销售收入科目和销项税科目，从而在将来制作销售业务凭证时，可以自动带出科目。对企业的三类商品存货分别设置销售收入科目为"6001"，应交增值税科目为"22210103"，结果如图4-4。

左侧导航：
设置科目
　基本科目设置
　控制科目设置
　产品科目设置
　结算方式科目设置
坏账准备设置
账期内账龄区间设置
逾期账龄区间设置
报警级别设置

类别编码	类别名称	销售收入科目	应交增值税科目	销售退回科目	税率
01	调味料	6001	22210103		
02	方便食品	6001	22210103		
03	肉制品	6001	22210103		
04	固定资产				
05	应税劳务				

图4-4　产品科目设置

5. 结算方式科目设置

在"初始设置"中选择"结算方式科目设置"，单击"增加"，在出现的空行第一列双击，选择"1现金"，币种选择"人民币"，第三列通过单击按钮调出"参照"窗口，选择本单位银行信息，系统自动填列本单位账号信息，科目输入"1001"或通过单击按钮进行选择。完成后按照资料继续完成其他结算方式设置。结果如图 4-5。

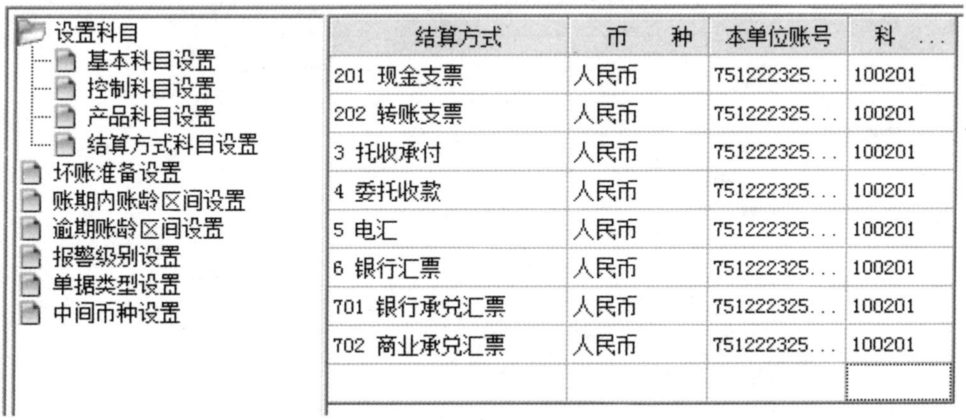

	结算方式	币　　　种	本单位账号	科　...
201	现金支票	人民币	751222325...	100201
202	转账支票	人民币	751222325...	100201
3	托收承付	人民币	751222325...	100201
4	委托收款	人民币	751222325...	100201
5	电汇	人民币	751222325...	100201
6	银行汇票	人民币	751222325...	100201
701	银行承兑汇票	人民币	751222325...	100201
702	商业承兑汇票	人民币	751222325...	100201

图 4-5　结算方式科目设置

结算方式科目设置对此前已设置的结算方式指定默认科目，从而可在今后收款单填制、发票现结、制单时自动带出科目。

6. 坏账准备设置

选择"初始设置"中的"坏账准备设置"，提取比率输入"0.5"，坏账准备期初余额"590.85"，输入坏账准备科目代码"1231"，或通过"查找"按钮搜索选择坏账准备科目。对方科目输入代码"6702"，或搜索选择信用减值损失科目。设置完成单击"确定"，系统显示"储存完毕"。设置结果如图 4-6。

初始设置工作至此全部完成，单击"关闭"按钮退出页面。

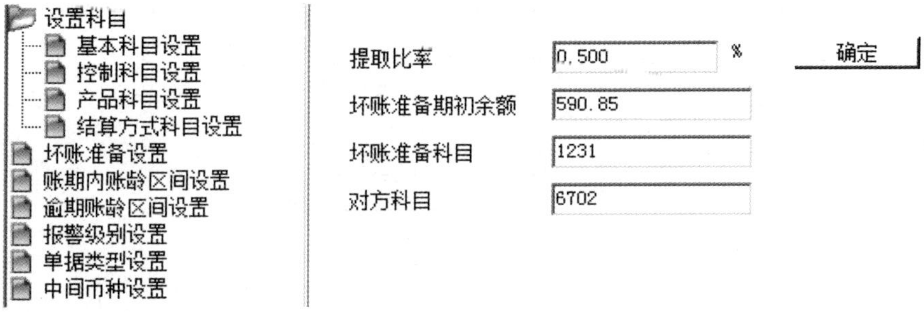

图 4-6　坏账准备设置

"坏账准备设置"输入科目的期初余额，使企业以前年度的坏账准备余额被带入新年度，保持企业账务处理工作的连续性。对坏账准备的提取比率设置，使后续每月坏账准备计提工作的坏账准备计提数计算可交由计算机完成。坏账准备科目代码和对方科目代码的设置，使得在每月坏账制单处理时，可由系统自动带出科目。

7. 应收账款期初余额设置

（1）点选业务菜单"业务工作-财务会计-应收款管理-设置-期初余额"，弹出"期初余额-查询"对话框，如图 4-7，单击确定，进入"期初余额明细表"，此时表中尚无任何余额记录。

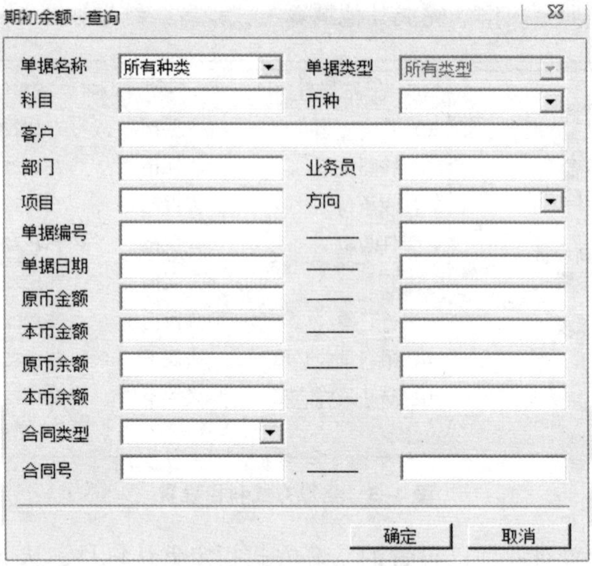

图 4-7　期初余额-查询

（2）单击上方"增加"按钮，系统弹出"单据类别"对话框，单据名称选择"销售发票"，单据类型选择"销售专用发票"，方向选择"正向"，如图 4-8，单击确定，进入"销售专用发票"窗口。

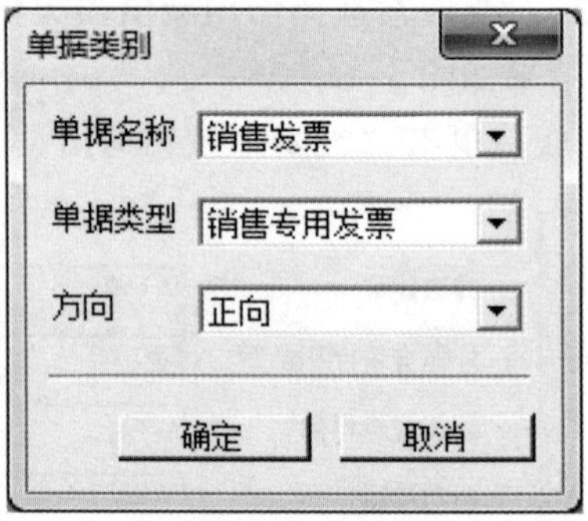

图 4-8　单据类别

这里方向选择为正向是正常销售业务的销售专用发票，由于上月开出发票但未收到货款，因而形成期初应收账款。若选择为负向，则是红字销售发票，因客户退货或因商品质量等原因客户要求销售折让时要开具红字销售发票，并因之形成红字应收账款。

（3）期初"销售专用发票"窗口与日常业务处理中的"销售专用发票"窗口栏目基本一致（此前在单据格式设置中做了"退补"设定，因此，日常业务处理中的"销售专用发票"窗口有"退补标志"栏目）。窗口分为表头和表体两部分，其中表头包含"发票号""客户名称"等栏目，表体则用于输入销售的商品具体信息。

表头部分填制：单击"增加"，增加一张销售专用发票，修改开票日期为"2019-12-26"，输入发票号"80912301"，通过按钮选择客户为"安顺家永"，系统自动带出客户"开户银行""银行账号""税号"等信息，选择销售部门为"销售部"，业务员为"周明"。

表体部分填制：单击按钮选择货物为"0303 百池香辣猪肉条"，系统自动带出计量单位、税率等信息，输入本笔业务的销售数量为"100"，无税单价"1010"，系统自动计算含税单价、价税合计等。所有数据输入并确认无误后，如图4-9，单击"保存"，并关闭"期初销售发票"窗口，回到"期初余额明细表"窗口。

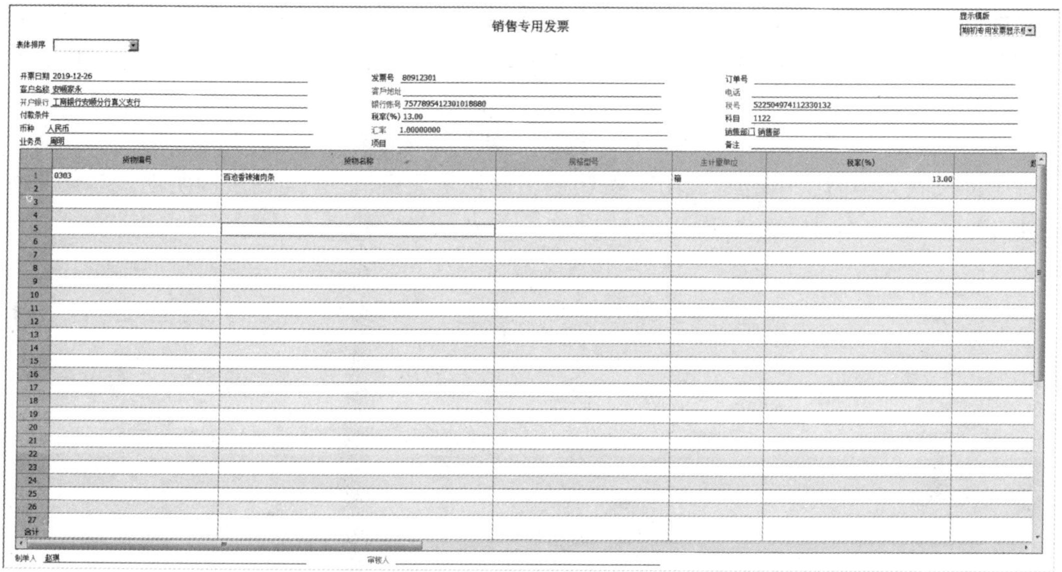

图4-9　期初销售专用发票

由于当前所完成的是期初数据输入，所以无论期初销售专用发票还是后面将输入的期初应收票据，其开票日期、签发日期必须在当前会计期间以前。

8. 应收票据期初余额设置

在"期初余额明细表"窗口，单击"增加"，在弹出的对话框中选择单据名称为"应收票据"，单据类型为"银行承兑汇票"，单击"确定"，进入"期初票据"窗口，单击"增加"，输入票据编号"10245651"，开票单位选择"贵州运卓"，承兑银行选择"中国工商银行"，输入票据面值"52000"，系统自动填写票据余额为"52000"，面值利率输入"5"（系统自动计为5%），科目选择"1121 银行承兑汇票"，签发日期和收到日期修改为"2019-12-30"，到期日修改为"2020-01-30"，部门选择"销售部"，业务员选择"周明"，摘要输入"销售商品"。输入完成如图4-10，单击"保存"并关闭当前页。

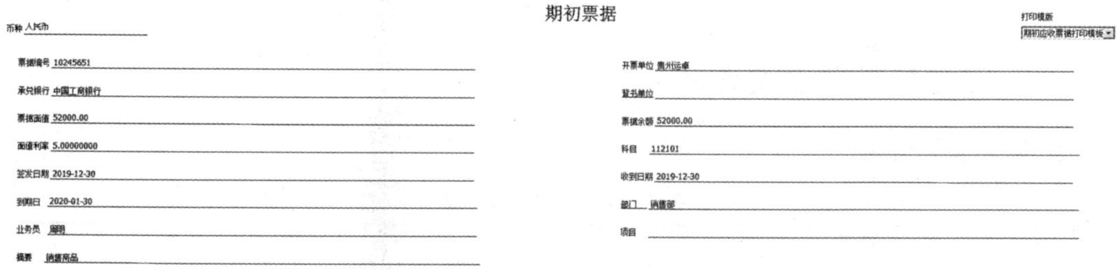

图4-10　期初票据-银行承兑汇票

9. 预收货款期初余额设置

在“期初余额明细表”窗口，单击“增加”，在弹出的对话框中选择单据名称为“预收款”，单据类型为“收款单”，单击“确定”，进入“期初票据录入-收款单”窗口。单击“增加”，修改日期为“2019-12-25”，客户选择“安顺承齐”，系统自动带出客户的开户银行、账号等信息。结算方式选择“转账支票”，系统自动带出结算方式对应科目“100201”。输入金额“30000”，本币金额由系统自动带出。票据号输入“10245621”，在表体第一行单击后出现“预收款”款项类型，并自动带出客户、科目等信息。输入完成如图4-11，单击“保存”并关闭当前页，返回“期初余额明细表”窗口。

全部设置完毕后，单击“关闭”按钮退出期初余额窗口。“期初余额明细表”结果如图4-12。

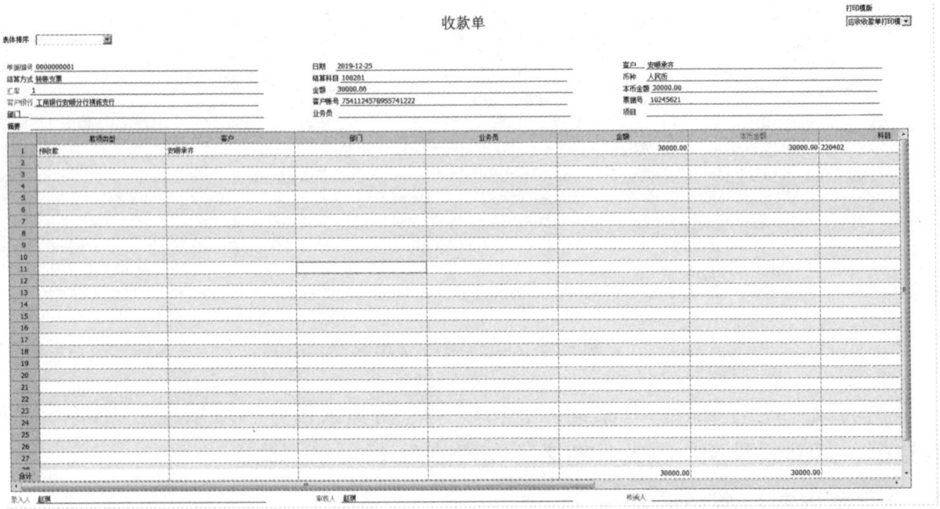

图 4-11 期初收款单

期初余额明细表

本币合计借 136,130.00

单据类型	单据编号	单据日期	客户	部门	业务员	币种	科目	方向	原币金额	原币余额	本币金额	本币余额	备注	订单号
销售专用发票	80912301	2019-12-26	安顺家永食品有限公司	销售部	周明	人民币	1122	借	114,130.00	114,130.00	114,130.00	114,130.00		
银行承兑汇票	10245651	2019-12-30	贵州运卓百货有限公司	销售部	周明	人民币	112101	借	52,000.00	52,000.00	52,000.00	52,000.00	销售商品	
收款单	0000000001	2019-12-25	安顺承齐百货有限公司			人民币	220402	贷	30,000.00	30,000.00	30,000.00	30,000.00		

图 4-12 期初余额明细表

任务二 应付款管理设置

一、应付款管理设置资料

1. 账套参数设置

表 4-10 账套参数设置

参数名	取值
自动计算现金折扣	是
非控科目制单方式	明细到供应商

2. 初始设置

（1）基本科目设置。

表 4-11　基本科目设置

基础科目种类	科目
应付科目	应付账款/一般应付款
预付科目	预付账款
采购科目	在途物资
税金科目	应交税费/应交增值税/进项税额
商业承兑科目	应付票据/商业承兑汇票
银行承兑科目	应付票据/银行承兑汇票
票据利息科目	财务费用
现金折扣科目	财务费用

（2）产品科目设置。

表 4-12　产品科目设置

类别编码	类别名称	采购科目	产品采购税金科目
01	调味料	在途物资	应交税费/应交增值税/进项税额
02	方便食品	在途物资	应交税费/应交增值税/进项税额
03	肉制品	在途物资	应交税费/应交增值税/进项税额
04	固定资产	固定资产	应交税费/应交增值税/进项税额
05	应税劳务	在途物资	应交税费/应交增值税/进项税额

（3）结算方式科目设置。

表 4-13　结算方式科目设置

结算方式	币种	本单位账号	科目
现金	人民币	7512223251263621005	1001
现金支票	人民币	7512223251263621005	100201
转账支票	人民币	7512223251263621005	100201
托收承付	人民币	7512223251263621005	100201
委托收款	人民币	7512223251263621005	100201
电汇	人民币	7512223251263621005	100201
银行汇票	人民币	7512223251263621005	100201
银行承兑汇票	人民币	7512223251263621005	100201
商业承兑汇票	人民币	7512223251263621005	100201

3. 期初余额

表 4-14　期初采购专用发票

项目	取值
单据名称	采购发票
单据类型	采购专用发票
方向	正向
发票号	98012301
开票日期	2019-12-22
供应商	广西好味食品有限公司
部门	采购部
业务员	吴昱
税率	13
货物编号	0202
数量	500
原币单价	190

二、操作要求和说明

1. 要求

依据资料，完成应付款管理系统的初始化工作，资料中未涉及项目保持默认。

2. 说明

本业务由 A01 赵琪于 2020 年 1 月 1 日登录企业应用平台完成。

三、操作步骤

1. 账套参数设置

点选"业务工作-财务会计-应付款管理-选项"，打开"账套参数设置"对话框，单击"编辑"，系统显示"选项修改需要重新登录才能生效"，单击"确定"进入编辑状态。在"常规"选项卡勾选"自动计算现金折扣"，如图 4-13。在"凭证"选项卡将"非控科目制单方式"通过下拉箭头更改为"明细到供应商"，如图 4-14。设置完成，单击"确定"退出"账套参数设置"对话框。

在业务菜单点选"业务工作-财务会计-应付款管理-设置-初始设置"，进入"初始设置"对话框，选择"基本科目设置"，单击"增加"，按资料完成应付科目、预付科目等基本科目的设置操作，操作步骤与应收管理基本科目设置相同。应付款管理"基本科目设置"结果如图 4-15。

图 4-13　账套参数设置-常规选项卡

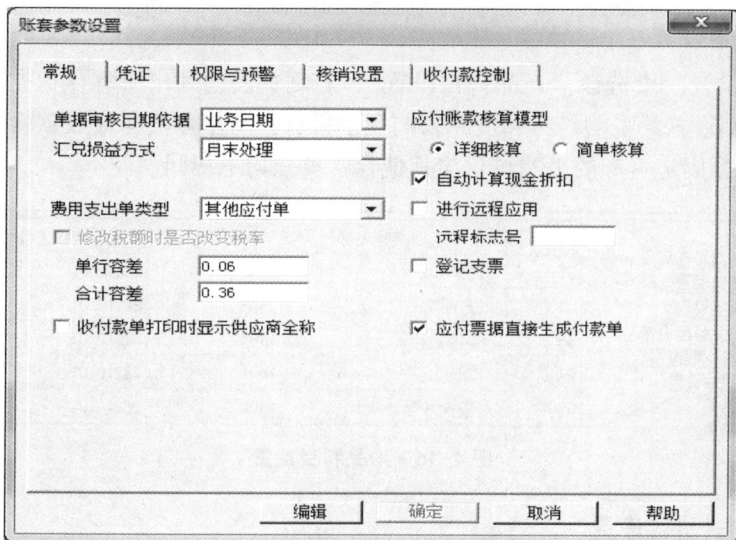

图 4-14　账套参数设置-凭证选项卡

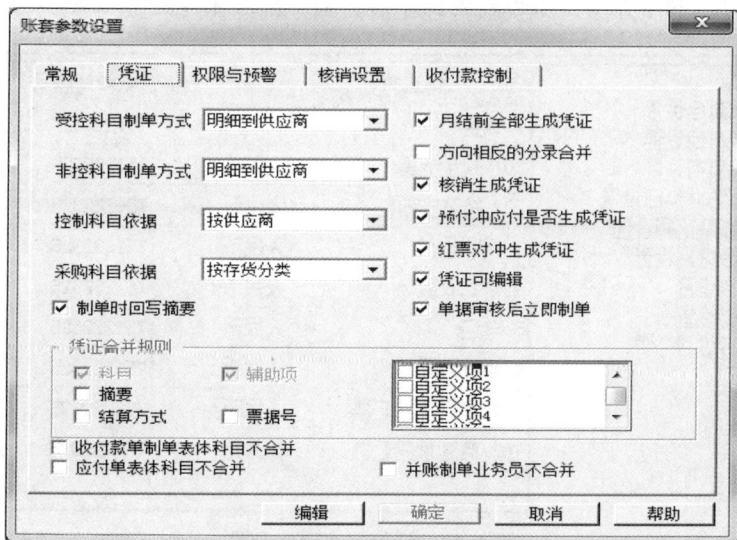

基础科目种类	科目	币种
应付科目	220201	人民币
预付科目	1123	人民币
采购科目	1402	人民币
税金科目	22210101	人民币
商业承兑科目	220102	人民币
银行承兑科目	220101	人民币
票据利息科目	6603	人民币
现金折扣科目	6603	人民币

图 4-15　应付款管理基本科目设置

2. 产品科目设置

在"初始设置"中选择"产品科目设置"，右侧页面已列出所有存货类别，按照资料对所有存货类别设置其采购科目和产品采购税金科目，操作方法与应收款管理相同。结果如图4-16。注意固定资产的采购科目与其他存货类别均不相同。

类别编码	类别名称	采购科目	产品采购税金科目	税率
01	调味料	1402	22210101	
02	方便食品	1402	22210101	
03	肉制品	1402	22210101	
04	固定资产	1601	22210101	
05	应税劳务	1402	22210101	

图 4-16　产品科目设置

3. 结算方式科目设置

在"初始设置"中选择"结算方式科目设置"，单击"增加"，按资料依次对各种结算方式进行设置，操作方法与应收款管理相同。结果如图4-17。

结算方式	币　种	本单位账号	科　…
1 现金	人民币	751222325…	1001
201 现金支票	人民币	751222325…	100201
202 转账支票	人民币	751222325…	100201
3 托收承付	人民币	751222325…	100201
4 委托收款	人民币	751222325…	100201
5 电汇	人民币	751222325…	100201
6 银行汇票	人民币	751222325…	100201
701 银行承兑汇票	人民币	751222325…	100201
702 商业承兑汇票	人民币	751222325…	100201

图 4-17　结算方式科目设置

4. 期初余额设置

点选"业务工作-财务会计-应付款管理-设置-期初余额"，在弹出的"查询"框中点"确定"，进入"期初余额明细表"窗口，单击上方"增加"按钮，系统弹出"单据类别"对话框，单据名称选择"采购发票"，单据类型选择"采购专用发票"，方向选择"正向"，单击确定，进入"采购专用发票"窗口。

在"采购专用发票"窗口，单击"增加"，输入发票号"98012301"，修改开票日期为"2019-12-22"，供应商选择"广西好味食品有限公司"，系统自动带出科目"220201"。部门选择"采购部"，业务员选择"吴昱"，表体部分存货编码输入或选择"0202"，系统自动带出计量单位，输入数量"500"，输入原币单价"190"（这里原币单价等同于销售发票中的无税单价，采购发票中的原币单价将成为今后企业存货的成本，而销售发票中的无税单价则是存货的售价），单击"保存"，如图4-18。操作完成后，关闭采购发票窗口，退出"期初余额明细表"。

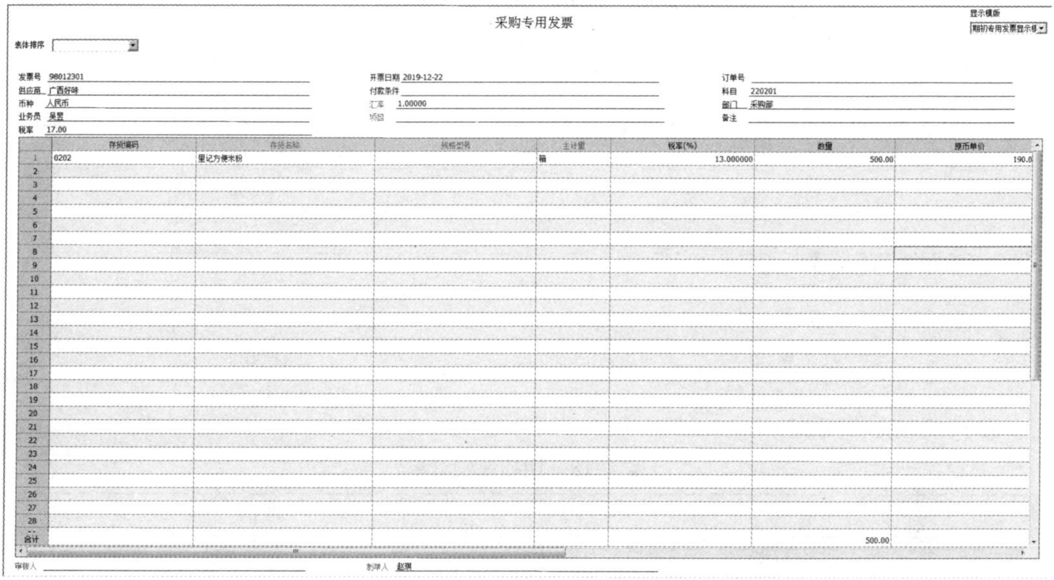

图4-18　期初采购专用发票

任务三　销售管理与采购管理设置

一、设置资料

1. 销售管理选项设置资料

表4-15　销售选项设置

选项名	取值
销售生成出库单	否
允许超发货量开票	是
普通销售必有订单	是

2. 采购管理选项设置资料

表4-16　采购选项设置

选项名	取值
单据默认税率	13
普通业务必有订单	是

3. 采购期初

（1）期初采购入库单。

表 4-17　期初采购入库单

项目	取值
入库日期	2019-12-29
仓库	肉制品仓库
供货单位	贵州岩拿
部门	采购部
业务员	吴昱
存货编号	0301
数量	300
原币单价	600

（2）期初采购订单。

表 4-18　期初采购订单

项目	取值
业务类型	普通采购
订单日期	2019-12-28
订单编号	G1001
供应商	陕西诺连
部门	采购部
业务员	吴昱
存货编号	0302
数量	350
原币单价	1100

（3）期初采购发票。

表 4-19　期初采购发票

项目	取值
业务类型	普通采购
发票号	98012302
开票日	2019-12-28
供应商	陕西诺连
部门	采购部
业务员	吴昱
存货编号	0302
数量	350
原币单价	1100

4. 采购期初记账

二、操作要求和说明

1. 要求

依据资料，完成销售管理和采购管理初始化工作，资料中未涉及项目保持默认。

2. 说明

本业务由A01赵琪于2020年1月1日登录企业应用平台完成。

三、操作步骤

1. 销售选项

点选"业务工作–供应链–销售管理–设置–销售选项"，打开"销售选项"对话框，取消"销售生成出库单"的勾选，勾选"允许超发货量开票"，勾选"普通销售必有订单"，单击"确定"。结果如图4-19。

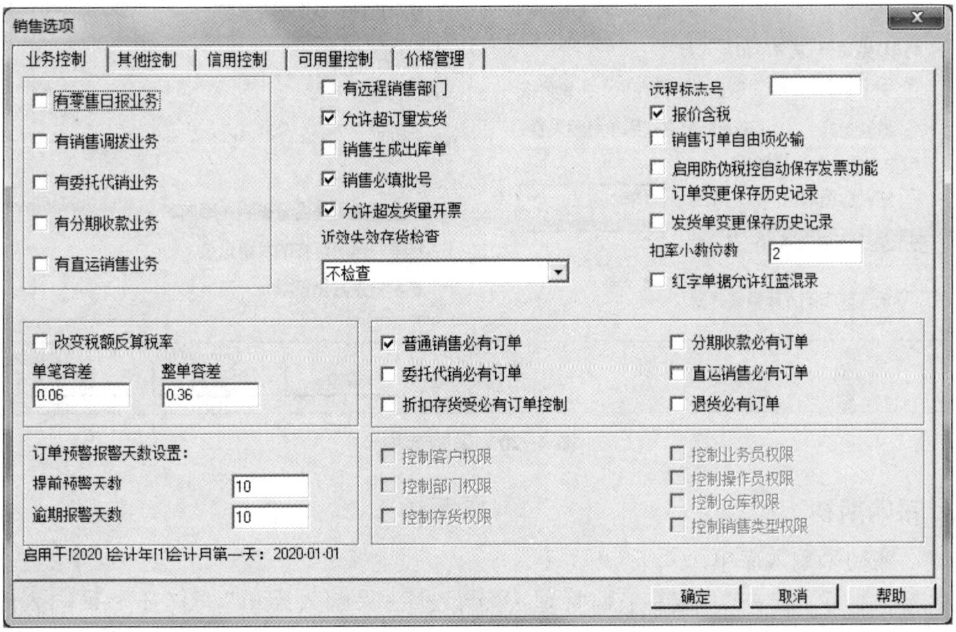

图 4-19　销售选项

销售管理期初设置还包括"期初录入"，是指期初企业已经发货且商品已经出库，但期初还未开具销售发票的情况下，需要录入"期初发货单"，若企业在当前会计期间以前只发货，还没有出库，则不必设置"期初发货单"，只需在当期录入即可。"期初录入"功能还可通过模板选择录入"期初退货单"，选择为退货单模板时，数量可以输入负数。本教材未涉及销售管理"期初录入"。

2. 采购选项

点选"业务工作-供应链-采购管理-设置-采购选项",打开"采购选项"对话框,勾选"普通业务必有订单",单击"公共及参照控制"选项卡,将"单据默认税率"从17 改为13,单击"确定"。结果如图 4-20。

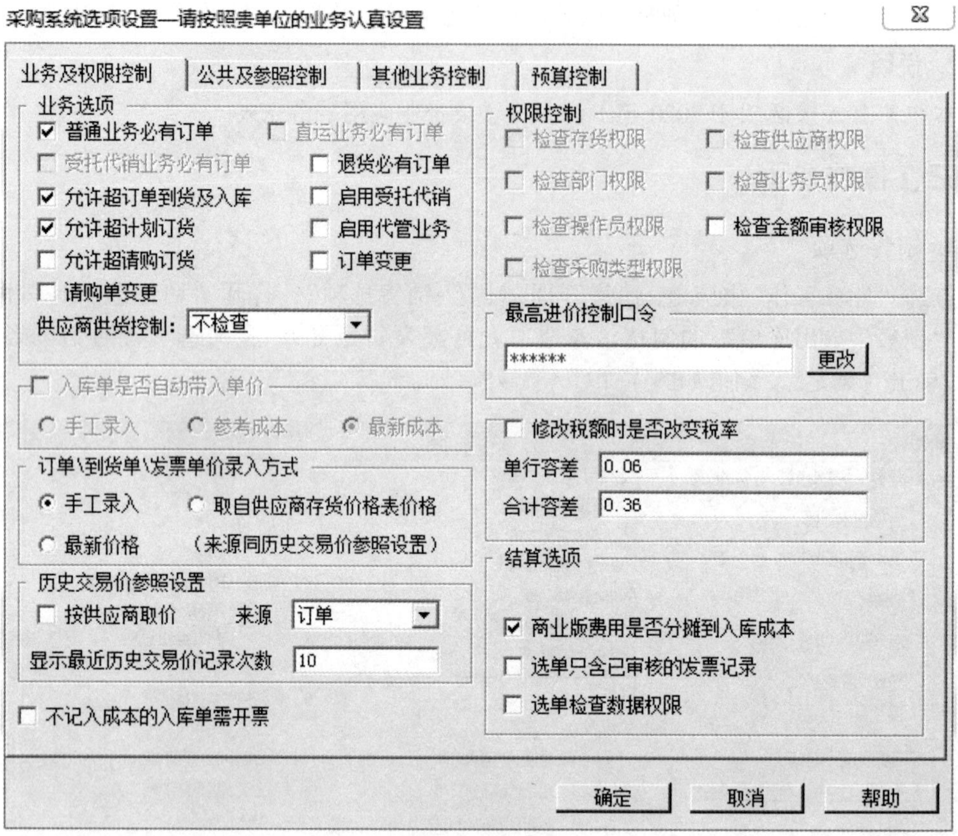

图 4-20 采购选项

3. 采购期初

(1) 期初采购入库单。

点选"业务工作-供应链-采购管理-采购入库-采购入库单",打开"采购入库单"窗口,当前显示标题为"期初采购入库单",单击"增加",增加一张"期初采购入库单"。

表头:修改入库日期为"2019-12-29",仓库选择"肉制品仓库",供货单位选择"贵州岩拿",部门选择"采购部",业务员为"吴昱"。业务类型不可更改,默认为"普通采购",采购类型不需修改,默认为"直接采购",入库类别也不需修改,默认为"采购入库"。

表体:存货编码输入"0301"或通过单击按钮选择存货为"舒记牛肉干",系统自动带出计量单位,输入采购数量"300",本币单价"600"。输入完毕单击"保存",如图 4-21,退出窗口。

期初采购入库源于上年商品已经采购入库，但企业截止目前还未收到采购发票，因此，在上一会计期间无法进行采购结算，从而使采购入库的商品没有最终确定购买价格，入库的商品因而也不能确定最终成本，所以，商品只能在上月暂估入库，等到本期收到发票后，再进行采购结算，通过采购结算将发票中的价格填入入库单，正式确定存货的成本。

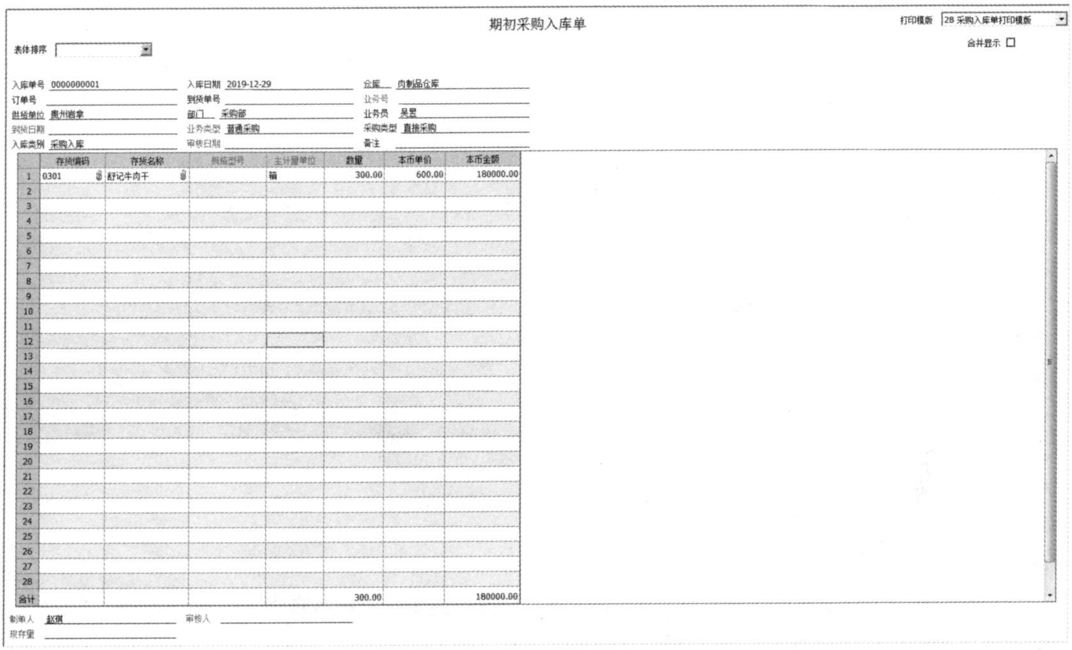

图4-21　期初采购入库单

采购管理子系统的"采购入库单"录入功能只限于期初，在采购记账之后，即本期业务开始之后，采购入库单将只能在库存管理中录入，在本期日常业务处理中，采购管理子系统"采购入库单"可以浏览已编制好的采购入库单据。

（2）期初采购订单。

点选业务菜单"业务工作-供应链-采购管理-采购订货"，进入"采购订单"窗口，单击"增加"，增加一张"期初采购订单"。

表头：业务类型按默认为"普通采购"，订单日期修改为"2019-12-28"，订单编号输入"G1001"，采购类型按默认"直接采购"，供应商选择"陕西诺连"，部门为"采购部"，业务员"吴昱"。

表体：存货编码输入"0302"，或通过按钮选择"滕记卤汁羊肉"，数量输入"350"，原币单价"1100"，输入完毕单击保存，如图4-22。单击窗口上方"审核"按钮，对已保存的订单进行审核。退出"采购订单"窗口。

（3）期初采购专用发票。

点选"业务工作-供应链-采购管理-采购发票-采购专用发票"，进入"采购专用发票"窗口，当前显示标题为"期初专用发票"，单击"增加"，增加一张采购专用发票。

表头：业务类型默认为"普通采购"，输入发票号"98012302"，修改开票日期为"2019-12-28"，选择供应商为"陕西诺连"，系统自动将代垫单位填写为"陕西诺连"，

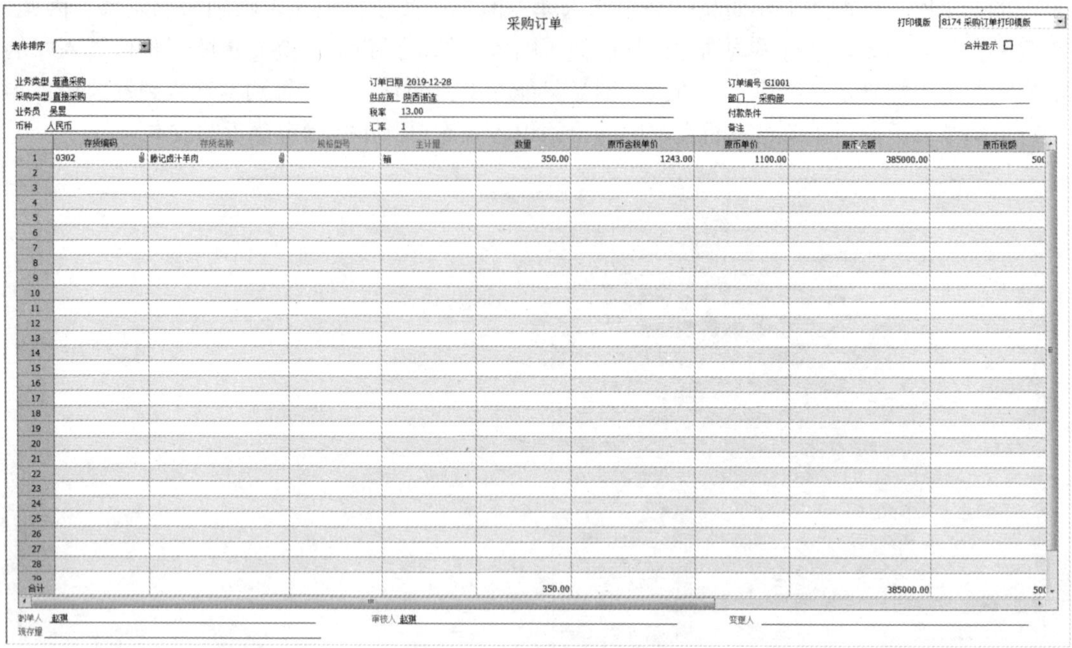

图 4-22　期初采购订单

采购类型按默认"直接采购"。

表体：存货编码输入"0302"或通过按钮选择"滕记卤汁羊肉"，数量输入"350"，原币单位"1100"。

输入完毕，单击"保存"，如图 4-23，关闭"采购专用发票"窗口。

图 4-23　期初采购专用发票

（2）和（3）源自同一笔业务，即上月签订了采购合同，由此编制了采购订单，同时收到采购发票。当本期收到货物，则可依据期初采购订单生成采购到货单，从而保持业务链的完整，并满足初始设置中"普通采购必有订单"要求。

期初采购入库单形成存货暂估价值，并体现到"应付账款/暂估应付款"期初余额。在应付款管理和采购管理期初设置中都出现了"期初采购专用发票"，但用途并不相同。应付款管理中输入的期初采购专用发票表明企业在上年收到了发票，但还未支付货款，形成"应付账款/一般应付款"，并体现到该科目的期初余额。在采购管理中输入的采购订单和期初采购专用发票表明企业在上年已收到发票，但是货物还未收到，形成"在途物资"，并体现到该科目的期初余额。采购管理中录入的期初采购专用发票并不会传递到应付款管理系统，而本期日常业务处理中的采购专用发票则会传递到应付款管理系统，并需要在应付款管理系统对其进行审核和制单。

简单而言，两个子系统中的"期初采购专用发票"和采购管理中的"期初采购入库单""期初采购订单"在保持业务连续性的共性下，反映了四种采购期初情况："期初采购入库单"反映货到票未到；单独存在于应付管理的"期初采购专用发票"反映货到票也到，但未付款；单独存在于采购管理中的"期初采购专用发票"和"期初采购订单"反映票到货未到但已付款；同一张发票在应付和采购中都存在，反映票到货未到也未付款。

4. 采购期初记账

点选业务菜单"业务工作-供应链-采购管理-设置-采购期初记账"，系统弹出"期初记账"界面，如图4-24。单击"记账"，显示期初"记账完毕！"，如图4-25，单击确定后返回企业应用平台主界面。至此，销售管理期初与采购管理期初设置全部完成。

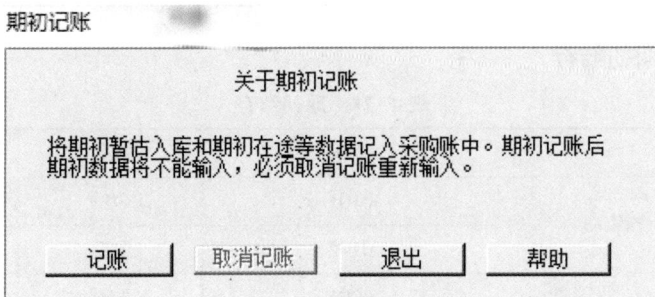

图4-24　采购期初记账

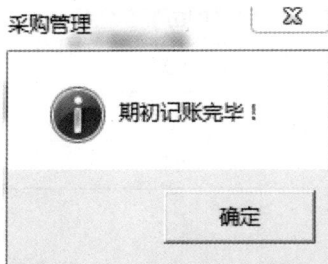

图4-25　期初记账信息

采购记账的作用就是将此前录入的期初采购入库单、期初专用发票等数据记入采购账，记账后期初数据不能输入，此时再进入"采购入库单""采购专用发票"等窗口时，不会再显示"期初"字样，只能进行本期业务处理。若需要对期初数据再进行修改，可再次点击"采购期初记账"，此时"取消记账"功能有效。此外，若企业不但进行了采购期初记账工作，还对存货核算系统的期初余额也进行了记账，则必须先将存货期初恢复记账前状态，才能取消采购期初记账。

任务四　库存管理与存货核算设置

一、库存管理与存货核算设置资料

1. 库存管理选项设置

表 4-20　库存管理选项

项目	取值
采购入库审核时改现存量	是
销售出库审核时改现存量	是
其他出入库审核时改现存量	是
自动带出单价的单据-其他入库单	是
自动带出单价的单据-其他出库单	是

2. 库存管理期初结存

表 4-21　期初结存

仓库	存货编码	数量	单价
01 调味料仓库	0101	800	490
	0102	800	500
02 方便食品仓库	0201	660	210
	0202	700	190
03 肉制品仓库	0301	300	600
	0302	600	1100
	0303	700	900
	0304	300	880

3. 存货核算选项

表 4-22 存货核算选项

项目	取值
销售成本的核算方式	销售出库单
委托代销成本核算方式	按发出商品核算
单据审核后才能记账	是
结算单价与暂估单价不一致是否调整出库成本	是

4. 存货期初余额

表 4-23 存货期初余额

仓库	存货编码	数量	单价
01 调味料仓库	0101	800	490
	0102	800	500
02 方便食品仓库	0201	660	210
	0202	700	190
03 肉制品仓库	0301	300	600
	0302	600	1100
	0303	700	900
	0304	300	880

5. 存货科目设置

表 4-24 存货科目设置

仓库	存货分类	存货科目名称
01 调味料仓库	01 调味料	库存商品
02 方便食品仓库	02 方便食品	库存商品
03 肉制品仓库	03 肉制品	库存商品

6. 对方科目

表 4-25 对方科目设置

收发类别编码	收发类别名称	对方科目名称	暂估科目名称
11	采购入库	在途物资	应付账款/暂估应付款
12	盘盈入库	待处理财产损溢/待处理流动资产损溢	
21	销售出库	主营业务成本	
22	盘亏	待处理财产损溢/待处理流动资产损溢	

二、操作要求和说明

1. 要求

根据资料对库存管理及存货核算进行初始化，资料中未涉及的项目按默认。

2. 说明

本业务由 A01 赵琪在企业应用平台登录操作。

三、操作步骤

1. 库存管理选项设置

点选业务菜单"业务工作–供应链–库存管理–初始设置–选项"，打开"库存选项设置"对话框，在"通用设置"选项卡勾选"采购入库审核时改现存量""销售出库审核时改现存量""其他出入库审核时改现存量"，如图 4–26。单击"专用设置卡选项"，找到"自动带出单价的单据"并勾选其下的"其他入库单"和"其他出库单"，如图4–27。单击"确定"退出选项设置。

图 4–26　库存选项–通用设置选项卡

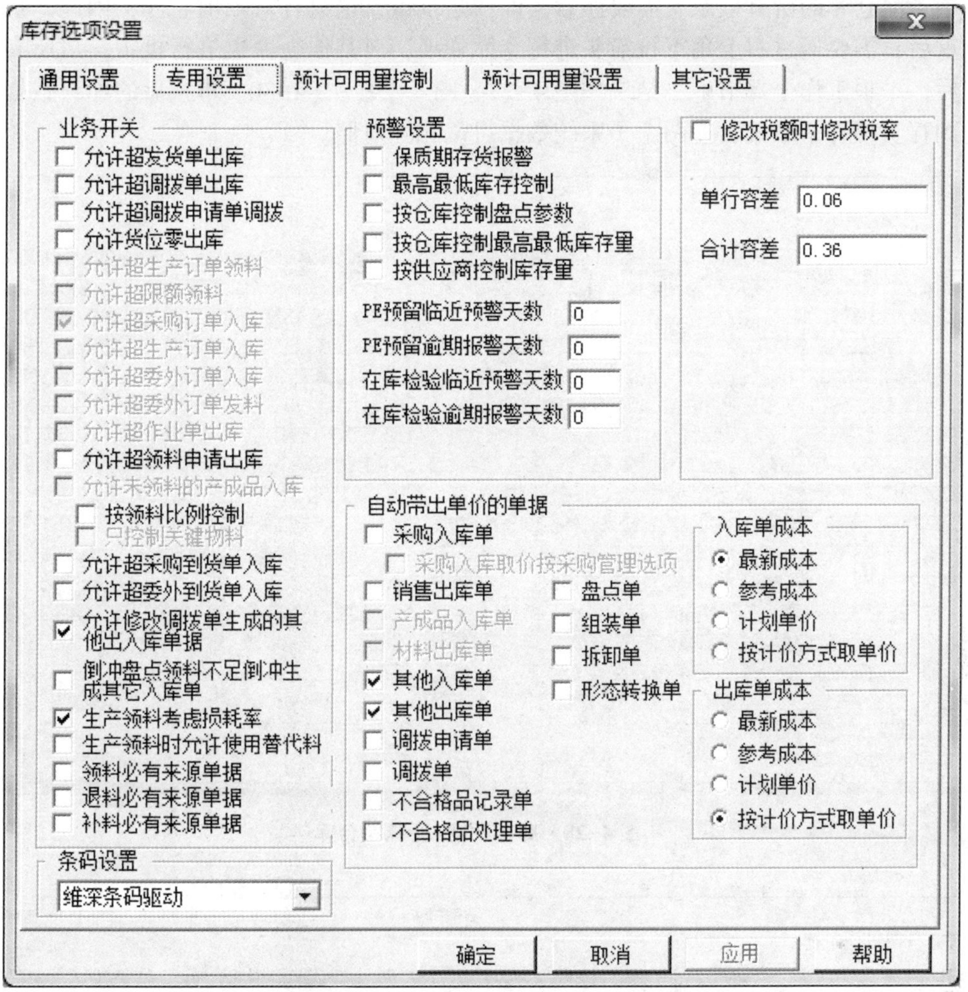

图 4-27　库存选项-专用设置选项卡

2. 期初结存

点选业务菜单"业务工作-供应链-库存管理-初始设置-期初结存",进入"库存期初"窗口,该窗口右上方显示仓库当前为"调味料仓库",单击窗口上方"修改"按钮,窗口表体进入编辑状态,而窗口右上方"调味料仓库"变为灰色,表示正在修改调味料仓库的期初结存数量和金额,不能切换到其他仓库。输入或选择存货代码"0101",系统自动带出存货名称及计量单位等,输入该存货期初结存数量"800"、单价"490",金额由系统自动计算。单击第二行存货代码,完成"0102 彭诚豆豉辣椒酱"的数量、单价填制。01 仓库中记录编制完成后,单击"保存",此时右上方"调味料仓库"恢复可以选择状态,可通过下拉箭头切换到其他仓库录入期初结存数量,直至三个仓库所有结存量价信息输入完毕。

输入的期初结存数据还需要进行审核。审核可以单击"审核"按钮或"批审"按钮实现,两者的区别在于,单击"审核"将只审核当前仓库的当前选中记录,单击"批审"

将审核当前仓库的所有记录。需要注意，即使是批审，也只针对当前仓库，因此，执行一次批审后，需要通过右上角下拉箭头进行仓库切换，对其他仓库也进行批审。对所有仓库批审后，本项工作全部结束，结果如图 4-28、图 4-29、图 4-30。审核后的库存数据可以传递到存货核算子系统，使两个子系统数据可以相互对照。

库存期初

仓库 (01)调味料仓库

表体排序

	仓库	仓库编码	存货编码	存货名称	主计量单位	数量	单价	金额	入库类别	部门	制单人	审核人	审
1	调味料仓库	01	0101	彭诚花生辣椒酱	箱	800.00	490.00	392000.00			赵琪	赵琪	2020-01-01
2	调味料仓库	01	0102	彭诚豆豉辣椒酱	箱	800.00	500.00	400000.00			赵琪	赵琪	2020-01-01
3													
4													
5													
6													
7													
8													
9													
10													
11													
12													
13													
14													
15													
16													
17													
18													
19													
20													
21													
22													
23													
24													
25													
26													
27													
28													
29													
30													
31													
32													
33													
34													
合计						1600.00		792000.00					

图 4-28　库存期初-调味料仓库

库存期初

仓库 (02)方便食品仓库

表体排序

	仓库	仓库编码	存货编码	存货名称	主计量单位	数量	单价	金额	入库类别	部门	制单人	审核人	审
1	方便食品仓库	02	0201	黔井方便剪粉	箱	660.00	210.00	138600.00			赵琪	赵琪	2020-01-01
2	方便食品仓库	02	0202	里记方便米粉	箱	700.00	190.00	133000.00			赵琪	赵琪	2020-01-01
3													
4													
5													
6													
7													
8													
9													
10													
11													
12													
13													
14													
15													
16													
17													
18													
19													
20													
21													
22													
23													
24													
25													
26													
27													
28													
29													
30													
31													
32													
33													
34													
合计						1360.00		271600.00					

图 4-29　库存期初-方便食品仓库

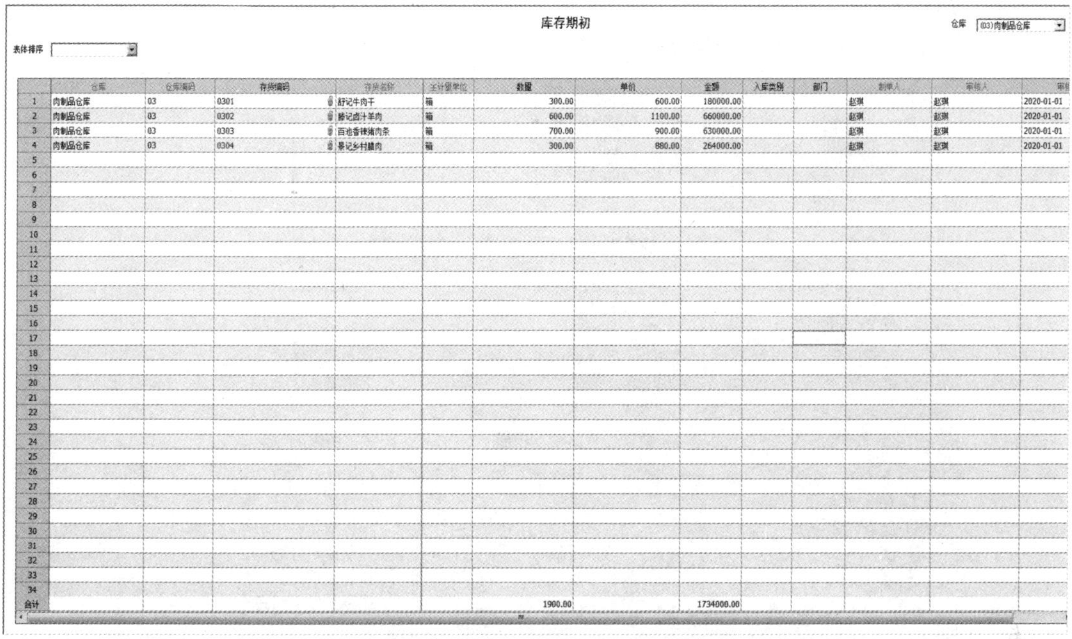

库存期初

表体排序　　　　仓库 (03)肉制品仓库

	仓库	仓库编码	存货编码	存货名称	主计量单位	数量	单价	金额	入库类别	部门	制单人	审核人	审
1	肉制品仓库	03	0301	舒记牛肉干	箱	300.00	600.00	180000.00			赵琪	赵琪	2020-01-01
2	肉制品仓库	03	0302	滕记卤汁羊肉	箱	600.00	1100.00	660000.00			赵琪	赵琪	2020-01-01
3	肉制品仓库	03	0303	百池香辣猪肉条	箱	700.00	900.00	630000.00			赵琪	赵琪	2020-01-01
4	肉制品仓库	03	0304	景记乡村腊肉	箱	300.00	880.00	264000.00			赵琪	赵琪	2020-01-01
5													
6													
7													
8													
9													
10													
11													
12													
13													
14													
15													
16													
17													
18													
19													
20													
21													
22													
23													
24													
25													
26													
27													
28													
29													
30													
31													
32													
33													
34													
合计						1900.00		1734000.00					

图 4-30　库存期初-肉制品仓库

3. 存货核算选项设置

点选业务菜单“业务工作-供应链-存货核算-初始设置-选项-选项录入”，打开“选项录入”对话框，在“核算方式”选项卡勾选“销售成本核算方式”为“销售出库单”，勾选“委托代销成本核算方式”为“按发出商品核算”。单击“控制方式”选项卡，勾选“单据审核后才能记账”和“结算单价与暂估单价不一致是否调整出库成本”（此项勾选就意味着如果原来暂估的单价与收到的发票单价不一致，就要调整出库成本，自动生成出库调整单）。设置完成，如图 4-31、图 4-32，单击确定，系统提示“是否保存当前设置”，单击“是”，退出设置对话框。

4. 存货核算期初余额设置

库存管理与存货核算的期初余额一致。设置期初余额可以手工填写，然后通过对账功能核对两个子系统间数据是否一致，也可直接从库存管理“取数”。“取数”功能可更高效地完成期初余额录入工作。这里采用“取数”功能完成本操作。

点选“业务工作-供应链-存货核算-初始设置-期初数据-期初余额”，进入“期初余额”窗口，窗口上方仓库栏当前为空，点击下拉箭头选择“01 调味料仓库”，单击“取数”按钮，则系统自动填列该仓库所有期初存货数据，按此方式设置其他仓库。设置完成后，单击“记账”按钮，系统将对所有仓库进行记账，如图 4-33。记账完成，“记账”按钮变为“恢复”按钮，若数据有误，可以通过“恢复”按钮恢复到记账前状态。全部操作完成，退出窗口。

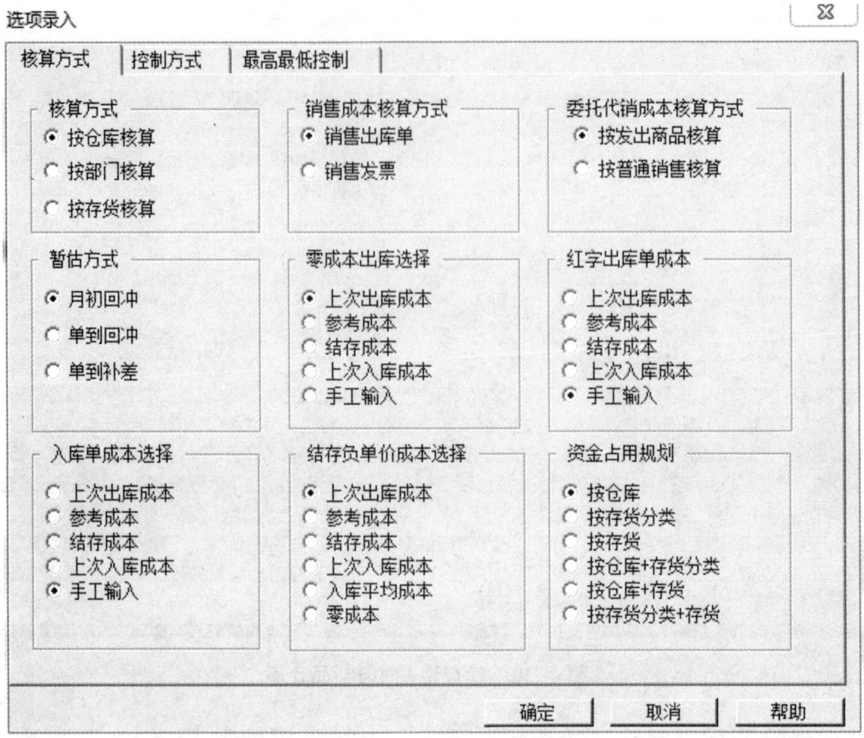

图 4-31　存货核算选项设置-核算方式选项卡

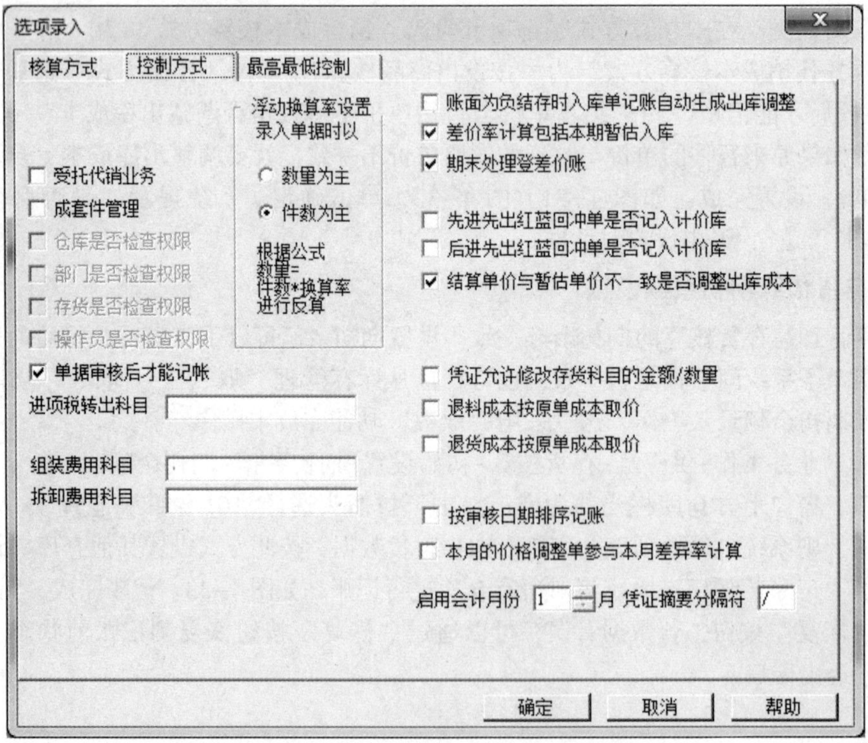

图 4-32　存货核算选项设置-控制方式选项卡

图4-33　存货核算期初余额设置-调味料仓库

5. 存货科目设置

点选"业务工作-供应链-存货核算-初始设置-科目设置-存货科目",进入"存货科目设置"窗口。单击"增加",输入或选择仓库编码"01"、存货分类编码"01"、存货科目编码"1405",再单击"增加"为其他仓库和存货分类设置存货科目。结果如图4-34。设置完毕退出窗口。

图4-34　存货科目设置

6. 对方科目设置

点选"业务工作-供应链-存货核算-初始设置-科目设置-对方科目",进入"对方科目设置"窗口。单击"增加",输入或选择收发类别编码"11"、对方科目编码"1402",输入暂估科目"220202"(暂估科目用于采购货已入库但期末发票尚未收到的情况),再单击"增加"为其他收发类别设置科目。结果如图4-35。设置完毕退出窗口。

图4-35　对方科目设置

在日常业务处理中,由于事先设置好存货科目、对方科目,在制单时可以自动带出借贷方科目。例如,企业采购商品入库,在生成凭证时,系统会自动带出存货科目设置中已设置的"库存商品"为其借方科目,同时自动带出收发类别"采购入库"的对方科目"在途物资"为其贷方科目。而在销售出库生成凭证时,系统自动带出"库存商品"为其贷方,同时自动带出"主营业务成本"为其借方。

至此,应收应付及供应链全部初始设置工作已完成,企业已经可以开始供应链日常业务处理。

任务五　薪资管理设置

一、总账设置资料

1. 选项

表4-26　薪资管理选项设置

项目	取值
工资类别个数	单个
是否从工资账套中代扣个人所得税	是
扣零	否

2. 人员档案设置

表4-27　人员档案

薪资部门名称	人员编号	人员姓名	人员类别
总经理办公室	101	赵琪	企管人员
财务部	201	钱玲	企管人员
财务部	202	孙华	企管人员
财务部	203	李晴	企管人员
销售部	301	周明	销售人员
采购部	401	吴昱	采购人员
采购部	402	高勤成	采购人员
仓管部	501	郑昕	仓管人员
仓管部	502	杜兴仕	仓管人员
人力资源部	601	曹林捷	企管人员

3. 工资项目设置

表4-28　工资项目设置

工资项目名称	类型	长度	小数	增减项
基本工资	数字	8	2	增项
岗位工资	数字	8	2	增项
绩效工资	数字	8	2	增项
工龄	数字	8	2	其他
工龄工资	数字	8	2	增项

续表

工资项目名称	类型	长度	小数	增减项
日工资	数字	8	2	其他
休息日加班天数	数字	8	2	其他
休息日加班工资	数字	8	2	增项
节假日加班天数	数字	8	2	其他
节假日加班工资	数字	8	2	增项
奖金	数字	8	2	增项
事假天数	数字	8	2	其他
事假扣款	数字	8	2	减项
病假天数	数字	8	2	其他
病假扣款	数字	8	2	减项
五险一金计提基数	数字	8	2	其他
住房公积金	数字	8	2	减项
失业保险	数字	8	2	减项
养老保险	数字	8	2	减项
医疗保险	数字	8	2	减项
应发工资	数字	8	2	其他
工资扣税基数	数字	8	2	其他

4. 工资公式定义

表 4-29　工资公式定义

工资项目	公式
工龄工资	工龄 * 30
日工资	（基本工资+岗位工资+工龄工资）/21.75
休息日加班工资	日工资 * 休息日加班天数 * 1.5
节假日加班工资	日工资 * 节假日加班天数 * 3
奖金	（事假天数+病假天数）>0，无奖金；否则，奖金300
事假扣款	日工资 * 事假天数
病假扣款	工龄小于2年，日工资 * 病假天数 * 0.4 工龄大于等于2年但小于4年，日工资 * 病假天数 * 0.3 工龄大于等于4年但小于6年，日工资 * 病假天数 * 0.2 工龄大于等于6年但小于8年，日工资 * 病假天数 * 0.1 工龄大于等于8年，0

续表

工资项目	公式
五险一金计提基数	基本工资+岗位工资
住房公积金	五险一金计提基数 * 0.06
失业保险	五险一金计提基数 * 0.003
养老保险	五险一金计提基数 * 0.08
医疗保险	五险一金计提基数 * 0.02
应发工资	基本工资+岗位工资+绩效工资+工龄工资+休息日加班工资+节假日加班工资+奖金-事假扣款-病假扣款
工资扣税基数	应发工资-住房公积金-养老保险-失业保险-医疗保险
应发合计	默认
扣款合计	默认
实发合计	默认

5. 扣税设置

收入额合计对应的工资项目：工资扣税基数。

表4-29（2） 税率设置

基数	5000	附加费用		0	
级次	应纳税所得额下限	应纳税所得额上限	税率（%）	速算扣除数
1	0	3000	3	0
2	3000	12000	10	210
3	12000	25000	20	1410
4	25000	35000	25	2660
5	35000	55000	30	4410
6	55000	80000	35	7160
7	80000		45	15160

二、操作要求和说明

1. 要求

按照资料完成薪资管理初始化设置，资料未涉及项目按默认。

2. 说明

本业务由A01赵琪登录企业应用平台完成。

三、操作步骤

1. 选项设置

点选业务菜单"业务工作–人力资源–薪资管理",进入"建立工资套"对话框,系统将根据用户的参数输入或选择建立薪资管理账套。"请选择本账套所需处理的工资类别个

数"选择"单个",即整个企业只有一个工资类别,所有企业人员按照统一的工资计算项目和公式计算工资。若企业有多个类型的员工,且各类型员工工资计算不同,则可选择多个。"币别"默认"人民币",单击"下一步"。勾选"是否从工资中代扣个人所得税",单击"下一步"。不勾选"扣零",即企业每月工资发放无论零整全部发放。单击"下一步"后再单击"完成"。至此工资套建立工作完成,可在选项中查看各项设置,结果如图4-36。

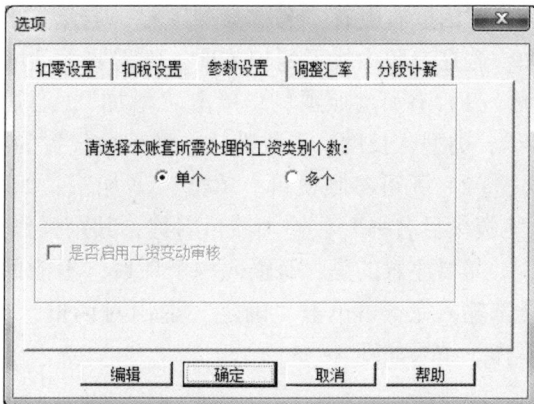

图 4-36　薪资管理账套参数设置

工资账套建立中所设置的各项参数,在以后操作中还可以进行修改。

2. 人员档案增加

点选业务菜单"业务工作–人力资源–薪资管理–设置–人员档案",进入"人员档案"窗口,由于此前在"基础设置"已进行了"机构人员"设置,此处只需将原来所设置的人员档案引入即可。

单击上方"批增"按钮,在打开的"人员批量增加"对话框中单击"查询"按钮,此时系统将此前增加的所有人员列表显示,且第一栏已默认为"是",即默认选择所有人员信息引入工资套,如图4-37。单击确定返回"人员档案"窗口,关闭窗口返回主界面。

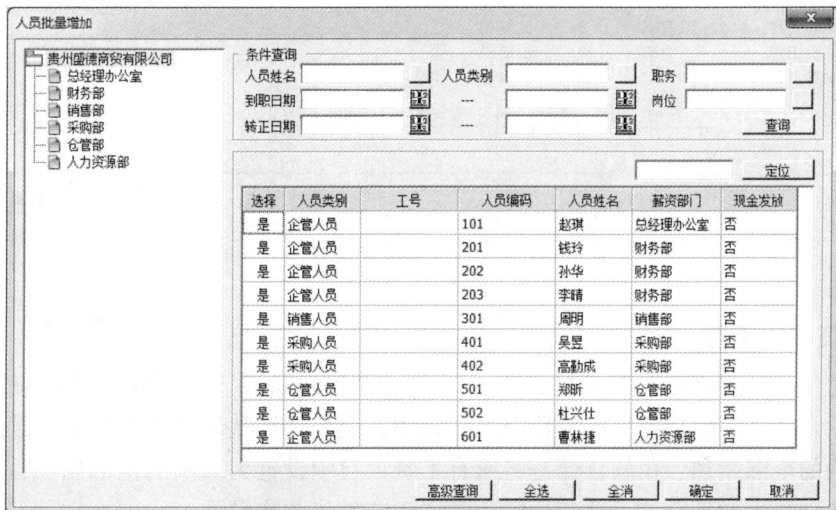

选择	人员类别	工号	人员编码	人员姓名	薪资部门	现金发放
是	企管人员		101	赵琪	总经理办公室	否
是	企管人员		201	钱玲	财务部	否
是	企管人员		202	孙华	财务部	否
是	企管人员		203	李晴	财务部	否
是	销售人员		301	周明	销售部	否
是	采购人员		401	吴昱	采购部	否
是	采购人员		402	高勘成	采购部	否
是	仓管人员		501	郑昕	仓管部	否
是	仓管人员		502	杜兴仕	仓管部	否
是	企管人员		601	曹林捷	人力资源部	否

图 4-37　薪资管理账套参数设置

3. 工资项目设置

点选业务菜单"业务工作–人力资源–薪资管理–设置–工资项目设置",进入对话框,当前选项卡为工资项目,可以看到,系统已事先预置了多个工资项目,包括应发合计、扣款合计、实发合计等,由于在选项中勾选了"从工资中代扣个人所得税",因此系统还预置了代扣税、工资代扣税等项目。系统预置的项目不能修改也不能删除。

对话框右侧有"名称参照"栏,若增加的工资项目是系统可参照的,则可通过参照增加;若在参照中找不到相关项,则需要手动增加。两种项目的具体操作如下。

(1)有可参照项目。单击"增加",通过"名称参照"下拉箭头查找选择"基本工资",类型、长度、小数默认,增减项设置为增项,单击"增加"继续增加工资项目。

(2)无可参照项目。单击"增加","名称参照"中找不到本项目名称,则直接在"工资项目名称"栏输入项目名称,其余操作与可参照项目相同。

需要注意的是,每输入一个项目,不能回车确定,应单击"增加"继续增加下一项,全部输入完毕可单击"确定"退出对话框,也可单击"公式设置"选项卡,继续下一项操作。结果如图4-38。

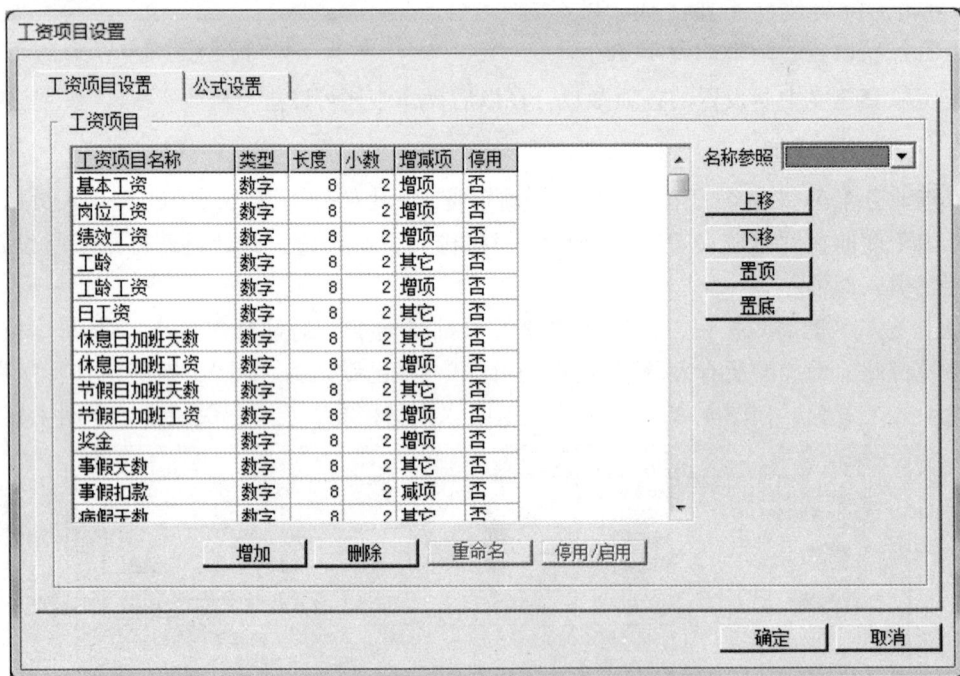

图4-38 工资项目设置

4. 工资公式设置

仍在"工资项目设置"对话框,单击"公式设置"选项卡,系统已默认设置了应发合计、扣款合计、实发合计三个项目公式,其中,应发合计默认公式是将所有工资项目中设置为增项的全部相加,扣款合计是将所有工资项目中设置为减项的全部相加,实发合计是将应发合计减去扣款合计。这三个默认公式不能被修改或删除。

（1）工龄工资公式。单击"增加"，在应发合计前增加一个工资项目，通过下拉箭头选择"工龄工资"，公式输入在对话框右侧，在对话框右下方的"工资项目"中找到"工龄"并单击，此时，右侧"工龄工资公式定义"中出现"工龄"，在左侧"公式输入参照"中单击"＊"，在"公式输入参照"中单击"⬆"，调出数字参照，单击"3"和"0"。如图4-39，单击"公式确认"，若系统弹出提示信息"非法的公式定义"，则需要检查公式错误；若无任何提示，则表明公式输入正确，可单击"增加"继续增加下一公式。

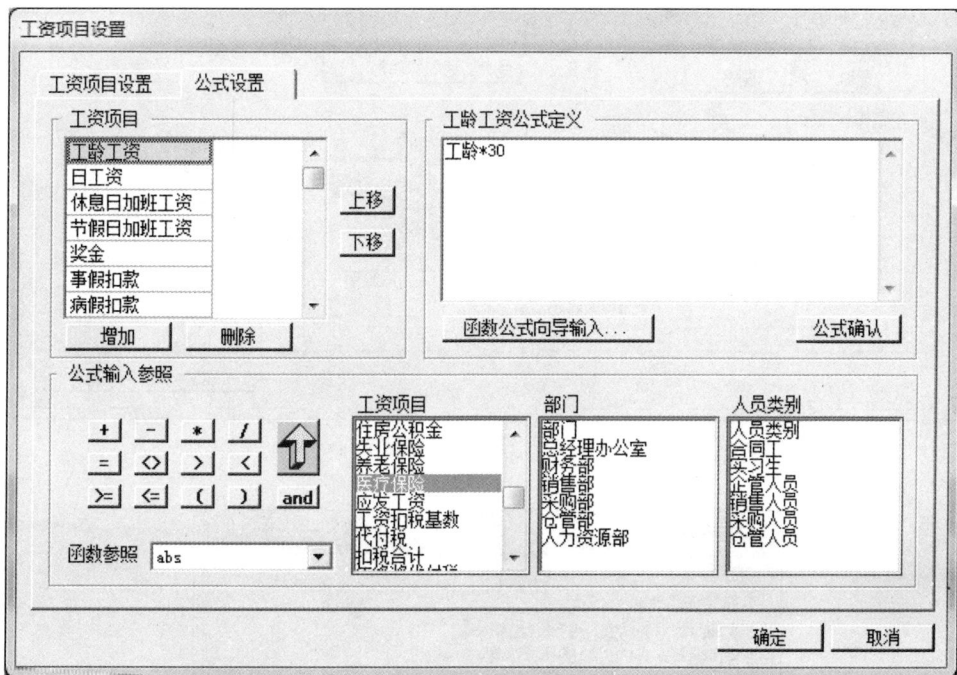

图4-39　工龄工资公式定义

（2）日工资公式。单击"增加"并通过下拉箭头选择"日工资"，在"公式参照"中单击"（"，在右下方"工资项目"中单击"基本工资"，在"公式参照"中单击"+"，按此操作录入数字符号等，最后输入公式为"（基本工资+岗位工资+工龄工资）/21.75"。日工资公式定义如图4-40。

（3）奖金公式。奖金公式用到了函数。单击"增加"并通过下拉箭头选择"奖金"，在对话框左下角找到"函数参照"，并通过下拉箭头选择"iff"函数，此时公式输入框中出现"iff（,,)"。另一种操作方法，单击公式输入框下方的"函数公式向导输入"，在打开的对话框左侧找到"iff"函数并单击"下一步"，出现如图4-41的对话框，框内需要输入三项信息，这三项信息也就对应了前一种方法公式输入框中出现的"iff（,,)"，第一个逗号前部分为"逻辑表达式"，第二个逗号分隔出"算术表达式1"和"算术表达式2"。"iff"是一个条件判断函数，首先在第一部分给出判断的条件，然后由系统判断条件是否成立，若成立则公式最后输出的结果就是"算术表达式1"，否则输出"算术表达式2"。因此，奖金公式可定义为"iff（事假天数+病假天数>0，0，300）"，即如果"（事假天数+病假天数）>0"的条件成立，则奖金的值取0，否则，取300。

101

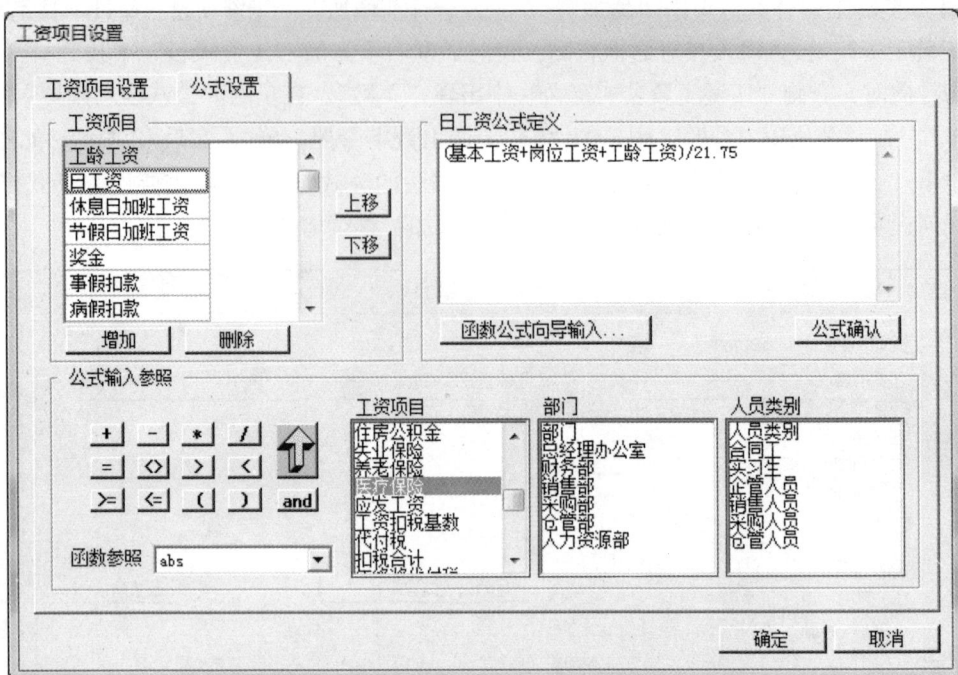

图 4-40　日工资公式定义

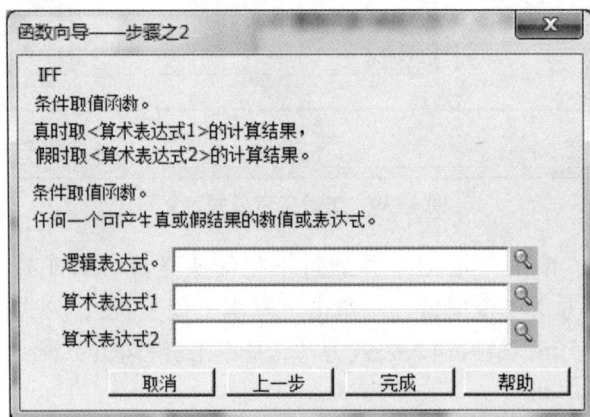

图 4-41　iff 函数向导对话框

以第一种方法继续操作，在"iff（,,）"的第一个逗号前单击，在右下方"工资项目"中单击"事假天数"，单击"公式输入参照"中"＋"，单击"工资项目"中"病假天数"，单击"公式输入参照"中"＞"，单击"公式输入参照"中"0"，逻辑表达式输入完成。在两个逗号间单击，单击"公式输入参照"中"0"，在最后一个逗号和"）"间单击，利用"公式输入参照"输入"300"，输入完成后单击"公式确认"，如图 4-42。

（4）病假扣款公式。工龄的长短决定了在病假期间的待遇不同，由此工龄被划分成小于 2、2 到 4、4 到 6、6 到 8、8 以上等多个区间，各个区间分别设置病假扣款计算公式。这里需要用到"iff"，但与奖金不同，由于是多个条件判断，需要用到多个"iff"，因此采

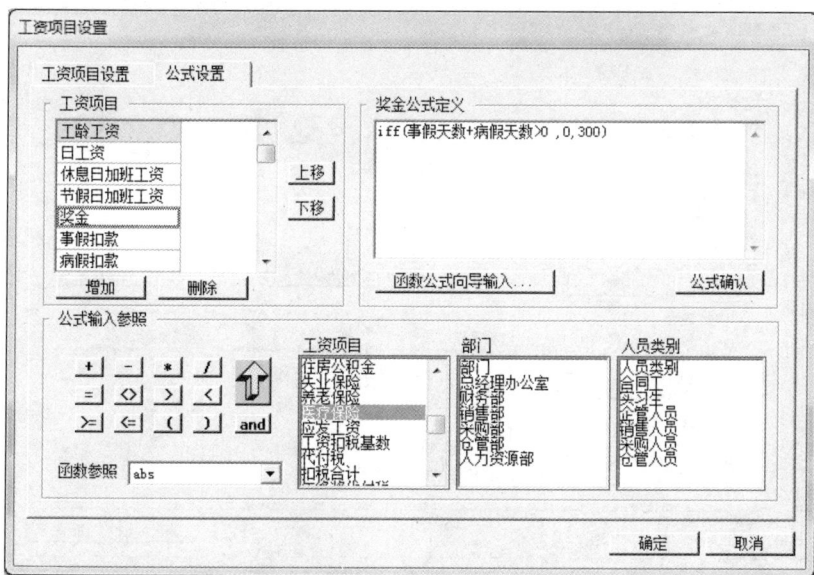

图 4-42　奖金公式定义

用函数嵌套来实现。

病假扣款公式设计的逻辑可以表达为：首先判断工龄是否小于 2 年，如果成立，需要扣款数为"日工资 * 病假天数 * 0.4"，即工龄最少的员工在病假期间只能得到工资的 60%；如果工龄不小于 2 年，进一步判断，工龄是否大于等于 2 年并且小于 4 年，若条件成立，则扣款数为"日工资 * 病假天数 * 0.3"，即病假期间得到工资的 70%；若第二个条件也不成立，则进一步判断工龄是否大于等于 4 年且小于 6 年，成立则扣款数为"日工资 * 病假天数 * 0.2"；若也不成立，则再判断工龄是否大于等于 6 年且小于 8 年，若成立则扣款数为"日工资 * 病假天数 * 0.1"；若不成立即工龄大于等于 8 年，则不进行扣款。

由此公式设定为"iff（工龄<2，日工资 * 病假天数 * 0.4, iff（工龄>=2 and 工龄<4，日工资 * 病假天数 * 0.3, iff（工龄>=4 and 工龄<6，日工资 * 病假天数 * 0.2, iff（工龄>=6 and 工龄<8，日工资 * 病假天数 * 0.1, 0））））"，操作方法与前述各项公式定义相同。需要注意的是，整个操作尽可能通过在界面上单击各项目来完成，尤其是公式中"and"的使用，默认"and"前后各有一个空格；若用键盘输入，多留空格或少留空格都会导致公式出现错误。结果如图 4-43。

公式设置完成后还需注意公式顺序与表 4-29 保持一致。由于公式间存在相互引用关系，被引用的项目必须先计算出结果，引用该项目的公式才能计算出正确数据。若公式顺序颠倒，则取数结果会出现错误，如"五险一金计提基数"一定要在"住房公积金"等三险一金项目的前面，"日工资"一定在"休息日加班工资""节假日加班工资""事假扣款""病假扣款"等项目的前面等。

所有公式定义工作完成后，单击确定，退出对话框。

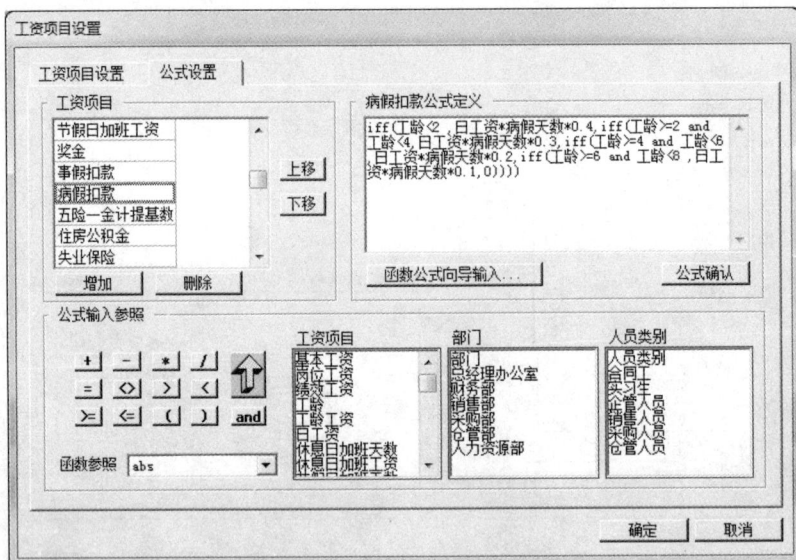

图 4-43　病假扣款公式定义

5. 扣税设置

点选业务菜单"业务工作-人力资源-薪资管理-设置-选项",打开"选项"对话框,选项中为建立工资账套时进行的参数设定。单击"扣税设置"选项卡,单击"编辑"按钮,将个人所得税申报表中"收入额合计"项所对应的工资项目由"实发合计"通过下拉箭头改为"工资扣税基数"。单击"确定",如图 4-44。

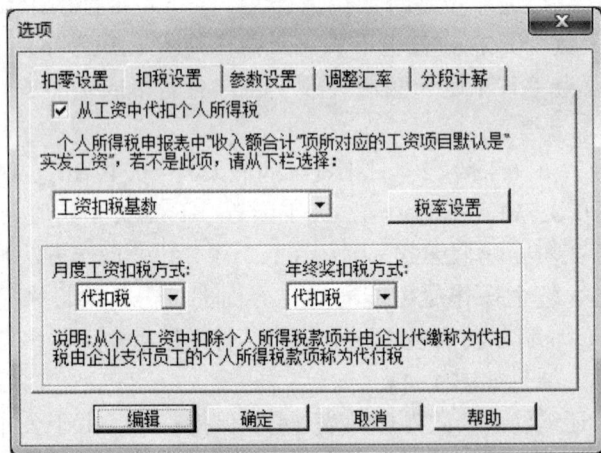

图 4-44　扣税设置

在图 4-44 对话框中,再次单击"编辑",然后单击"税率设置"按钮,进入"个人所得税申报表-税率表"对话框,按基本资料数据,依次修改基数为"5000",附加费用为"0",再逐级对照修改应纳税所得额上、下限和速算扣除数等数据,修改完成后,结果如图 4-44(2),单击"确定"。

图 4-44（2）　税率表

　　薪资管理系统初始设置工作至此全部完成，在操作时需要注意几个问题：一是操作的顺序比较重要，在工资账套建立后，须首先引入人员档案，若人员档案还未引入，就无法进行公式定义，因此合理的操作顺序是先引入人员档案，再进行工资项目设定，然后进行公式定义，最后修改选项中的"扣税设置"。二是公式的排序问题，如前所言，公式排序不正确，就无法获得正确的计算结果。三是在公式定义中，初学者应尽可能用鼠标而不是键盘完成操作，因公式格式有其特别规定，键盘输入容易出现多空格或少空格、中英文符号混用等情况，导致公式输入失败，在对公式设定已经熟悉的情况下，可以采用键盘输入以利于效率的提高。四是在公式输入中，必须确保所有引用的工资项目都存在于工资项目设置中，若在公式输入中引用了工资项目设置中并未增加的项目，则公式输入也会失败。

　　薪资管理在首次使用时，还应输入基本工资数据，基本工资数据指每月都基本不变的项目，以后各月只需做适当修改即可。此项工作位于薪资管理的"业务处理"，将在下一模块操作。

任务六　总账设置

一、总账设置资料

1. 选项

表 4-30　总账选项设置

项目	取值
出纳凭证必须经由出纳签字	是
数量小数位	2
单价小数位	2

2. 期初余额

表 4-31　科目期初余额

科目编码	科目名称	方向	币别/计量	期初余额
1001	库存现金	借		15,240.00
1002	银行存款	借		250,000.00
100201	工行存款	借		250,000.00
1012	其他货币资金	借		920,000.00
101201	存出投资款	借		920,000.00
1121	应收票据	借		52,000.00
112101	银行承兑汇票	借		52,000.00
1122	应收账款	借		114,130.00
1221	其他应收款	借		3,500.00
122101	个人往来	借		3,500.00
1231	坏账准备	贷		590.85
1402	在途物资	借		385,000.00
1405	库存商品	借		2,797,600.00
1601	固定资产	借		5,621,000.00
1602	累计折旧	贷		435,897.50
2202	应付账款	贷		287,350.00
220201	一般应付款	贷		107,350.00
220202	暂估应付款	贷		180,000.00
2204	合同负债	贷		30,000.00
220402	预收货款	贷		30,000.00
2211	应付职工薪酬	贷		56,484.55
221101	工资	贷		41,723.05
22110402	养老保险	贷		6,912.20
22110301	医疗保险	贷		2,910.40
22110401	失业保险	贷		254.66
22110302	工伤保险	贷		327.42
221107	职工教育经费	贷		1,207.80
221108	住房公积金	贷		2,182.80
221109	工会经费	贷		966.22
2221	应交税费			428,170.45
222102	未交增值税	贷		263,565.00
222103	应交企业所得税	贷		132,319.00

续表

科目编码	科目名称	方向	币别/计量	期初余额
222104	应交个人所得税	贷		658.65
222105	应交城市维护建设税	贷		18,449.55
222106	应交教育费附加	贷		7,906.95
222107	应交地方教育费附加	贷		5,271.30
2241	其他应付款	贷		5,929.94
224101	住房公积金	贷		2,182.80
224102	养老保险	贷		2 910.40
224103	医疗保险	贷		727.60
224104	失业保险	贷		109.14
2501	长期借款	贷		2,500,000.00
4001	实收资本	贷		4,500,000.00
4002	资本公积	贷		420,000.00
4101	盈余公积	贷		213,581.71
410101	法定盈余公积	贷		213,581.71
4104	利润分配	贷		1,280,465.00
410406	未分配利润	贷		1,280,465.00

表 4-32　应收票据/银行承兑汇票期初往来明细

日期	客户	业务员	摘要	方向	金额	票号	票据日期
2019-12-30	贵州运卓	周明	销售商品	借	52,000.00	10245651	2019-12-30

表 4-33　应收账款期初往来明细

日期	客户	业务员	摘要	方向	金额	票号	票据日期
2019-12-26	安顺家永	周明	往来期初引入	借	114,130.00	80912301	2019-12-26

表 4-34　其他应收款期初往来明细

日期	部门	个人	摘要	方向	金额
2019-12-24	采购部	高勤成	出差借款	借	3,500.00

表 4-35　应付账款/一般应付款期初往来明细

日期	供应商	业务员	摘要	方向	金额	票号	票据日期
2019-12-28	广西好味	吴昱	往来期初引入	贷	111,150.00	0000000001	2019-12-28

表 4-36　应付账款/暂估应付款期初往来明细

日期	供应商	业务员	摘要	方向	金额
2019-12-28	贵州岩拿	吴昱	货到发票未到	贷	180,000.00

表 4-37   合同负债/预收货款期初往来明细

日期	客户	业务员	摘要	方向	金额	票号	票据日期
2019-12-25	安顺承齐	-	往来期初引入	贷	30,000.00	0000000001	2019-12-25

二、操作要求和说明

1. 要求

根据资料完成总账选项设置和总账期初余额设置,资料未涉及的选项保持默认,资料中未涉及的科目没有期初余额。

2. 说明

本业务由 A01 赵琪于 2020 年 1 月 1 日登录企业应用平台完成。

三、操作步骤

1. 选项

在业务菜单点选"业务工作-财务会计-总账-设置-选项",打开"选项"对话框,该对话框包含 8 个选项卡。单击"权限"选项卡,单击"编辑"按钮,勾选"出纳凭证必须经由出纳签字"选项,如图 4-45。单击"会计日历"选项卡,将"数量小数位""单价小数位"修改为"2",如图 4-46,单击"确定",退出"选项"退话框。

选项中还有很多重要设置,在进行选项设置过程中,可以单击各选项卡浏览各选项,并通过单击"帮助"按钮调出系统帮助文件阅读,以加深对各选项的理解。

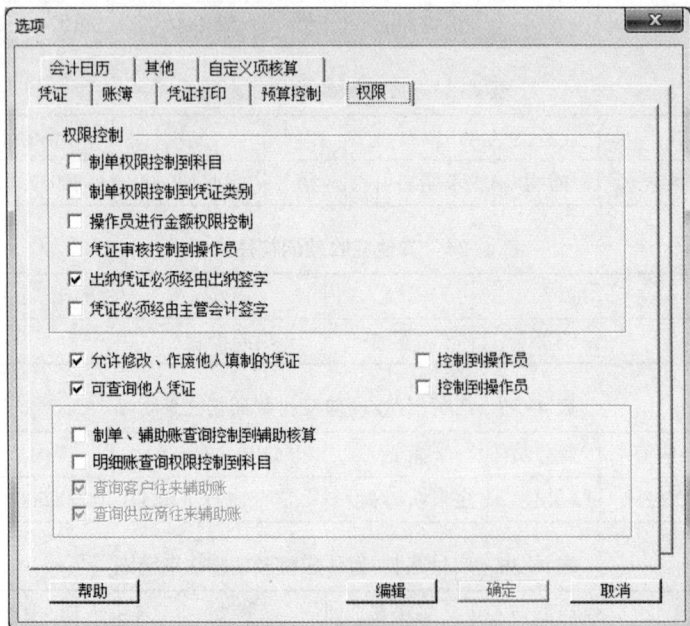

图 4-45   总账选项-权限

图 4-46　总账选项-会计日历

2. 期初余额

点选业务菜单"业务工作-财务会计-总账-设置-期初余额",进入"期初余额"窗口。

期初余额根据启用账套时间不同,有两种显示格式。如果企业启用账套的时间为年初,则进入"期初余额"窗口后显示的金额项只有"期初余额"一项(栏目包括"科目名称""方向""币别/计量",但这三项都只是作为输入期初余额的参照,并不是反映期初余额相关数据,因此只有"期初余额"一项为金额项)。若启用账套时间非年初,如在4月启用账套,则进入窗口后将显示"年初余额""累计借方""累计贷方"和"期初余额"四项金额栏,用户需要输入科目的本期期初余额和当年 1~3 月的累计借方发生额、累计贷方发生额,系统根据用户输入的三项数据计算出年初余额。贵州盛德账套启用日期为 2020 年 1 月 1 日,符合第一种情况,因此进入窗口后只有"期初余额"一栏需要输入,不必考虑累计借贷方发生额。

窗口中栏目分为黄、灰、白三种颜色,以下分别举例说明这三种颜色栏目的余额输入方法。

(1) 有辅助核算的科目期初余额录入。

颜色为黄色的科目,表明该科目有辅助核算要求,如"交易性金融资产/成本"科目有项目辅助核算,"应收票据/银行承兑汇票""应收票据/商业承兑汇票"有客户往来辅助核算。

有辅助核算要求的科目，其余额不能直接输入，需要输入往来明细期初，并由往来明细汇总后得到科目的期初余额。若有辅助核算要求的科目是应收应付受控科目，如应收账款、应付账款/一般应付款、应收票据等科目，可以从应收款管理子系统、应付款管理子系统将数据引入，不必再手工输入往来明细，并能保证应收应付的期初与总账期初保持一致。若科目有辅助核算，但非应收应付受控科目，如应付账款/暂估应付款，则必须手工输入往来明细，并确保与子系统金额核对一致。

"应收票据/银行承兑汇票"期初余额录入操作：双击"应收票据/银行承兑汇票"期初余额栏，进入辅助期初余额窗口，当前窗口无数据，单击窗口上方"往来明细"按钮，进入"期初往来明细"窗口。本科目是应收受控科目，此前已在应收款管理子系统设置了期初余额，可将其直接引入。单击"引入"，系统询问是否要引入，如图4-47，单击"是"，系统自动将数据引入，如图4-48。单击"汇总"，系统提示已完成往来明细汇总，如图4-49。若存在重复汇总等情况时，系统会提示"辅助期初录入表中已存在相应数据，只汇总当前辅助项组合，请选择'是'，该科目所有辅助项组合皆进行汇总，请选择'否'，取消对当前辅助项组合的汇总，请选择'取消'"，可单击"是"确认对当前项的汇总或根据实际情况做选择。汇总完成后，退出该科目所有窗口，返回"期初余额"窗口。

图4-47　期初引入提示

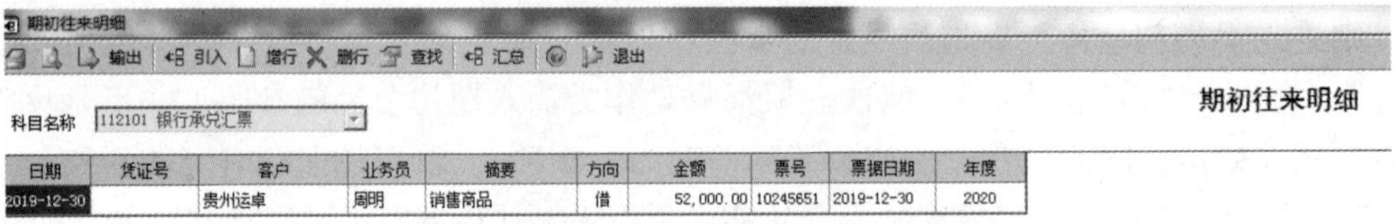

图4-48　应收票据/银行承兑汇票期初往来明细

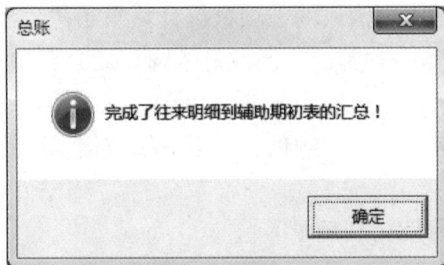

图4-49　往来明细汇总

"应付账款/暂估应付款"期初余额录入操作：双击"应付账款/暂估应付款"期初余额栏，进入"辅助期初余额"窗口，单击"往来明细"按钮，单击"增行"，增加一个空行，日期输入"2019-12-29"，凭证号可不输入，通过按钮选择供应商为"贵州岩拿"，选择业务员"吴昱"，输入摘要"货到发票未到"，方向"贷"，金额"180000"，票号及票据日期为空，输入完毕，如图4-50。单击"汇总"，则系统提示完成往来明细汇总，退出该窗口后，可看到"辅助期初余额"窗口中已获取到数据，如图4-51，单击"退出"关闭"辅助期初余额"窗口。

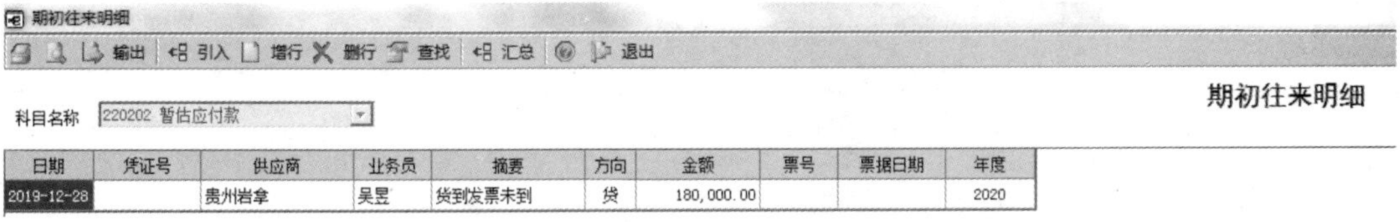

图4-50 应付账款/暂估应付款期初往来明细

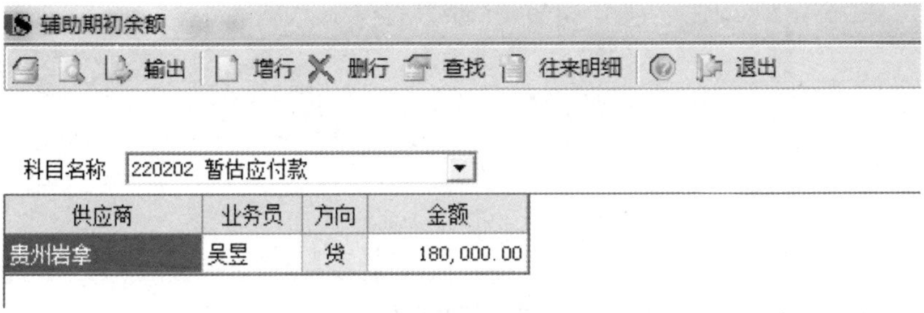

图4-51 合同负债/预收货款

"应收票据/银行承兑汇票""应收账款""应付账款/一般应付款""合同负债/预收货款"等科目期初往来明细可采用引入的方式获得，"其他应收款/个人往来"和"应付账款/暂估应付款"科目的期初往来明细则必须手工输入。

（2）非末级科目期初余额。

非末级科目即该科目还有下级科目。非末级科目为灰色，表示该科目不能直接输入期初余额，其期初余额由下级科目汇总得到。非末级科目不仅不能直接输入期初余额，也不能出现在凭证填制等业务工作中，在今后的业务处理中，用户必须使用末级科目，以明确数据的归属。如"应交税费"是一级科目，其下有二级、三级科目，因此，"应交税费"不能直接输入期初余额，"应交税费"及其下级"应交税费/应交增值税"等科目不能用于填制凭证。

（3）无辅助核算的末级科目。

既无辅助核算，又是最末级的科目显示为白色，此类科目可以直接输入期初余额。

期初余额输入完毕，不需要再进行保存，系统已自动保存所有期初余额，如图4-52。单击"试算"按钮，系统进行试算平衡，并显示期初试算平衡表如图4-53，若"试算结果不平衡"，用户需要找出不平衡原因，对期初余额进行修改，直至试算结果平衡。

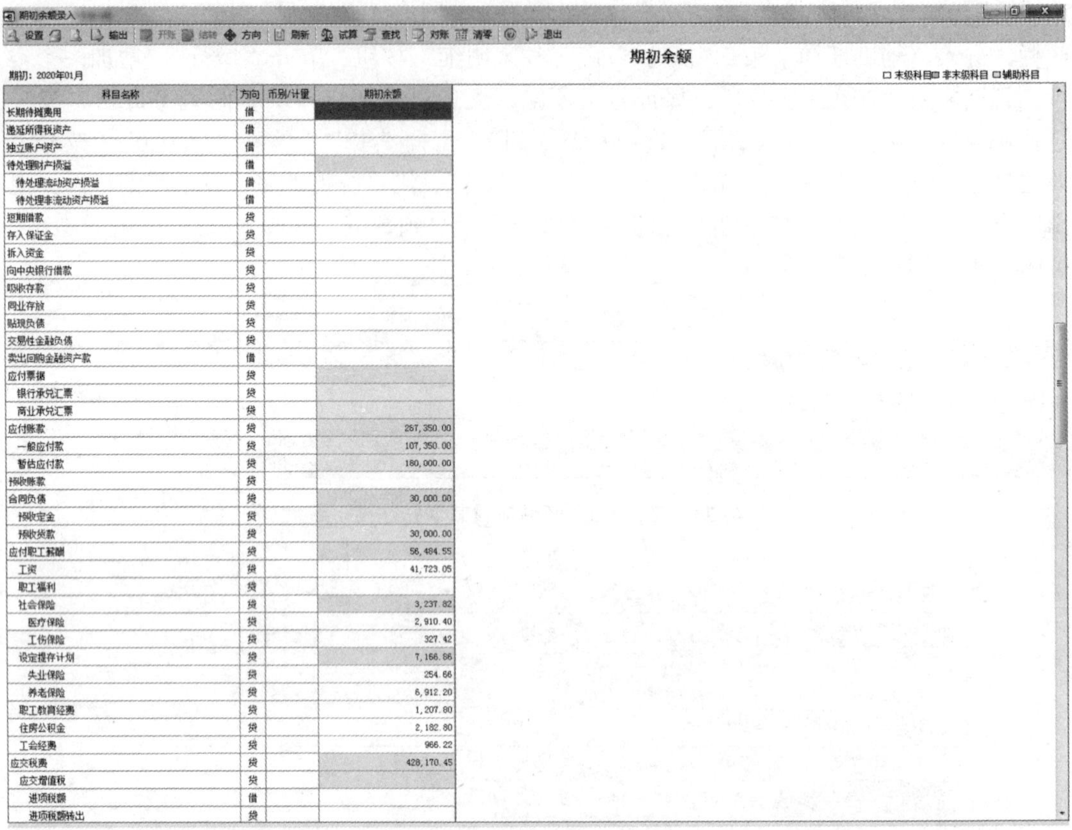

科目名称	方向	币别/计量	期初余额
长期待摊费用	借		
递延所得税资产	借		
独立账户资产	借		
待处理财产损溢	借		
待处理流动资产损溢	借		
待处理非流动资产损溢	借		
短期借款	贷		
存入保证金	贷		
拆入资金	贷		
向中央银行借款	贷		
吸收存款	贷		
同业存放	贷		
贴现负债	贷		
交易性金融负债	贷		
卖出回购金融资产款	借		
应付票据	贷		
银行承兑汇票	贷		
商业承兑汇票	贷		
应付账款	贷		267,350.00
一般应付款	贷		107,350.00
暂估应付款	贷		180,000.00
预收账款	贷		
合同负债	贷		30,000.00
预收定金	贷		
预收货款	贷		30,000.00
应付职工薪酬	贷		56,484.55
工资	贷		41,723.05
职工福利	贷		
社会保险	贷		3,237.82
医疗保险	贷		2,910.40
工伤保险	贷		327.42
设定提存计划	贷		7,166.86
失业保险	贷		254.66
养老保险	贷		6,912.20
职工教育经费	贷		1,207.80
住房公积金	贷		2,182.80
工会经费	贷		966.22
应交税费	贷		428,170.45
应交增值税	贷		
进项税额	借		
进项税额转出	贷		

图 4-52　总账期初余额（部分）

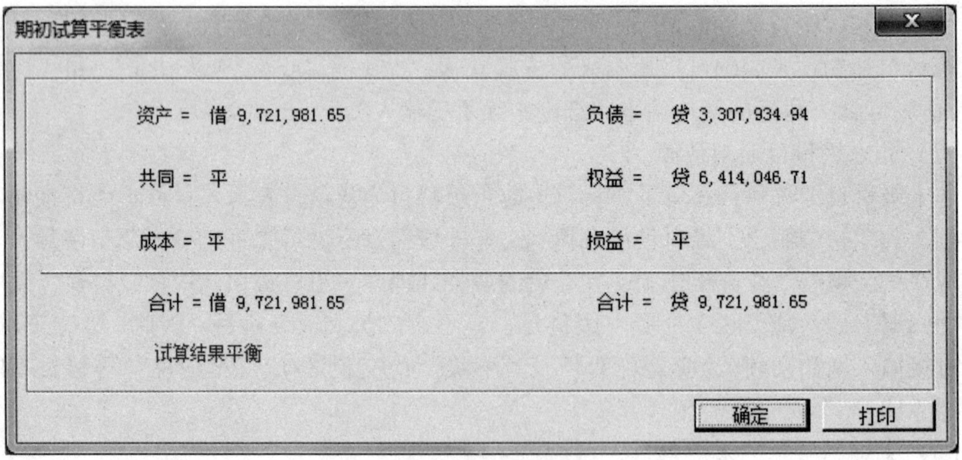

图 4-53　期初试算平衡表

期初余额若不平衡，用户可以完成填制凭证的工作，但无法完成凭证记账工作，也无法完成本月结账。因此，在输入期初余额后，必须保证试算平衡。

如前所言，期初余额输入后，科目被看作已使用过，不能直接删改，若需要对已使用的科目执行删除等操作，必须将该科目期初余额清零。期初余额的修改方法与录入方法相同，但需要注意，一旦执行凭证记账，则期初余额不允许修改。

3. 期初对账

系统提供了总账与辅助账、辅助账与明细账、子系统与总账的期初对账功能。在总账"期初余额"窗口单击"对账"，在弹出的对话框中单击"开始"，系统自动对总账上下级、总账与辅助账、辅助账与明细账进行核对，并显示核对结果，如图4-54。三项对账均为"Y"，表示对账正确。这里明细账即是指"期初往来明细"，辅助账指明细汇总后得到的如图4-51"辅助期初余额"。总账的对账并不能保证子系统与总账间数据一致，对子系统与总账的对账还需要到应收/应付款管理子系统进行操作。

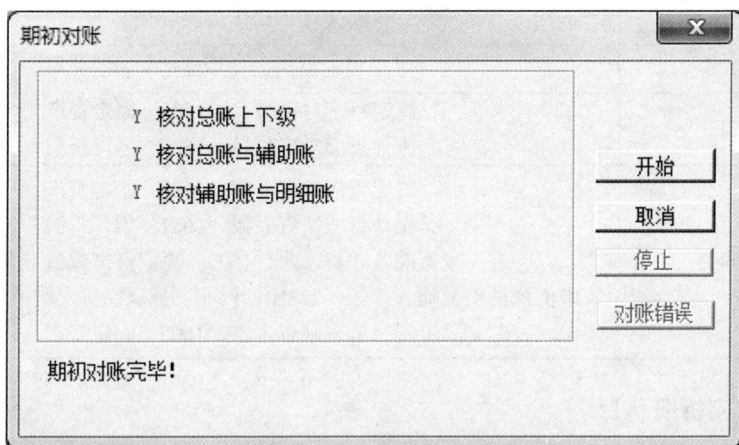

图4-54　总账期初对账

以应收款管理为例，点选业务菜单"业务工作-财务会计-应收款管理-设置-期初余额"，在"查询"窗口单击"确定"，进入期初余额明细表，单击"对账"，系统将显示应收期初、总账期初及差额，若存在差额则表明对账不成功。应收、应付期初对账界面如图4-55、4-56。

科目		应收期初		总账期初		差额	
编号	名称	原币	本币	原币	本币	原币	本币
112101	银行承兑汇票	52,000.00	52,000.00	52,000.00	52,000.00	0.00	0.00
112102	商业承兑汇票	0.00	0.00	0.00	0.00	0.00	0.00
1122	应收账款	114,130.00	114,130.00	114,130.00	114,130.00	0.00	0.00
220402	预收货款	-30,000.00	-30,000.00	-30,000.00	-30,000.00	0.00	0.00
	合计		136,130.00		136,130.00		0.00

图4-55　应收款管理期初对账

科目		应付期初		总账期初		差额	
编号	名称	原币	本币	原币	本币	原币	本币
1123	预付账款	0.00	0.00	0.00	0.00	0.00	0.00
220101	银行承兑汇票	0.00	0.00	0.00	0.00	0.00	0.00
220102	商业承兑汇票	0.00	0.00	0.00	0.00	0.00	0.00
220201	一般应付款	107,350.00	107,350.00	107,350.00	107,350.00	0.00	0.00
	合计		107,350.00		107,350.00		0.00

图4-56　应付款管理期初对账

任务七　固定资产设置

一、固定资产资料

1. 初始化

表4-38　固定资产初始化

项目	取值
折旧信息	默认（平均年限法（二））
编码方式	自动编码，类别编号+序号
账务接口	固定资产对账科目　1601，固定资产 累计折旧对账科目　1602，累计折旧
缺省入账科目	固定资产缺省入账　1601，固定资产 累计折旧缺省入账　1602，累计折旧 减值准备缺省入账　1603，固定资产减值准备 增值税进项税缺省入账　22210101，应交税费/应交增值税/进项税额 固定资产清理缺省入账　1606，固定资产清理

2. 部门对应折旧科目

表4-39　部门对应折旧科目

部门名称	折旧科目
总经理办公室	管理费用/折旧费
财务部	管理费用/折旧费
销售部	销售费用/折旧费
采购部	管理费用/折旧费
仓管部	管理费用/折旧费
人力资源部	管理费用/折旧费

3. 资产类别

表4-40　资产类别

类别名称	使用年限	净残值率（%）	计量单位	卡片样式
房屋及建筑物	30 年	10	幢	含税卡片样式
运输设备	8 年	4	辆	含税卡片样式
办公设备	3 年	1	台	含税卡片样式
仓储设备			台	含税卡片样式

4. 增减方式

表 4-41　增减方式

增加方式名称	对应入账科目	减少方式名称	对应入账科目
直接购入	银行存款/工行存款	出售	固定资产清理
投资者投入	实收资本	盘亏	待处理财产损溢/待处理非流动资产损溢
捐赠	营业外收入	投资转出	固定资产清理
盘盈	以前年度损益调整	捐赠转出	固定资产清理
在建工程转入	在建工程	报废	固定资产清理
融资租入	长期应付款	毁损	固定资产清理
资产采购	银行存款/工行存款	融资租出	长期应收款
		拆分减少	固定资产清理

5. 原始卡片（固定资产期初）

表 4-42　固定资产原始卡片

卡片编号	00001	00002	00003	00004	00005
资产名称	办公楼	仓库	依维柯汽车	IBM 笔记本	DELL 笔记本
资产类别	房屋及建筑物	房屋及建筑物	运输设备	办公设备	办公设备
使用部门	总经理办公室 财务部 人力资源部	仓管部 单部门使用	销售部 单部门使用	财务部 单部门使用	总经理办公室 单部门使用
增加方式	在建工程转入	在建工程转入	直接购入	直接购入	直接购入
使用状况	在用	在用	在用	在用	在用
使用年限	30 年	30 年	8 年	3 年	3 年
开始使用日期	2017-6-1	2017-6-1	2018-12-1	2019-5-1	2019-3-1
原值	3050000	2300000	250000	10000	11000
净残值率	10%	10%	4%	1%	1%
累计折旧	228750	172500	30000	1925	2722.5

注：办公楼使用比例：总经理办公室 40%，财务部 30%，人力资源部 30%

二、操作要求和说明

1. 要求

按照资料完成固定资产初始化设置，资料中未涉及的项目按默认。

2. 说明

本业务由 A01 赵琪在企业应用平台登录完成。

三、操作步骤

1. 初始化

点选业务菜单"业务工作-财务会计-固定资产",系统弹出如图 4-57 的提示信息,单击"是",进入"初始化账套向导"。

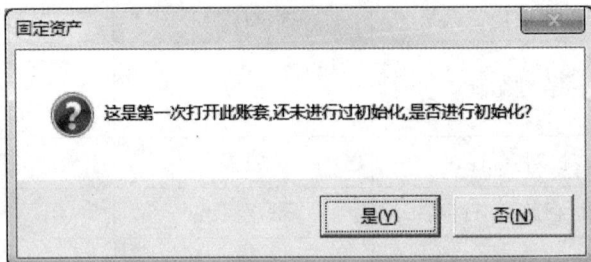

图 4-57 固定资产初始化提示信息

(1)约定及说明。初始化账套第一个页面是系统关于固定资产管理原则的约定和说明,如关于折旧方法调整、使用年限调整当月生效等,该页不需要进行设置,单击"我同意"并单击下一步。

(2)启用月份。系统已默认 2020 年 1 月启用,并在说明里强调必须将 1 月前所有固定资产资料如期初固定资产数据输入到系统,此页也不需要进行设置,单击"下一步"。

(3)折旧信息。此页要求用户选择采用的折旧方法,确定折旧分配周期,系统默认采用"平均年限法(二)"为主要折旧方法,注意上方"本账套计提折旧"必须勾选。该页采用系统默认,如图 4-58。单击"下一步"。关于"平均年限法(一)"和"平均年限法(二)"的相关区别在初始化完成后可在"固定资产-设置-折旧方法"中查找和阅读。

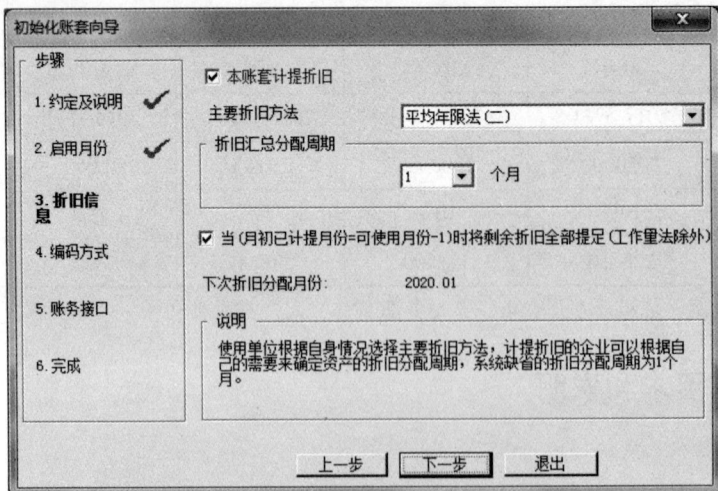

图 4-58 固定资产初始化-折旧信息

（4）编码方式。固定资产编码方式勾选"自动编码"，并在右侧通过下拉箭头选择"类别编号+序号"，其余默认，如图4-59，单击下一步。

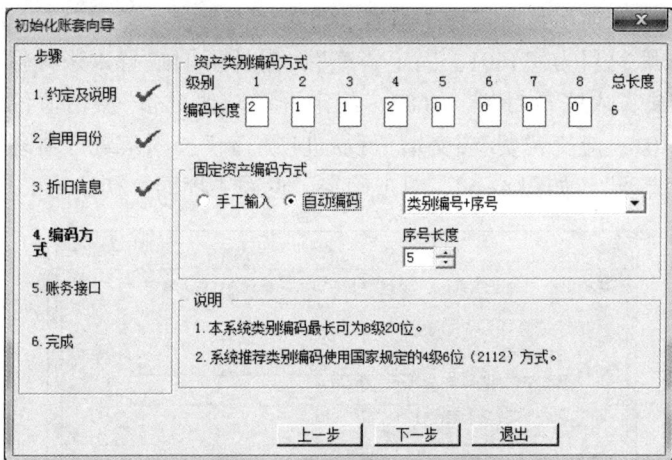

图4-59　固定资产初始化-编码方式

（5）账务接口。输入或选择固定资产对账科目为"1601固定资产"，累计折旧对账科目为"1602累计折旧"，其余默认，如图4-60。单击"下一步"，再单击"完成"，系统弹出提示信息如图4-61，单击"是"，则显示"已成功初始化本固定资产账套"，单击"确定"。初始化工作初步完成。

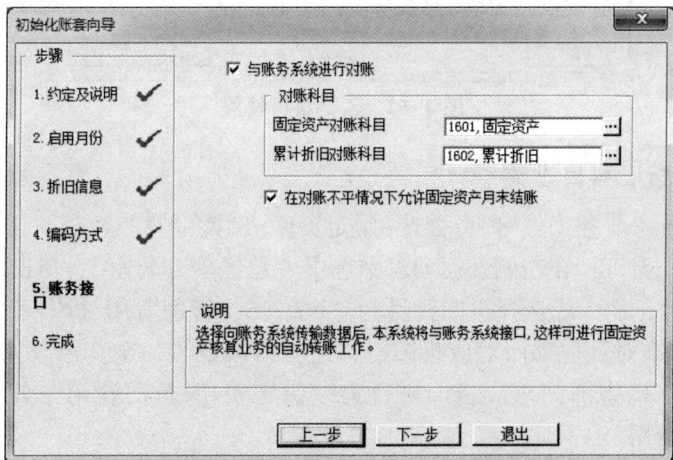

图4-60　固定资产初始化-账务接口

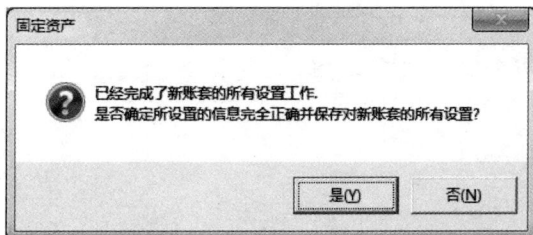

图4-61　固定资产初始化-完成提示

（6）入账科目设置。初始化基本完成后，还需要进入固定资产选项补充输入入账科目。点选"业务菜单-财务会计-固定资产-设置-选项"，打开"选项"对话框，该对话框中绝大部分内容已在初始化时进行了设置。单击"与账务系统接口"选项卡，输入或选择固定资产缺省入账科目为"1601，固定资产"，累计折旧缺省入账科目为"1602，累计折旧"，减值准备缺省入账科目为"1603，固定资产减值准备"，增值税进项税额缺省入账科目为"22210101，应交税费/应交增值税/进项税额"，固定资产清理缺省入账科目为"1606，固定资产清理"。如图4-62，单击确定，返回主界面，初始化工作全部完成。

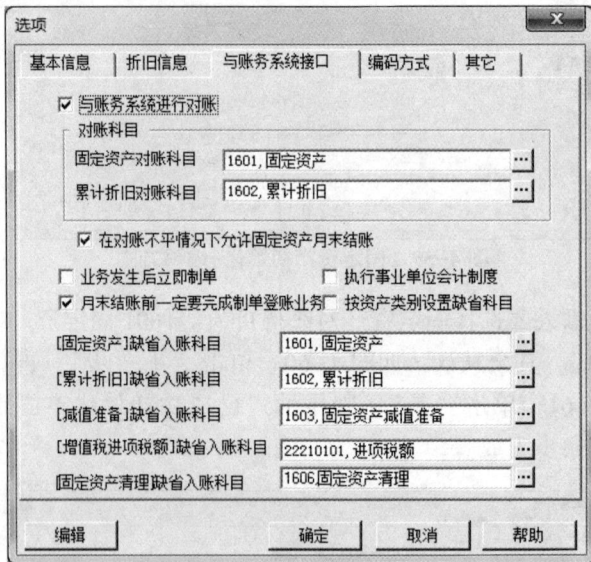

图4-62　入账科目设置

2. 部门对应折旧科目设置

点选业务菜单"业务工作-财务会计-固定资产-设置-部门对应折旧科目"，进入"部门对应折旧科目"窗口，在左侧部门列表中选中"总经理办公室"，单击上方"修改"按钮，进入修改页面，输入或选择折旧科目为"660205，管理费用/折旧费用"，如图4-63，单击"保存"。依次对其他部门对应折旧科目进行修改设置，全部修改完成，如图4-64，退出窗口。注意除销售部门对应折旧科目为"销售费用/折旧费用"外，其余部门均为"管理费用/折旧费用"。

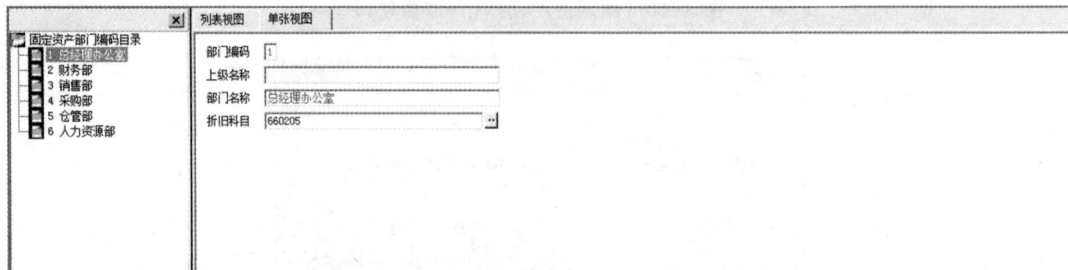

图4-63　部门对应折旧科目-总经理办公室

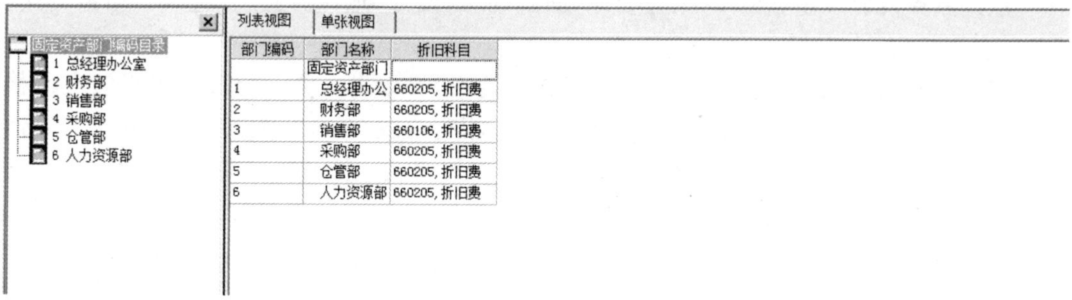

图 4-64 部门对应折旧科目设置结果

3. 资产类别设置

点选业务菜单"业务工作–财务会计–固定资产–设置–资产类别",进入"资产类别"窗口。单击"增加",进入新增页面,在资产名称栏输入"房屋及建筑物",在使用年限的年份框内输入"30",净残值率输入"10",计量单位"幢",计提属性和折旧方法默认,卡片样式通过下拉箭头更改为"含税卡片样式",输入完毕如图 4-65,单击"保存"。继续增加其他类别,全部完成后退出窗口,结果如图 4-66。注意单击"增加"前,要选中"固定资产分类编码表"而不能选中此前增加的类别,否则所增加的资产类别将成为原类别的下级分类。

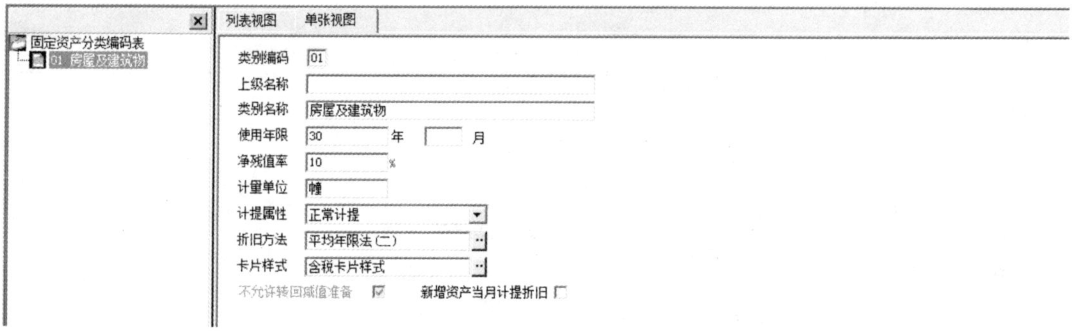

图 4-65 资产类别–房屋及建筑物

图 4-66 资产类别设置

4. 增减方式设置

对增减方式设置主要是设置固定资产增加或减少时对应的入账科目,在今后的日常业务处理中,出现对应的增加或减少情况并填制凭证时,系统将自动带出对应科目,如设置"投资者投入"的对应入账科目为"实收资本",则在相应业务发生时,系统将自动填制凭证借方科目为"固定资产",贷方科目为"实收资本"。

点选业务菜单"业务工作-财务会计-固定资产-设置-增减方式",进入"增减方式"窗口。

增减方式的修改:在窗口右侧选中"直接购入",单击上方"修改"按钮,在"修改"页面输入或选择对应入账科目为"100201,银行存款/工行存款",如图4-67,单击保存,返回"增减方式"窗口,选中下一项目,继续修改其他增减方式对应入账科目,直至现有增减方式全部修改完成。

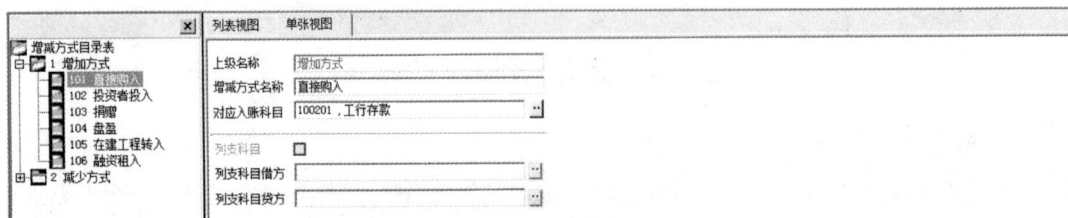

图4-67 增减方式修改

"资产采购"方式的增加:系统设置的增减方式中并没有"资产采购",因此需要用户增加这一资产增加方式,然后再进行设置。在窗口左侧选中增加方式,单击上方"增加"按钮,进入"增加"页面,输入增减方式名称为"资产采购",输入或选择对应入账科目为"100201,工行存款",单击保存。全部操作完毕后退出窗口。增减方式设置结果如图4-68。

增减方式名称	对应入账科目
增减方式目录表	
增加方式	
直接购入	100201,工行存款
投资者投入	4001,实收资本
捐赠	6301,营业外收入
盘盈	6901,以前年度损益调整
在建工程转入	1604,在建工程
融资租入	2701,长期应付款
资产采购	100201,工行存款
减少方式	
出售	1606,固定资产清理
盘亏	190102,待处理非流动资产损益
投资转出	1606,固定资产清理
捐赠转出	1606,固定资产清理
报废	1606,固定资产清理
毁损	1606,固定资产清理
融资租出	1531,长期应收款
拆分减少	1606,固定资产清理

图4-68 增减方式设置

5. 固定资产原始卡片录入

录入原始卡片即是将企业截止至2020年1月1日已持有的固定资产输入到系统,以区别于其后期间新增固定资产。点选业务菜单"业务工作-财务会计-固定资产-卡片-录入原始卡片",系统弹出"固定资产类别档案"窗口,如图4-69,要求用户在增加期初固定资产前先选择所要增加的资产隶属的资产类别。单击勾选"01 房屋及建筑物",单击

"确定",进入"固定资产卡片"窗口。

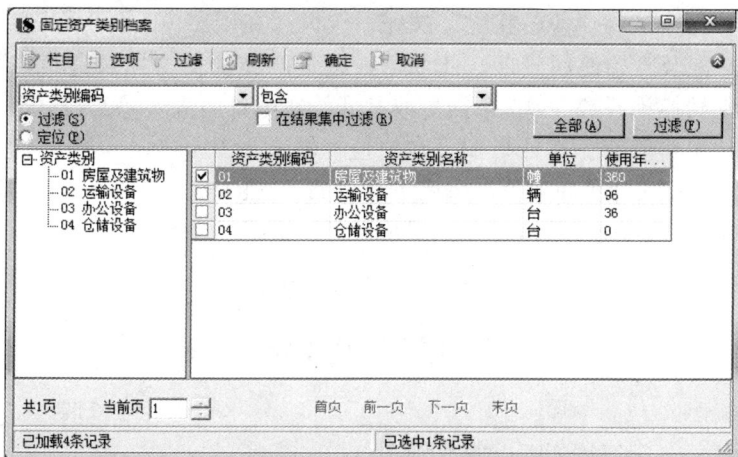

图 4-69　新增卡片类别选择

（1）名称。输入资产名称为"办公楼"。

（2）使用部门。单击"使用部门"按钮,系统弹出如图 4-70 的对话框,选择"多部门使用",单击"确定",屏幕显示"使用部门"对话框。单击"增加",使用部门选择"总经理办公室",使用比例输入"40",再单击"增加"设定财务部占用 30%、人力资源部占用 30%,设置完毕如图 4-71,单击"确定",返回"资产卡片"窗口。

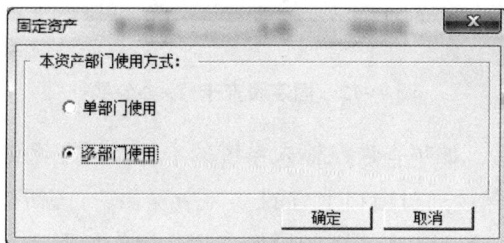

图 4-70　部门使用方式

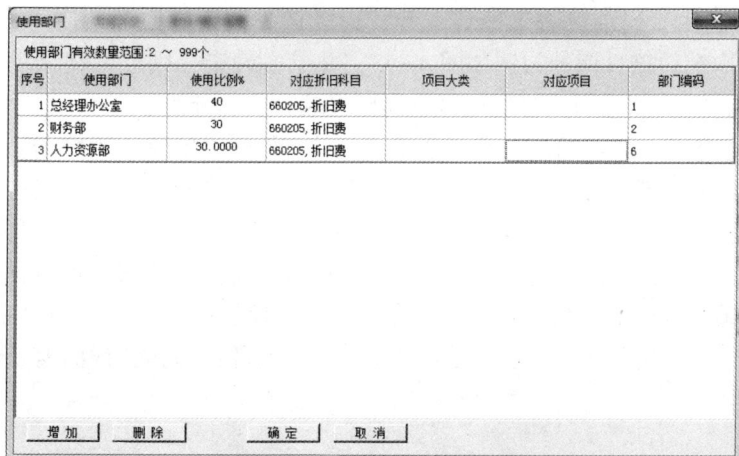

图 4-71　多部门使用比例设置

（3）增加方式。单击"增加方式"按钮并选择"在建工程转入"，单击"确定"。

（4）使用状况。单击"使用状况"按钮，选择"在用"，单击"确定"。

（5）使用年限及开始使用日期。此前已设置资产类别"房屋及建筑物"使用年限为30年，系统自动转换为月数360，不需更改。开始使用日期输入"2017-06-01"。

（6）原值、净残值率、累计折旧。在原值栏输入"3050000"。净残值率默认按资产类别中的设定，并自动计算净残值。输入累计折旧"228750"。

输入完毕，如图4-72，单击保存，系统显示"数据成功保存"，单击确定。按前述操作方法继续录入其他资产卡片，全部录入完成退出窗口。

固定资产卡片

卡片编号	00001		日期	2020-01-01
固定资产编号	0100001	固定资产名称		办公楼
类别编号	01	类别名称 房屋及建筑物	资产组名称	
规格型号		使用部门	总经理办公室/财务部/人力资源部	
增加方式	在建工程转入	存放地点		
使用状况	在用	使用年限（月） 360	折旧方法	平均年限法（二）
开始使用日期	2017-06-01	已计提月份 30	币种	人民币
原值	3050000.00	净残值率 10%	净残值	305000.00
累计折旧	228750.00	月折旧率 0.0025	本月计提折旧额	7625.00
净值	2821250.00	对应折旧科目 (660205,折旧费)	项目	
增值税	0.00	价税合计 3050000.00		
录入人	赵琪		录入日期	2020-01-01

图4-72 固定资产卡片-办公楼

录入原始卡片结束后，如想查看已输入系统的卡片，可在系统自动增加新卡片后单击"放弃"并单击"是"，然后通过窗口上方的"⇤ ⇠ ⇢ ⇥"按钮查看。此外，系统还提供了卡片管理功能，也可查看已输入系统的原始卡片，操作如下。

点选业务菜单"业务工作-财务会计-固定资产-卡片-卡片管理"，系统显示"查询条件选择对话框"，由于当前要查询原始卡片，而默认查询条件中开始使用日期为"2020-01-01"，单击取消对该日期的勾选如图4-73，并单击确定，则屏幕将显示出所录入的所有卡片，如图4-74。利用卡片管理还可查询已经减少或拆分的资产。

至此，建立账套时启用的总账及八个子系统的初始化设置及初始数据录入工作已全部完成。本模块和第二模块的操作为企业日常运营提供了可供利用的数据资源，为下一步日常业务处理奠定了基础，基础数据和初始数据的设置录入工作在会计信息化工作中占有很重要的位置，工作量大，涉及内容繁杂，基础数据或初始数据错误，也将导致日常业务处理和期末处理无法获得正确结果。因此，在第二、三模块的操作中，用户必须细心谨慎，确保数据完全正确，避免在日常业务处理和期末处理阶段因数据错误而返工。

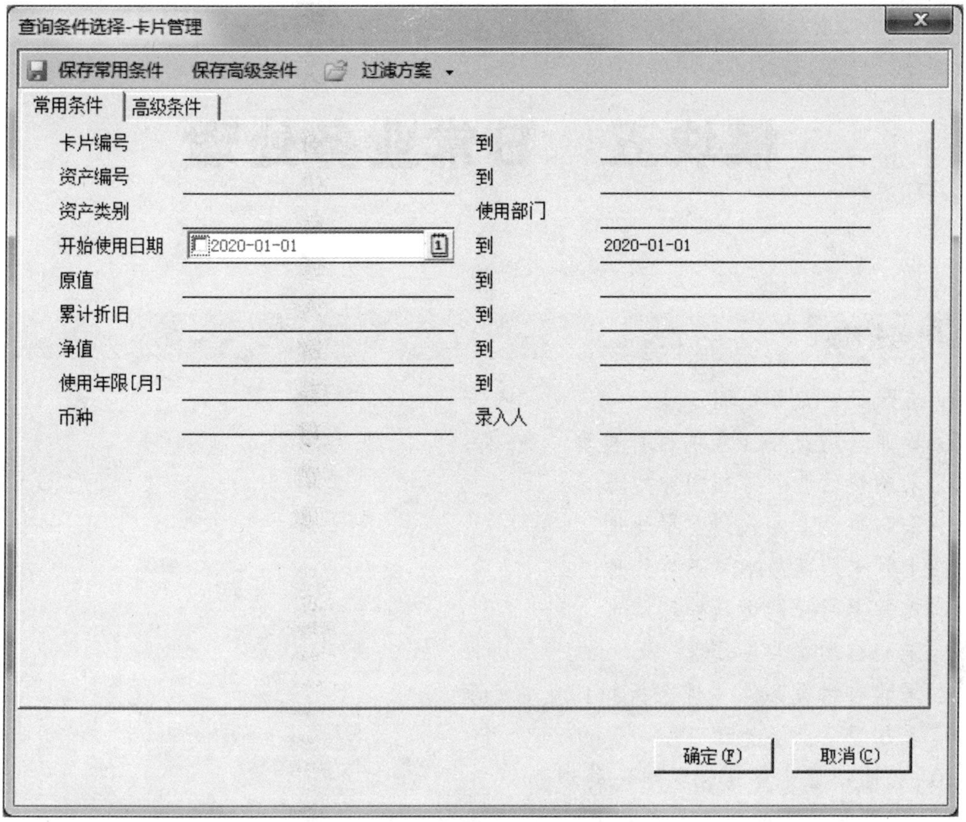

图 4-73　卡片管理-查询条件选择

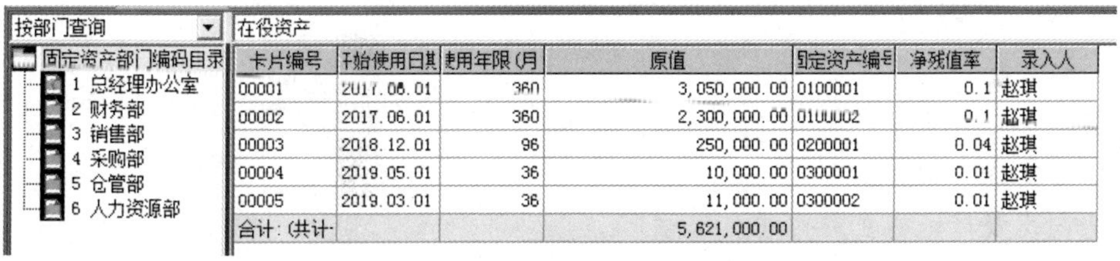

卡片编号	开始使用日期	使用年限(月	原值	固定资产编号	净残值率	录入人
00001	2017.08.01	360	3,050,000.00	0100001	0.1	赵琪
00002	2017.06.01	360	2,300,000.00	0100002	0.1	赵琪
00003	2018.12.01	96	250,000.00	0200001	0.04	赵琪
00004	2019.05.01	36	10,000.00	0300001	0.01	赵琪
00005	2019.03.01	36	11,000.00	0300002	0.01	赵琪
合计:(共计			5,621,000.00			

图 4-74　卡片管理-在役资产

模块五　日常业务处理

任务描述

1. 总账日常业务处理
2. 普通采购业务（含现付）处理
3. 采购暂估业务月初回冲处理
4. 采购暂估业务收到发票处理
5. 上月采购商品本月入库处理
6. 支付上月采购货款处理
7. 采购有运费业务处理
8. 采购有付款条件（现金折扣）业务处理
9. 采购退货业务处理
10. 普通销售业务（含现结）处理
11. 有预收货款的销售业务处理
12. 销售有定金业务处理
13. 分批发货销售业务处理
14. 销售折让业务处理
15. 销售退货业务处理
16. 固定资产增加业务处理
17. 固定资产采购业务处理
18. 固定资产变动业务处理
19. 固定资产折旧计提处理
20. 薪资管理工资变动计算业务处理
21. 薪资管理工资分摊业务处理
22. 坏账准备计提处理
23. 存货盘点处理
24. 计提存货跌价准备处理

学习目标

1. 掌握总账凭证的填制操作
2. 掌握供应链管理各单据填制、审核操作

3. 掌握应收应付管理各单据填制、审核操作

4. 掌握固定资产管理资产增加、变动单、计提折旧及凭证生成具体操作

5. 掌握薪资管理工资变动、工资计算、工资分摊设置及凭证生成具体操作

6. 掌握采购暂估业务的相关操作

7. 掌握采购退货业务的具体操作

8. 掌握采购有运费、付款条件业务的具体操作

9. 掌握普通采购业务的具体操作

10. 掌握销售有订金、分批发货、销售折让业务具体操作

11. 掌握销售退货业务具体操作

12. 掌握普通销售业务具体操作

13. 掌握坏账准备计提、存货盘点、存货跌价准备业务处理操作

14. 掌握应收应付制单处理

15. 掌握存货核算生成凭证操作

16. 掌握凭证审核、出纳签字、凭证记账操作

17. 掌握采购结算、正常单据记账等业务环节操作

18. 掌握采购及应付业务、销售及应收业务操作流程

19. 理解掌握子系统间单据传递和数据传递关系

20. 掌握取消审核、取消记账及恢复记账前状态等功能操作

经过模块三和模块四，企业已经设置好了所有基础数据和初始数据，进入日常业务处理阶段。本模块从 2020 年 1 月 1 日开始，完成企业 2020 年 1 月的全部日常业务处理。与此前的模块有所区别，本模块以一个月逐笔发生的业务为线索，涵盖企业已启用的所有子系统，单笔业务的处理往往涉及多个子系统，需要用户在操作前有更多的思考和分析。

任务一　月初回冲

一、业务资料

向贵州岩拿有限公司采购的舒记牛肉干已于 2019 年 12 月 29 日入库，但未收到发票，本月初做红字回冲。

二、操作要求和说明

1. 要求

完成红字回冲，并对生成的凭证进行审核和记账，如该笔业务包含多张单据，采用合成制单。凡是在子系统中可以生成凭证的业务，不允许在总账中手工填制凭证。

2. 说明

本业务由 W02 孙华完成回冲制单，W01 钱玲完成审核工作，W02 孙华完成记账工作。

三、业务分析

该笔业务的产生来源于上期采购未完成。一笔采购业务的完成由以下内容构成：商品已经入库，也收到了发票，将发票和入库单进行了采购结算，采购结算使得入库单中的商品取得成本数据，最后按发票付了价款。在本笔业务中，2019 年 12 月 29 日商品已经入库，上月已编制了入库单，但没有收到发票，无法将入库单与发票进行采购结算，因此，到 12 月 31 日期末时，无法取得入库商品的成本，但商品既然已经入库，月末只能进行暂估处理，即以暂估价入库，生成一张暂估入库的凭证：

借：库存商品

　　贷：应付账款-暂估应付款

按照暂估业务的做法，到本月，这张暂估入库凭证可以有以下三种处理方式。

第一种是月初回冲。在本月初编制红字回冲单生成红字凭证将暂估入库凭证冲掉，等收到发票后再生成一张蓝字回冲单并生成蓝字凭证，从而将入库商品的暂估成本更换成结算成本。如果本月仍然未收到发票，到期末时，还要按上月的处理方式，对存货再进行暂估，生成蓝字回冲单，按暂估价入库并生成暂估入库凭证，等下月发票到后再进行结算。

第二种是单到回冲。未收到发票前不做任何处理，收到发票时生成一张红字回冲单和一张蓝字回冲单，红字回冲单暂估成本冲掉，蓝字回冲则是将暂估成本更换成结算成本。

第三种是单到补差。未收到发票前不做任何处理，收到发票后也不做回冲，而是根据原来的暂估价和现在的结算价生成一张入库调整单，将暂估成本调整为结算成本。

在存货核算初始设置选项设置中，"核算方式"选项卡就有关于暂估方式的选择，系统默认"月初回冲"，而我们在此前设置中保持了默认，即采用月初回冲的暂估处理方式。所以，当存货核算初始设置结束时，系统就会自动生成红字回冲单。用户需要对这张红字回冲单在存货核算中制单，生成一张红字凭证并审核和记账。

四、操作步骤

1. 红字回冲凭证生成

以 W02 赵华登录企业应用平台，点选业务菜单"业务工作-供应链-存货核算-财务核算-生成凭证"，进入"生成凭证"窗口，当前窗口内容为空，单击上方"选择"按钮，出现"查询条件"对话框，这里是要求用户选择凭证生成的单据依据，本业务处理红字回冲单凭证生成，因此，在对话框左侧单据列表中勾选"红字回冲单"，右侧条件全部默认，如图 5-1。

在"查询条件"对话框单击"确定"，进入"未生成凭证单据一览表"窗口，此时窗口中已出现所选红字回冲单记录，如图 5-2。在"红字回冲单"记录的"选择"栏单击，或单击上方"全选"按钮（如果查询出来的单据记录不止一条，并且所有记录并非要合成生成一张凭证，则不能全选），"选择"栏出现"1"标识，表明选中该条记录作为生成凭证的依据。单击确定，返回"生成凭证"窗口，如图 5-3。

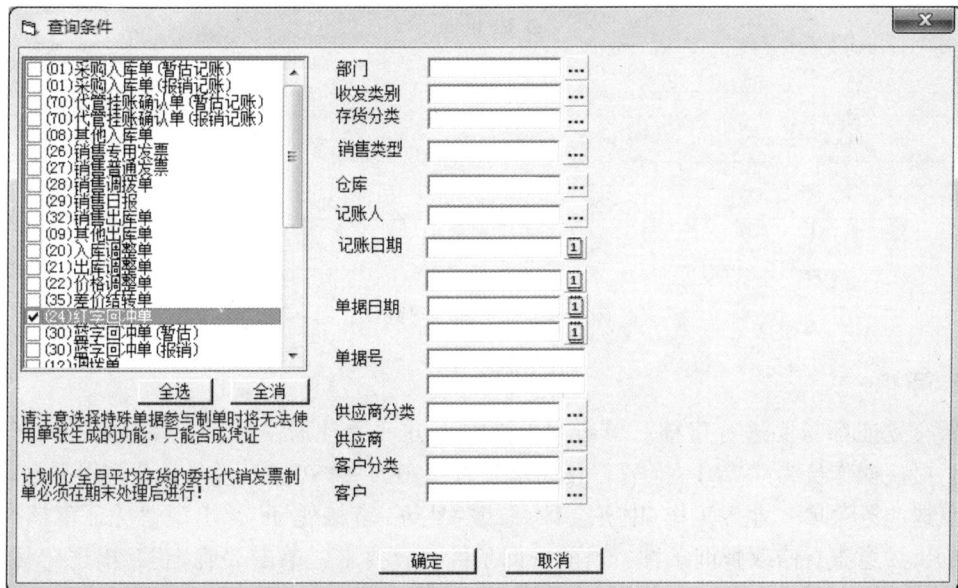

图 5-1 生成凭证-查询条件

图 5-2 未生成凭证单据一览表

图 5-3 生成凭证-红字回冲单

图 5-3 窗口中已将前面步骤所选择的单据转化成凭证生成中的分录，可看到红字回冲的借方分录科目为"库存商品"，贷方分录科目为"应付账款/暂估应付款"，金额和数量均为负数。借贷方分录中出现的科目是此前在存货核算中设置了"存货科目""对方科目""暂估科目"的结果，若在前期设置工作中未进行科目设置或设置不完整，则在生成凭证时，系统会提示有分录没有科目，需要手动填写科目。窗口上方有"生成"和"合成"两个按钮，都可用于凭证生成，其区别在于，"生成"是按照窗口中的单据记录分别生成多张凭证，而"合成"则是把窗口中所有单据记录对应的分录合成一张凭证。当前业务只有一张红字回冲单，因此，选择"生成"与"合成"没有任何区别，其结果都只生成一张凭证。

单击"生成"，系统自动生成一张红字凭证如图 5-4。凭证信息已自动填制完整，单击"保存"，则凭证左上方出现"已生成"字样，关闭凭证窗口。

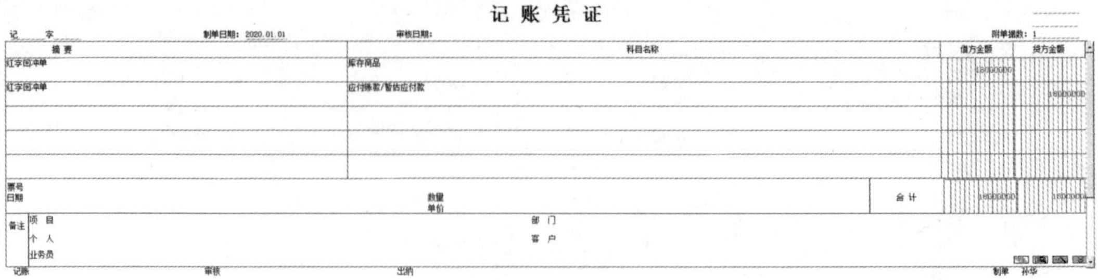

图 5-4　红字回冲单凭证

2. 审核

所有凭证都需要进行审核。单击主界面左上方"重注册"按钮，系统弹出"登录"界面，更换操作员为"W01 孙华"，日期修改为"2020-01-01"，登录企业应用平台。

点选业务菜单"业务工作-财务会计-总账-凭证-审核凭证"，出现"凭证审核查询"对话框，注意查看修改查询条件，当前查询条件符合要求，单击"确定"，出现"凭证审核列表"，如图 5-5。双击图 5-5 中凭证记录，进入凭证窗口，单击上方"审核"按钮，凭证下方审核后已签名"钱玲"，凭证审核操作完成，如图 5-6，关闭窗口。

制单日期	凭证编号	摘要	借方金额合计	贷方金额合计	制单人	审核人	系统名	备注	审核日期	年度
2020-01-01	记 - 0001	红字回冲单	-180,000.00	-180,000.00	孙华		存货核算系统			2020

凭证共 1 张　　已审核 0 张　　未审核 1 张　　凭证号排序　制单日期排序

图 5-5　凭证审核列表

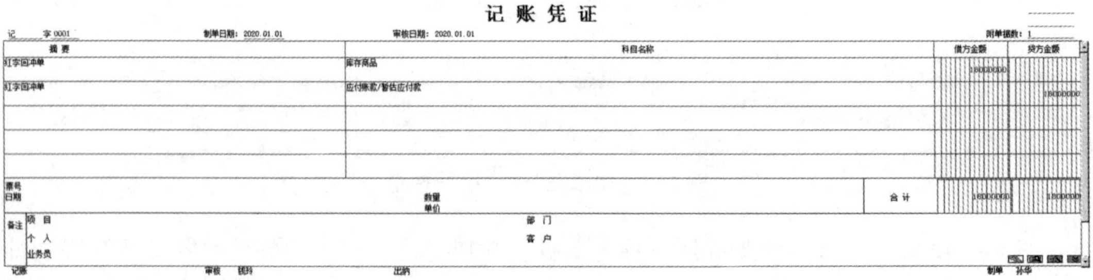

图 5-6　凭证审核

如果是多张凭证需要审核，在刚才的凭证审核窗口中，单击"批处理"按钮调出下拉菜单，选择其中的"成批审核凭证"即可一次性审核多张凭证。

3. 记账

所有凭证最后都要记账，记账就是登记账簿，记账操作的直接结果是账簿中将产生科目的当期发生额和余额数据。单击"重注册"更换操作员为"W02 孙华"，日期仍然为"2020-01-01"，登录企业应用平台。

点选业务菜单"业务工作-财务会计-总账-凭证-记账"，出现对话框"记账"，单击对话框下方"全选"按钮，或可直接输入本次记账范围（本次只有一张凭证记账，编号是 1，所以记账范围就是 1；假设今后记账时凭证编号是 8 到 50，则可在记账范围输入"8

-50"），如图5-7，单击"记账"，系统弹出"期初试算平衡表"，告知用户期初余额平衡可以记账，单击"确定"，系统开始记账，最后显示"记账完毕!"，再单击"退出"，记账操作完成。

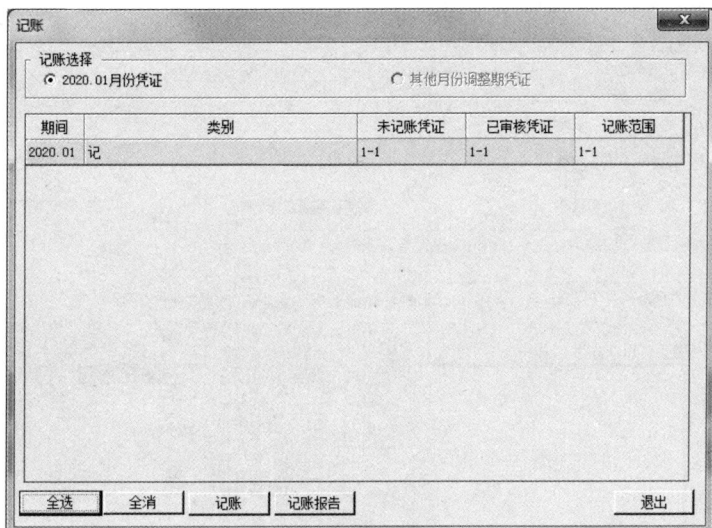

图5-7 凭证记账

凭证审核和记账可以每生成一张凭证就审核和记账一次，也可批量审核和记账，基于节约时间的考虑，用户可以到期末集中进行凭证审核和记账。但必须注意，当进入期末对增值税、损益类科目等进行结转操作时，若此前有凭证未记账，则某些科目的发生额和余额就不正确，因此，在期末各项结转工作前，必须对所有凭证进行审核和记账。

4. 操作拓展（此步骤非本笔业务操作，只在凭证出现错误或操作有误时使用）

凭证一经审核和记账就不能删除，也不能直接修改，只能进行红字冲销。若需要对凭证进行直接删改，则可取消记账和审核操作。

（1）取消记账：取消记账操作由账套主管完成。以A01赵琪身份登录平台，点选业务菜单"业务工作-财务会计-总账-期末-对账"，进入对账对话框，在对话框按下组合键"CTRL+H"，系统弹出"恢复记账前状态已被激活"，如图5-8，单击"确定"并关闭"对账"对话框。

图5-8 恢复记账前状态功能激活提示

点选业务菜单"业务工作-财务会计-总账-凭证-恢复记账前状态",进入"恢复记账前状态"对话框,如图5-9,根据实际情况对恢复方式做出选择,单击"确定",系统要求输入操作员口令,默认无口令,直接单击"确定",则相关凭证被取消记账。

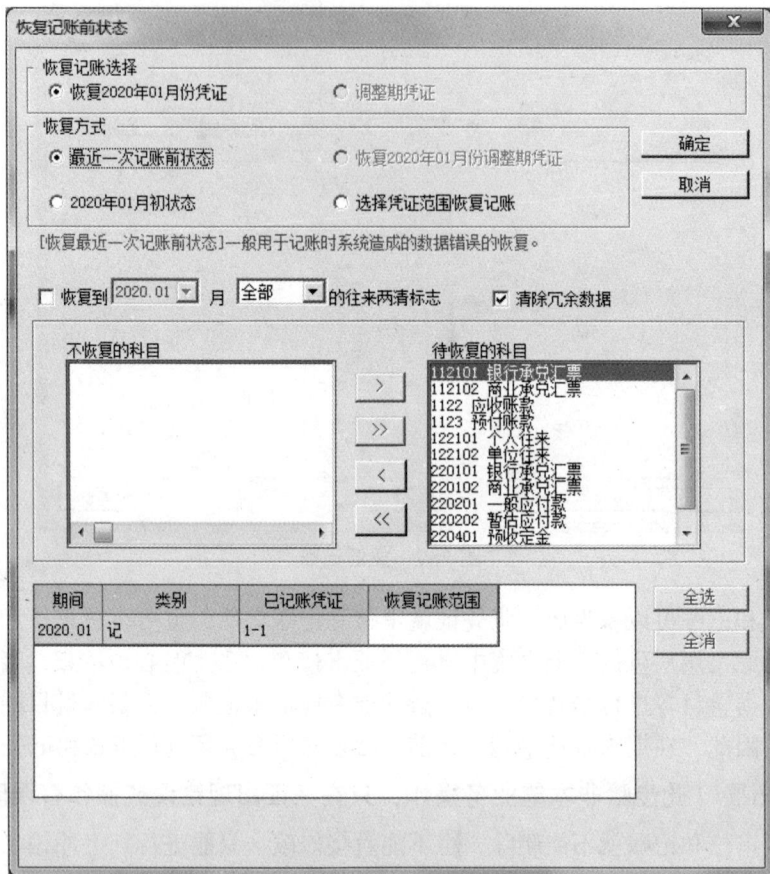

图5-9 恢复记账前状态

(2)取消审核:若凭证已审核和记账,则必须先取消记账才能取消审核。取消审核只能审核者本人取消。以W01钱玲登录系统,进入"审核"窗口,在"凭证审核列表"选中要取消审核的凭证,单击上方"取消审核"按钮即可。若要取消多张凭证的审核,则可双击任意一张凭证进入凭证窗口,单击上方"批处理"按钮,选择下拉菜单中的"成批取消审核",则系统将取消所有凭证的审核。

任务二　收到上月货款

一、业务资料

1月1日,收到上月安顺家永食品有限公司所欠货款,商品已于上月发出,销售发票已于2019年12月26日开出。

ICBC　中国工商银行　　进账单（收账通知）3

2020年 1月 1日

出票人	全　称	安顺家永食品有限公司	收款人	全　称	贵州盛德商贸有限公司
	账　号	7577895412301018880		账　号	7512223251263621005
	开户银行	工商银行安顺市真义支行		开户银行	工商银行安顺市体育路支行

金额	亿	千	百	十	万	千	百	十	元	角	分
人民币（大写）壹拾壹万肆仟壹佰叁拾元整			¥	1	1	4	1	3	0	0	0

票据种类	转账支票	票据张数	1
票据号码	10245622		
复核　记账			

中国工商银行安顺市体育路支行 2020.01.01 转

收款人开户银行签章

此联是收款人开户银行交给收款人的收账通知

图 5-10　进账单

二、操作要求和说明

1. 要求

完成收款业务操作，对生成的有关凭证审核、记账。

2. 说明

本业务由 W03 李晴完成收款，W02 孙华完成单据审核、核销与凭证生成，W03 李晴完成出纳签字，W01 钱玲完成审核工作，W02 孙华完成记账工作。

三、业务分析

本项业务也源于上期销售业务未全部完成。企业在销售时，要进行销售发货和出库，并开出销售发票，如果开出发票的同时收到了货款，就可以进行“现结”（在销售发票中完成），并生成相应凭证。在对安顺家永的销售中，上期已完成发货、出库和销售开票，但没有收到货款。本期收到货款时要编制一张“收款单”，并对单据进行审核（注意单据审核问题，在系统中绝大多数单据都需要在编制后马上进行审核）。

在编制了“收款单”后，系统并不知道该笔收款对应于此前未收到的货款，也即体现在销售发票中的该笔货款在系统看来仍然还未收到，因此，需要做核销处理。核销处理的实质就是让系统知道，销售发票上这笔货款已经两清，不必再等待收款。如果货款是分多次收到，则每次收款时也要编制收款单并进行核销，从而使销售发票上的应收账款只余下尚未收到部分。

核销处理分为“手工核销”和“自动核销”两种方式，如果销售发票与收款单核销关系清晰，不至让系统产生对应关系错判，则可以选择“自动核销”，但若核销处理时涉及到折扣计算，则应选择“手动核销”，以免折扣额计算错误。

收款单与发票核销后，需要对收款单生成凭证。本笔业务中的核销处理本身并不会产生任何分录，只是告知系统发票上的应收款已全部收到，即在制单选择"收付款单制单"时，选择核销制单和不选择核销制单，所生成的凭证都是同一张凭证。但是，由于在应收款管理选项设置中的"凭证"选项卡已默认勾选了"核销生成凭证"，则在制单时，与该收款单对应的"核销"记录单据必须与收款单合并制单，否则，在应收款管理月末结账时，将会因有核销单据未制单而无法结账。

凭证生成后，与前一凭证一样，也需要审核和记账，但这张凭证在审核记账前还需要出纳签字。这是因为此前在"会计科目"中我们已指定现金、银行科目，同时在总账选项的"权限"选项卡中勾选了"出纳凭证必须经由出纳签字"，从而系统控制凡是借贷方出现库存现金、银行存款科目的凭证都必须进行出纳签字。因此，凭证生成后需要进行出纳签字、审核和记账。

四、操作步骤

1. 编制收款单

以 W03 李晴在 2020 年 1 月 1 日登录企业应用平台，点选业务菜单"业务工作-财务会计-应收款管理-收款单据处理-收款单据录入"，进入"收款单"窗口，单击"增加"，日期为"2020-01-01"，客户选择"安顺家永"，结算方式选择"转账支票"，金额"114130"，输入票据号"10245622"。在表体部分单击第一行"款项类型"栏，系统自动填写"应收款"，如图 5-11，单击"保存"。

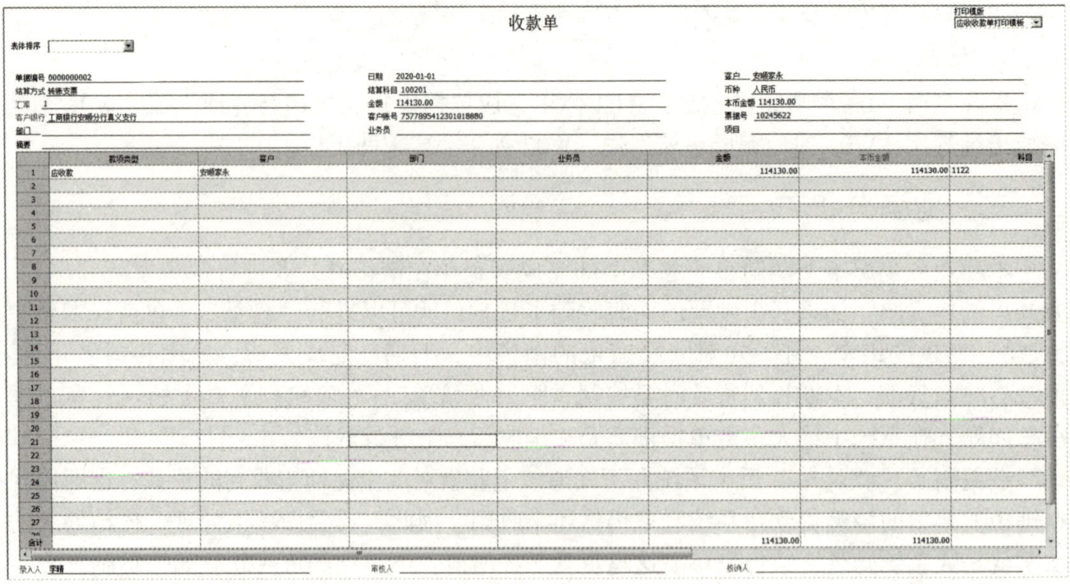

图 5-11　收款单

2. 收款单审核

更换操作员 W02 登录平台，日期仍为 1 月 1 日，点选业务菜单"业务工作-财务会计-应收款管理-收款单据处理-收款单据审核"，系统弹出"收款单查询条件"对话框，注意日期、是否审核等条件，当前保持默认，如图 5-12，单击"确定"，进入"收付款单列表"。在"选择"栏双击或单击上方"全选"按钮，如图 5-13，"选择"栏出现"Y"字样，表示单据已被选中。单击"审核"，系统弹出审核结果提示信息，如图5-14，注意提示中审核成功单据张数。单击"确定"，审核操作完成。

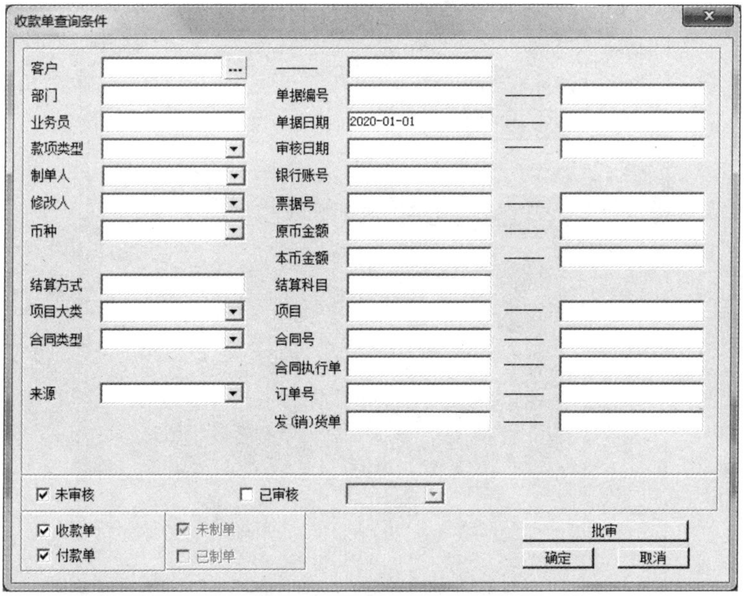

图 5-12　收款单查询条件

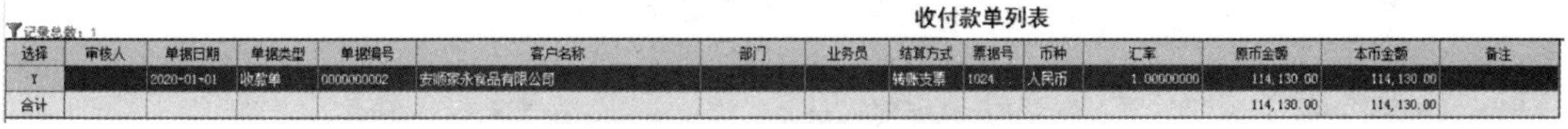

图 5-13　收付款单列表

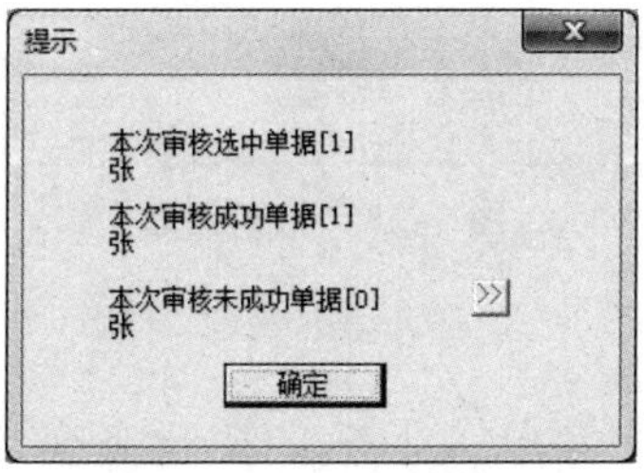

图 5-14　收款单审核提示

3. 核销

仍然以 W02 进行核销操作，在业务菜单点选"业务工作-财务会计-应收款管理-核销处理-手工核销"，屏幕显示"核销条件"对话框，如图 5-15，在对话框中选择客户为"安顺家永"，其余条件默认，单击"确定"，进入"单据核销"窗口。

图 5-16 显示，将对安顺家永的销售发票和收款单进行核销，其中发票日期为 2019 年 12 月 26 日，收款单日期为 2020 年 1 月 1 日，两者原币金额相等，而收款单中已填制"本

次结算金额"，发票中"本次结算"为空。可以在发票的"本次结算"栏输入金额"114130"，或者单击"全选"旁下拉按钮，选择"收付款单"，然后单击"分摊"旁的下拉按钮，选择"向下"，则系统自动将收款单的本次结算数向下填制到发票的"本次结算"栏，如图 5-16，单击"保存"，两张单据即从列表中消失，表示该笔账款已全部结算两清。

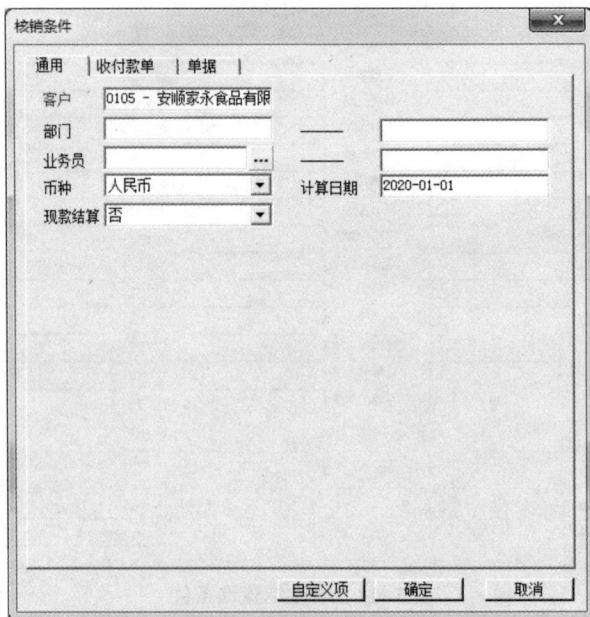

图 5-15　核销条件

单据日期	单据类型	单据编号	客户	款项类型	结算方式	币种	汇率	原币金额	原币余额	本次结算金额	订单号
2020-01-01	收款单	0000000002	安顺家永	应收款	转账支票	人民币	1.00000000	114,130.00	114,130.00	114,130.00	
合计								114,130.00	114,130.00	114,130.00	

单据日期	单据类型	单据编号	到期日	客户	币种	原币金额	原币余额	可享受折扣	本次折扣	本次结算	订单号	凭证号
2019-12-26	销售专...	80912301	2019-12-26	安顺家永	人民币	114,130.00	114,130.00	0.00	0.00	114,130.00		
合计						114,130.00	114,130.00	0.00	0.00	114,130.00		

图 5-16　核销处理

4. 制单

操作员仍为 W02，点选业务菜单"业务工作-财务会计-应收款管理-制单处理"，屏幕显示"制单查询"对话框，如图 5-17，在左侧制单单据列表中勾选"收付款单制单"和"核销制单"，其余条件默认，单击"确定"，进入"应收制单"窗口。

窗口中当前有两张单据，分别为"收款单"和"核销"，单击上方"全选"按钮（也可手工在每一行"选择标志"栏双击选中单据），此时"选择标志"栏第一行为"1"，第二行为"2"，这表示制单的结果将是收款单和核销分别制单，不符合要求。单击"合并"，此时"选择标志"栏全部变为"1"，表明制单时将两张单据合并生成一张凭证，如图 5-18。单击"制单"按钮，系统根据此前用户做的科目设置自动带出凭证科目，单击"保存"，如图 5-19，退出业务窗口。

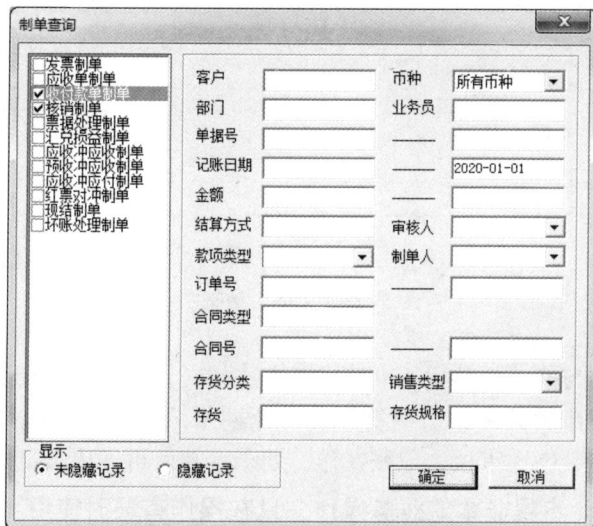

图5-17 应收款管理-制单查询

图5-18 应收制单-合并制单

图5-19 收款凭证

5. 出纳签字，审核，记账

更换操作员为W03，登录日期为"2020-01-01"，点选业务菜单"业务工作-财务会计-总账-凭证-出纳签字"，出现"出纳签字"查询窗口，当前条件默认，单击"确定"，进入"出纳签字列表"窗口，如图5-20，双击要签字的凭证，进入"凭证"窗口，单击上方"签字"，如图5-21。

图5-20 出纳签字列表

图 5-21　凭证出纳签字

审核与记账操作与前一任务凭证审核记账方法相同，在此不再赘述。

类似对审核、记账的处理，出纳签字也可至期末结转前集中进行，从后一笔业务开始，暂不再提及出纳签字、审核、记账操作，期末结转前再完成批量签字、审核和记账。

6. 操作拓展（此步骤非本笔业务操作，只在操作有误时使用）

如果操作结束后发现有错，需要回到业务开始进行修改，则要将所有操作按由后到前的顺序逐步反向操作，直至回到业务开始。假设从第一步收款单就出错，则修改的具体操作顺序如下。

（1）取消记账、审核和出纳签字。取消记账、审核方法前面已做介绍，出纳签字取消与审核取消方法相同。

（2）删除凭证。以 W02 操作员登录平台，点选"应收款管理-单据查询-凭证查询"，在"凭证查询"窗口中找到要删除的凭证选中并单击"删除"，凭证已被删除，但在总账中依然显示为"作废"凭证。点选"财务会计-总账-凭证-填制凭证"，进入总账中的"填制凭证"窗口，单击"整理凭证"，选择正确的凭证期间后单击确定，系统会弹出"提示"对话框，列出所有已被作废的凭证，单击"全选"，并"确定"整理后，该凭证彻底从总账被清除。

（3）取消核销。W02 操作员点选"应收款管理-其他处理-取消操作"，出现如图5-22对话框，选择操作类型为"核销"，单击"确定"，在"取消操作"窗口选择单据，单击上方"确认"，则单据从窗口中消失。

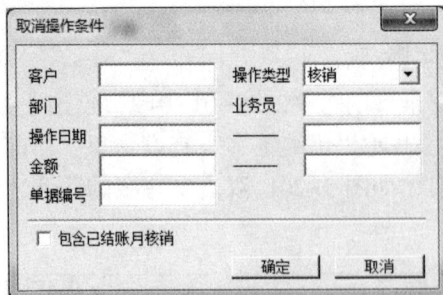

图 5-22　取消操作条件

（4）取消收款单审核。仍然以 W02 操作，点选"应收款管理-收款单处理-收款单审核"，出现"收款单查询条件"对话框，勾选"已审核"项（此前进入窗口时按默认条件，但当前收款单已被审核，因此需要勾选"已审核"），进入"收付款单列表"窗口，选中需要取消审核的单据，单击"弃审"。

（5）收款单删改。更换操作员为 W03，点选"应收款管理-收款单处理-收款单录入"，对收款单进行编辑保存。再从收款单审核开始，重复业务的正常操作顺序，直至凭证生成、出纳签字、审核、记账等。

对操作失误的逆向还原比较复杂，而操作中任意环节的错误都可能导致返工，因此，需要用户在操作前考虑操作流程，操作时细心谨慎，以避免不必要的时间耗费。

任务三　购买办公用品

一、业务资料

1 月 2 日，人力资源部购买办公用品。

报 销 单
2020年1月2日

部　　门：　人力资源部

报销事由及用途：　购办公用品　　　　　　现金付讫

人民币（大写）　伍佰伍拾元整　　　　　小写￥　550.00

备注：

单位主管：赵琪　　　审核：钱玲　　　报销人：曹林捷

图 5-23　报销单

二、操作要求和说明

1. 要求
按照业务资料完成业务。

2. 说明
本业务由 W02 在企业应用平台登录完成。

三、业务分析

涉及采购、销售等购销存环节的业务必须在供应链及应收应付子系统进行处理，涉及工资、固定资产的业务需要在薪资管理和固定资产子系统处理。本笔业务没有涉及购销存环节，也不涉及固定资产和薪资管理业务，因此，只需要由 W02 在总账中填制凭证即可。

四、操作步骤

以 W02 登录企业平台，日期修改为"2020-01-02"。点选业务菜单"业务工作-财务会计-总账-凭证-填制凭证"，进入"凭证"窗口，当前屏幕显示最后一张已保存的凭证。

单击"增加"，修改制单日期为"2020-01-02"，附单据数可不填，摘要栏输入"购办公用品"，回车后在第二栏输入或选择科目"660202，管理费用/办公费"，回车至"借方金额"栏，输入"550"。回车转至第二行，系统自动复制摘要，可不修改，回车转至科目栏并输入或选择科目"1001，库存现金"，回车至"贷方金额"，输入贷方金额为"550"。这里也可以采用快捷键方式，不输入金额，按键盘上"="，则系统自动填制金额。"="快捷键的作用是，当凭证的其他分录金额已全部输入完毕，只剩一条分录未输入金额时，按下"="，由系统自动计算借贷方差额填列。

输入完毕，如图 5-24，单击"保存"，系统显示"凭证已成功保存"，操作完成。

记 账 凭 证

记 字 0003	制单日期：2020.01.01		审核日期：		附单据数：	
摘 要			科目名称		借方金额	贷方金额
购办公用品			管理费用/办公费		55000	
购办公用品			库存现金			55000
票号 日期		数量 单价		合 计	55000	55000
备注 项 目 个 人 业务员			部 门 客 户			
记账	审核		出纳		制单 补华	

图 5-24　购办公用品凭证

任务四　销售现结

一、业务资料

1月3日，与安顺金安超市有限公司签订购销合同，发出商品，收到货款。

购 销 合 同

合同编号：S0001

卖方：贵州盛德商贸有限公司

买方：安顺金安超市有限公司

为保护买卖双方合法权益，明确买卖双方的权利义务，根据《中华人民共和国合同法》，本着互惠互利的原则，经双方协商一致，达成如下条款，并共同遵守。

一、货物的名称、数量及金额

货物名称	规格型号	计量单位	数量	单 价（不含税）	金 额（不含税）	税 率	税额
景记乡村腊肉	5KG	箱	100	1000.00	100000.00	13%	13000.00
彭诚豆豉辣椒酱	100G	箱	100	590.00	59000.00		7670.00
合 计					￥159000.00		￥20670.00

二、含税合同总金额（大写）：人民币壹拾柒万玖仟陆佰柒拾元整 （￥179670.00）。

三、付款方式：买方签订合同当日向卖方支付全部购货款。

四、交货期：于签订合同当日（2020年1月3日）发出全部商品。

五、交货地点：贵州盛德商贸有限公司

六、发运方式：买方自提。

卖 方：贵州盛德商贸有限公司　　　　　买 方：安顺金安超市有限公司

授权代表：周明　　　　　　　　　　　　授权代表：王前路

日 期：2020年1月3日　　　　　　　　　日 期：2020年1月3日

图 5-25 购销合同（安顺金安）

贵州省增值税专用发票

开票日期：2020年1月3日

NO 80912401

4322215321

购货单位	名 称：安顺金安超市有限公司 纳税人识别号：522501003924257633 地 址、电 话：安顺市平坝区深井南路 23 号 0851-33978989 开户行及账号：中国建设银行安顺市柳丁支行 3200001239865483211	密码区	456590/*-5267812345/*98*-+4164/<6758/*-6>45641/</--0-->4980145023944411644<-5-*2><618//*6167*9014/9/-+2+2><12345&908765908/-*123*8--

货物或应税劳务名称	规格型号	单位	数量	单价	金额	税率	税额
景记乡村腊肉	5KG	箱	100	1000.00	100000.00	13%	13000.00
彭诚豆豉辣椒酱	100G	箱	100	590.00	59000.00	13%	7670.00
合 计					￥159000.00		￥20670.00

价税合计（大写）	⊗人民币壹拾柒万玖仟陆佰柒拾元整	（小写）￥179,670.00

销货单位	名 称：贵州盛德商贸有限公司 纳税人识别号：522501177923254563 地 址、电 话：贵州省安顺市西秀区体育路 262 号 0851-33993893 开户行及账号：中国工商银行安顺市体育路支行 7512223251263621005	备注	贵州盛德商贸有限公司 522501177923254563 发票专用章

收款人：略　　　　复核：略　　　　开票人：略　　　　销货单位：（章）

第一联 记账联 销货方记账凭证

图 5-26 销售专用发票（安顺金安）

ICBC　中国工商银行　进账单（收账通知）3

2020 年 1 月 3 日

出票人	全　称	安顺金安超市有限公司	收款人	全　称	贵州盛德商贸有限公司
	账　号	3200001239865483211		账　号	7512223251263621005
	开户银行	建设银行安顺市柳丁支行		开户银行	工商银行安顺市体育路支行

金额	人民币（大写）壹拾柒万玖仟陆佰柒拾元整		亿	千	百	十	万	千	百	十	元	角	分
				¥	1	7	9	6	7	0	0	0	0

票据种类	转账支票	票据张数	1
票据号码	10245623		

中国工商银行安顺市体育路支行
2020.01.03
转讫
收款人开户银行签章

复核　　　记账

此联是收款人开户银行交给收款人的收账通知

图 5-27　进账单

二、操作要求和说明

1. 要求

按照资料完成销售业务操作，开出发票同时收到货款，采用现结。一笔业务有多个商品出库时，销售出库合成制单。

2. 说明

本业务由 X01 完成销售订单、销售发票、销售发货单编制，C01 完成销售出库单编制，W02 完成出库单记账、销售出库凭证、发票审核和发票（现结）凭证生成。

三、业务分析

本笔业务包含了普通销售业务的完整流程，整个流程又体现为各系统的单据间单据流转。企业销售商品签定合同后，要编制生成销售订单并审核，参照已审核的销售订单生成销售专用发票。由于本笔业务是开出发票的同时收到货款，因此在销售专用发票中要使用"现结"功能。如果开出发票但未同时收到货款，则不做现结，待收到货款时，编制一张收款单并审核，再将收款单与发票进行核销处理，具体操作可见任务二。

销售专用发票做现结后还需做复核，"复核"功能把销售专用发票传递到应收款管理子系统，同时会自动生成销售发货单。生成发货单后，参照发货单生成出库单，完成商品出库。之后转入凭证生成工作，销售业务应产生两笔凭证，一笔是出库时结转"主营业务成本"，一笔是确认"主营业务收入"，这两笔凭证分别在"存货核算"和"应收款管理"中生成，其中，在"存货核算"首先对出库单进行"正常单据记账"，即将出库单数据登记到存货明细账并核算出库产品成本，然后根据记账的出库单生成结转主营业务成本凭证。已经现结的发票则在“应收款管理”中先进行审核，然后制单，生成确认主营业务收入凭证。

四、操作步骤

1. 销售订单

以 X01 周明登录企业应用平台，日期修改为“2020-01-03”，点选业务菜单“业务工作-供应链-销售管理-销售订货-销售订单”，进入“销售订单”窗口，单击“增加”。

表头：订单号输入合同编号“S0001”，订单日期“2020-01-03”，业务类型及销售类型按默认，选择客户为“安顺金安”，销售部门为“销售部”，业务员“周明”，其余默认。

表体：输入或选择存货“0304，景记乡村腊肉”，数量“100”，无税单价“1000”，系统自动计算价税合计，预发货日期按默认“2020-01-03”。在表体第二行存货栏选择“0102，彭诚豆豉辣椒酱”，按照合同继续完成该行信息填写。

订单编制完毕，单击“保存”，再单击“审核”，结果如图 5-28。

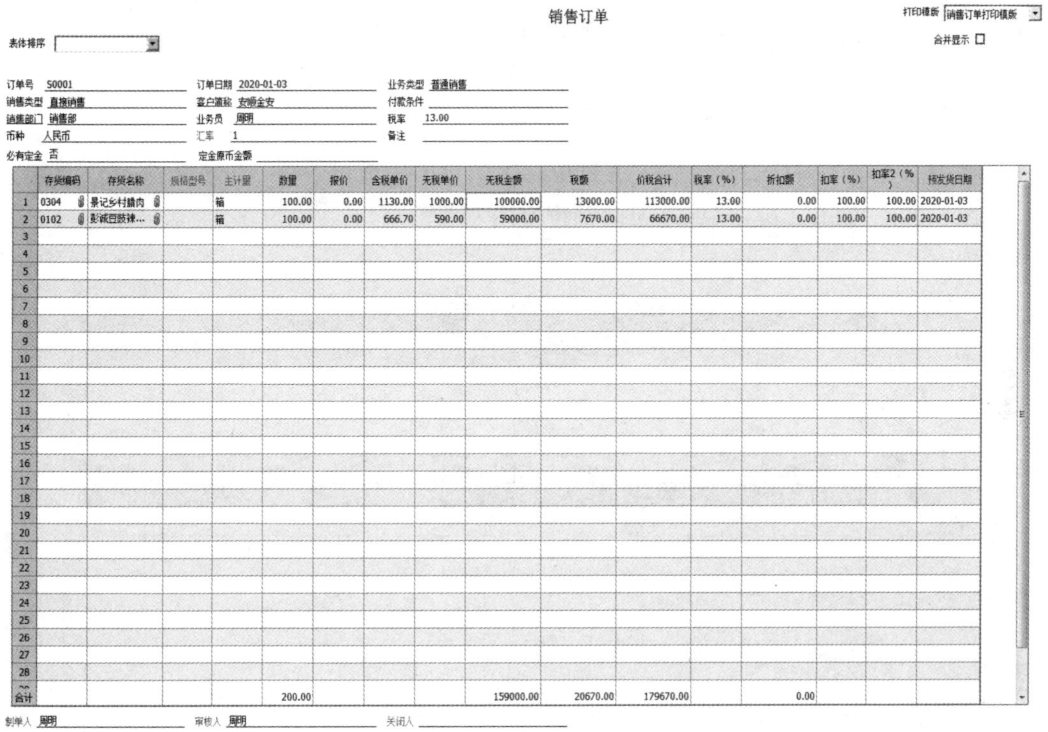

销售订单

打印模版 销售订单打印模版

表体排序

合并显示 □

订单号 S0001　订单日期 2020-01-03　业务类型 普通销售

销售类型 直接销售　客户简称 安顺金安　付款条件

销售部门 销售部　业务员 周明　税率 13.00

币种 人民币　汇率 1　备注

必有定金 否　定金原币金额

	存货编码	存货名称	规格型号	主计量	数量	报价	含税单价	无税单价	无税金额	税额	价税合计	税率（%）	折扣额	扣率（%）	扣率2（%）	预发货日期
1	0304	景记乡村腊肉		箱	100.00	0.00	1130.00	1000.00	100000.00	13000.00	113000.00	13.00	0.00	100.00	100.00	2020-01-03
2	0102	彭诚豆豉辣…		箱	100.00	0.00	666.70	590.00	59000.00	7670.00	66670.00	13.00	0.00	100.00	100.00	2020-01-03
合计					200.00				159000.00	20670.00	179670.00		0.00			

制单人 周明　审核人 周明　关闭人

图 5-28　销售订单（安顺金安）

2. 销售发票

点选业务菜单“业务工作-供应链-销售管理-销售开票-销售专用发票”，进入“销售专用发票”窗口，单击“增加”，弹出“查询条件选择-参照订单”对话框，如图 5-29，对话框用于用户搜索指定客户的销售订单，以便参照指定订单生成发票，由于账套中目前只有一张销售订单未开票，所以按默认条件可找到这张订单，也可指定当前发票参照订单客户为"安顺金安"。在对话框单击"确定"，系统弹出"参照生单"窗口。

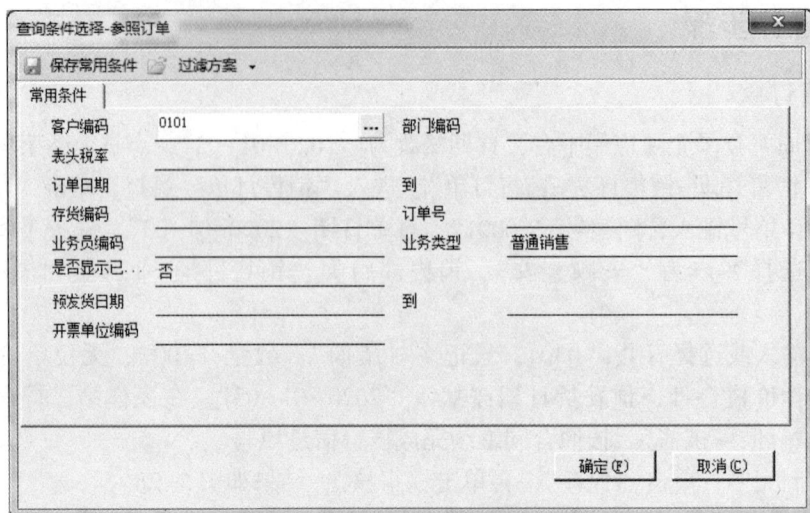

图 5-29　发票参照订单查询条件

　　"参照生单"窗口分为两部分，上方显示订单及开票基本信息，下方显示订单所含存货信息，弹出窗口时，只显示上方订单基本信息，如果同时有多张订单需要开票，则需要注意选择当前开票的对应订单。在上方订单基本信息的选择栏双击，下方出现订单存货信息，如图 5-30，单击"确定"，返回"销售专用发票"窗口。发票中已参照订单生成大部分开票内容。

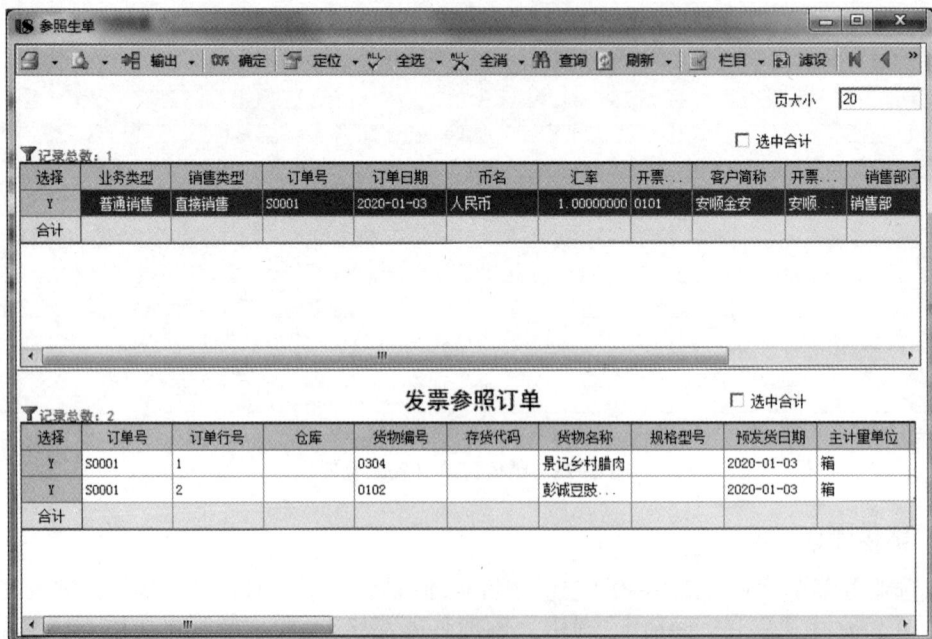

图 5-30　参照生单

根据资料中的发票，表头输入发票号为"80912401"，表头其余信息默认。在表体仓库栏分别输入或选择仓库为"01，肉制品仓库""03，调味料仓库"。对比资料中发票相关数据与系统数据，确认无误，单击"保存"。如图5-31。单击"销售专用发票"窗口上方"现结"按钮，打开"现结"对话框，按业务资料输入或选择结算方式为"202，转账支票"，原币金额"179670"，票据号"10245623"，其余默认，如图5-32，单击"确定"，返回"销售专用发票"窗口，此时发票左上方出现"现结"标志，单击"复核"，发票编制完成。

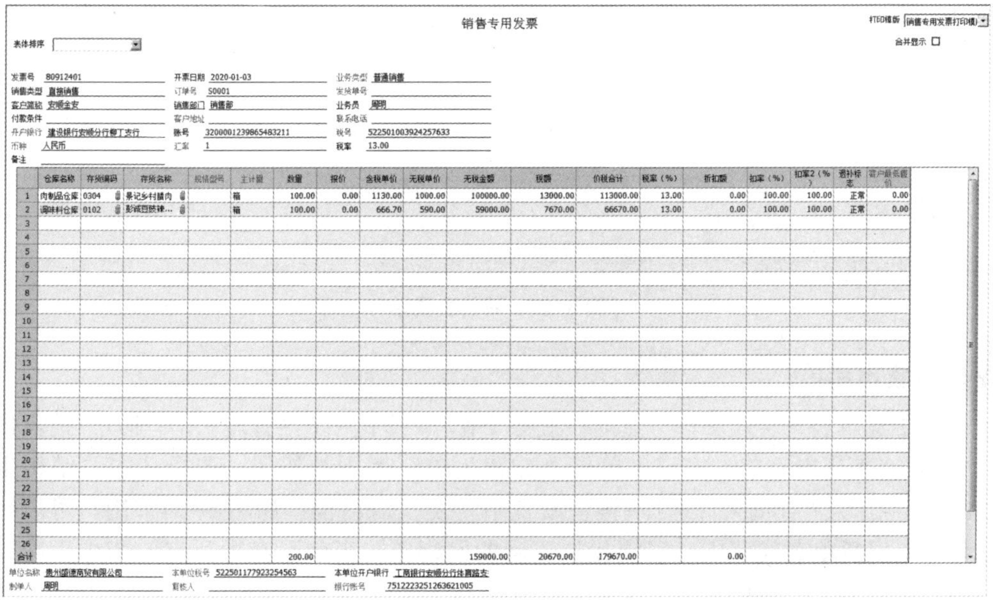

图5-31　销售专用发票

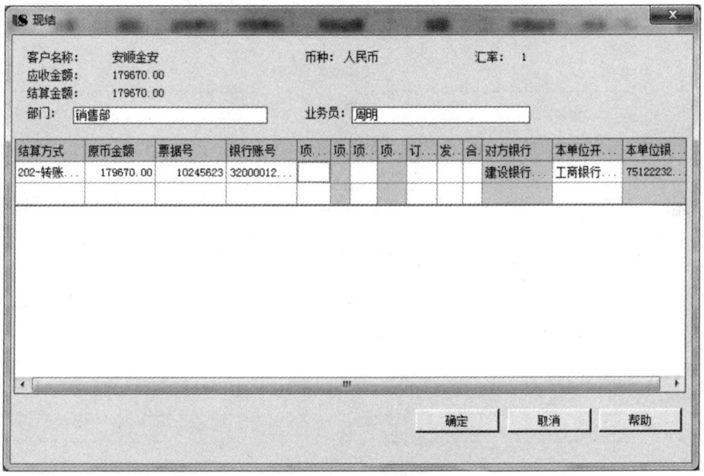

图5-32　现结

3. 销售发货单

销售发票复核后，系统自动生成销售发货单并由系统默认进行审核，不需用户再做操作。发货单如图5-33。

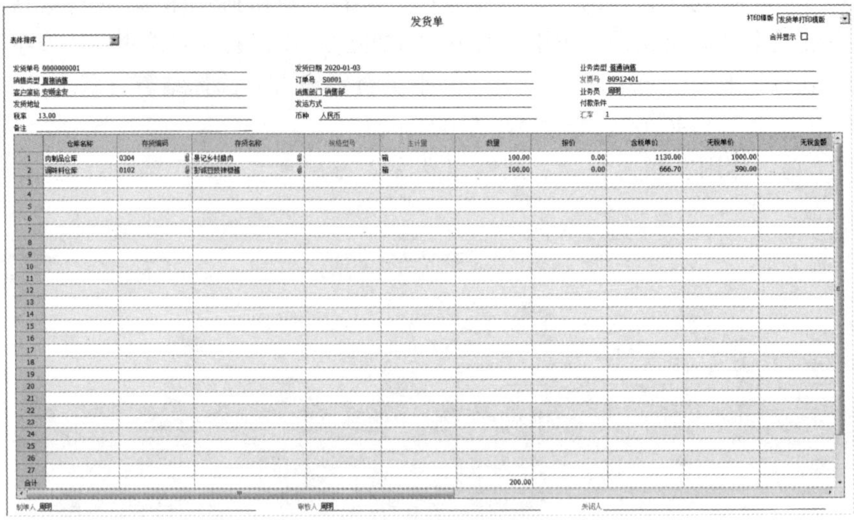

图5-33　销售发货单

4. 销售出库单

以 C01 郑昕登录企业平台，点选"业务工作-供应链-库存管理-出库业务-销售出库单"，进入"销售出库单"窗口，单击上方"生单"旁下拉按钮，选择其中"销售生单（批量）"，出现"查询条件选择-销售发货单列表"对话框，如图5-34，用户可填制其中条件缩小发货单查找范围，以便找到正确的发货单，当前账套中只有一张未出库发货单，因此按默认条件也只查到一张单据。

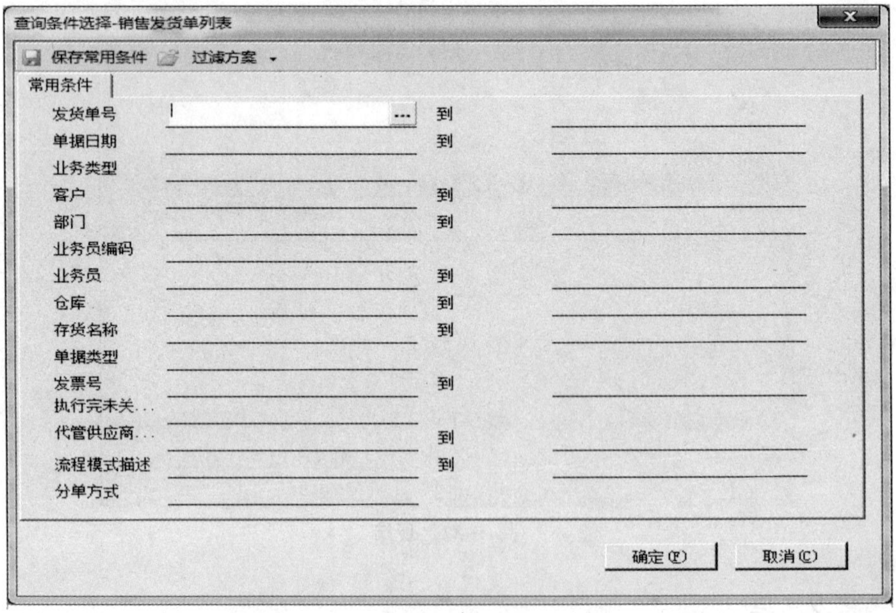

图5-34　出库单参照发货单查询条件

在查询条件对话框单击"确定"，进入"销售生单"窗口，与发票生成参照订单时的"参照生单"窗口结构类似也分为上下两部分，且当前只有上半部显示表头信息，下方为空。双击表头"选择"栏，出现"Y"字样，同时下方出现发货单中的存货内容，存货信息已自动填制完整并显示为灰色，如图5-35，单击"确定"，返回"销售出库单"窗口，系统弹出"生单成功"提示，单击"确定"。由于本笔销售业务涉及两个仓库存货，因此生成两张销售出库单，当前显示第二张。

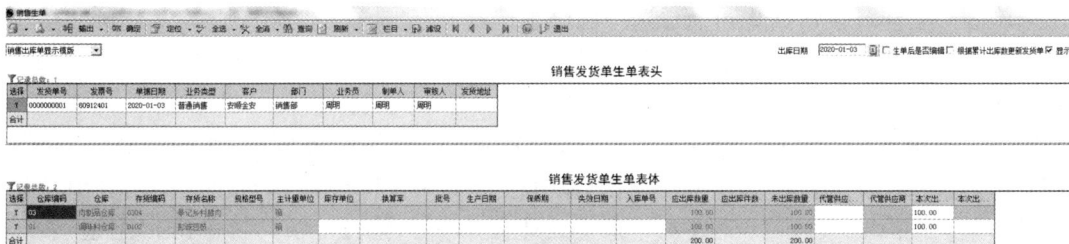

图5-35　出库单参照发货单生单

单击"销售出库单"上方"审核"按钮，系统提示"该单据审核成功"，单击"确定"。单击" ⬅ "按钮，向前翻页至第一张出库单，单击"审核"，系统提示审核成功。如图5-36。

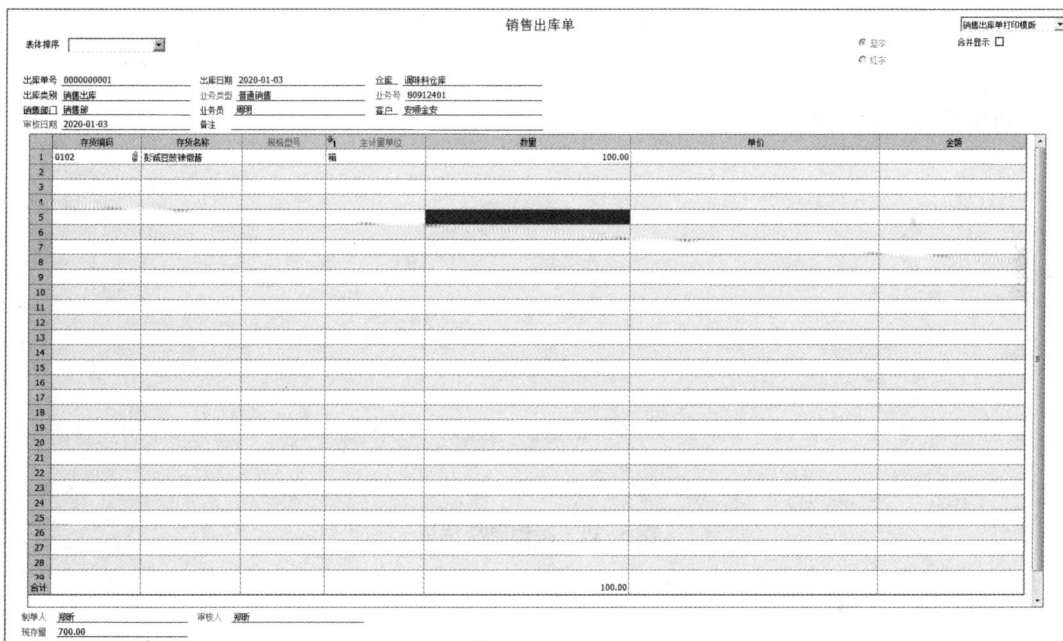

图5-36　销售出库单

5. 销售出库制单

（1）出库单记账。更换操作员为W02，点选"业务工作-供应链-存货核算-业务核算-正常单据记账"，进入"未记账单据一览表"窗口，当前列出尚未记账的两张销售出库单，如图5-37。

正常单据记账列表

选择	日期	单据号	存货编码	存货名称	规格型号	存货代码	单据类型	仓库名称	收发类别	数量
Y	2020-01-03	0000000001	0102	彭诚豆豉辣椒酱			销售出库单	调味料仓库	销售出库	100.00
Y	2020-01-03	0000000002	0304	景记乡村腊肉			销售出库单	肉制品仓库	销售出库	100.00
小计										200.00

图 5-37　正常单据记账

单击"全选"按钮（也可通过选择栏分别选择），"选择"栏出现"Y"字样，单击上方"记账"按钮，系统提示"记账成功"，单击"确定"，记账成功的两张出库单从窗口消失，退出窗口。

（2）生成凭证。点选"业务工作-供应链-存货核算-财务核算-生成凭证"，进入"生成凭证"窗口，单击"选择"，系统弹出"查询条件"窗口，勾选左侧列表中"销售出库单"，单击"确定"后进入"未生成凭证单据一览表"窗口，单击"全选"，单击"确定"，系统已根据此前的初始设置自动填列两张销售出库单对应借贷方科目，如图5-38。

凭证类别	记 记账凭证																
选择	单据类型	单据号	摘要	科目类型	科目编码	科目名称	借方金额	贷方金额	借方数量	贷方数量	科目方向	存货编码	存货名称	存货代码	规格型号	部门编码	部门名称	业务员编码	业务员名称
	销售出库单	0000000001	销售出	对方	6401	主营业务成本	50,000.00		100.00		1	0102	彭诚豆			3	销售部	301	周明
				存货	1405	库存商品		50,000.00		100.00	2	0102	彭诚豆			3	销售部	301	周明
		0000000002		对方	6401	主营业务成本	88,000.00		100.00		1	0304	景记乡			3	销售部	301	周明
				存货	1405	库存商品		88,000.00		100.00	2	0304	景记乡			3	销售部	301	周明
合计							138,000...	138,000...										

图 5-38　生成凭证

按操作要求，单击"合成"，进入"凭证"窗口，单击"保存"，结果如图5-39。关闭窗口。

图 5-39　销售出库凭证

6. 发票（现结）制单

（1）发票（现结）审核。仍以W02操作，点选"业务工作-财务会计-应收款管理-应收单据处理-应收单据审核"，出现"应收单查询条件"对话框，勾选"包含已现结发票"，如图5-40，单击"确定"，进入"应收单据列表"窗口，当前显示只有一张未审核发票，即本笔业务的销售专用发票。单击"全选"或在发票选择栏双击，单击"审核"按钮，系统弹出提示信息，注意审核成功张数。结果如图5-41。

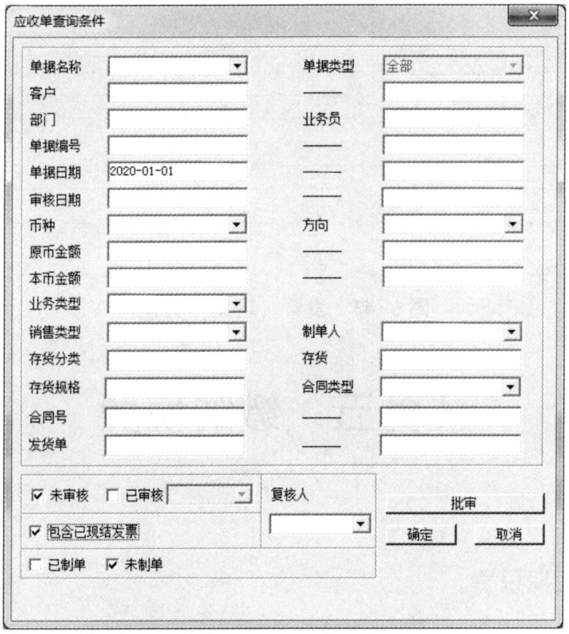

图 5-40　应收单查询条件

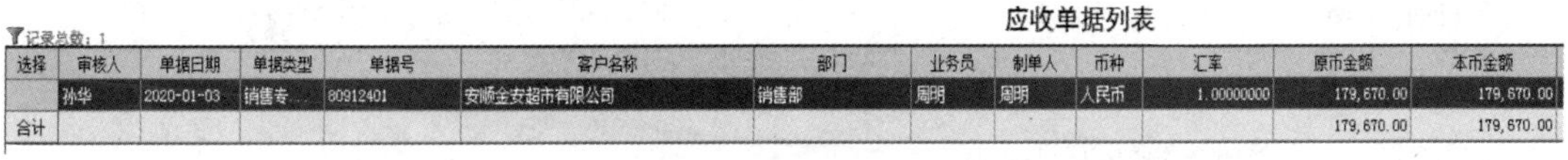

应收单据列表

记录总数：1

选择	审核人	单据日期	单据类型	单据号	客户名称	部门	业务员	制单人	币种	汇率	原币金额	本币金额
	孙华	2020-01-03	销售专	80912401	安顺金安超市有限公司	销售部	周明	周明	人民币	1.00000000	179,670.00	179,670.00
合计											179,670.00	179,670.00

图 5-41　发票审核

（2）发票（现结）制单。点选“业务工作-财务会计-应收款管理-制单处理”，在左侧修改勾选项为“现结制单”，如图 5-42，单击确定，进入“现结制单”窗口，单击“全选”或通过选择栏选中对应发票，单击“制单”，进入“凭证”窗口，如图 5-43，单击“保存”，凭证左上方出现“已生成”字样。

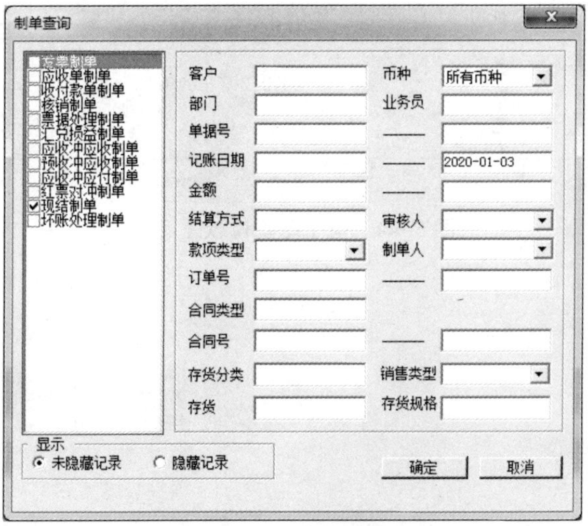

图 5-42　制单查询

图 5-43 发票（现结）凭证

任务五 缴纳税费

一、业务资料

1 月 5 日，缴纳上期税费。

ICBC 中国工商银行 电子缴税付款凭证

缴税日期：2020 年 1 月 5 日 　　　　　凭证字号：201801054578556234

| 纳税人全称： | 贵州盛德商贸有限公司 | 纳税人识别号： | 522501177923254563 |

付款人全称： 贵州盛德商贸有限公司

付款人账号 7512223251263621005 征收机关名称：贵州省安顺市西秀区地方税务局

付款人开户行： 中国工商银行安顺市体育路支行 收款国库（银行）名称：国家金库西秀区支库

小写（合计）金额：395,884.00 元 缴款书交易流水号：78912453256

大写（合计）金额：叁拾玖万伍仟捌佰捌拾肆元整 税票号码：1195612012632601245

税（费）种名称： 中国工商银行安顺市体育路支行

税（费）种名称：	所属日期	实缴金额（单位：元）
增值税	20191201-20191231	263,565.00
企业所得税	20191201-20191231	132,319.00

2020.01.05 转讫

打印时间： 2020 年 1 月 5 日

客户回单联 　　　　　验证码：326698134 复核： 记账：

图 5-44 电子缴税付款凭证一

ICBC　中国工商银行		电子缴税付款凭证

缴税日期：2020 年 1 月 5 日　　　　　　　　　凭证字号：201801054578556235

纳税人全称：	贵州盛德商贸有限公司	纳税人识别号：	522501177923254563
付款人全称：	贵州盛德商贸有限公司		
付款人账号	75122232512636621005	征收机关名称：	贵州省安顺市西秀区地方税务局
付款人开户行：	中国工商银行安顺市体育路支行	收款国库（银行）名称：	国家金库西秀区支库
小写（合计）金额：32286.45 元		缴款书交易流水号：	78912453257
大写（合计）金额：叁万贰仟贰佰捌拾陆元肆角伍分		税票号码：	1195612012632601246

税（费）种名称：	所属日期	实缴金额（单位：元）
城市维护建设税	20191201-20191231	184,49.55
个人所得税	20191201-20191231	658.65
教育费附加	20191201-20191231	7,906.95
地方教育费附加	20191201-20191231	5,271.30

中国工商银行安顺市体育路支行
2020.01.05
转讫

打印时间：　2020 年 1 月 5 日

客户回单联　　　　　　　　　　验证码：696985X1　　复核：　记账：

图 5-45　电子缴税付款凭证二

二、操作要求和说明

1. 要求

按照资料完成缴税凭证业务处理。

2. 说明

本业务由 W02 登录企业应用平台完成。

三、任务分析

该业务与各子系统没有联系，应在总账中由 W02 填制凭证。业务中给出两张单据，虽同是缴税，但应对应缴税票据编制两张凭证。业务资料中没有对结算方式详细说明，因此应选择其他结算方式。

四、操作步骤

以 W02 登录，修改日期为"2020-01-05"，点选"业务工作-财务会计-总账-凭证-填制凭证"，将凭证日期修改为"2020-01-05"，按资料填制凭证分录，在填制银行存款科目回车时，系统会弹出结算方式"辅助项"窗口，结算方式选择"8，其他"，票号不填，日期默认，如图 5-46，凭证填制完毕单击"保存"。凭证填制结果如图 5-46、4-47。

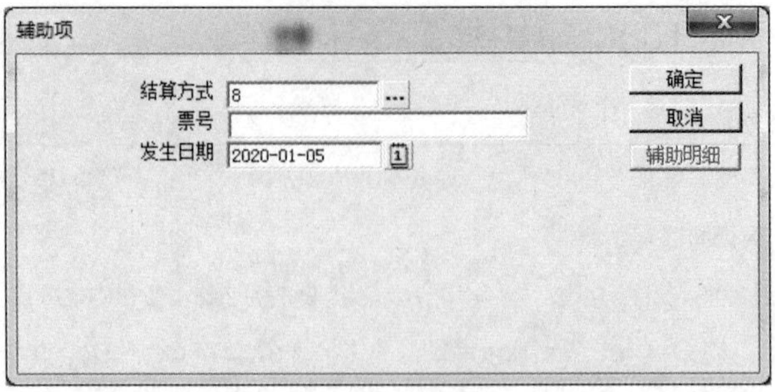

图 5-46　工行存款辅助项-结算方式

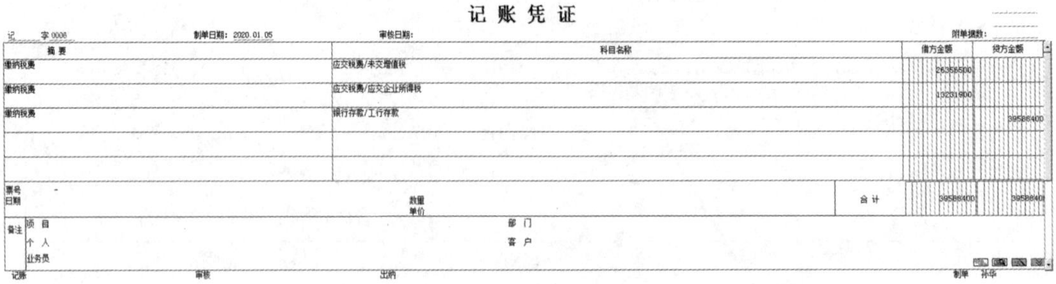

记 账 凭 证

记 字 0006　制单日期：2020.01.05　审核日期：　附单据数：

摘要	科目名称	借方金额	贷方金额
缴纳税费	应交税费/未交增值税	26356500	
缴纳税费	应交税费/应交企业所得税	13231900	
缴纳税费	银行存款/工行存款		39588400
票号 - 日期	数量 单价 合计	39588400	39588400

备注　项目　部门　个人　客户　业务员

记账　审核　出纳　制单 孙华

图 5-47　缴税记账凭证一

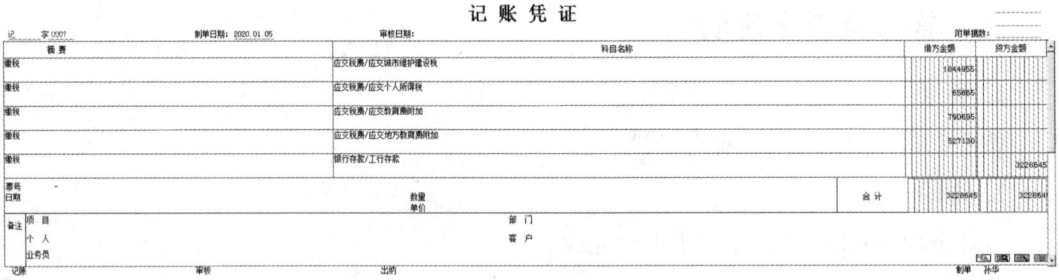

记 账 凭 证

记 字 0007　制单日期：2020.01.05　审核日期：　附单据数：

摘要	科目名称	借方金额	贷方金额
缴税	应交税费/应交城市维护建设税	1844955	
缴税	应交税费/应交个人所得税	65865	
缴税	应交税费/应交教育费附加	790695	
缴税	应交税费/应交地方教育费附加	527130	
缴税	银行存款/工行存款		3228645
票号 - 日期	数量 单价 合计	3228645	3228645

备注　项目　部门　个人　客户　业务员

记账　审核　出纳　制单 孙华

图 5-48　缴税记账凭证二

任务六　上月采购商品入库

一、任务资料

1 月 6 日，采购商品到货并全部验收入库，该商品系上月 28 日向陕西诺连采购，发票已于上月收到，款项已于上月支付。

二、操作要求和说明

1. 要求

根据上月采购订单和发票编制采购相关单据，完成采购流程操作。

2. 说明

本业务由 G01 完成采购到货、采购结算，C01 完成采购入库，W02 完成入库凭证生成。

三、业务分析

本笔业务是上月采购业务的延续。一次完整的采购，首先是与供方签合同，在系统中编制生成采购订单并审核，收到货时，参照采购订单生成采购到货单并审核，参照到货单生成入库单并审核；收到发票时，参照订单或入库单生成发票，然后将发票与入库单进行采购结算，使入库单由暂估价转为正式入库成本，之后在存货核算对入库单记账生成凭证：

借：库存商品
　　贷：在途物资
在应付款管理对发票审核生成凭证：
借：在途物资
　　应交税费–应交增值税（进项税额）
　　贷：应付账款
支付货款后，填制付款单并审核，生成凭证：
借：应付账款
　　贷：银行存款
最后将付款单与发票进行核销处理，告知系统发票上的这笔应付账款已经两清。

如果在收到采购发票的同时支付了货款，则采用现付功能（与销售发票的现结类似），不需要再编制付款单，直接对现结发票进行审核后生成凭证：

借：在途物资
　　应交税费–应交增值税（进项税额）
　　贷：银行存款
本笔业务中，上期已经收到发票并且也支付了货款，即发票编制、付款单编制、发票审核制单、付款单审核制单、核销处理等工作已经全部在上期完成，本期就只剩下采购到货、入库、采购结算、生成入库凭证的业务。即先参照上期的采购订单生成采购到货单，参照到货单生成入库单，再将入库单与上期已经保存并已两清的发票进行结算，再对入库单进行正常单据记账，最后生成入库单凭证。

四、操作步骤

1. 采购到货单

以 G01 操作员登录系统，登录日期为"2020-01-06"，点选"业务工作-供应链-采购管理-采购到货-到货单"，在窗口单击"增加"，单击"生单"旁下拉箭头选择"采购订单"（即到货单是参照采购订单生成），弹出"订单查询条件-订单列表过滤"对话框，可指定查询采购订单的条件，当前可以直接单击"确定"，进入参照窗口，与此前的"参照生单"等窗口结构相似，参照窗口上部已查询到仅有一张采购订单未到货，即陕西诺连。单击"全选"或在上方"选择"栏双击，下方出现该订单的存货信息，并在选择栏出现"Y"字样，如图5-49，单击"确定"返回"到货单"窗口。检查参照生成的采购单，信息已填写完整，如图5-50，单击"保存"，单击"审核"。

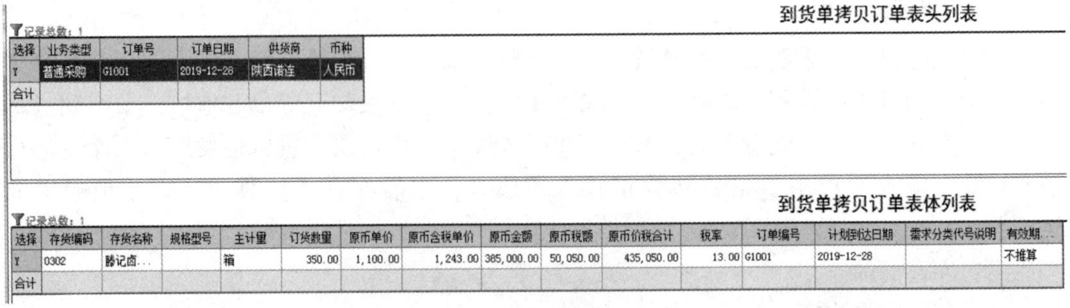

图 5-49　到货单参照订单

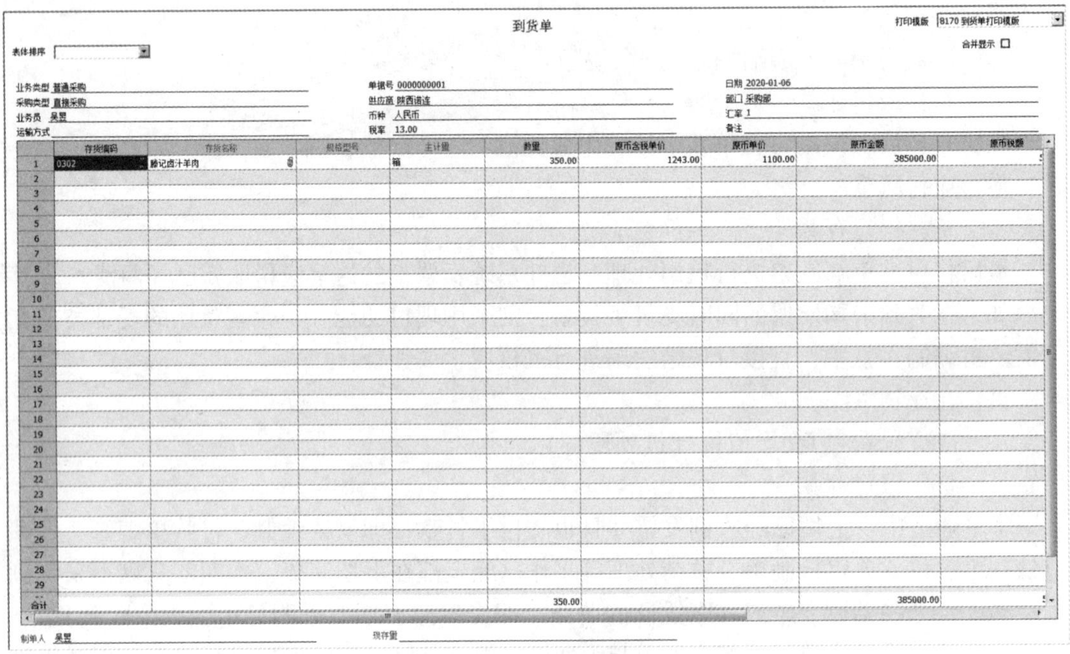

图 5-50　采购到货单

2. 采购入库单

更换操作员为C01，登录日期为"2020-01-06"，点选"业务工作-供应链-库存管理-入库业务-采购入库单"，进入"采购入库单"窗口，单击上方"生单"旁下拉箭头（不单击"增加"而单击"生单"是此处操作特殊处，单击"增加"是手动填制，"生单"则是参照到货单或采购订单生成采购入库单），下拉菜单中有"采购订单"和"采购到货单"两种单据以及红字、蓝字、批量等多个选择。蓝字即是正常的采购到货，红字则是采购退货单，批量用于一张到货单中包含多种商品情况。当前到货单只有一种商品，并且是正常采购到货，因此可选择采购到货单（蓝字）或采购到货单（批量）。

单击"生单"下拉菜单中"采购到货单（蓝字）"，进入查询条件窗口，可按默认条件，单击"确定"，出现参照窗口，单击"全选"，如图5-51，单击"确定"，返回采购入库单窗口。

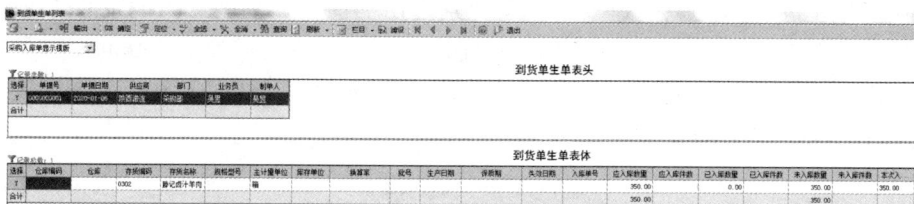

图5-51 入库单参照到货单

检查入库单，信息已基本填写完整，但由于是入库，系统并不知道这些商品该进入哪个仓库，因此仓库栏目前为空。在表头"仓库"选择仓库为"03，肉制品仓库"，单击"保存"，如图5-52，单击"审核"，系统提示"该单据审核成功"。

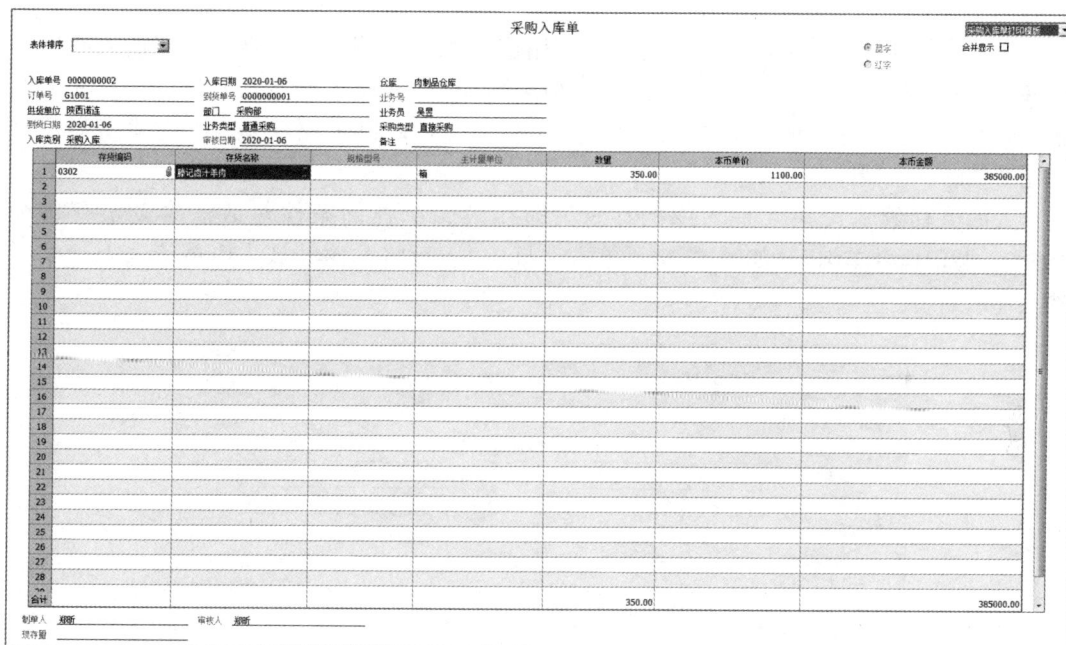

图5-52 采购入库单

3. 采购结算

更换操作员为G01，登录日期为"2020-01-06"，点选"业务工作-供应链-采购管理-采购结算"，采购结算下有"自动结算""手工结算"两个选择。

当采购结算只是将"入库单"和"发票"一一匹配简单结算时，可以选择自动结算，由系统自动操作得到结果；但若遇到非一一简单匹配等特殊情况时，则应采用手工结算。如参与结算的是多张发票和一张入库单，系统无法正确判断匹配关系。再如采购结算涉及到运费分配（需要将运费分摊到商品成本），采购结算时虽然是一张入库单对应一张发票単的一一匹配关系，但也存在入库单数量与发票数量不对等（出现合理损耗或非合理损耗）等情况。

本笔业务不涉及运费也不涉及损耗，因此，采用手工结算和自动结算都可。以下按手工结算进行操作。点选菜单中"手工结算"，进入"手工结算"窗口，单击上方"选单"，弹出"结算选单"窗口，该窗口要求用户分别选出当前结算需要的采购发票和采购入库单。单击窗口上方"查询"旁下拉按钮，先选择"入库单"，在弹出的查询窗口中自己设定查询条件，若不设定条件将会把所有未结算的"入库单"全部显示在窗口下半部，如图5-53是默认查询条件选择结果。

图5-53　结算选单默认查询结果

在默认条件下，系统将未结算的"陕西诺连"和"贵州岩拿"两个供应商入库单都选入列表，显然"贵州岩拿"并非本次采购结算涉及的入库单（贵州岩拿是企业在上期采购时产品已经入库，但还未收到发票，上月末做了入库暂估，本月初第一笔业务做了对上期暂估的红字回冲）。

入库单有效筛选条件是入库的存货，即在入库单查询条件对话框中设定存货为"0302，滕记卤汁羊肉"，如图5-54，单击"确定"，可将本次结算入库单筛选入"结算选入库单列表"。

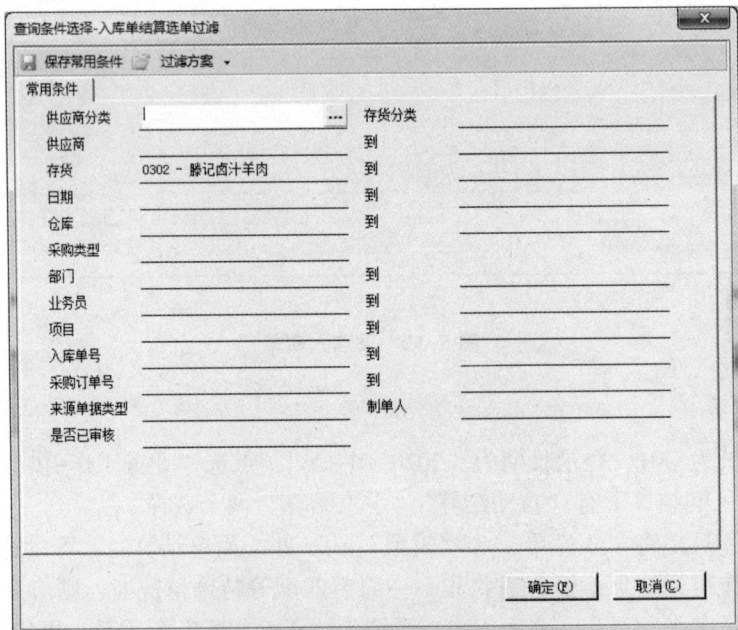

图5-54　入库单查询筛选条件

154

选定入库单后，再次单击"查询"旁下拉箭头，选择"发票"，由于当前发票只有一张，指定条件或默认条件均可筛选到，本次操作按默认，在"查询"对话框单击"确定"，则发票选入窗口上方列表。此时，上下方列表中项目"选择"栏均为空，即还未确定其参与结算。单击"全选"，则"入库单"与"发票"前"选择"栏均出现"Y"字样，单击"确定"返回"手工结算"窗口，单击"结算"，系统提示"完成结算"，如图 5-55，单击确定，结算成功后窗口中单据数据消失。

图 5-55　结算成功提示

4. 入库单制单

（1）单据记账。更换操作员为 W02，登录日期"2020-01-06"，点选"业务工作-供应链-存货核算-业务核算-正常单据记账"，弹出"查询条件"对话框，当前可按默认，单击"确定"，在如图 5-56 中单击"全选"，单击"记账"，系统提示"记账成功"，退出窗口。

正常单据记账列表

选择	日期	单据号	存货编码	存货名称	规格型号	存货代码	单据类型	仓库名称	收发类别	数量	单价	金额
Y	2020-01-06	0000000002	0302	静记卤汁羊肉			采购入库单	肉制品仓库	采购入库	350.00	1,100.00	385,000.00
小计										350.00		385,000.00

图 5-56　正常单据记账

（2）点选"业务工作-供应链-存货核算-财务核算-生成凭证"，进入"生成凭证"窗口，单击上方"选择"按钮，在对话框左侧勾选"采购入库单（报销记账）"（如果不能迅速定位本次生成凭证的单据类型，可按默认全选，但如有多张单据被筛选出，需要注意选择当前业务所对应的单据生成凭证），单击"确定"，进入"未生成凭证单据一览表"，单击"全选"，单击"确定"，返回"生成凭证"窗口，系统已根据设置自动带入借贷方科目，即借方"库存商品"，贷方"在途物资"，单击上方"生成"按钮，进入"凭证"窗口，确认无误后单击"保存"，结果如图 5-57。关闭窗口。

图 5-57　入库凭证

任务七　预收冲应收

一、业务资料

1月7日，销售一批商品给安顺承齐，上月预收 30000 元货款。

购 销 合 同

合同编号：S0002

卖方：贵州盛德商贸有限公司

买方：安顺承齐百货有限公司

为保护买卖双方合法权益，明确买卖双方的权利义务，根据《中华人民共和国合同法》，本着互惠互利的原则，经双方协商一致，达成如下条款，并共同遵守。

一、货物的名称、数量及金额

货物名称	规格型号	计量单位	数量	单价（不含税）	金额（不含税）	税率	税额
黔井方便剪粉	200G	箱	300	250.00	75000.00		9750.00
百池香辣猪肉条	500G	箱	400	1010.00	404000.00	13%	52520.00
滕记卤汁羊肉	5KG	箱	450	1250.00	562500.00		73125.00
合　计					￥1041500.00		￥135395.00

二、含税合同总金额（大写）：人民币壹佰壹拾柒万陆仟捌佰玖拾伍元整（￥1176895.00）。

三、付款方式：买方收到货物一周内向卖方支付全部购货款。

四、交货期：于签订合同当日（2020年1月7日）发出全部商品。

五、交货地点：贵州盛德商贸有限公司

六、发运方式：买方自提。

卖　方：贵州盛德商贸有限公司　　　　买　方：安顺承齐百货有限公司

授权代表：唐明　　　　　　　　　　　授权代表：杨文明

日　期：2020年1月7日　　　　　　　日　期：2020年1月7日

图 5-58　购销合同（安顺承齐）

图 5-59　销售专用发票（安顺承齐）

二、操作要求和说明

1. 要求

根据资料完成销售业务处理，同一销售涉及多张出库单时，合成制单。

2. 说明

本业务由 X01 完成销售管理环节任务，C01 完成库存管理环节任务，W02 完成应收款管理、存货核算凭证生成任务。

三、业务分析

本业务是一个普通销售业务，与前面的销售现结业务有两点不同。首先是在上月已收到一笔预收货款，现在已经实现销售，将形成应收账款，则原来收到的预收款项要与应收账款冲抵，剩下部分应收账款留待收款后再核销。其次，该笔业务没有如上次销售一样在开出发票的同时收到货款，因此不能做现结，发票应该审核生成凭证，形成应收账款，收到货款时，再编制收款单，将收款单与销售发票进行核销。

本业务在处理上大部分环节与前次销售相同，也需要走一个基本销售流程。首先编制生成销售订单，参照订单生成发票，参照发货单生成出库单，出库单审核记账生成凭证，发票审核生成凭证。最后一个环节，由于上期有预收货款，所以要做一个预收冲应收，冲掉已收的应收账款，并生成凭证。

　　总结目前所做的任务，可以看到采购与销售业务在流程上的一些区别。在销售时，用户不需要编制生成发货单，发货单是在销售发票复核时自动生成，但采购到货单并不会自动生成，因此采购环节必须由用户参照采购订单生成采购到货单。另一个区别是，销售没有销售结算，而采购却有采购结算，其原因是采购商品是外购，在收到对方发票前无法确定商品的成本，而销售则是企业内部商品外售，企业仓库存放的商品在采购时已确定成本，并由系统根据先进先出法计算销售出库商品的成本，因而并不需要进行销售结算来确定销售商品的成本。

四、操作步骤

1. 销售订单

　　以操作员 X01 周明登录企业应用平台，登录日期"2020-01-07"。点选业务菜单"业务工作-供应链-销售管理-销售订货-销售订单"，进入"销售订单"窗口，按照资料所提供的订单号、存货信息等填制销售订单，填制完毕，单击"保存"，单击"审核"。结果如图 5-60。

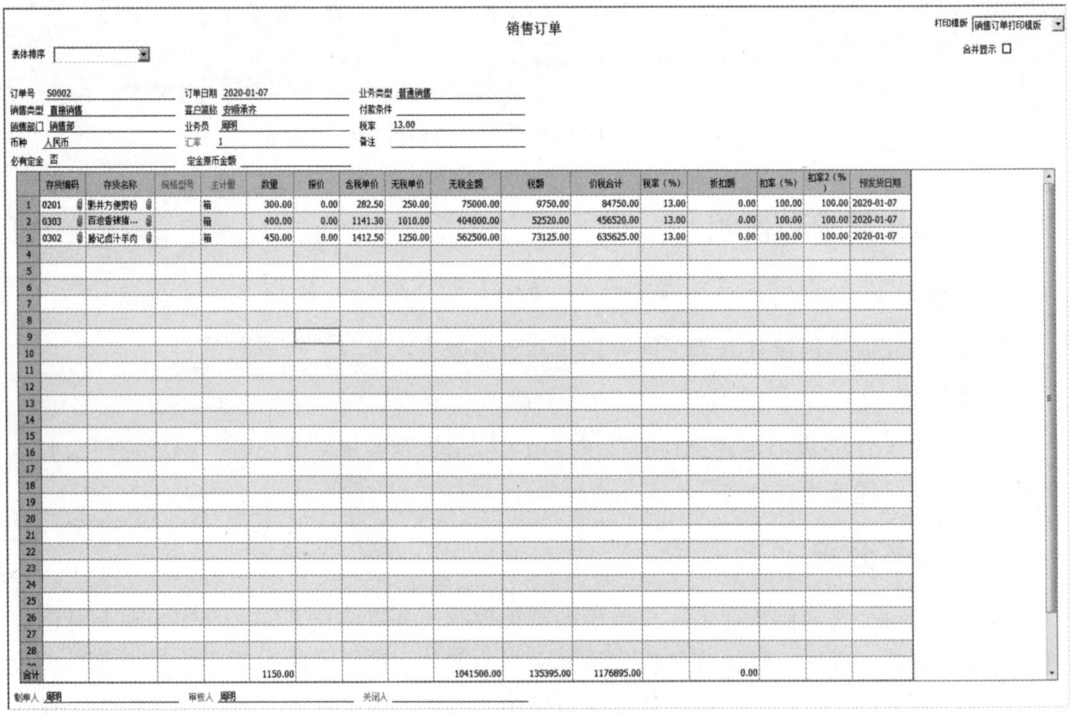

图 5-60　销售订单

2. 销售发票

　　点选"业务工作-供应链管理-销售管理-销售开票-销售专用发票"，单击"增加"，参照销售订单生成发票基本信息，根据资料输入发票编号，输入或选择商品对应的"仓库"，单击"保存"，单击"复核"（本次没有现结操作）。结果如图 5-61。

销售专用发票

打印模板 [销售专用发票打印模]

表体排序 [ ]　　合并显示 □

发票号 80912402　　开票日期 2020-01-07　　业务类型 普通销售
销售类型 直接销售　　订单号 50002　　发货单号 0000000002
客户简称 安顺承齐　　销售部门 销售部　　业务员 周明
付款条件　　　　　　客户地址　　　　　　联系电话
开户银行 工商银行安顺分行裼诚支行　　账号 7541124578955741222　　税号 522502999648936274
币种 人民币　　汇率 1　　税率 13.00
备注

	仓库名称	存货编码	存货名称	规格型号	主计量	数量	报价	含税单价	无税单价	无税金额	税额	价税合计	税率(%)	折扣额	扣率(%)	扣率2(%)	退补价	客户价低值
1	方便食品…	0201	黔井方便剪粉		箱	300.00	0.00	282.50	250.00	75000.00	9750.00	84750.00	13.00	0.00	100.00	100.00	正常	0.00
2	肉制品品仓库	0303	西也香辣猪…		箱	400.00	0.00	1141.30	1010.00	404000.00	52520.00	456520.00	13.00	0.00	100.00	100.00	正常	0.00
3	肉制品仓库	0302	静记卤汁羊肉		箱	450.00	0.00	1412.50	1250.00	562500.00	73125.00	635625.00	13.00	0.00	100.00	100.00	正常	0.00
合计						1150.00				1041500.00	135395.00	1176895.00		0.00				

单位名称 贵州匮诚商贸有限公司　　本单位税号 522501177923254563　　本单位开户银行 工商银行安顺分行体算签支
制单人 周明　　复核人 周明　　银行账号 75122232512263621005

图 5-61　销售专用发票

3. 销售发货单

复核销售专用发票后，系统自动生成销售发货单并自动审核，如图 5-62。

发货单

打印模板 [发货单打印模版]

表体排序 [ ]　　合并显示 □

发货单号 0000000002　　发货日期 2020-01-07　　业务类型 普通销售
销售类型 直接销售　　订单号 50002　　发票号 80912402
客户简称 安顺承齐　　销售部门 销售部　　业务员 周明
发货地址　　　　　　发运方式
税率 13.00　　币种 人民币　　汇率 1
备注

	仓库名称	存货编码	存货名称	规格型号	主计量	数量	报价	含税单价	无税单价	无税金额
1	方便食品仓库	0201	黔井方便剪粉		箱	300.00	0.00	282.50	250.00	
2	肉制品仓库	0303	西也香辣猪肉东		箱	400.00	0.00	1141.30	1010.00	
3	肉制品仓库	0302	静记卤汁羊肉		箱	450.00	0.00	1412.50	1250.00	
合计						1150.00				

制单人 周明　　审核人 周明　　关团人

图 5-62　销售发货单

4. 销售出库单

更换操作员为 C01，登录日期"2020-01-07"，点选"业务工作-供应链-库存管理-出库业务-销售出库单"，点击"生单"按钮旁下拉按钮，选择"销售生单（批量）"

（不选择批量也可操作，但若选择"销售生单"，需要手动按仓库分别生单，就本业务而言，需要分成两次生单过程，才能完成两个仓库的商品销售出库，操作效率较低），参照发货单生成销售出库单信息，生单成功后对两张销售出库单分别进行审核。结果如图5-63、图5-64。

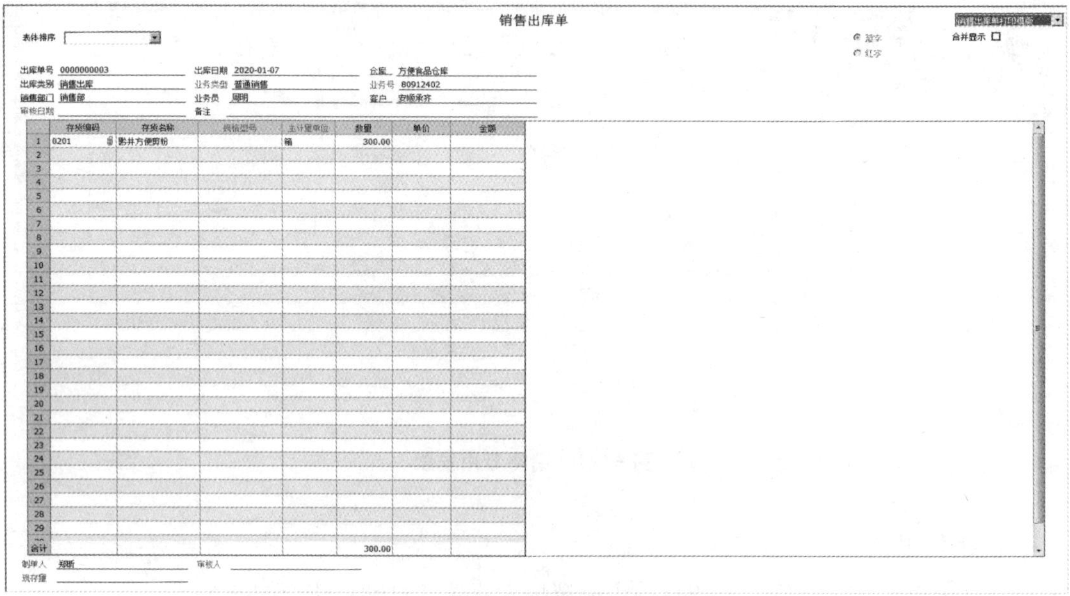

图5-63　销售出库单-方便食品仓库

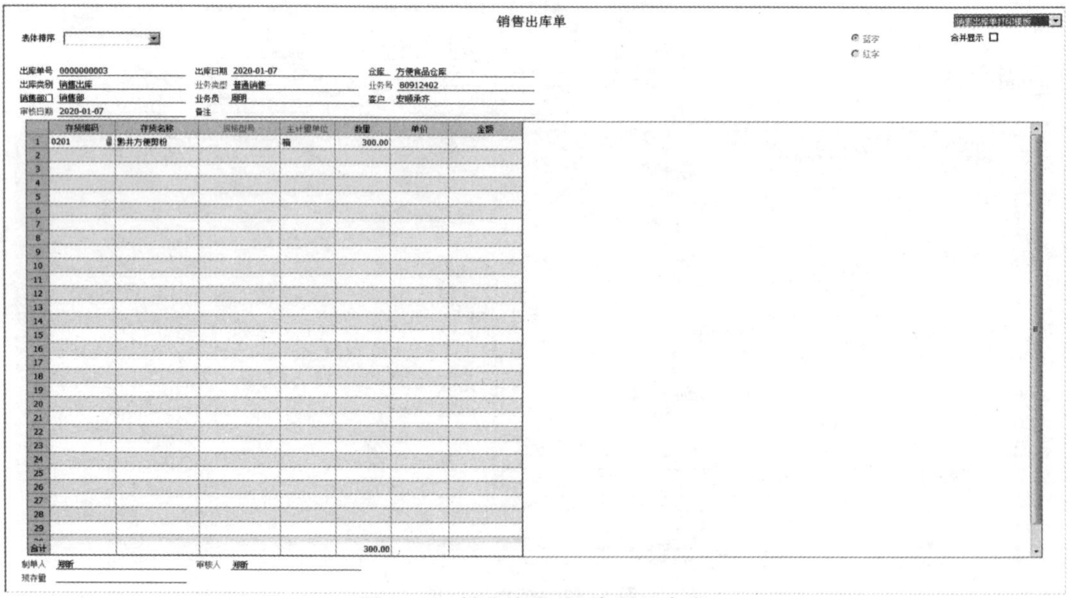

图5-64　销售出库单-肉制品仓库

5. 出库单制单

更换操作员为W02，登录日期"2020-01-07"，点选"业务工作-供应链-存货核算-业务核算-正常单据记账"，查询条件可默认，进入"正常单据列表"后单击"全选"，并单击“记账”，记账后三行记录消失（两张销售出库单，其中两行商品为同一张出库单）。

点选“业务工作-供应链-存货核算-财务核算-生成凭证”，进入窗口后单击“选择”，在“查询条件”对话框勾选“销售出库单”（也可默认“全选”），单击“确定”，进入“未生成凭证单据一览表”，如图 5-65。当前显示两张销售出库单，单击“全选”，返回“生成凭证”窗口后，再单击“合成”（因为是同一销售有多张销售出库单，如果选生成则产生多张凭证，按照操作要求应选合成，将所有销售出库合并为一张凭证），进入“凭证”窗口，确认无误后单击“保存”，结果如图 5-66。

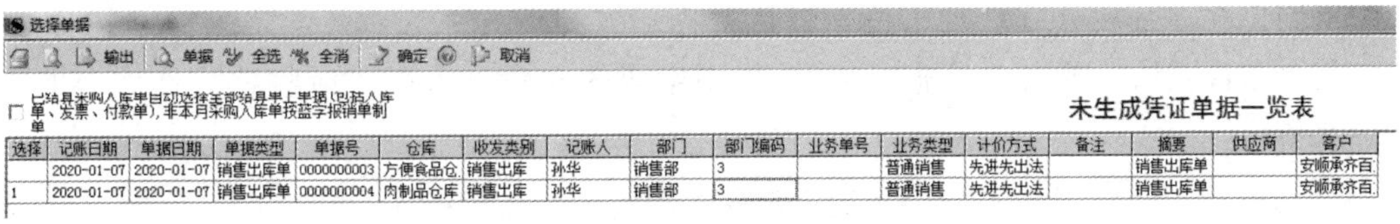

选择	记账日期	单据日期	单据类型	单据号	仓库	收发类别	记账人	部门	部门编码	业务单号	业务类型	计价方式	备注	摘要	供应商	客户
	2020-01-07	2020-01-07	销售出库单	0000000003	方便食品仓	销售出库	孙华	销售部	3		普通销售	先进先出法		销售出库单		安顺承齐百
1	2020-01-07	2020-01-07	销售出库单	0000000004	肉制品仓库	销售出库	孙华	销售部	3		普通销售	先进先出法		销售出库单		安顺承齐百

图 5-65 未生成凭证单据一览表

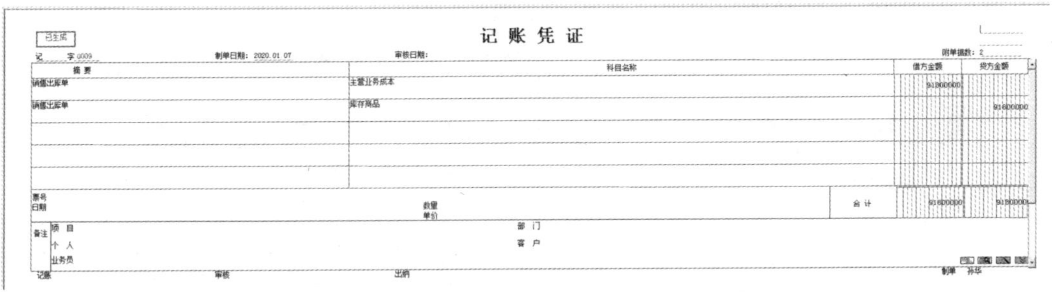

图 5-66 销售出库凭证

6. 发票制单

点选“业务工作-财务会计-应收款管理-应收单据处理-应收单据审核”，查询条件默认，进入“应收单据列表”后单击“全选”（或直接双击选中单据），单击“审核”。关闭窗口。

点选应收款管理下“制单处理”，在“制单查询”中勾选“发票制单”，其余默认。在“销售发票制单”窗口单击“全选”（或直接选中单据，注意选择栏出现“1”），单击“制单”，进入“凭证”窗口，单击“保存”。结果如图 5-67。

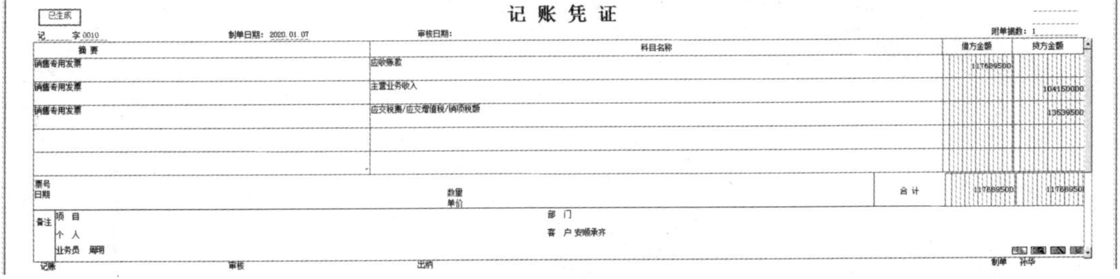

图 5-67 应收凭证

7. 预收冲应收及制单

点选"业务工作-财务会计-应收款管理-转账-预收冲应收",进入"预收冲应收"条件选择对话框,对话框有两个选项卡,分别为"预收款"和"应收款",要求用户告知系统预收款项和应收款项各来自哪家客户(本业务预收和应收是同一家客户),并过滤出需要冲抵的单据。

在"预收款"选项卡选择客户为"安顺承齐",其余条件默认,单击"过滤",将上期预收货款"收款单"过滤显示在对话框下方,如图5-68。单击"应收款"选项卡,系统根据用户在"预收款"选项卡操作默认选择"安顺承齐"为应收款来源客户,不必更改,其余条件默认,单击"过滤",系统将刚生成的发票显示在"应收款"选项卡下方,如图5-69。

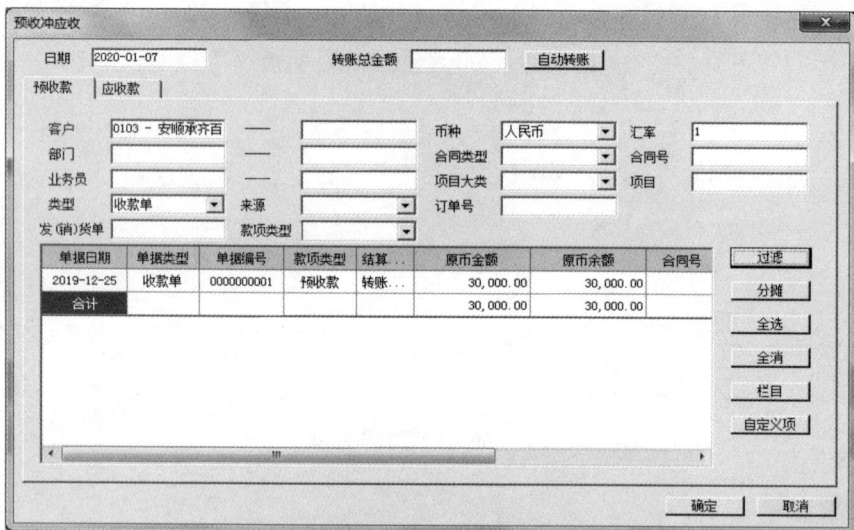

图5-68 预收冲应收-预收款选项卡

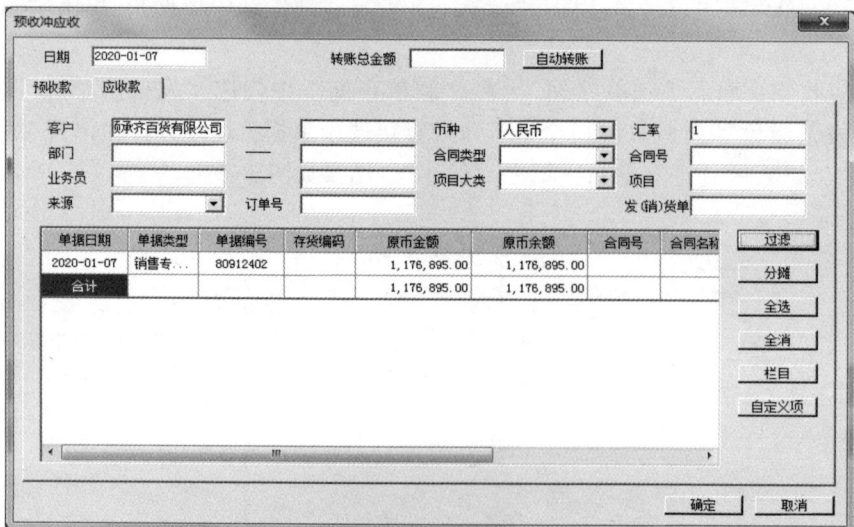

图5-69 预收冲应收-应收款选项卡

在"预收冲应收"条件对话框上方输入转账总金额为"30000"，单击"分摊"，单击"确定"，系统弹出提示"是否立即制单"，单击"确定"。进入"凭证"窗口，系统已根据初始设置自动带入借贷方科目填制凭证，单击"保存"，结果如图5-70。

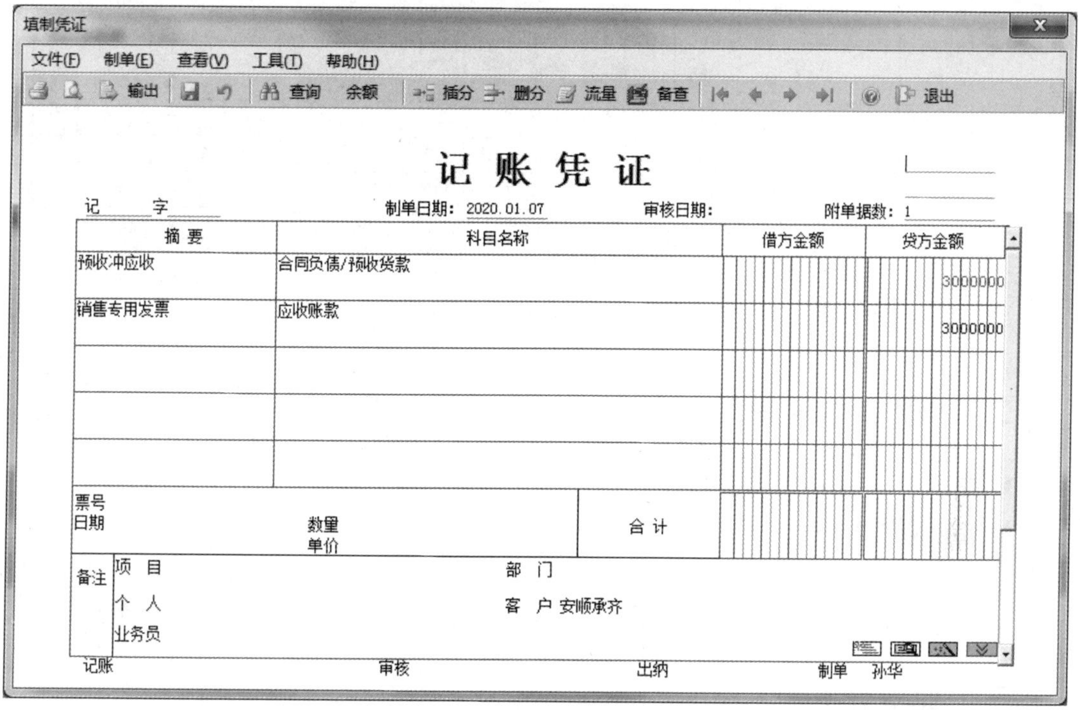

图5-70　预收冲应收-制单

若在系统询问"是否立即制单"时选择了"否"，也可直接到"应收款管理"下"制单处理"完成制单，在进入"制单查询"时勾选"预收冲应收制单"确定后即可进入单据选择窗口，选择单据后即可制单。

关于"预收冲应收"，还可有更简捷的操作方法，在进入"预收冲应收"条件对话框后，可直接单击"自动转账"按钮，系统询问"是否自动转账"，单击"是"，则系统将自动进行预收款和应收款匹配，匹配成功后询问用户是否立即制单，确定后制单即可完成操作。在预收与应收款项匹配比较简单明确情况下，采用自动转账方式显然效率更高，但若转账情况相对复杂时，不宜采用自动转账。

至此本业务操作结束，至业务结束时，应收款还剩余1146895元，即原1176895元的应收款冲掉30000元后的剩余，还需留待客户发来货款再做处理。

任务八　报销差旅费

一、业务资料

1月8日，采购部高勤成报销差旅费。

差 旅 费 报 销 单

部门：采购部　　　　　　　　　　　　　　　填报日期：2020年1月8日

姓　名		高勤成		出差事由		合同洽谈		出差日期		1月2日—1月7日		
起讫时间及地点						车船票		夜间乘车补助			出差补助费	

差旅费报销单表内详见图

月	日	起	月	日	讫	类别	金额	时间	标准	金额	日数	标准	金额	住宿费金额	摘要	金额
1	2	安顺	1	2	北京	飞机	800	小时			6	100	600	1500		
1	7	北京	1	7	安顺	飞机	800	小时								
小　计							1600						600	1500		

总计金额（大写）人民币叁仟贰佰壹拾元整　　预支 3500 元　　核销 3700 元　　退补 200 元

现金付讫

主管　　　　记账　　　　审核　　　　制表

图 5-71　差旅费报销单

二、操作要求和说明

1. 要求

根据资料完成操作。

2. 说明

本业务由 W02 完成总账凭证填制。

三、业务分析

本业务不涉及其他子系统，按照差旅费报销单在总账中填制凭证即可。

四、操作步骤

以 W02 登录平台，日期"2020-01-08"，点选"业务工作-财务会计-总账-凭证-填制凭证"，修改"凭证日期"，根据资料依次填制摘要、科目和金额即可。输入贷方科目"其他应收款/个人往来"时，系统弹出"辅助项"对话框，输入或选择部门为"采购部"，个人为"高勤成"。凭证填制结果如图 5-72。

图 5-72　报销差旅费凭证

任务九　收到销售货款

一、业务资料

1月9日，收到安顺承齐货款。

ICBC　中国工商银行　进账单（收账通知）3　2020年1月9日																		
出票人	全称	安顺承齐百货有限公司		收款人	全称	贵州盛德商贸有限公司												
	账号	75411245789555741222			账号	75122232512636 21005												
	开户银行	工商银行安顺棋诚支行			开户银行	工商银行安顺体育路支行												
金额	人民币（大写）壹佰壹拾肆万陆仟捌佰玖拾伍元整						亿	千	百	十	万	千	百	十	元	角	分	
								¥	1	1	4	6	8	9	5	0	0	
票据种类	转账支票	票据张数	1															
票据号码	10245624																	
			复核　　　记账		收款人开户银行签章													

图 5-73　进账单

二、操作要求和说明

1. 要求

根据资料完成销售收款，保证账套单据完整。

2. 说明

本业务由 W03 完成收款，W02 完成制单和核销。

三、业务分析

本业务是任务七的延续，上年预收安顺承齐货款，在任务七销售一批商品给安顺承齐，并做了发票编制与凭证生成、出库单及凭证生成、预收冲应收。本业务收到剩余货款，由于收款与开出发票非同步，不能做现结，现在需要编制收款单并审核，将收款单与此前已经生成的发票进行核销，告知系统与安顺承齐的该笔应收款已两清。

四、操作步骤

1. 收款单

以 W03 登录企业应用平台，修改日期为"2020-01-09"，点选"业务工作-财务会计

-应收款管理-收款单据处理-收款单据录入",进入"收款单"窗口,单击"增加",选择客户为"安顺承齐",按资料录入"票据号""金额""款项类型"等其他数据,录入完毕,单击"保存"。收款单填制结果如图5-74。

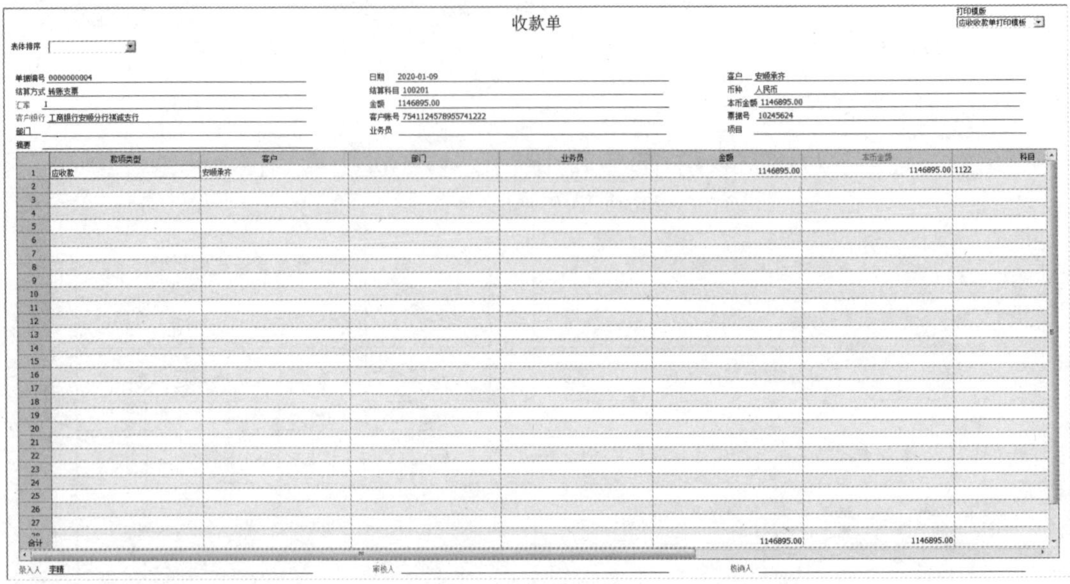

图 5-74　收款单

更换操作员为W02,日期为"2020-01-09",点选"业务工作-财务会计-应收款管理-收款单据处理-收款单据审核",查询条件默认,在"收付款单列表"选中该单据,单击"审核"。

2. 核销

点选"业务工作-财务会计-应收款管理-核销处理-自动核销",在查询条件选择客户为"安顺承齐"(当前系统并无其他需要核销项,所以不输入客户系统也能自动匹配收款单与发票,但在单据较复杂时应谨慎操作),单击"确定",系统询问"是否进行自动核销",单击"是",则系统自动核销完成,并给出核销报告如图5-75,单击"确定"。

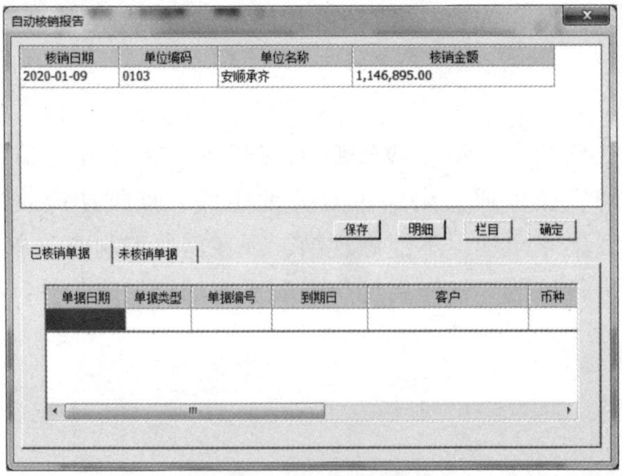

图 5-75　自动核销报告

3. 制单

点选“业务工作-财务会计-应收款管理-制单处理”，在弹出的“制单查询”对话框左侧同时勾选“收付款单制单”和“核销制单”，其他条件默认，单击“确定”，进入“应收制单”窗口后单击“全选”（同时选中本笔业务的收款单和核销单），单击“合并”，单击“制单”，进入“凭证”窗口，确认凭证无误后单击“保存”。凭证生成结果如图 5-76。全部操作完成。

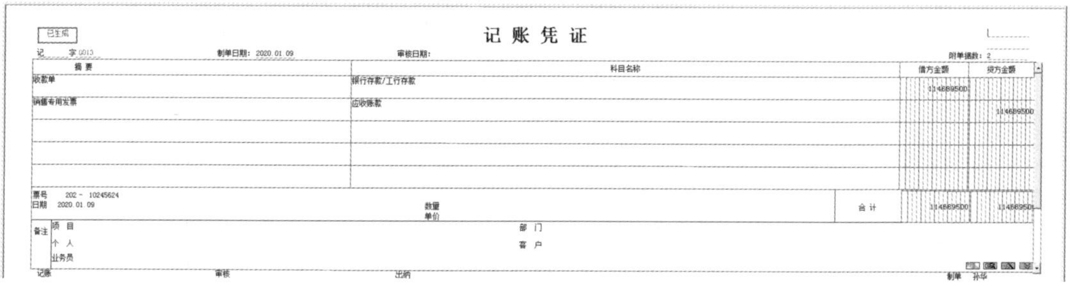
已生成

记账凭证

记 字 0013　制单日期：2020.01.09　审核日期：　附单据数：2

摘要	科目名称	借方金额	贷方金额
收款单	银行存款/工行存款	114689500	
销售专用发票	应收账款		114689500
票号 202 - 10245624 日期 2020.01.09	数量 单价 合计	114689500	114689500

备注　项目　部门
个人　客户
业务员

记账　审核　出纳　制单 孙华

图 5-76　收款凭证

任务十　收到上月采购发票

一、业务资料

1 月 10 日，收到贵州岩拿开出的发票，并于当日支付货款。

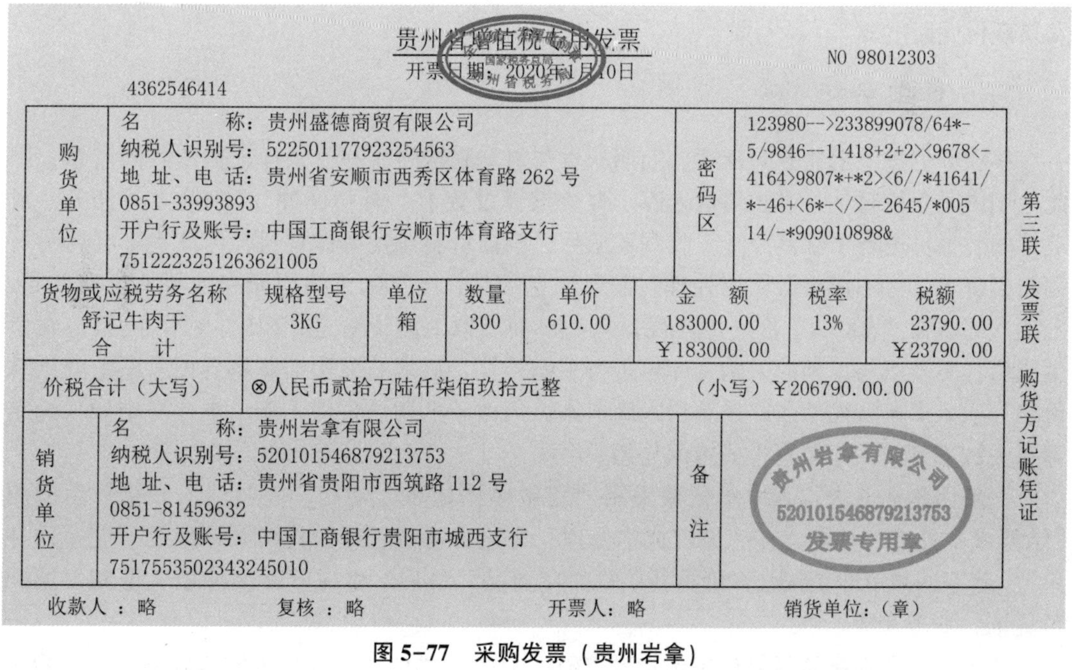
贵州省增值税专用发票

NO 98012303

开票日期：2020年1月10日

4362546414

购货单位	名　　称：贵州盛德商贸有限公司 纳税人识别号：522501177923254563 地 址、电 话：贵州省安顺市西秀区体育路 262 号 0851-33993893 开户行及账号：中国工商银行安顺市体育路支行 7512223251263621005				密码区	123980-->233899078/64*-5/9846--11418+2+2><9678<-4164>9807*+*2><6//*41641/*-46+<6*-</>--2645/*005 14/-*909010898&	
货物或应税劳务名称	规格型号	单位	数量	单价	金　额	税率	税额
舒记牛肉干	3KG	箱	300	610.00	183000.00	13%	23790.00
合　计					￥183000.00		￥23790.00
价税合计（大写）	⊗人民币贰拾万陆仟柒佰玖拾元整				（小写）￥206790.00.00		
销货单位	名　　称：贵州岩拿有限公司 纳税人识别号：520101546879213753 地 址、电 话：贵州省贵阳市西筑路 112 号 0851-81459632 开户行及账号：中国工商银行贵阳市城西支行 7517553502343245010				备注	贵州岩拿有限公司 520101546879213753 发票专用章	

收款人：略　复核：略　开票人：略　销货单位：（章）

第三联 发票联 购货方记账凭证

图 5-77　采购发票（贵州岩拿）

中国工商银行

转账支票存根

NO. 10245625

附加信息 _____

_____

出票日期 2020年1月10日

收款人：贵州岩拿有限公司

金　额：￥206790.00

用　途：支付货款

单位主管（略）会计（略）

图 5-78　转账支票存根

二、操作要求和说明

1. 要求

根据资料完成业务，为保证财务与业务数据的一致性，能在业务系统生成的记账凭证不得在总账系统直接录入，收到发票同时支付款项的业务使用现付功能处理。

2. 说明

本业务由 G01 完成发票录入、采购结算，W02 完成结算成本处理、蓝字回冲单凭证、发票现付凭证生成。

三、业务分析

本业务也是上期业务的延续。上期从贵州岩拿采购商品并已入库，但未收到发票，因此上期做了存货暂估，以暂估价入库。存货核算设置了"月初回冲"，因此本月任务一对上月的暂估价进行了红字回冲，收到发票后，根据资料对发票做现付，因此也不必再另行编制付款单，也不用再做核销处理。需要注意的是，结算的价格与原来的暂估价有差异，上期入库时按"600"单价（不含税）入库，而发票上的价格是"610"（不含税）。发票生成后，对发票与上期的采购入库单进行采购结算，正常的采购结算将会把发票上的结算价格写入入库单从而使入库单获得入库成本，但由于上期已暂估入库，本业务中做采购结算将无法起到向入库单写入成本的作用。

一般采购业务进行入库单记账采用"正常单据记账"功能，而暂估入库结算后使用"结算成本处理"功能，在"结算成本处理"中进行暂估处理，其结果是生成"蓝字回冲单"，蓝字回冲单即是按结算价重新核算库存商品。最后，生成蓝字回冲单凭证和发票现付凭证，业务完成。

此外，由于在存货核算初始选项设置时，勾选了"结算单价与暂估单价不一致是否调整出库成本"，而不勾选"先进先出红蓝回冲单是否记入计价库"，所以，本月初"红字回冲"和当前的"蓝字回冲"都不会对存货的出入库成本产生任何影响，这即是说，若在本笔业务后，有客户购买"舒记牛肉干"，本企业在销售出库时，成本依然是按暂估价"600"进行核销，而非结算价"610"。而只有当全部本批次"舒记牛肉干"销售完毕后，期末将产生一张"出库调整单"，将"600"的暂估价调整为"610"。若截至本期末，已经售出部分"舒记牛肉干"，但未全部售完，系统也不会生成"出库调整单"。

四、操作步骤

1. 专用采购发票及采购结算

以 G01 登录企业应用平台，登录日期"2020-01-10"，点选"业务工作-供应链-采购管理-采购发票-专用采购发票"，进入"专用发票"窗口，单击"增加"，单击"生单"，参照"期初采购入库单"生单。参照返回发票窗口后，输入发票号"98012303"，修改商品原币单价为"610"，单击"保存"。

单击发票窗口上方"现付"按钮，进入"采购现付"对话框，选择结算方式为"转账支票"，按资料输入票据号为"10245625"，原币金额"206790"，单击"确定"，返回发票窗口，发票左上方出现"已现付"。单击"结算"按钮，单据左上方出现"已结算"标识，关闭发票窗口。结果如图5-79。

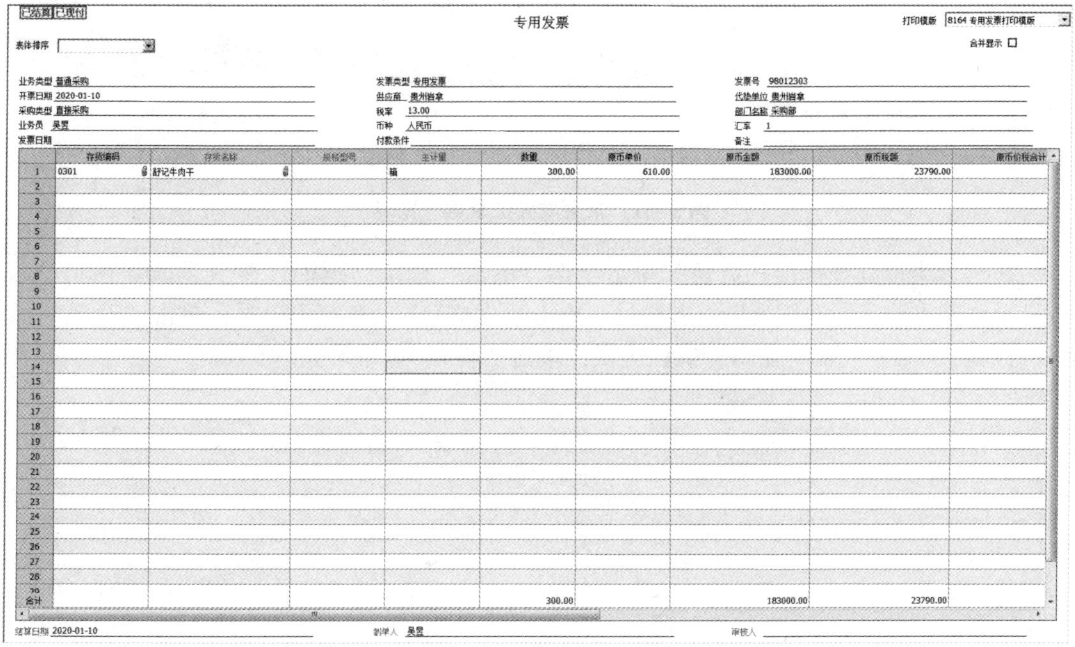

图 5-79　专用采购发票

这里直接在发票单击"结算"方式进行采购结算，即由系统自动进行结算，当入库单已先生成，采购结算为一一对应（一张入库单对应一张发票）且不涉及合理、非合理损耗以及运费分摊等复杂情况时，可以在发票窗口直接进行自动结算（只有参照入库单生成的发票才可在发票单击"结算"）。

2. 结算成本处理

更换操作员为 W02，登录日期"2020-01-10"，点选"业务工作-供应链-存货核算-业务核算-结算成本处理"，进入"结算成本处理"窗口。单击"全选"或单击单据"选择"栏选中单据，单击窗口上方"暂估"按钮，系统显示"暂估处理完成"，如图5-80，单击"确定"。确定后窗口中单据消失，系统已自动生成蓝字回冲单。

图 5-80　结算成本处理

3. 蓝字回冲单凭证

点选"业务工作-供应链-存货核算-财务核算-生成凭证"，进入"生成凭证"窗口，单击"选择"，在弹出的"查询条件"对话框左侧勾选"蓝字回冲单（报销）"或全选，其余条件默认，单击"确定"，进入"未生成凭证单据一览表"，如图5-81。

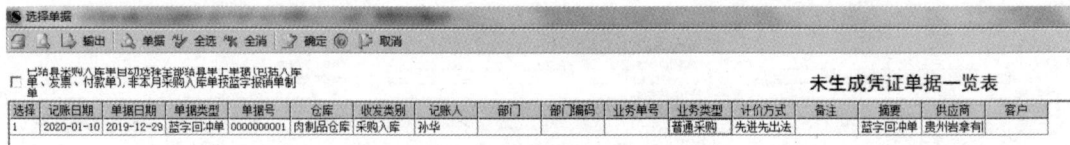

图 5-81　未生成凭证单据一览表

在"未生成凭证单据一览表"单击全选，单击"确定"返回"生成凭证"窗口，系统已自动带出蓝字回冲凭证借贷方科目，单击"生成"（只有一个单据，单击"合成"结果一样），进入"凭证"窗口，确认无误，单击"保存"。结果如图5-82。

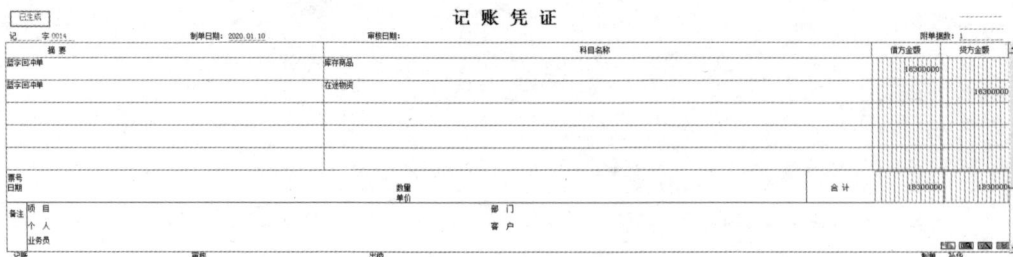

图 5-82　蓝字回冲单凭证

4. 发票（现付）凭证

点选"业务工作-财务会计-应付款管理-应付单据处理-应付单据审核"，在弹出的"查询条件"对话框勾选"包含已现结发票"，单击"确定"，进入"应付单据列表"后单击“全选”或双击“选择”栏选中单据，单击“审核”，系统提示“本次审核成功单据1张”，单击“确定”。

点选“业务工作-财务会计-应付款管理-制单处理”，在“制单查询”对话框左侧勾选“现结制单”，单击“确定”，进入“凭证”窗口，确认无误单击“保存”，结果如图5-83。

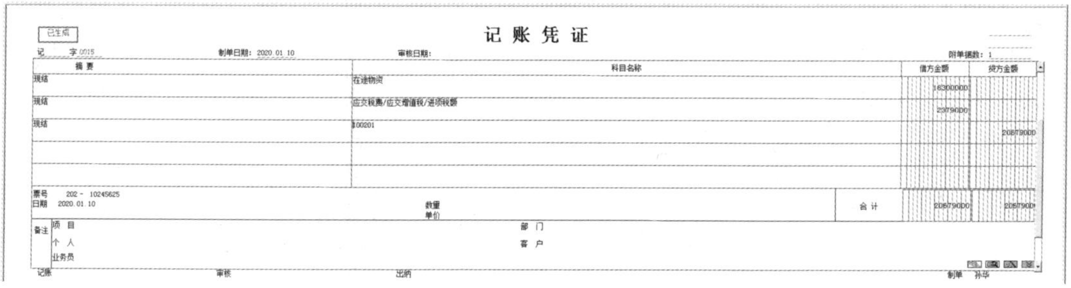

已生成

记账凭证

记　字 0015　　制单日期：2020.01.10　　审核日期：　　附单据数：1

摘要	科目名称	借方金额	贷方金额
现结	在途物资	18300000	
现结	应交税费/应交增值税/进项税额	2379000	
现结	100201		20679000
票号 202 - 10245625 日期 2020.01.10	数量 单价	合计 20679000	20679000

备注　项目　　部门

个人　　客户

业务员

记账　　审核　　出纳　　制单　孙华

图 5-83　发票（现付）凭证

任务十一　支付上期货款

一、业务资料

1 月 11 日，向广西好味支付上月货款，上月已收到发票，产品已于上月入库。

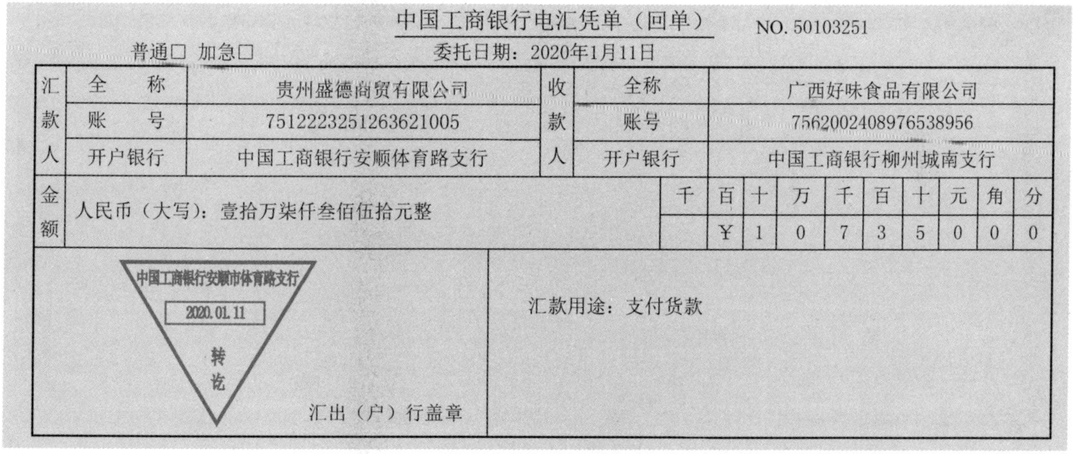

中国工商银行电汇凭单（回单）　　NO. 50103251

普通☐　加急☐　　委托日期：2020年1月11日

汇款人	全　称	贵州盛德商贸有限公司	收款人	全称	广西好味食品有限公司
	账　号	7512223251263621005		账号	7562002408976538956
	开户银行	中国工商银行安顺体育路支行		开户银行	中国工商银行柳州城南支行

金额	千	百	十	万	千	百	十	元	角	分
人民币（大写）：壹拾万柒仟叁佰伍拾元整		¥	1	0	7	3	5	0	0	0

中国工商银行安顺市体育路支行　2020.01.11　转讫

汇出（户）行盖章

汇款用途：支付货款

图 5-84　电汇凭单

二、操作要求和说明

1. 要求

根据资料完成货款支付业务。

2. 说明

本业务由 W03 完成付款，W02 完成付款凭证生成及核销。

三、业务分析

本业务是支付上期购货款，由于上期已收到发票，商品也已入库，并进行了采购结算，本期业务相对简单。首先编制一张付款单，并对付款单进行审核。然后，将付款单与上期收到的发票进行核销处理，告知系统发票上的应付款已经两清，最后将付款单连同核销单合并编制凭证（核销单仍然不产生任何分录，但由于“核销生成凭证”的设置决定必须将其与付款单合并生成凭证）。

四、操作步骤

1. 付款单

以 W03 登录平台，日期“2020-01-11”，点选“业务工作-财务会计-应付款管理-付款单据处理-付款单据录入”，进入“付款单”窗口，单击“增加”，选择供应商“广西好味”，结算方式选择“电汇”，票据号“50103251”，金额“107350”，在表体“款项类型”栏单击，系统默认填制“应付款”，不必修改，单击“保存”，结果如图 5-85。

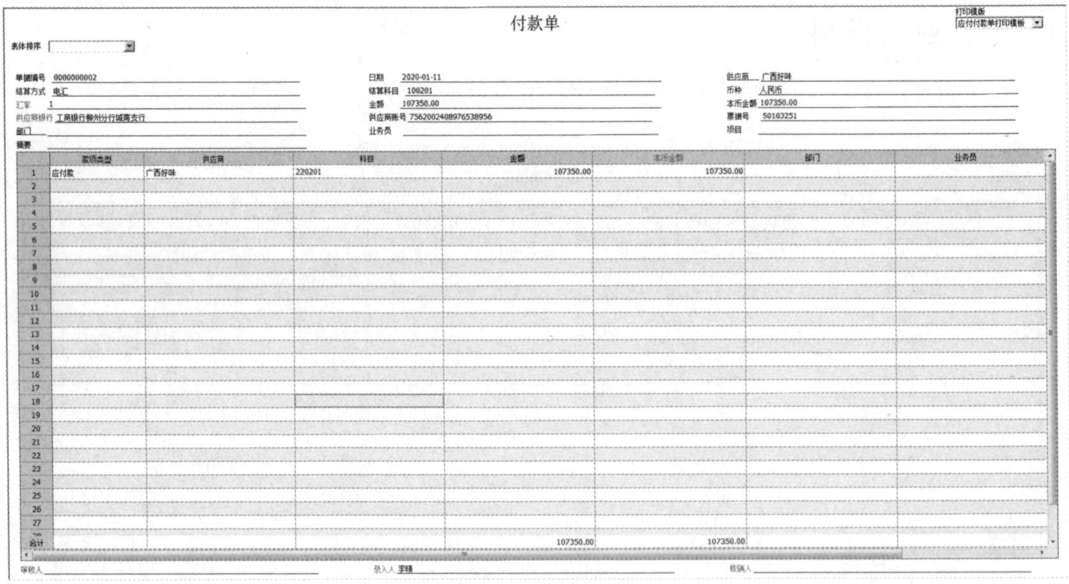

付款单

打印模版 应付付款单打印模板

表体排序

单据编号 0000000002　日期 2020-01-11　供应商 广西好味

结算方式 电汇　结算科目 100201　币种 人民币

汇率 1　金额 107350.00　本币金额 107350.00

供应商银行 工商银行柳州分行城南支行　供应商账号 7562002408976538956　票据号 50103251

部门　业务员　项目

摘要

	款项类型	供应商	科目	金额	本币金额	部门	业务员
1	应付款	广西好味	220201	107350.00	107350.00		
2							
3							
4							
5							
6							
7							
8							
9							
10							
11							
12							
13							
14							
15							
16							
17							
18							
19							
20							
21							
22							
23							
24							
25							
26							
27							
合计				107350.00	107350.00		

审核人　录入人 李晴　核销人

图 5-85　付款单

2. 付款单审核

更换操作员为 W02，日期“2020-01-11”，点选“业务工作-财务会计-应付款管理-付款单据处理-付款单据审核”，查询条件默认，在“收付款单列表”窗口单击“全选”或双击票据“选择”栏选中付款单，单击“审核”，系统提示“本次审核成功单据 1 张”，单击“确定”。

3. 核销处理

点选"业务工作-财务会计-应付款管理-核销处理-自动核销",弹出"核销条件"对话框,单击"确定",系统询问"是否进行自动核销?",单击"是",并显示"自动核销报告",本次核销"广西好味"客户"107350"账款,单击"确定",如图5-86。

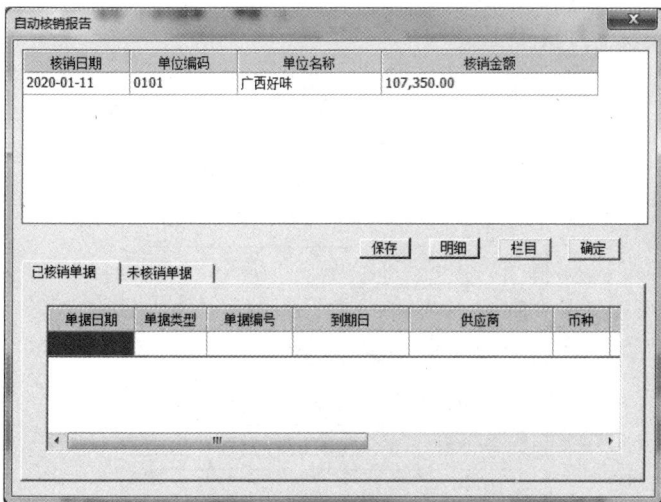

图 5-86 自动核销报告

4. 制单

点选"业务工作-财务会计-应付款管理-制单处理",在"制单查询"对话框左侧勾选"收付款单制单"和"核销制单",其余条件默认,单击"确定",进入"应付制单"窗口。单击"全选"再单击"合并",此时两张单据前选择标志均为"1",如图5-87。单击"制单",进入"凭证"窗口,单击"保存",结果如图5-88。

应付制单

| 凭证类别 | 记账凭证 | | | | | | | 制单日期 | 2020-01-11 |

选择标志	凭证类别	单据类型	单据号	日期	供应商编码	供应商名称	部门	业务员	金额
1	记账凭证	付款单	0000000002	2020-01-11	0101	广西好…			107,350.00
1	记账凭证	核销	0000000002	2020-01-11	0101	广西好…	采购部	吴昱	107,350.00

图 5-87 应付制单

图 5-88 应付制单

任务十二　发放工资

一、任务资料

1月12日，发放上月员工工资。

中国工商银行
转账支票存根
NO.10245626

附加信息 _____

_____

出票日期　2020年1月12日

| 收款人：贵州盛德商贸有限公司 |
| 金　额：￥41723.05 |
| 用　途：发放工资 |

单位主管（略）　会计（略）

图5-89　转账支票存根

二、操作要求和说明

1. 要求

根据资料在总账完成工资发放业务。

2. 说明

本业务由W02在总账完成。

三、业务分析

本业务可以在总账中直接填制凭证，也可在薪资管理通过"工资分摊"功能进行，根据操作要求，采用在总账中填制凭证方式完成，填制方法与此前任务三、任务八相同。注意"银行存款"科目输入时会弹出辅助项，要求用户填写该笔业务的结算方式和票号等信息。

四、操作步骤

操作步骤可参考任务三、任务八，结果如图5-90。

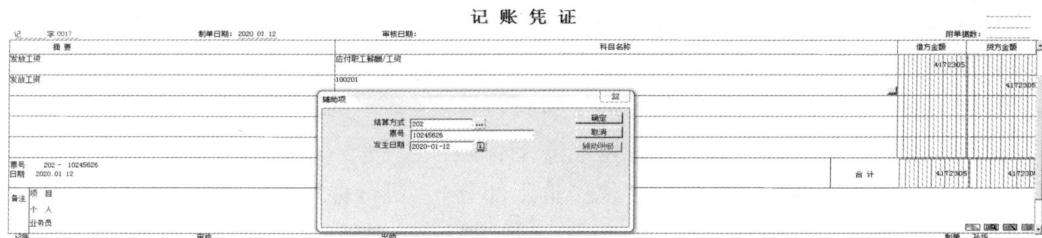

图 5-90　发放工资凭证

任务十三　缴纳社会保险

一、任务资料

1 月 12 日，缴纳上月员工五险一金（社保基金专用收据略）

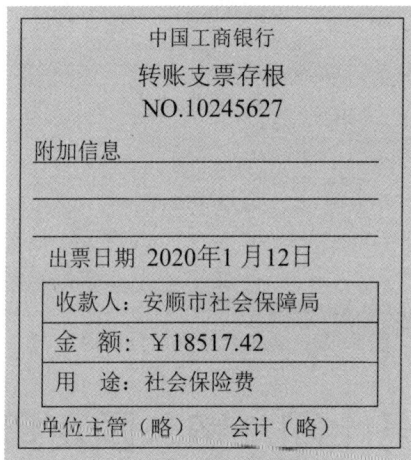

图 5-91　转账支票存根

二、操作要求和说明

1. 要求

根据资料在总账完成社保缴纳业务，合并制单。

2. 说明

本业务由 W02 在总账完成凭证填制。

三、业务分析

本业务也是在总账填制凭证，操作比较简单。但业务资料中略去了专用收据，即无法从资料获取五险一金缴纳的明细数据，用户可以从总账的账表中查询科目期初余额，也可在填制凭证时查询科目期初余额。

四、操作步骤

上笔业务完成后，仍在总账"凭证"窗口，单击"增加"，填制本笔业务凭证。

输入分录科目后，按下组合键“CTRL+Y”或单击窗口上方“余额”按钮，可查询到该科目期初余额，据此填制科目借方发生额，依次编制后续分录，本次缴纳涉及科目除了应付职工薪酬下四个三级科目（应付职工薪酬-社会保险下的医疗保险、工伤保险，应付职工薪酬-设定提存计划下的失业保险、养老保险）、一个二级科目（住房公积金）外，还涉及其他应付款下四个二级科目（代扣员工部分）。银行存款结算方式为转账支票，并按资料填写票据号。结果如图 5-92、5-93（银行存款分录行略）。

记 账 凭 证

记 字 0010 － 0001/0002 制单日期：2020.01.12 审核日期： 附单据数：

摘要	科目名称	借方金额	贷方金额
缴纳社会保险	应付职工薪酬/社会保险/医疗保险	291040	
缴纳社会保险	应付职工薪酬/社会保险/工伤保险	32742	
缴纳社会保险	应付职工薪酬/设定提存计划/失业保险	25466	
缴纳社会保险	应付职工薪酬/设定提存计划/养老保险	691220	
缴纳社会保险	应付职工薪酬/住房公积金	216280	
票号 － 日期	数量 单价 合计	1851742	185174

备注 项目 部门 个人 客户 业务员

记账 审核 出纳 制单 孙华

图 5-92 缴纳社会保险凭证（1/2）

记 账 凭 证

记 字 0010 － 0002/0002 制单日期：2020.01.12 审核日期： 附单据数：

摘要	科目名称	借方金额	贷方金额
缴纳社会保险	其他应付款/住房公积金	216280	
缴纳社会保险	其他应付款/养老保险	291040	
缴纳社会保险	其他应付款/医疗保险	72760	
缴纳社会保险	其他应付款/失业保险	10914	
缴纳社会保险	银行存款/工行存款		1851742
票号 － 日期	数量 单价 合计	1851742	185174

备注 项目 部门 个人 客户 业务员

记账 审核 出纳 制单 孙华

图 5-93 缴纳社会保险凭证（2/2）

任务十四 购入固定资产

一、任务资料

1 月 13 日购入 AUSU 电脑一台，供财务部使用，已付款。

中国工商银行
转账支票存根
NO. 10245628
附加信息

出票日期 2020年1月13日

收款人：	贵州青松贸易有限公司
金 额：	￥14690.00
用 途：	支付货款

单位主管（略） 会计（略）

图 5-94 转账支票存根

图 5-95　购货发票

图 5-96　固定资产卡片

二、操作要求和说明

1. 要求

在固定资产系统完成本项业务，生成卡片和凭证。

2. 说明

本业务由 W02 增加固定资产卡片，生成固定资产凭证。

三、业务分析

购入固定资产业务可以在固定资产系统完成，也可通过采购管理完成。根据操作要求，本业务在固定资产系统完成。直接购入固定资产，需要利用"资产增加"功能为该项固定资产增加一张固定资产卡片，然后，利用批量制单功能对增加的固定资产卡片生成一张凭证。

四、操作步骤

1. 增加固定资产卡片

以 W02 登录企业应用平台，登录日期"2020-01-13"，点选业务菜单"业务工作-财务会计-固定资产-卡片-资产增加"，进入"固定资产类别窗口"，要求用户选择当前增加固定资产的类别，选择"03，办公设备"，单击"确定"，进入"固定资产卡片"窗口。

在"固定资产卡片"窗口单击"使用部门"按钮，选择"单部门使用"，确定之后在"部门基本参照"窗口勾选"财务部"并单击"确定"，返回"固定资产卡片"窗口。单击"增加方式"按钮，选择增加方式为"直接购入"。单击"使用状况"按钮，选择"在用"。原值输入"13000"，增值税输入"1690"。单击"保存"，结果如图 5-98。

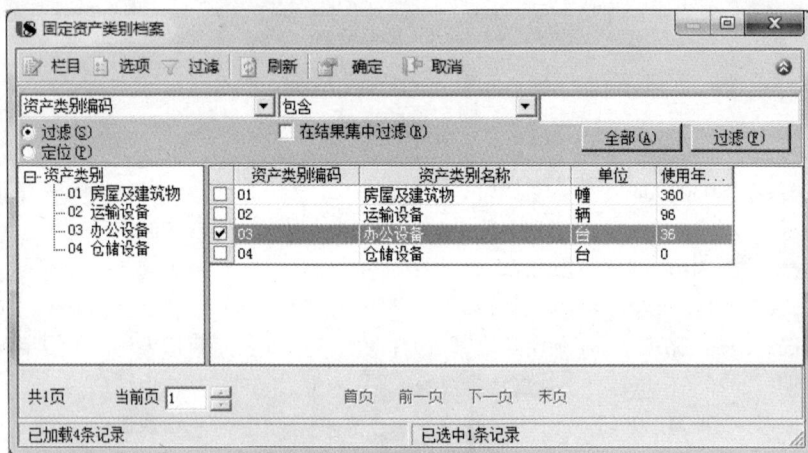

图 5-97　固定资产类别选择

固定资产卡片

卡片编号	00006		日期	2020-01-13
固定资产编号	0300003	固定资产名称		ALIENWARE笔记本电脑
类别编号	03	类别名称	办公设备	资产组名称
规格型号	M15 R3	使用部门		财务部
增加方式	直接购入	存放地点		
使用状况	在用	使用年限(月)	36	折旧方法　平均年限法(二)
开始使用日期	2020-01-13	已计提月份	0	币种　人民币
原值	13000.00	净残值率	1%	净残值　130.00
累计折旧	0.00	月折旧率	0	本月计提折旧额　0.00
净值	13000.00	对应折旧科目	660205,折旧费	项目
增值税	1690.00	价税合计	14690.00	

录入人　孙华　　　　　　　　　　录入日期　2020-01-13

图 5-98　固定资产卡片-资产增加

2. 生成凭证

点选业务菜单"业务工作-财务会计-固定资产-处理-批量制单",系统弹出"查询条件选择-批量制单"对话框,单击"业务类型"下拉箭头,选择业务类型为"新增资产"(也可按默认查询,固定资产业务处理较多时,最好输入条件),单击"确定",进入"批量制单"对话框。

"批量制单"对话框有两个选项卡,分别为"制单选择"和"制单设置",该对话框的特殊处在于,如果不在"制单选择"选项卡中选择单据,则无法切换到"制单设置"选项卡。

在"制单选择"选项卡单击"全选"(当前只有一张卡片需要制单,全选或直接选择结果一样),"选择"栏出现"Y"字样,如图5-99,单击"制单设置",进入"制单设置"选项卡。

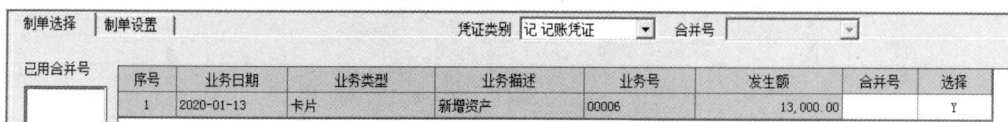

制单选择	制单设置			凭证类别	记 记账凭证 ▼	合并号		▼
已用合并号	序号	业务日期	业务类型	业务描述	业务号	发生额	合并号	选择
	1	2020-01-13	卡片	新增资产	00006	13,000.00		Y

图5-99　制单选择

由于在初始设置时已设置了凭证科目,"制单设置"选项卡中已自动带出所有分录科目,如图5-100,单击"凭证",进入"凭证"窗口。

制单选择	制单设置			凭证类别	记 记账凭证 ▼	合并号	00006卡片 ▼		
☑ 方向相同时合并分录									
☑ 借方合并		☑ 货方合并		☑ 方向相反时合并分录					
序号	业务日期	业务类型	业务描述	业务号	方向	发生额	科目	部门核算	项
1	2020-01-13	卡片	新增资产	00006	借	13,000.00	1601 固定资产		
2	2020-01-13	卡片	新增资产	00006	借	1,690.00	22210101 进项税额		
3	2020-01-13	卡片	新增资产	00006	贷	14,690.00	100201 工行存款		

图5-100　制单设置

单击凭证中科目名称"100201,银行存款"选中该科目(科目变为蓝色意味着已选中),将鼠标移动至左下方"票号/日期"辅助项处,此时,光标变为笔状,双击,打开"辅助项"对话框,按照资料输入"结算方式""票据号"及发生日期,如图5-101,单击"确定"。单击"保存"。

图5-101　新增资产凭证

任务十五　采购固定资产

一、任务资料

1月14日，采购两台堆高车，供仓库使用，当日支付款项。

购 销 合 同

合同编号：G0001

卖方：安顺鸿悠工业公司

买方：贵州盛德商贸有限公司

为保护买卖双方合法权益，明确买卖双方的权利义务，根据《中华人民共和国合同法》，本着互惠互利的原则，经双方协商一致，达成如下条款，并共同遵守。

一、设备的名称、型号、数量及金额

设备名称	规格型号	计量单位	数量	单　价（不含税）	金　额（不含税）	税率	税额
运昌牌堆高车	DIZ01	辆	2	5400	10800	13%	1404.00
合　计					￥10800.00		￥1404.00

二、含税合同总金额（大写）：人民币壹万贰仟贰佰零肆元整（￥12204.00）

三、付款方式：买方签订合同当日向卖方支付全部购货款。

四、交货期：于签订合同当日（2020年1月14日）发出全部商品

五、交货地点：贵州鸿悠工业公司

六、发运方式：买方自提。

七、维护保修：在保修期内，卖方负责对设备维护或维修，不收取任何费用。保修期结束后卖方依然负责对所售设备进行维护或维修，其间产生的材料费用由买方承担

卖　　方：安顺鸿悠工业公司　　　　　买　　方：贵州盛德商贸有限公司

授权代表：肖玉林　　　　　　　　　　授权代表：吴昱

日　　期：2020年1月14日　　　　　日　　期：2020年1月14日

图 5-102　购销合同（安顺鸿悠）

图 5-103 购货发票

贵州省增值税专用发票

开票日期：2020年1月14日　　NO 98012305

4333192612

购货单位	名　　称：贵州盛德商贸有限公司 纳税人识别号：522501177923254563 地址、电话：贵州省安顺市西秀区体育路 262 号 0851-33993893 开户行及账号：中国工商银行安顺市体育路支行 7512223251263621005	密码区	11*4689946564*+4162678778 +*2><618//*77*74161141/4> <6*-46></5*912345/-------- 2370/0898091318//*77*7416 1141/4>8091

货物或应税劳务名称	规格型号	单位	数量	单价	金额	税率	税额
运昌牌堆高车	DIZ01	辆	2	5400.00	10800.00	13%	1404.00
合　计					¥10800.00		¥1404.00

价税合计（大写）	⊗人民币壹万贰仟贰佰零肆元整　　（小写）¥12204.00

销货单位	名　　称：安顺鸿悠工业公司 纳税人识别号：522501229188745644 地　址、电话：贵州省安顺市工业园区 05 号 0851-33181212 开户行及账号：中国工商银行安顺市罗乾支行 7552000013274732285	备注	

收款人：略　　复核：略　　开票人：略　　销货单位：（章）

第三联 发票联 购货方记账凭证

图 5-104 转账支票存根

中国工商银行

转账支票存根

NO. 10245629

附加信息

出票日期 2020 年 1 月 14 日

收款人：安顺鸿悠工业公司
金　　额：¥12204.00
用　　途：支付货款

单位主管（略）　会计（略）

固定资产卡片

卡片编号：	00007-00008		日期：2020 年 1 月 14 日
固定资产编号：	0400001-2	固定资产名称：	运昌牌堆高车
类别编号：	04	类别名称：　仓储设备	资产组名称：
规格型号：	DIZ01	使用部门：　仓管部	
增加方式：	资产采购	存放地点：	
使用状况：	在用	使用年限（月）：　60	折旧方法：平均年限法（二）
开始使用日期：2020-01-14		已计提月份：　0	币种：　　人民币
原值：	5400.00	净残值率：　5%	净残值：　270.00
累计折旧：	0.00	月折旧率：　0	本月计提折旧额：　0.00
净值：	5400.00	对应折旧科目：660205，折旧费	项目：
增值税	702.00	价税合计：　6102.00	

图 5-105 固定资产卡片

二、操作要求和说明

1. 要求

按照资料在采购管理完成采购业务，确保系统间单据传递关系的连续性。收到发票同时支付货款的业务采用现结（现付）功能。

2. 说明

本业务由 G01 完成采购订单、采购到货单、采购发票、采购结算，C01 完成采购入库，W02 完成采购凭证，采购资产卡片新增。

三、业务分析

如果本业务采购的是普通商品，则整个业务就是一个完整的普通采购业务，以下详细分析普通商品采购业务和固定资产采购业务的操作及差别。

（1）普通商品采购业务。

①编制采购订单；②参照采购订单生成采购到货单；③参照到货单生成采购入库单；④参照采购订单或入库单生成采购发票；⑤将发票与入库单进行采购结算；⑥对入库单记账生成凭证：

借：库存商品

　　贷：在途物资

⑦对发票审核生成凭证：

借：在途物资

　　应交税费–应交增值税（进项税额）

　　　　贷：应付账款/一般应付款

⑧编制付款单并审核；⑨对发票与付款单进行核销处理；⑩合并付款单与核销单生成凭证：

借：应付账款/一般应付款

　　　　贷：银行存款/工行存款

以上①至⑩是非现付处理，若该笔业务要求现付（收到发票同时支付货款），则在④中进行现付处理，在⑦中生成凭证：

借：在途物资

　　应交税费–应交增值税（进项税额）

　　　　贷：银行存款/工行存款

完成凭证生成后，不必再做⑧至⑩操作。

（2）资产采购业务。

①编制采购订单，其中业务类型选择"固定资产"；②参照采购订单生成采购到货单；③参照到货单生成采购入库单；④参照采购订单或入库单生成采购发票；⑤将发票与入库单进行采购结算；⑥对发票审核生成采购凭证：

借：固定资产

应交税费-应交增值税（进项税额）

贷：应付账款/一般应付款

⑦编制付款单并审核；⑧对发票与付款单进行核销处理；⑨合并付款单与核销单生成凭证：

借：应付账款/一般应付款

贷：银行存款/工行存款

⑩采购资产生成卡片：

若为现付，则④中做现付，凭证生成后，不必再做⑦至⑨。

通过对比，可见两个流程主要有两个差异。第一个差异是普通商品采购流程中有入库单生成凭证和发票审核生成凭证，而固定资产采购流程中凭证生成只有发票审核生成采购凭证。形成这个差异的原因是，虽然固定资产购买也入库，但其所入仓库是"资产仓"，入库后并不再进行存货成本核算，其业务没有"在途物资"这样的过渡科目。第二个差异是固定资产最后步骤生成卡片是普通商品采购没有的，固定资产最终要转入固定资产系统，实行卡片管理，而普通商品只在仓库存放，因而没有转入资产系统的步骤。

四、操作步骤

1. 采购订单

以 G01 登录企业应用平台，登录日期"2020-01-14"，点选业务菜单"业务工作-供应链-采购管理-采购订货-采购订单"，进入"采购订单"窗口，单击"增加"，单击"业务类型"下拉箭头，选择"固定资产"，采购类型选择为"资产采购"，按照资料输入订单编号（输入合同编号）及其他信息，填写完成单击"保存"，再单击"审核"，结果如图 5-106。

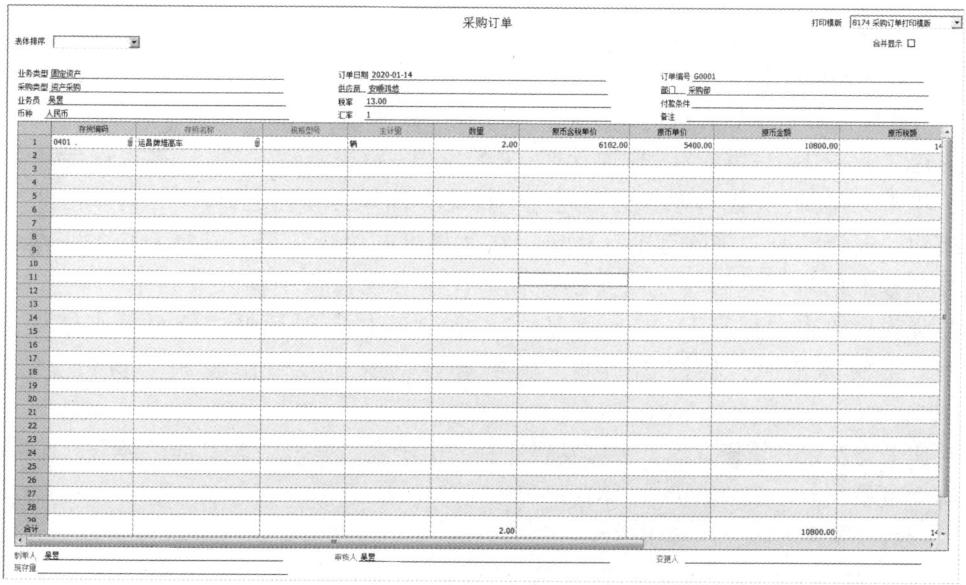

图 5-106　采购订单

2. 采购到货单

点选业务菜单"业务工作-供应链-采购管理-采购到货-到货单",进入"到货单"窗口,单击"增加",先将业务类型通过下拉箭头选择为"固定资产",再单击"生单"下拉按钮,选择"采购订单",在"拷贝并执行"窗口选择对应采购订单后确定返回"到货单"窗口,单击"保存"再单击"审核"。结果如图5-107。

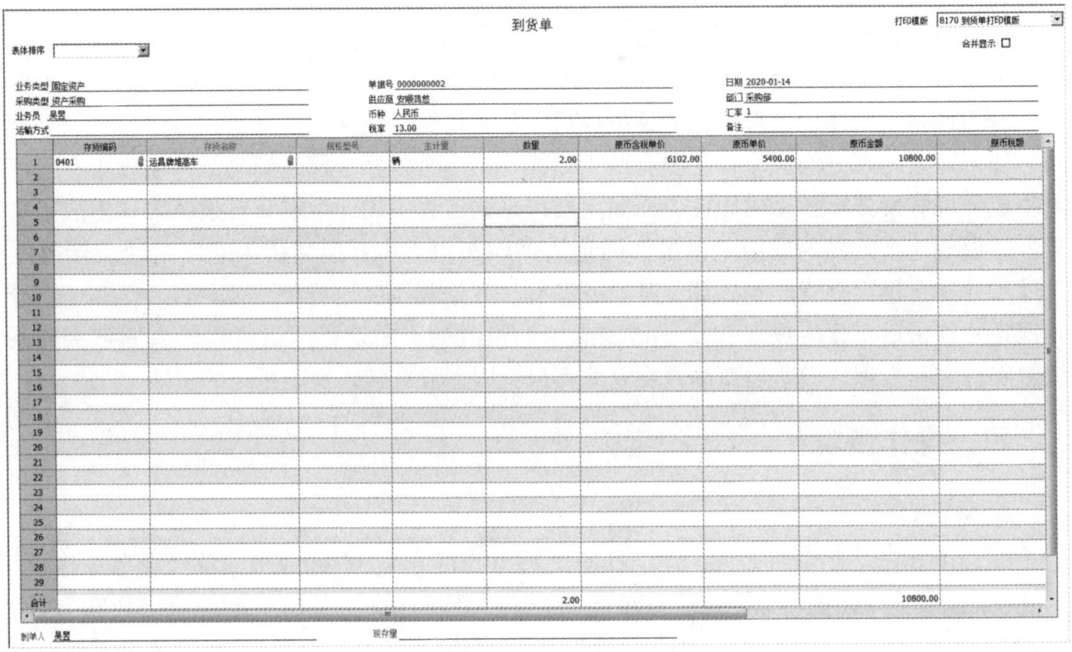

图 5-107 到货单

3. 采购发票

在业务分析中,做了采购到货单后应参照到货单生成入库单,再参照订单或入库单生成发票。而在实际操作中,由于发票可以参照订单或入库单生成,而采购发票也是由 G01 完成,可在编制到货单后直接生成发票,再切换 C01 编制入库单。

点选"业务工作-供应链-采购管理-采购发票-专用采购发票",进入"专用发票"窗口,单击"增加",先将业务类型通过下拉箭头选择为"固定资产",再单击"生单"下拉按钮,选择参照"采购订单"生单,在"拷贝并执行"窗口选择对应的采购订单,生成发票基本信息,返回"专用发票"窗口,注意在窗口中输入资料中的发票号,确认信息无误后单击"保存"。单击"现付",在"现付"对话框按资料输入结算方式、票据号、金额等信息,如图 5-108,单击确定,返回"专用发票"窗口,结果如图5-109。

对比采购发票和销售发票,销售发票还有一个步骤"复核"是其最后环节,而采购发票没有"复核"。

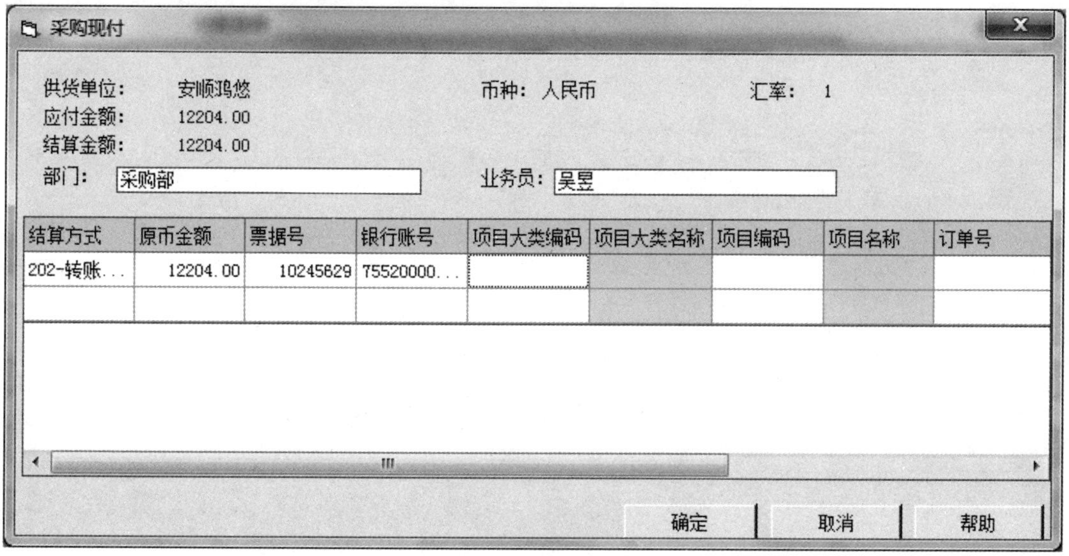

图 5-108 现付

图 5-109 采购发票（现付）

4. 入库单

更换操作员为 C01，登录日期"2020-01-14"，点选"业务工作-供应链-库存管理-入库业务-采购入库单"，进入"入库单"窗口后单击"生单"旁下拉按钮，选择"采购到货单（蓝字）"（因为只有一个仓库到货商品，选不选批量都可），参照"到货单"生成"入库单"基本信息，返回"入库单"窗口。

在"入库单"表头选择仓库为"04，固定资产仓库"，单击"保存"，再单击"审核"。结果如图 5-110。

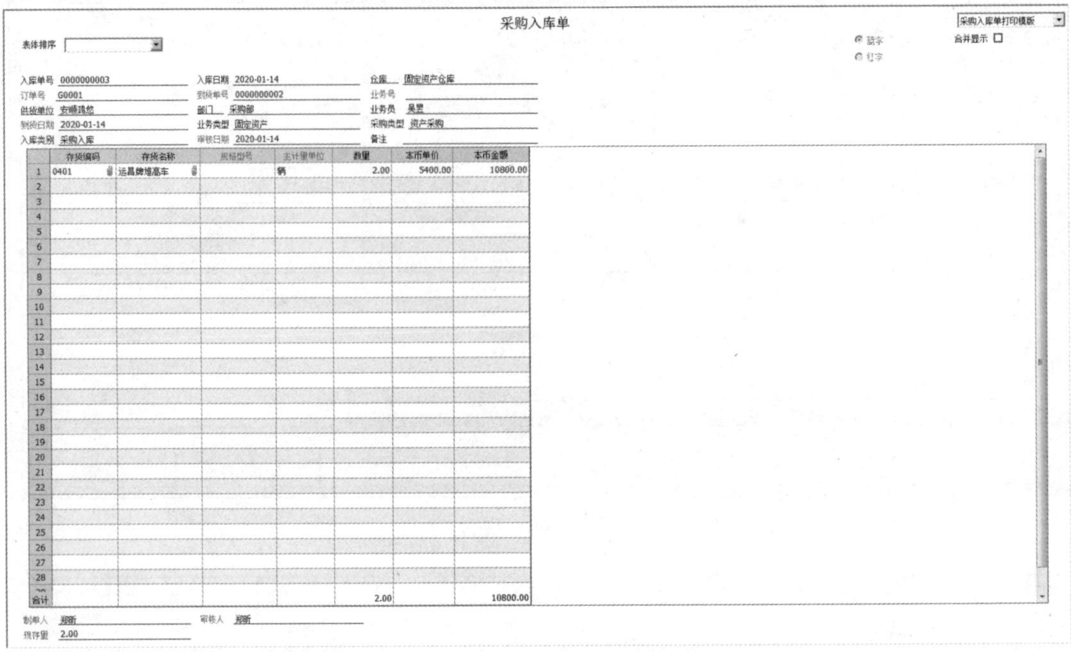

图 5-110　采购入库单

5. 采购结算

更换操作员为 G01，登录日期"2020-01-14"，点选"业务工作-供应链-采购管理-采购结算-自动结算"，打开"查询条件选择-采购自动结算"对话框，单击"结算模式"下拉箭头，将结算模式选择为"入库单和发票"，单击"业务类型"下拉箭头，选择业务类型为"固定资产"，如图 5-111，单击"确定"。系统自动结算后，显示提示信息如图 5-112，单击"确定"。

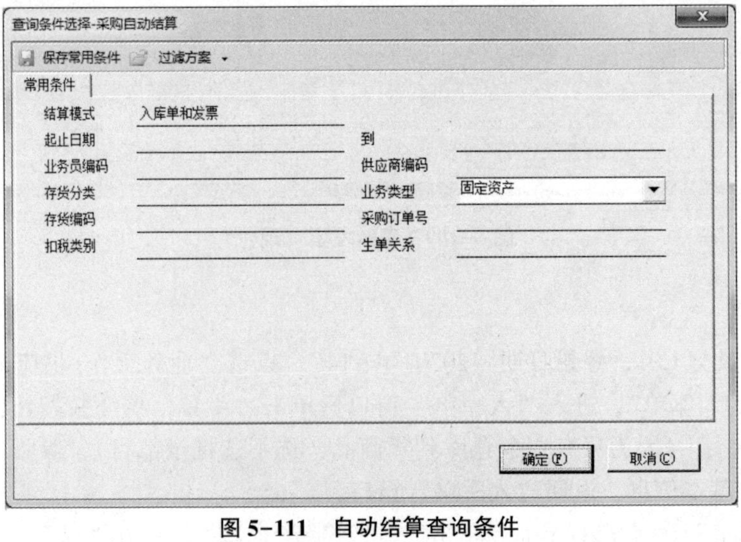

图 5-111　自动结算查询条件

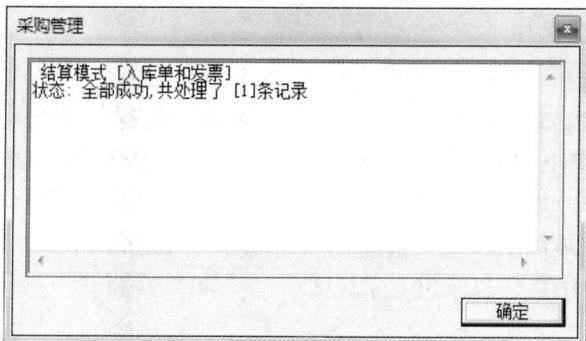

图 5-112 结算成功提示信息

普通商品业务的自动采购结算不需要专门指定业务类型为"固定资产",只有特殊业务类型才需要做特别指定。此外,在本业务中,也可以采用"手工结算",但由于涉及"固定资产"采购,操作就比较复杂,具体方法如下(非本业务必做操作)。

(1)增加过滤方案。在"手工结算"窗口选单查询时,在出现的查询窗口中,单击"过滤方案",增加一个公共方案,自己取个方案名字,然后选择该新增方案名。

(2)选用过滤条件。在条件列表中找到"是否固定资产"并双击打开,勾选"常用条件",单击"确定",并关闭"过滤方案"对话框,返回查询条件对话框。

(3)新过滤条件使用。返回查询条件对话框后,单击"过滤方案"下拉箭头,选择新方案为当前查询方案,在是否固定资产栏选择"是"。

经过"是否固定资产"这一查询条件筛选,就会把所有固定资产相关的入库单和发票列于窗口。

6. 发票(现结)审核制单

(1)审核。更换操作员为 W02,登录日期"2020-1-14",点选"业务工作-财务会计-应付款管理-应付单据处理-应付单据审核",打开"应付单据审核查询条件"窗口,在窗口中勾选"包含已现结发票",单击"确定"。进入"应付单据列表"窗口,单击"全选",再单击"审核",系统提示"本次审核成功单据 1 张",单击"确定"。

(2)制单。点选"业务工作-财务会计-应付款管理-制单处理",在"制单查询"对话框左侧勾选"现结制单",单击"确定",进入"现结制单"窗口后单击"全选",单击"制单",进入"凭证"窗口,单击"保存",结果如图 5-113。

图 5-113 资产采购发票(现付)凭证

7. 采购资产生成卡片

（1）采购资产选择。点选"业务工作-财务会计-固定资产-卡片-采购资产"，进入"采购资产"窗口，窗口分为两部分，上部为"未转采购资产订单列表"，将当前还未转入的"运昌牌堆高车"订单信息显示为一行，下部为"未转采购资产入库明细子表"，当前为空。并且，当前"增加"按钮为灰色。

在上部"运昌牌堆高车"记录最左侧"选择"栏双击，出现"Y"字样，下部"未转采购资产入库明细子表"显示出入库具体信息，如图5-114。与此同时，"增加"按钮也被点亮。

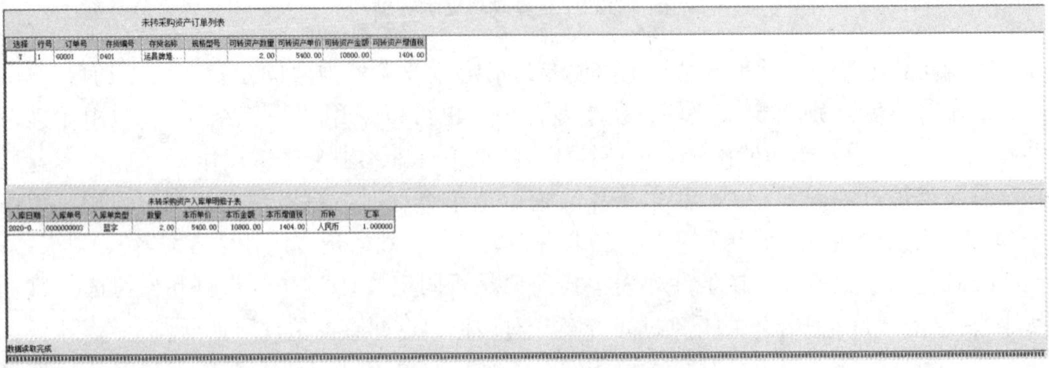

图 5-114 采购资产选择

（2）采购资产分配。单击"增加"，系统弹出"采购资产分配设置"对话框，根据资料，输入或选择类别为"04，仓储设备"，使用部门为"仓管部"，使用状况为"在用"，如图5-115。单击"按存货数量生成卡片"下拉箭头，将"否"改为"是"（即1个存货生成1张卡片），增加方式修改为"资产采购"，使用状况选择"在用"，使用年限（月）为"60"，其余默认，如图5-116。设置完成后，单击"保存"，进入"固定资产卡片"窗口。

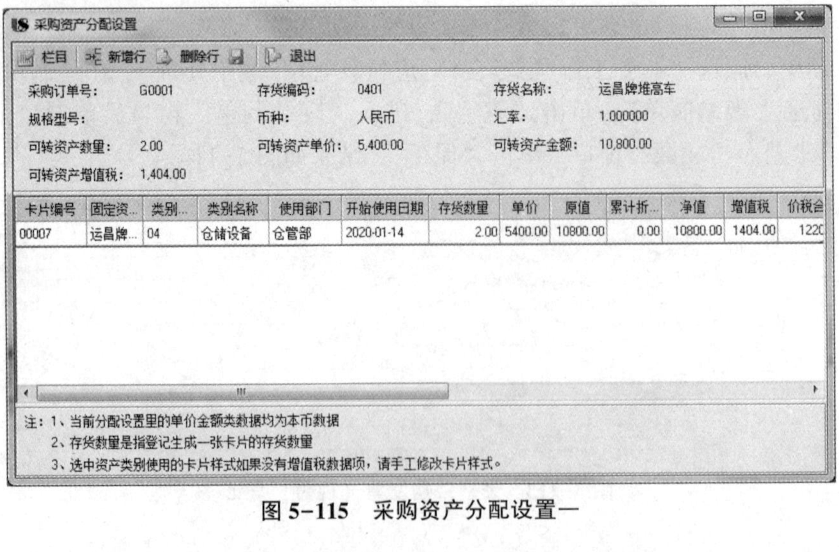

图 5-115 采购资产分配设置一

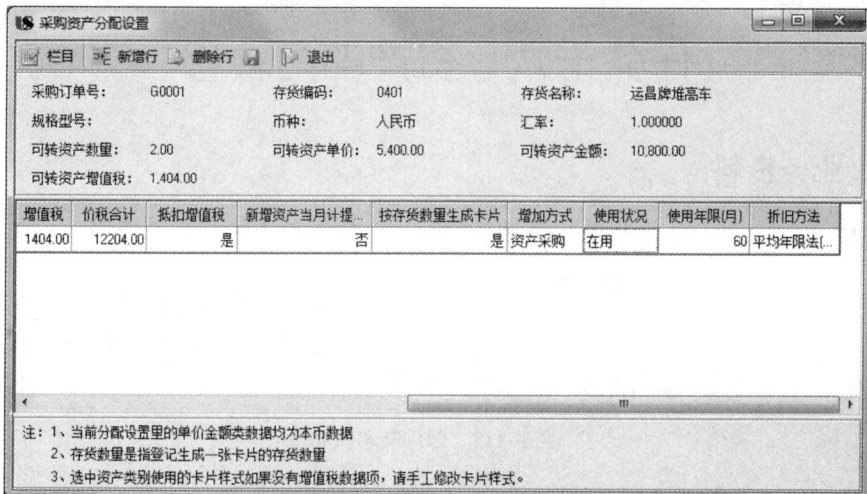

图 5-116　采购资产分配设置二

（3）卡片编辑。在进入的"固定资产卡片"窗口中，当前显示编号为"00007"固定资产卡片，输入规格型号为"DIZ01"，净残值率为"5"（系统自动加"%"），单击"保存"。此时，系统自动显示"0008"固定资产卡片，按前述方法修改第二张卡片，单击"保存"，系统提示信息如图 5-117。单击"确定"，返回"采购资产"窗口，关闭该窗口。

固定资产卡片

卡片编号	00008			日期	2020-01-14
固定资产编号	0400002	固定资产名称			运昌牌堆高车
类别编号	04	类别名称	仓储设备	资产组名称	
规格型号	DIZ01	使用部门			仓管部
增加方式	资产采购	存放地点			
使用状况	在用	使用年限（月）	60	折旧方法	平均年限法（...）
开始使用日期	2020-01-14	已计提月份	0	币种	人民币
原值	5400.00	净残值率	5%	净残值	270.00
累计折旧	0.00	月折旧率		本月计提折旧额	0.00
净值	5400.00	对应折旧科目	660205,折旧费	项目	
增值税	702.00	价税合计	6102.00		

录入人	孙华		录入日期	2020-01-14

固定资产

ⓘ ** 订单号：G0001
** 存货：运昌牌堆高车[0401]
** 可转数量：2.00
================================
** 成功生成了[2]张卡片
** 卡片编号范围:[00007～00008]

确定

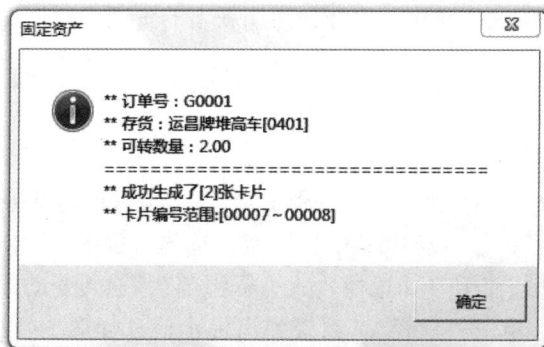

图 5-117　固定资产卡片及提示信息

任务十六　资产部门转移

一、业务资料

1 月 15 日，企业将财务部原来的 IBM 笔记本电脑转给人力资源部使用。

卡片编号：00004　　　　　　　　资产名称：IBM 笔记本
变动前部门：财务部　　　　　　　变动后部门：人力资源部
变动原因：财务部更新办公配置

图 5-118　部门转移资料

二、操作要求和说明

1. 要求

按照资料完成部门转移业务。

2. 说明

本业务由 W02 完成。

三、业务分析

本业务属于固定资产管理中的"变动单"业务处理，所谓"变动单"业务是指"固定资产卡片"中某一项目发生变动，如固定资产原值增减、使用状况调整、使用年限调整、累计折旧调整及部门转移等，这些项目都是在现有卡片上存在的项目，所以全部归入"变动单"业务处理。而类似任务十五、任务十六新增固定资产以及固定资产减少则不同，这类任务意味着新卡片的产生或把原有卡片完全删除，不能简单变动现有卡片项目实现，因而单独设置功能。

本业务需要增加一张变动单，指定转移部门和转移原因，部门的变动如果导致部门对应费用科目发生变化（如从财务部转移至销售部，则折旧计提时将计入"销售费用"），则本期计提折旧时将考虑这一变化。此外，当期新增的资产不允许发生任务变动。

四、操作步骤

1. 部门转移

点选业务菜单"业务工作-财务会计-固定资产-卡片-变动单-部门转移"，进入"固定资产变动单"窗口，单击"卡片编号"按钮，选择"00004"卡片，单击"变动后部门"按钮，选择"单部门使用"并选择"人力资源部"，输入变动原因为"财务部更新办公配置"，如图 5-119。单击"保存"，系统弹出提示信息如图 5-120，单击"确定"。至此，本项任务操作结束。

图 5-119 部门转移设置

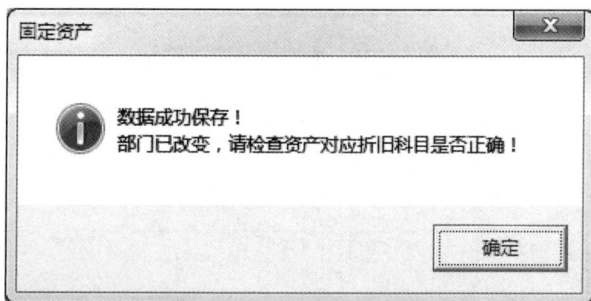

图 5-120 部门转移提示

2. 操作拓展（此步骤非本业务操作，供学习参考）

（1）变动单业务。凡是变动单业务，都是增加一张变动单，系统给出变动前卡片上该项目的值，由用户输入新值，并输入变动原因，保存即可。变动单保存后不能再修改，如果输入有误，必须删除再做。变动单删除在"变动单管理"中进行操作。

有些变动单业务除了增加变动单之外，由于还涉及到账务数据发生改变，还需要生成相应的凭证，这类业务包括原值增加、原值减少、累计折旧调整、计提减值准备、增值税调整。其他业务一般只需要编制变动单即可。以下以原值增加为例介绍具体操作。

假设企业的这台 IBM 笔记本电脑没有做部门转移，而是为其添置安装了一个固态硬盘，价值 650 元，采用现金付款。首先选择卡片编号，然后输入增加金额"650"，变动原因"添置固态硬盘"，单击"保存"。如图 5-121。

点选"业务工作-财务会计-固定资产-处理-批量制单"，"查询"对话框可直接单击"确定"，进入"批量制单"后，先在"制单选择"页面选中该业务（"选择"栏出现"Y"），单击"制单设置"，在"制单设置页"手动输入贷方科目"1001，库存现金"，如图 5-122。单击"凭证"，进入"凭证"窗口后单击"保存"，如图 5-123，业务操作完成。

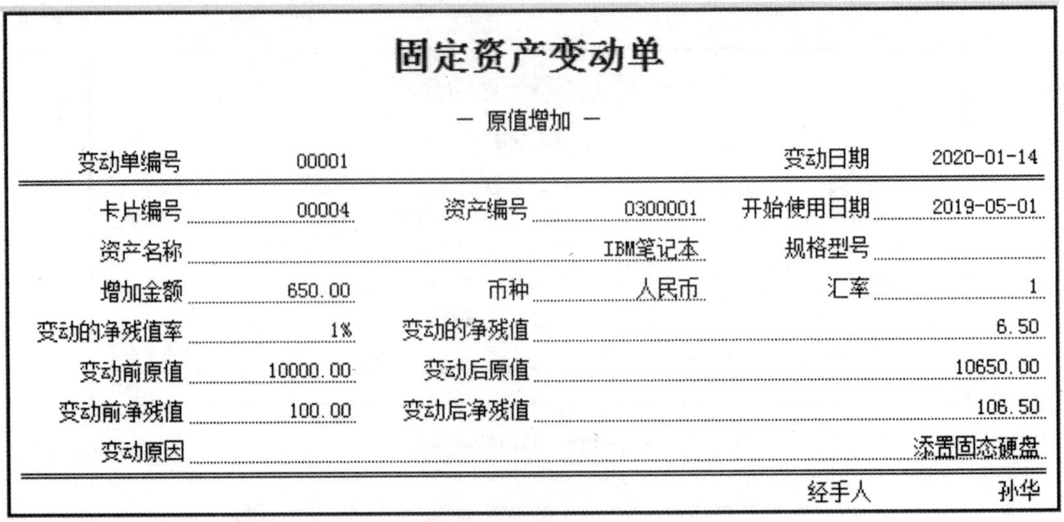

固定资产变动单

— 原值增加 —

变动单编号 00001　　变动日期 2020-01-14

卡片编号 00004　资产编号 0300001　开始使用日期 2019-05-01

资产名称 IBM笔记本　规格型号

增加金额 650.00　币种 人民币　汇率 1

变动的净残值率 1%　变动的净残值 6.50

变动前原值 10000.00　变动后原值 10650.00

变动前净残值 100.00　变动后净残值 106.50

变动原因 添置固态硬盘

经手人 孙华

图 5-121　原值增加变动单

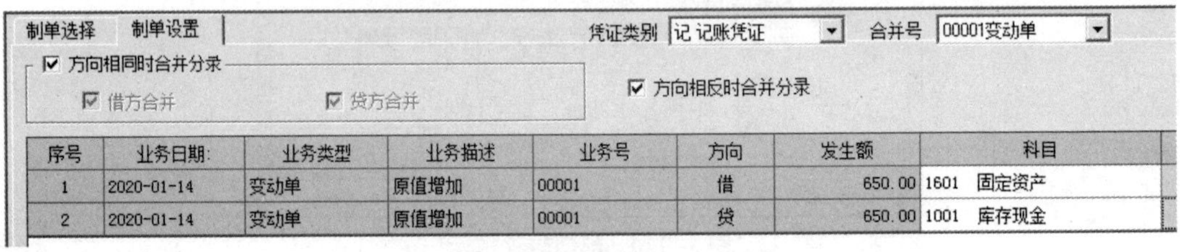

制单选择　制单设置　凭证类别 记 记账凭证　合并号 00001变动单

☑ 方向相同时合并分录　☑ 借方合并　☑ 贷方合并

☑ 方向相反时合并分录

序号	业务日期:	业务类型	业务描述	业务号	方向	发生额	科目
1	2020-01-14	变动单	原值增加	00001	借	650.00	1601 固定资产
2	2020-01-14	变动单	原值增加	00001	贷	650.00	1001 库存现金

图 5-122　原值增加制单设置

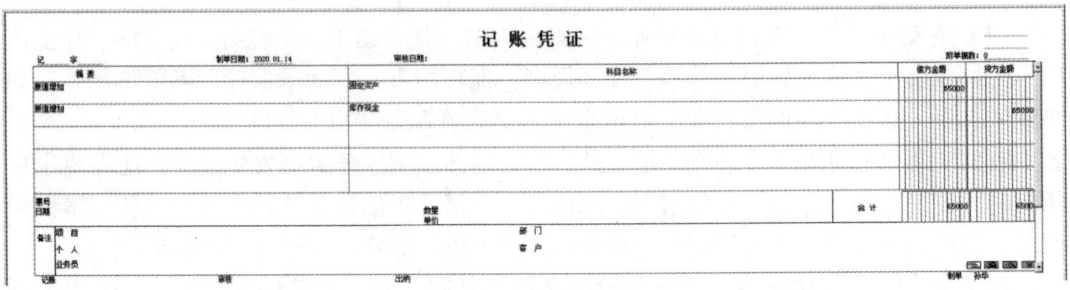

图 5-123　原值增加凭证

（2）卡片管理。固定资产卡片建立后，可使用“卡片管理”功能对卡片进行查看、删改等操作。具体操作及注意事项如下。

点选“业务工作-财务会计-固定资产-卡片-卡片管理”，系统弹出“查询条件选择-卡片管理”，如果只查询本期卡片可以按默认条件直接单击“确定”，但若要查询初始卡片，则需要对条件中的开始使用日期进行修改，如图 5-124，单击“开始使用日期”并将“2020-01-01”前的勾选去掉，单击“确定”，则可查询到原始卡片。

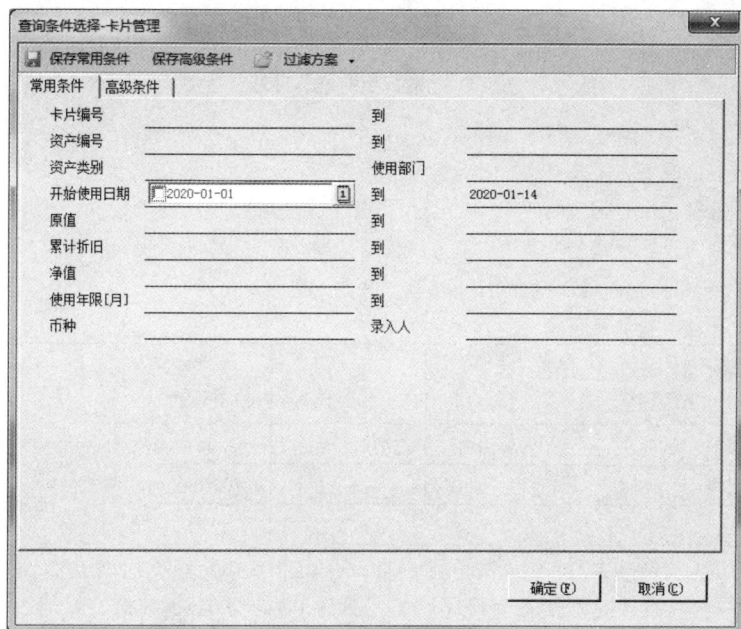

图 5-124　卡片管理查询

　　进入"卡片管理"窗口后，每一卡片显示为一行记录，如果要查看卡片的详细信息，可以双击该卡片所在行，则系统会调出该张卡片，显示格式与新增卡片相同。在"卡片管理"窗口默认显示的为"在役资产"，如果想要查看已经被减少或拆分的资产，则需要在窗口中找到"在役资产"，如图 5-125 最上方，单击其右侧下拉箭头，将出现"减少资产""拆分资产"等选择，选择对应项后可查看已减少或拆分的固定资产。

图 5-125　卡片管理

任务十七　销售订金

一、业务资料

1 月 15 日与安顺前轩超市有限公司签订销售合同，收到定金。

购 销 合 同

合同编号：S0003

卖方：贵州盛德商贸有限公司

买方：安顺前轩超市有限公司

为保护买卖双方合法权益，明确买卖双方的权利义务，根据《中华人民共和国合同法》，本着互惠互利的原则，经双方协商一致，达成如下条款，并共同遵守。

一、货物的名称、数量及金额

货物名称	规格型号	计量单位	数量	单价（不含税）	金额（不含税）	税率	税额
景记乡村腊肉	5KG	箱	150	1000.00	150000.00	13%	19500.00
彭诚豆豉辣椒酱	100G	箱	300	590.00	177000.00		23010.00
合　　计					¥327000.00		¥42510.00

二、含税合同总金额（大写）：人民币叁拾陆万玖仟伍佰壹拾元整（¥369510.00）。

三、付款方式：买方于签订合同当日按不含税总价款10%向卖方支付定金，买方收到全部商品当日支付剩余货款。

四、交货期：卖方于签订合同次日（2020年1月16日）向买方发出第一批商品（景记乡村腊肉50箱，彭诚豆豉辣椒酱100箱，2020年1月17日发出剩余货物。

五、交货地点：安顺前轩超市有限公司

六、发运方式：卖方发货代垫运费，买方负责运费支付。

卖　　方：贵州盛德商贸有限公司　　　　买　　方：安顺前轩超市有限公司

授权代表：周明　　　　　　　　　　　　授权代表：住和

日　　期：2020年1月15日　　　　　　　日　　期：2020年1月15日

图 5-126　购销合同（安顺前轩）

ICBC 中国工商银行　进账单（收账通知）3

2020年1月15日

出票人	全　称	安顺前轩超市有限公司	收款人	全　称	贵州盛德商贸有限公司
	账　号	7507002005440759543		账　号	7512223251263621005
	开户银行	工商银行安顺市晋宝支行		开户银行	工商银行安顺市体育路支行

金额	人民币（大写）叁万贰仟柒佰元整	亿	千	百	十	万	千	百	十	元	角	分
					¥	3	2	7	0	0	0	0

票据种类	转账支票	票据张数	1
票据号码	10245630		

中国工商银行安顺市体育路支行
2020.01.15
转
收款人开户银行签章

复核　　记账

此联是收款人开户银行交给收款人的收账通知

图 5-127　进账单

二、操作要求和说明

1. 要求

按照资料完成本笔业务操作，并确保与后续业务单据的连续性。

2. 说明

本业务由 X01 完成销售订单，W03 完成收款，W02 完成制单。

三、业务分析

与一般的销售业务相比，该业务包含定金和分批发货，发货时还代垫了运费（发货、运费及收款等将在后续任务中完成），因此，就本笔业务而言，要考虑两个问题：一是定金，二是发货时间。

首先，编制销售订单。须在订单表头设"必有定金"，在表体将货物按合同约定分两批，设置不同预发货日期。设置必有定金即是将订单与定金捆绑，而将货物分成两批则是严格按照合同分批发货。编制好的订单可以保存，但不能审核，这是因为订单上的定金系统还未收到收款记录，需等收款后才能审核。若在编制订单后立即审核，系统会提示"定金累计收款金额小于定金金额，不能审核！"。

其次是编制收款单，由于订单与定金相联系，所以收款单不能如普通收款单直接单击增加，而需要指定增加为"销售定金"，并从销售订单获取定金数额，类似于参照生单。

最后根据收款单生成凭证，这一步骤与之前的收款没有区别。因为收的是定金，也没有开出发票操作，不需要进行核销，留待定金转货款后再行核销。

四、操作步骤

1. 销售订单

表头：以 X01 登录企业应用平台，登录日期"2020-01-15"，点选"业务工作-供应链-销售管理-销售订货-销售订单"，单击"增加"，输入订单号、客户等表头信息，单击"必有定金"下拉箭头，将"必有定金"改为"是"，输入定金原币金额为"32700"。

表体：由于是分两批发货，所以一种商品将有两条记录，可以先编制两条商品记录，然后利用复制功能，完成记录编制。这里采用另一种方法"行拆分"，用户可以比较"复制"和"行拆分"操作效率，自行选择合适操作方法。用户也可直接输入四条商品销售记录。

先按合同录入两种商品的销售数量、无税单价信息，如图 5-128。

然后选中"景记乡村腊肉"行，单击鼠标右键，选择右键菜单中"行拆分"，系统弹出"行拆分"对话框，如图 5-129，拆分栏目只能是数量，即将一条商品记录的数量按用户指定条件拆分到几行上，同时把其他信息也复制到这几行上。"数值拆分"是系统根据用户指定的数量将商品记录均分为几行，如"景记乡村腊肉"数量为 150，而第一批发货数量是 50，就可指定"数值拆分"为"50"，如此系统将把这条商品记录分为三行，每行数量均为 50。"行数拆分"则由用户指定把一条记录分成指定的行数，仍以"景记乡村腊肉"为例，要从 150 的数量中先发 50，则可以指定"行数拆分"为"3"，则系统将均分150 为 3 行，每行也是 50。行拆分设置后订单如图 5-130。

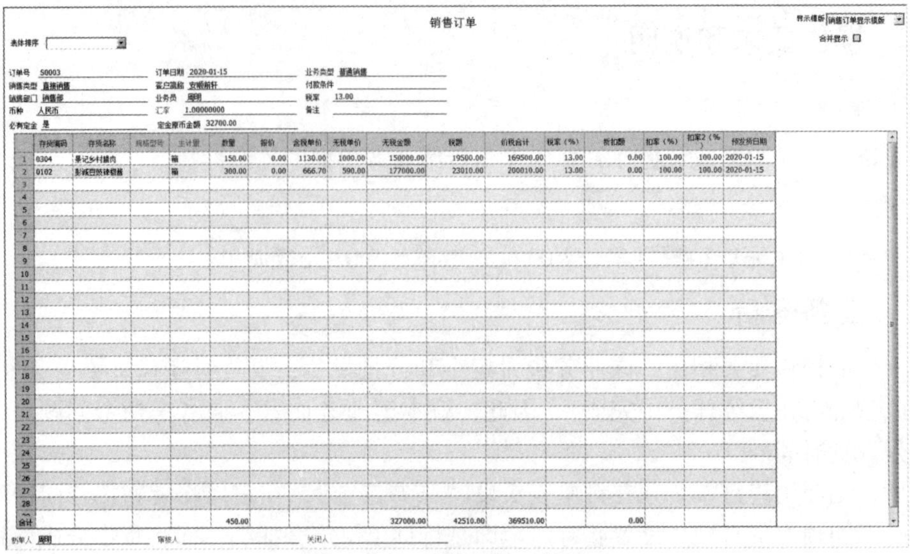

图 5-128　销售订单（初始）

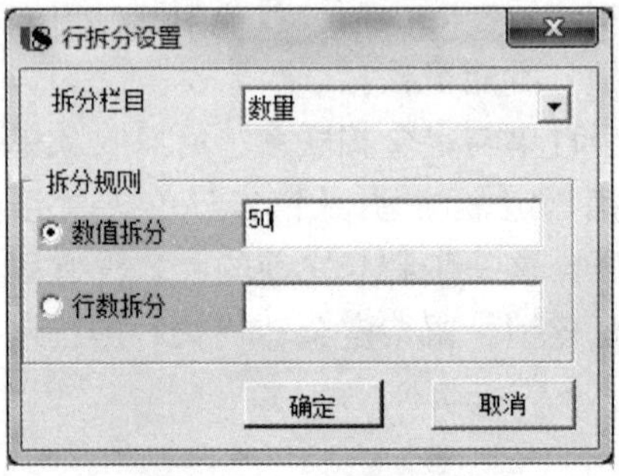

图 5-129　行拆分设置

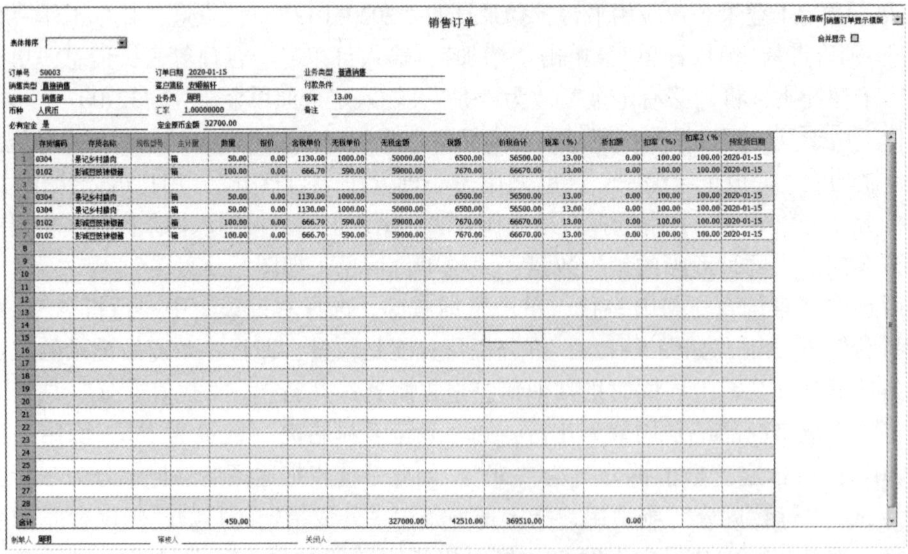

图 5-130　订单行拆分效果图

将后四条记录中多余的两条记录删除，同时修改后两条记录数量，其中“景记乡村腊肉”为“100”，“彭诚豆豉辣椒酱”为“200”，删除多余空行，并将四条商品记录的预发货日期分别修改为“2020-01-16”“2020-01-17”，结果如图5-131。修改完毕单击“保存”，不单击“审核”。

销售订单

打印模版 销售订单打印模版

表体排序

合并显示 □

订单号 S0003　订单日期 2020-01-15　业务类型 普通销售

销售类型 直接销售　客户简称 安顺前轩　付款条件

销售部门 销售部　业务员 周明　税率 13.00

币种 人民币　汇率 1　备注

必有定金 是　定金原币金额 32700.00

	存货编码	存货名称	规格型号	主计量	数量	报价	含税单价	无税单价	无税金额	税额	价税合计	税率（%）	折扣额	扣率（%）	扣率2（%）	预发货日期
1	0304	景记乡村腊肉		箱	50.00	0.00	1130.00	1000.00	50000.00	6500.00	56500.00	13.00	0.00	100.00	100.00	2020-01-16
2	0102	彭诚豆豉辣…		箱	100.00	0.00	666.70	590.00	59000.00	7670.00	66670.00	13.00	0.00	100.00	100.00	2020-01-16
3	0304	景记乡村腊肉		箱	100.00	0.00	1130.00	1000.00	100000.00	13000.00	113000.00	13.00	0.00	100.00	100.00	2020-01-17
4	0102	彭诚豆豉辣…		箱	200.00	0.00	666.70	590.00	118000.00	15340.00	133340.00	13.00	0.00	100.00	100.00	2020-01-17
5																
6																
7																
8																
9																
10																
11																
12																
13																
14																
15																
16																
17																
18																
19																
20																
21																
22																
23																
24																
25																
26																
27																
28																
合计					450.00				327000.00	42510.00	369510.00		0.00			

制单人 周明　审核人　关闭人

图5-131　销售订单（结果）

2. 收款单

更换操作员为W03，日期“2020-01-15”，点选“业务工作-财务会计-应收款管理-收款单据处理-收款单据录入”，在“收款单”窗口单击“增加”旁下拉箭头，选择下拉菜单中的“销售定金”，系统弹出“查询条件选择-参照订单”对话框，可以按默认条件，单击“确定”。进入“拷贝并执行”后双击“选择”栏选中订单，单击“确定”，返回“收款单”窗口，系统已参照订单生成基本信息，输入或选择结算方式、票据号等信息后单击“保存”，结果如图5-132。

3. 销售订单审核

更换操作员为X01，登录日期“2020-01-15”，点选“业务工作-供应链-销售管理-销售订货-销售订单”，进入窗口后，单击“➡|”（末张）按钮找到刚才编制的订单，单击“审核”。

4. 收款单审核及凭证生成

更换操作员为W02，登录日期“2020-01-15”，点选“业务工作-财务会计-应收款管理-收款单据处理-收款单据审核”，对“销售定金”收款单进行审核。双击“制单处理“，制单查询勾选“收付款单制单”，单击“确定”，进入单据列表后，单击“全选”，单击“制单”，进入“凭证”窗口。由于“合同负债/预收定金”并非应收受控科目，也未在初始设置中进行预收定金的科目设置，需要在凭证第二行输入科目"220401，预收账款/销售定金"，单击"保存"，结果如图 5-133。

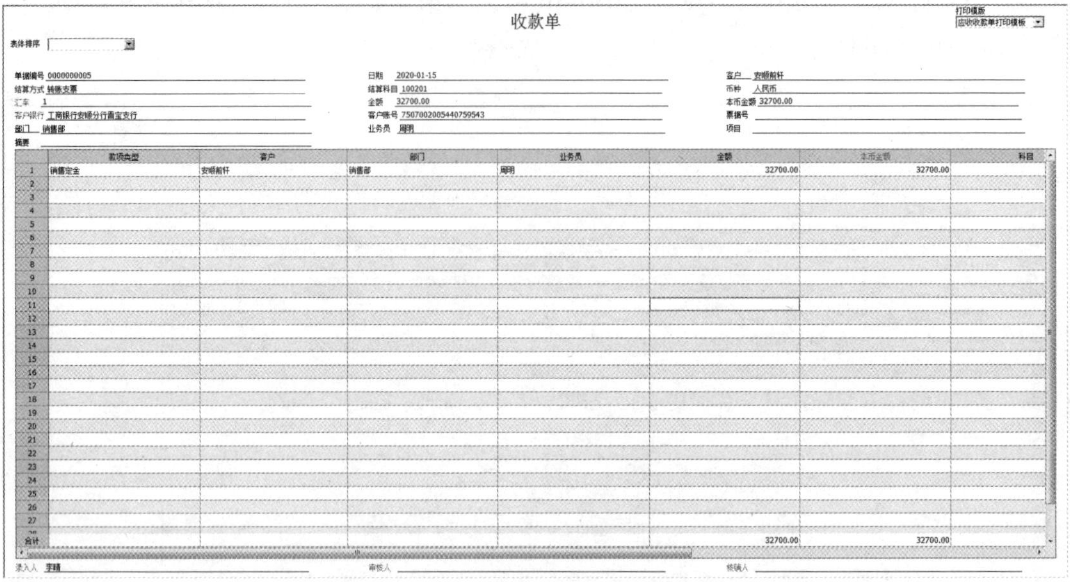

图 5-132 收款单（销售订金）

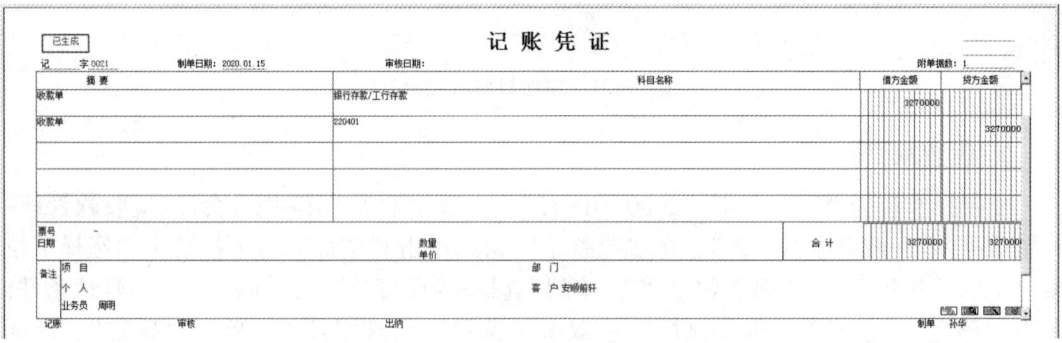

图 5-133 收款单（销售订金）凭证

任务十八　分批发货

一、业务资料

1月16日，向安顺前轩发出第一批货，代垫运费，开出销售发票。

贵州省增值税专用发票

开票日期：2020年1月16日　　　　　NO 71244301

4371254126

| 购货单位 | 名　称：安顺前轩超市有限公司
纳税人识别号：522501015689877621
地址、电话：安顺市紫云县松山大道123号 0851-39019909
开户行及账号：中国工商银行安顺市晋宝支行 7507002005440759543 | | | | | 密码区 | 3223456590/*-5245/*98*391+4164><641/</49801450333->02644<758/*336>4565+*2><618//*6167*9014/9/+2+2></-*123*8—678123441&*)(|

货物或应税劳务名称	规格型号	单位	数量	单价	金额	税率	税额
运费		公里	184	2.5	460	9%	41.40
合　计					¥460.00		¥41.40

| 价税合计（大写） | ⊗人民币伍佰零壹元肆角 | （小写）¥501.40 |

| 销货单位 | 名　称：贵阳速易物流有限公司
纳税人识别号：520103991764571147
地址、电话：贵州省安顺市经济开发区浣溪路5号 0851-33104642
开户行及账号：中国建设银行安顺市腾龙支行 7512223251263621005 | 备注 | 贵阳速易物流有限公司 520103991764571147 发票专用章 |

收款人：略　　复核：略　　开票人：略　　销货单位：（章）

图5-134　运费发票

中国工商银行

转账支票存根

NO. 10245631

附加信息

出票日期　2020年1月16日

| 收款人：贵阳速易物流有限公司 |
| 金　额：¥501.40 |
| 用　途：代垫运费 |

单位主管（略）　会计（略）

图5-135　转账支票存根（运费）

图 5-136　销售专用发票（安顺前轩）

二、操作要求和说明

1. 要求

根据资料完成发货开票，保持前后业务单据连续性，在销售管理完成代垫运费。

2. 说明

本业务由 X01 完成发货、开票、代垫运费，C01 完成出库，W02 完成出库凭证和发票凭证生成。

三、业务分析

本业务是任务十七的延续，处理相对复杂，建议操作前根据业务分析先理清思路。

首先，根据前一日的销售订单参照生成第一批商品的发货单，然后参照发货单生成销售发票。普通销售中，发货单不必手动编制，而本笔业务有销售定金，必须先发货才能开票。因此，这里要先有发货单，才能参照生成销售发票。（对比采购发票和销售发票的参照生单依据，两者有所区别，采购发票可以参照订单和入库单生成，而销售发票则可参照订单和发货单生成）

在生成发票并保存后，要编制代垫运费的费用单，并对其进行审核，审核的结果是将代垫费用传递到"应收款管理"并生成"其他应收单"，其他应收单意味着形成对客户的"应收账款"，而当前这笔款项由企业先行垫付（因此，这里其他应收单作用比较特别，它一方面是一张应收单据，另一方面它又起到向物流公司付款的付款单作用，因而最后的凭证借方科目为"应收账款"，贷方科目为"银行存款"）。

接下来参照前面的发货单生成出库单，然后进入制单环节。首先由出库单生成出库凭证：

借：主营业务成本

　　贷：库存商品

然后由发票和其他应收单分别生成发票凭证、应收凭证：

借：应收账款

　　贷：主营业务收入

　　　　应交税费-应交增值税（进项税额）

借：应收账款

　　贷：银行存款/工行存款

到此环节，当日的发货、开票、代垫运费及其凭证生成已经做完，但前一日对方企业还支付了定金，既然现在已经发货开票，定金就应转为货款，并与销售发票进行核销。所以，接下来需要做定金转货款，由此生成一张"收款单"，将收款单与发票进行核销，并将收款单生成凭证。至此，本笔业务结束。

此外，如前所述，代垫费用单在"应收款管理"所生成的"其他应收单"既起到形成应收款作用，又起到付款单作用，因此，编制代垫费用单传递到应收款管理的替代性做法可以直接在应收款管理编制一张红字"收款单"，具体操作从略。

四、操作步骤

1. 发货单

以 X01 登录企业应用平台，登录日期"2020-01-16"，点选"业务工作-供应链-销售管理-销售发货-发货单"，进入"发货单"窗口，单击"增加"，系统弹出"查询条件选择-参照订单"，可按默认条件查询。在"参照生单"窗口选中"安顺前轩"订单记录，系统默认将该订单所有记录全部显示并全部选择，需要手动取消对后两条记录的选择（预发货日期为1月17日，暂时不发货），如图 5-137，单击"确定"。返回"发货单"窗口后，为两条商品记录输入或选择对应仓库，单击"保存"，单击"审核"。如图 5-138。

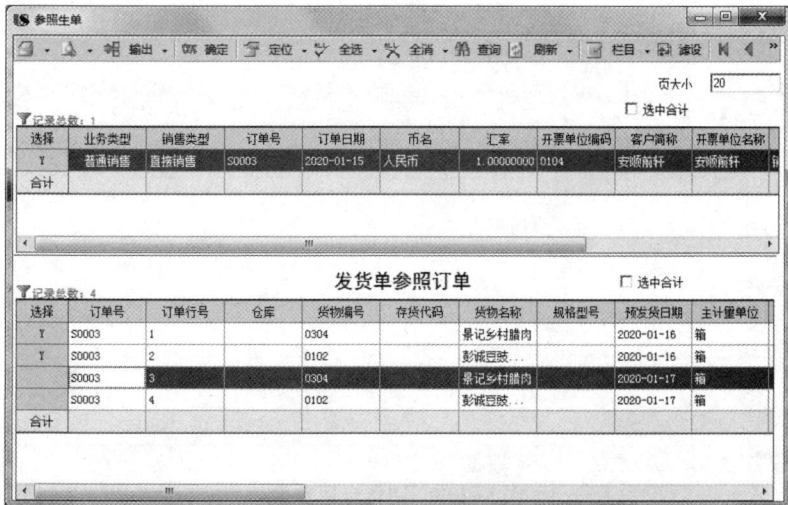

图 5-137　发货单参照订单

2. 销售发票

点选“业务工作-供应链-销售管理-销售开票-销售专用发票”，系统弹出“查询条件选择-参照订单”对话框，单击“取消”（当前只能参照发货单），进入“销售专用发票”窗口，单击“生单”旁下拉按钮，选择参照“发货单”，系统弹出“查询条件选择-参照发货单”，可按默认条件确定。在“参照生单”窗口单击“全选”“确定”，返回“销售专用发票”窗口。按资料输入“发票号”（本企业向安顺前轩开出的发票号码，非运费发票号码），修改“景记乡村腊肉”数量为“150”，“彭诚豆豉辣椒酱”数量为“300”，单击“保存”，单击“复核”，如图 5-139。（可不退出窗口）

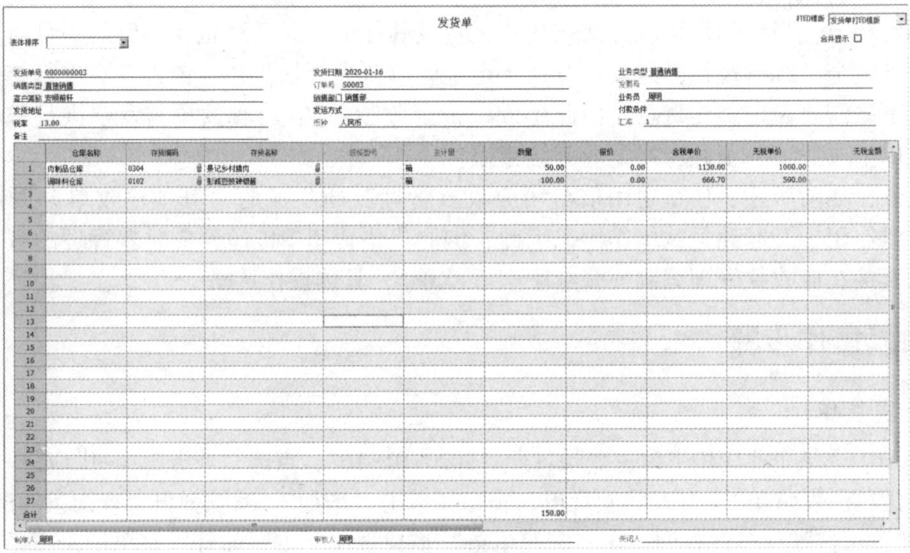

发货单

打印模版 发货单打印模版　合并显示

表体排序

发货单号 0000000003　发货日期 2020-01-16　业务类型 普通销售
销售类型 直接销售　订单号 S0003　发票号
客户简称 安顺前轩　销售部门 销售部　业务员 周明
发货地址　发运方式　付款条件
税率 13.00　币种 人民币　汇率 1
备注

	仓库名称	存货编码	存货名称	规格型号	主计量	数量	报价	含税单价	无税单价	无税金额
1	肉制品仓库	0304	景记乡村腊肉		箱	50.00	0.00	1130.00	1000.00	
2	调味料仓库	0102	彭诚豆豉辣椒酱		箱	100.00	0.00	666.70	590.00	
合计						150.00				

制单人 周明　审核人 周明　关闭人

图 5-138　发货单

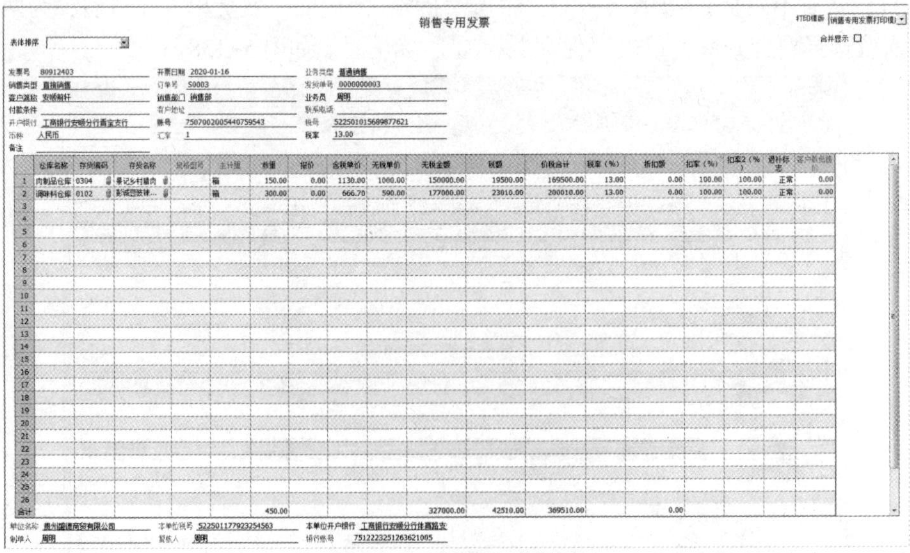

销售专用发票

打印模版 销售专用发票打印模　合并显示

表体排序

发票号 80912403　开票日期 2020-01-16　业务类型 普通销售
销售类型 直接销售　订单号 S0003　发货单号 0000000003
客户简称 安顺前轩　销售部门 销售部　业务员 周明
付款条件　客户地址　联系电话
开户银行 工商银行安顺分行西宝支行　账号 7507002005440759543　税号 522501015689877621
币种 人民币　汇率 1　税率 13.00
备注

	仓库名称	存货编码	存货名称	规格型号	主计量	数量	报价	含税单价	无税单价	无税金额	税额	价税合计	税率（%）	折扣额	扣率（%）	扣率2（%）	退补标志	客户最低售价
1	肉制品仓库	0304	景记乡村腊肉		箱	150.00	0.00	1130.00	1000.00	150000.00	19500.00	169500.00	13.00	0.00	100.00	100.00	正常	0.00
2	调味料仓库	0102	彭诚豆豉辣...		箱	300.00	0.00	666.70	590.00	177000.00	23010.00	200010.00	13.00	0.00	100.00	100.00	正常	0.00
合计						450.00				327000.00	42510.00	369510.00		0.00				

单位名称 贵州圆德商贸有限公司　本单位税号 522501177923254563　本单位开户银行 工商银行安顺分行体育路支
制单人 周明　复核人 周明　银行账号 7512223251263621005

图 5-139　销售专用发票

3. 代垫运费

仍在"销售专用发票"窗口，单击上方"代垫"按钮，进入"代垫费用单"窗口（如果退出发票窗口，也可点选"业务工作-供应链-销售管理-代垫费用-代垫费用单"进入该窗口）。选择费用项目为"代垫运杂费"，代垫金额输入运费价税合计"501.40"，其余项按默认，单击"保存"，单击"审核"，如图5-140。关闭"代垫费用单"和"销售专用发票"窗口。

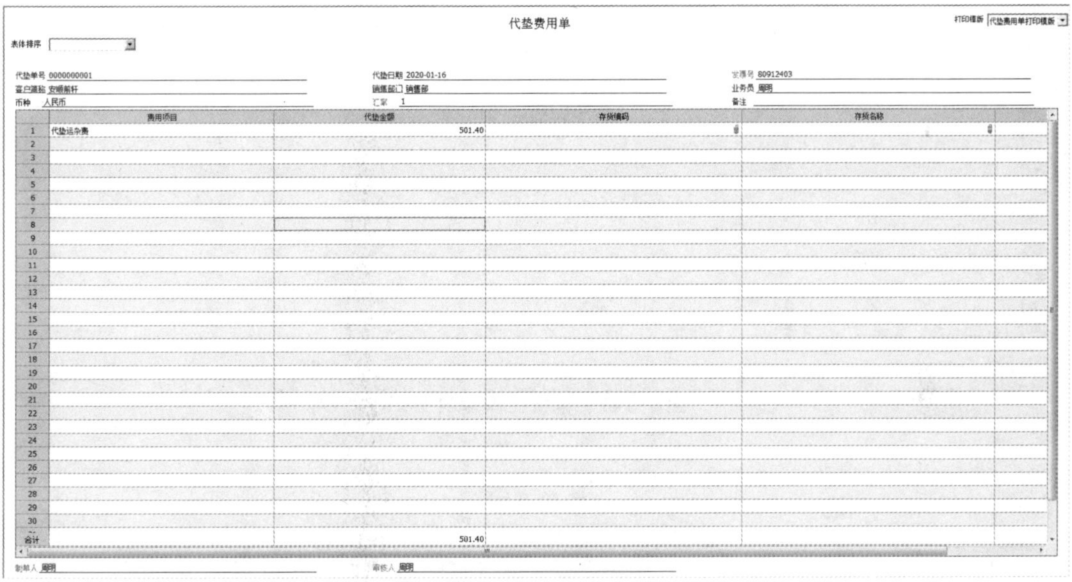

图5-140　代垫费用单

4. 销售出库单

更换操作员为C01，登录日期"2020-01-16"，点选"业务工作-供应链-库存管理-出库业务-销售出库单"，单击"生单"下拉按钮选择"销售生单（批量）"，查询条件按默认，在"销售生单"窗口单击"全选"，单击"确定"。系统显示"生单成功!"，对生成的两张出库单分别进行审核，如图5-141为第一张销售出库单。

5. 出库凭证生成

更换操作员为W02，登录日期"2020-01-16"，点选"业务工作-供应链-存货核算-业务核算-正常单据记账"，查询条件默认，进入"正常单据记账列表"，系统显示两张"出库单"（两种商品分属两个仓库，形成两张出库单），单击"全选"，单击"记账"，记账成功，单据消失。

点选"业务工作-供应链-存货核算-财务核算-生成凭证"，单击"选择"，在"查询选择"对话框左侧勾选"销售出库单"或按默认全选，进入"未生成凭证单据一览表"，当前显示两张销售出库单，单击"全选"，单击"确定"。返回"生成凭证"窗口后，单击"合成"（一笔业务两张入库单，合并生成），进入"凭证"窗口，单击保存，结果如图5-142。

图 5-141 销售出库单 (1/2)

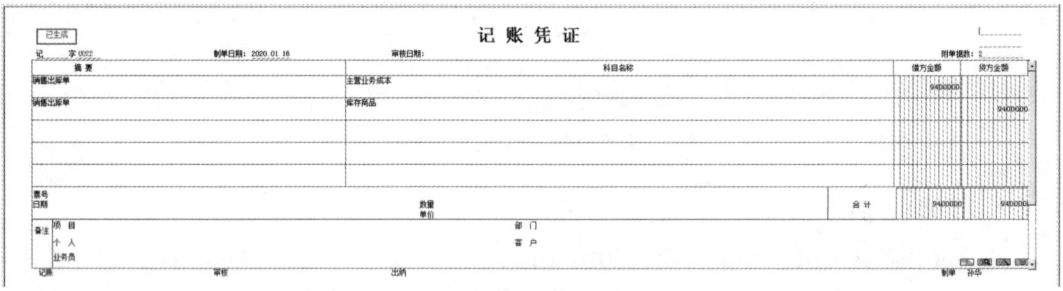

图 5-142 销售出库凭证

6. 发票及其他应收单审核

点选"业务工作-财务会计-应收款管理-应收单据处理-应收单据审核",应收单查询条件默认,进入"应收单据列表",当前显示"发票"和"其他应收单"共两张单据,单击"全选",单击"审核",系统显示"本次审核成功单据2张"。

7. 发票凭证及应收单凭证生成

点选"业务工作-财务会计-应收款管理-制单处理",在"制单查询"对话框左侧勾选"发票制单""应收单制单",单击"确定"。在"应收制单"窗口单击"全选",单击"制单"进入"凭证"窗口,注意本次生成两张凭证,在"凭证"窗口对第一张凭证单击"保存",单击上方"➡"按钮调出第二张凭证,其他应收单自动生成凭证时没有贷方预设科目,由用户在第二输入或选择"100201,银行存款",在弹出的"辅助项"窗口按照资料输入结算方式等信息。凭证修改完毕,单击"保存"。发票凭证及应收单凭证结果如

图 5-143、图 5-144。

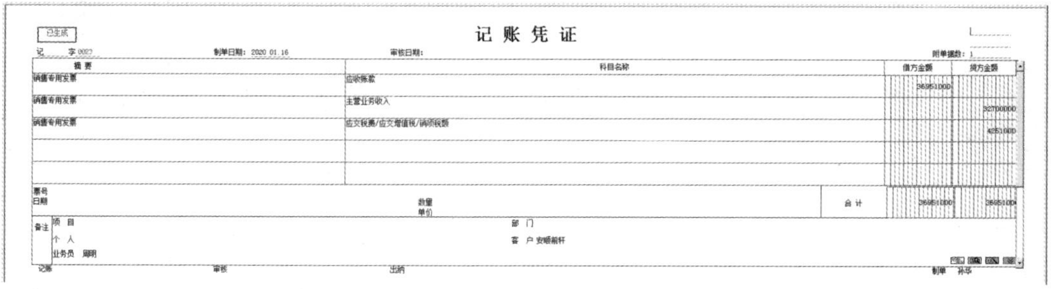

图 5-143　销售发票凭证

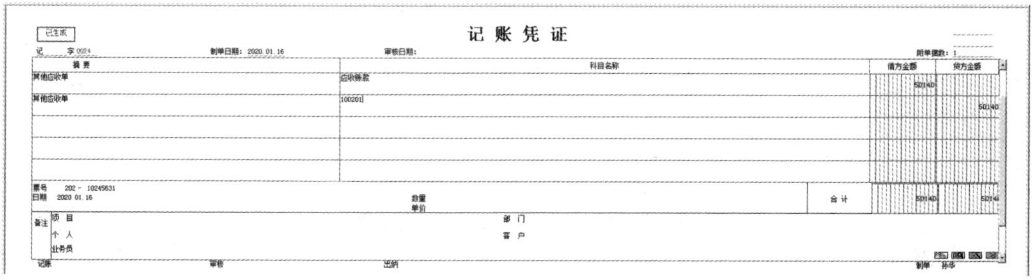

图 5-144　代垫运费凭证

8. 定金转货款

点选"业务工作-财务会计-应收款管理-收款单据处理-收款单据录入",找到"销售定金"收款单,单击上方"转出"的下拉按钮,选择"转货款",系统弹出"销售定金转出"对话框,如图 5-145,单击"确定"。系统弹出提示信息如图 5-146,单击确定。

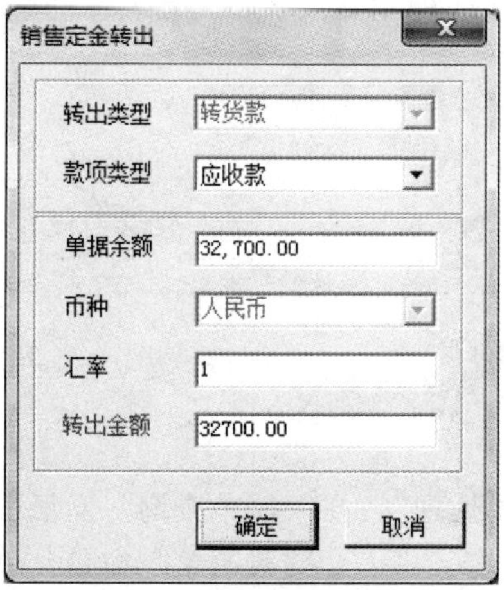

图 5-145　销售定金转出设置

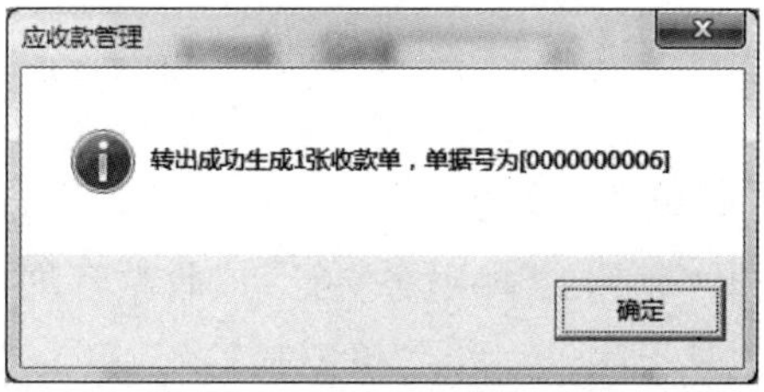

图 5-146　定金转出生成收款单提示信息

在收款单窗口中单击"→|"（如果该箭头为灰色,可先单击其他箭头,直至其被点亮再单击）,找到最后一张收款单即是转货款的收款单,单击"审核",系统询问"是否立即

制单”，单击“否”（要与核销单据合并制单，不单独制单）。收款单生成结果如图 5-147。

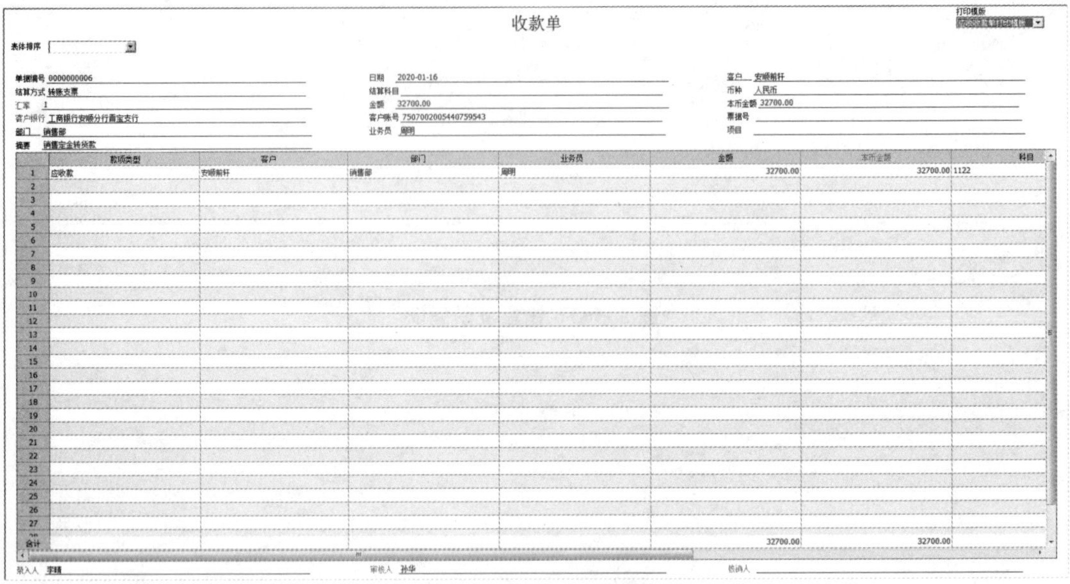

图 5-147　收款单（定金转货款）

9. 核销处理

点选“业务工作-财务会计-应收款管理-核销处理-手工核销”，打开“核销条件”对话框，在“通用”选项卡选择客户为“安顺前轩”，“收付款单”选项卡选择单据类型为“收款单”，“单据”选项卡选择单据名称为“销售发票”，单击“确定”进入“单据核销窗口”（这里目的是把其他应收单排除在本次核销之外，以使单据匹配关系清晰。如果按默认核销，则 32700 的货款将核销掉其他应收单的全部金额以及发票部分金额，也并不影响最终结果）。在“单据核销”窗口单击“全选”，单击“分摊”，如图5-148，单击“保存”。

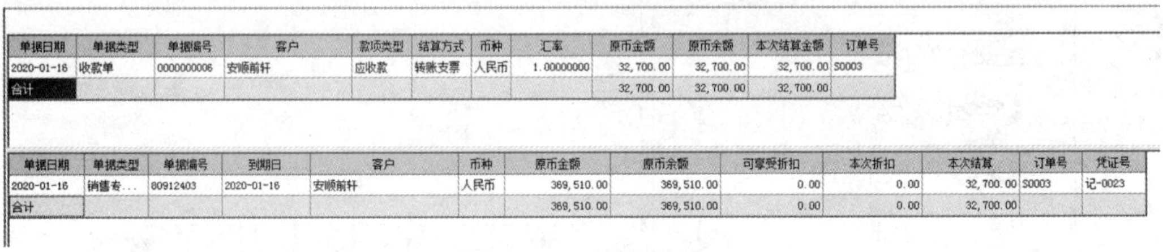

单据日期	单据类型	单据编号	客户	款项类型	结算方式	币种	汇率	原币金额	原币余额	本次结算金额	订单号
2020-01-16	收款单	0000000006	安顺前轩	应收款	转账支票	人民币	1.00000000	32,700.00	32,700.00	32,700.00	S0003
合计								32,700.00	32,700.00	32,700.00	

单据日期	单据类型	单据编号	到期日	客户	币种	原币金额	原币余额	可享受折扣	本次折扣	本次结算	订单号	凭证号
2020-01-16	销售专...	80912403	2020-01-16	安顺前轩	人民币	369,510.00	369,510.00	0.00	0.00	32,700.00	S0003	记-0023
合计						369,510.00	369,510.00	0.00	0.00	32,700.00		

图 5-148　核销处理

10. 收款单+核销单凭证

点选“业务工作-财务会计-应收款管理-制单处理”，在“制单查询”对话框左侧勾选“收付款单制单”和“核销制单”，单击“确定”，进入“应收制单”窗口，单击“全选”，再单击“合并”（将收款与核销合并制单）。单击“制单”，进入“凭证”窗口，由于“合同负债/预收定金”非应收受控科目，需要用户手动在第一行输入或选择科目为“220401，合同负债/预收定金”，单击“保存”，结果如图 5-149。本笔业务操作至此结束，剩余发票和其他应收单的应收款还要留待后期业务收回和核销。

已生成

记 账 凭 证

记　字 0025　　制单日期：2020.01.16　　审核日期：　　附单据数：2

摘要	科目名称	借方金额	贷方金额
销售定金转货款	合同负债/预收定金	3270000	
销售专用发票	应收账款		3270000
票号 - 日期	数量 单价	合计 3270000	3270000

备注　项目　　部门

个人　　客户

业务员

记账　　审核　　出纳　　制单 孙华

图 5-149　收款单凭证

任务十九　发货收尾款

一、业务资料

1 月 17 日，向安顺前轩发出剩余商品，当日收到货款。

ICBC　中国工商银行　　进账单（收账通知）3

2020年1月17日

出票人	全　称	安顺前轩超市有限公司		收款人	全　称	贵州盛德商贸有限公司									
	账　号	7507002005440759543			账　号	7512223251263621005									
	开户银行	工商银行安顺市晋宝支行			开户银行	工商银行安顺市体育路支行									
金额	人民币（大写）叁拾叁万柒仟叁佰壹拾壹元肆角					亿	千	百	十	万	千	百	十	元	角	分
								¥	3	3	7	3	1	1	4	0
票据种类	转账支票	票据张数	1	中国工商银行安顺市体育路支行 2020.01.17 转讫											
票据号码	10245632														
复核　记账				收款人开户银行签章											

此联是收款人开户银行交给收款人的收账通知

图 5-150　进账单

二、操作要求和说明

1. 要求

按照资料完成业务，确保单据完整性。

2. 说明

本业务由 X01 完成发货，C01 完成销售出库，W03 完成收款，W02 完成核销和凭证生成。

三、业务分析

本业务是向安顺前轩销售的最后环节，与任务十七、任务十八构成完整的销售流程。此前，企业已经发出第一批货，现在还需将剩余货物发出，发票已于上笔业务开出，同时还代垫了运费，与定金核销后，剩余的货款及代垫运费于本笔业务收到。因此，本笔业务首先是编制发货单，参照发货单生成出库单，由出库单生成第二张出库凭证，编制收款单，与发票及其他应收单进行核销，告知系统发票及应收单上的款项已两清，最后生成收款单凭证。

四、操作步骤

1. 发货单

以 X01 登录企业应用平台，登录日期"2020-01-17"，点选"业务工作-供应链-销售管理-销售发货-发货单"，单击"增加"，生单查询条件默认，参照"安顺前轩"销售订单生成发货单信息，返回"发货单"窗口，按商品输入或选择"仓库名称"，单击"保存"并单击"审核"。结果如图 5-151。

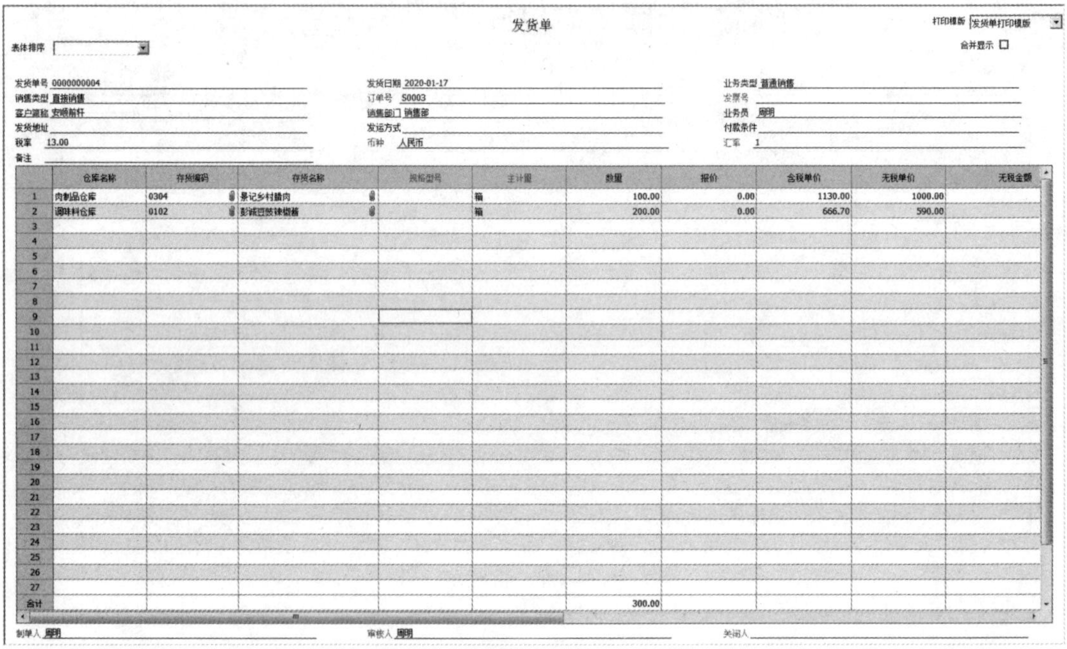

图 5-151　发货单

2. 销售出库单

更换操作员为 C01，登录日期"2020-01-17"，点选"业务工作-供应链-库存管理-出库业务-销售出库单"，在"销售出库单"窗口单击"生单"下拉按钮，选择"销售生单（批量）"，查询条件默认，进入"销售生单"窗口后单击"全选"，单击"确定"，系统显示"生单成功！"。单击"确定"，对两张"销售出库单"进行审核，结果如图 5-152。

销售出库单

表体排序								销售出库单打印模版

○ 蓝字　合并显示 □
○ 红字

出库单号 0000000008　　出库日期 2020-01-17　　仓库 肉制品仓库
出库类别 销售出库　　　　业务类型 普通销售　　　业务号 0000000004
销售部门 销售部　　　　　业务员 周明　　　　　客户 安顺前轩
审核日期 2020-01-17　　　备注

	存货编码	存货名称	规格型号	主计量单位	数量	单价	金额
1	0304	景记乡村腊肉		箱	100.00		
2							
3							
4							
5							
6							
7							
8							
9							
10							
11							
12							
13							
14							
15							
16							
17							
18							
19							
20							
21							
22							
23							
24							
25							
26							
27							
28							
29							
合计					100.00		

制单人 郑昕　　　　　审核人 郑昕
现存量

图 5-152　销售出库单（第二张）

3. 出库单生成凭证

更换操作员为 W02，登录日期"2020-01-17"，点选"业务工作-供应链-存货核算-业务核算-正常单据记账"，查询条件默认，在"正常单据记账列表"窗口单击"全选"，单击"记账"，系统显示"记账成功！"后单据从窗口消失。

点选"业务工作-供应链-存货核算-财务核算-生成凭证"，进入"生成凭证"窗口，单击"选择"，在"查询条件"对话框左侧勾选"销售出库单"或单击"全选"，其余条件默认，单击"确定"。进入"未生成凭证单据一览表"，单击"全选"，单击"确定"，返回"生成凭证"窗口。单击"合成"，进入"凭证"窗口，确认无误，单击"保存"，凭证结果如图 5-153。

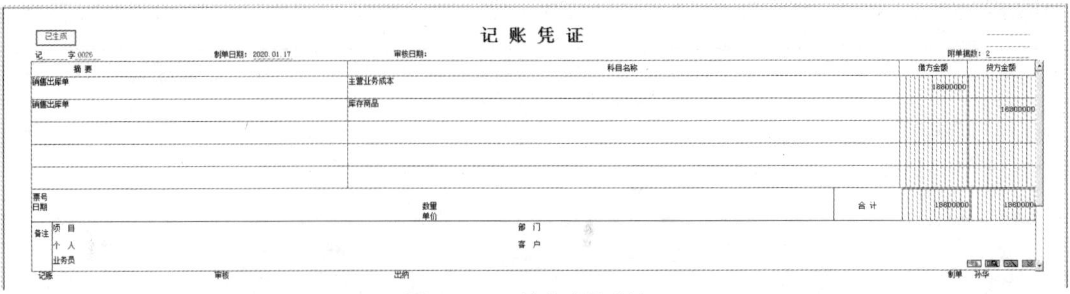

图 5-153　销售出库凭证

4. 收款单

更换操作员为 W03，登录日期"2020-01-17"，点选"业务工作-财务会计-应收款管理-收款单据处理-收款单据录入"。在窗口单击"增加"，按照资料输入或选择"收款单"结算方式、客户、金额、票据号等，在表体单击选定款项类型为"应收款"，单击"保存"，结果如图 5-154。

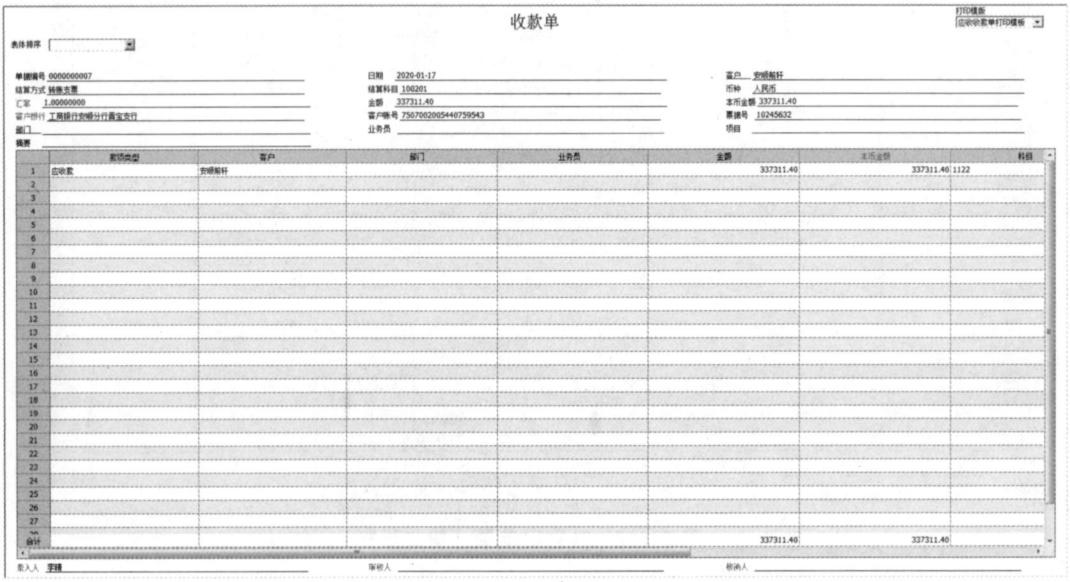

图 5-154　收款单

5. 收款单审核

更换操作员为 W02，登录日期"2020-01-17"，点选"业务工作-财务会计-应收款管理-收款单处理-收款单审核"，查询条件默认，对刚编制的收款单进行审核，系统显示"本次审核成功单据 1 张"，单击"确定"。

6. 核销处理

点选"业务工作-财务会计-应收款管理-核销处理-手工核销"，在"核销条件"对话框选择客户为"安顺前轩"，其余默认，进入"单据核销"窗口。本次核销有一张"收款单"和两张应收单（发票和其他应收单）相对应，单击"全选"，单击"分摊"，可看到系统自动填写两张应收单的本次结算金额，收款单与两张应收单金额合计相等，核销结果，两笔应收款都已两清，如图 5-155，单击保存后单据全部从窗口消失。

单据日期	单据类型	单据编号	客户	款项类型	结算方式	币种	汇率	原币金额	原币余额	本次结算金额	订单号
2020-01-17	收款单	0000000007	安顺前轩	应收款	转账支票	人民币	1.00000000	337,311.40	337,311.40	337,311.40	
合计								337,311.40	337,311.40	337,311.40	

单据日期	单据类型	单据编号	到期日	客户	币种	原币金额	原币余额	可享受折扣	本次折扣	本次结算	订单号	凭证号
2020-01-16	其他应收单	0000000001	2020-01-16	安顺前轩	人民币	501.40	501.40	0.00	0.00	501.40		记-0024
2020-01-16	销售专...	80912403	2020-01-16	安顺前轩	人民币	369,510.00	336,810.00	0.00	0.00	336,810.00	S0003	记-0023
合计						370,011.40	337,311.40	0.00	0.00	337,311.40		

图 5-155　核销

7. 收款单制单

点选"业务工作-财务会计-应收款管理-制单处理"，在"制单查询"对话框左侧勾选"收付款单制单"和"核销制单"，进入"应收制单"后单击"全选"，单击"合并"，再单击"制单"，进入"凭证"窗口，单击"保存"，结果如图 5-156。

图 5-156　收款单凭证

在本业务操作中，从提高效率出发，还可以做一些调整，比如入库单凭证和收款单凭证都是由 W02 负责，因此，可以把入库单凭证生成工作放到后期完成。

任务二十　销售退货

一、业务资料

1 月 18 日，安顺金安超市有限公司以商品质量存在问题向本企业提出将 3 日购买的商品退货，已向税务局提交"开具红字增值税专用发票申请"，并经税务局审核，开具"红字增值税专用发票通知单"。经双方协商，本企业退还全部货款，并承担退货所发生的相关费用，安顺金安退回所有商品。

贵州省增值税专用发票　　　　　NO 93910001

4322215321　　　　开票日期：2020年1月18日

购货单位	名　　　称：安顺金安超市有限公司 纳税人识别号：522501003924257633 地址、电话：安顺市平坝区深井南路 23 号 0851-33978989 开户行及账号：中国建设银行安顺市柳丁支行 3200001239865483211	密码区	/-27/*6+78<9-12/81>325>12 2>456/5+58-25-3<-28>78912 4>+12/4578/-457921/*1*>12 -4578<+*<258741/*>3697/8

货物或应税劳务名称	规格型号	单位	数量	单价	金　额	税率	税额
景记乡村腊肉	5KG	箱	-100	1000.00	-100000.00	13%	-13000.00
彭诚豆豉辣椒酱	100G	箱	-100	590.00	-59000.00	13%	-7670.00
合　计					￥-159000.00		￥-20670.00

价税合计（大写）	⊗（负数）人民币壹拾柒万玖仟陆佰柒拾元整　　　（小写）￥-179670.00

销货单位	名　　　称：贵州盛德商贸有限公司 纳税人识别号：522501177923254563 地址、电话：贵州省安顺市西秀区体育路 262 号 0851-33993893 开户行及账号：中国工商银行安顺市体育路支行 7512223251263621005	备注	贵州盛德商贸有限公司 522501177923254563 发票专用章

收款人：略　　　复核：略　　　开票人：略　　　销货单位：（章）

第一联　记账联　销货方记账凭证

图 5-157　红字增值税专用发票（安顺金安）

中国工商银行

转账支票存根

NO. 10245633

附加信息

出票日期2020年1月18日

收款人：安顺金安超市有限公司
金　额：￥179670.00
用　途：退货款

单位主管（略）　会计（略）

图 5-158　转账支票存根（退货款）

退 货 入 库 单

2020年1月18日　　　　　　　　　单位：元

品名	规格	单位	数量	单位成本	总成本
景记乡村腊肉	5KG	箱	100	880.00	88000
彭诚豆豉辣椒酱	100G	箱	100	500.00	50000
合计			200		138000.00

仓库负责人　略　　　保管员　略　　　制单　略

图 5-159　退货入库单

二、操作要求和说明

1. 要求

按照资料完成本业务，退货商品仍进入原仓库。确保业务单据传递正确，确保报表数据正确。本笔业务不使用现结功能。

2. 说明

本业务由 X01 完成红字发票，C01 完成红字销售出库单，W03 完成红字收款单，W02 完成发票凭证、出库凭证、收款单凭证及核销等。

三、业务分析

退货业务流程大体上对应于销售流程，即类似于把销售流程再做一遍，但所做的是逆向业务，即红字业务操作。

退货时不再编制销售订单，因而以红字发票为起点。销售时，参照订单生成发票，退货时也同样参照订单或发货单生成红字发票，但这里发货单指的是退货单，退货单是红字发货单，所以在选择发货单参照生成发票时，需要在查询条件中把默认的蓝字改为红字。与销售相同，在对红字发票进行复核时，将自动生成退货单（红字发货单），因而退货单可不作为操作的第一步。例外情况是，销售定金业务不能直接开发票，需要先生成退货单，再参照退货单生成红字发票，这与正常销售中有销售定金情况处理顺序一致。

若用户想要先生成退货单，则退货单可以参照原来的订单或原来的发货单，但是，若企业此前已经开出销售发票（蓝字），则只能参照销售订单生成退货单。

在本业务中，用户首先参照订单生成红字发票，并复核（操作要求已明确不使用现结，操作未提出此要求，则可以采用现结，不必再编制红字收款单和进行核销操作），系统自动生成退货单并审核。然后，参照退货单生成红字销售出库单。在销售出库单记账产生成本环节，由于退货产品系统无法确定其成本，需要用户手工输入其成本价格。对红字销售出库单和红字发票生成凭证，要编制红字收款单，并将红字收款单与红字发票核销，最后生成收款单凭证。

四、操作步骤

1. 红字发票

以 X01 登录企业平台，登录日期"2020-01-18"，点选"业务工作-供应链-销售管理-销售开票-红字专用销售发票"，进入"红字销售专用发票"窗口，单击"增加"，系统弹出"查询条件选择-参照订单"对话框，可输入客户编码进行查询（由于此前有多笔销售，因此，默认条件下订单将会显示多张，输入客户编码则可精确显示本业务对应订单），单击"确定"后进入"参照生单"窗口，选中当前业务参照订单，单击"确定"返回"红字销售专用发票"窗口，需要用户对两行红字商品记录输入对应的仓库编码或名称，输入完成，单击"保存"，再单击"复核"。结果如图 5-160。

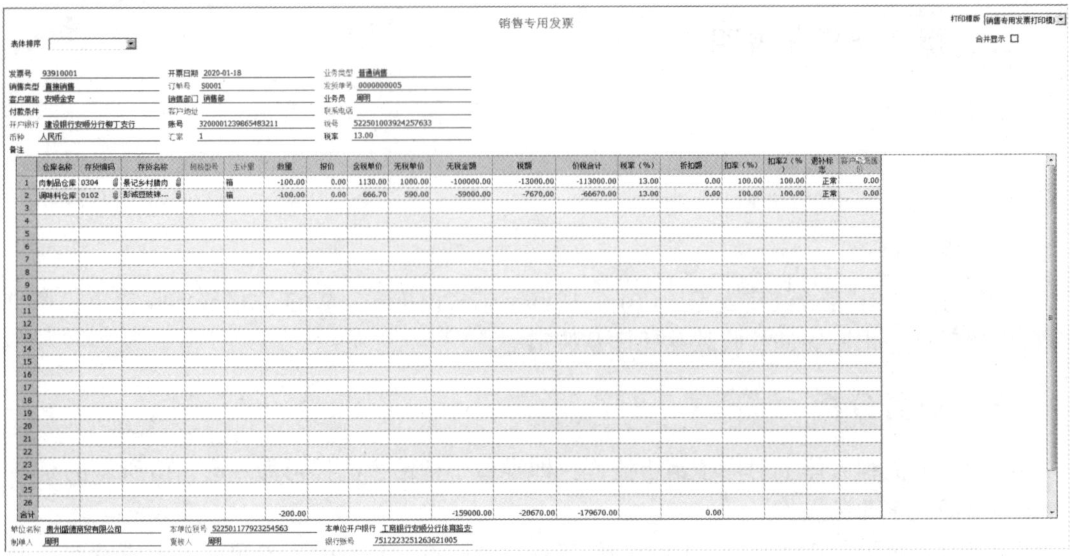

销售专用发票

打印模版 销售专用发票打印模版　合并显示 □

表体排序

发票号 93910001　开票日期 2020-01-18　业务类型 普通销售
销售类型 直接销售　订单号 S0001　发货单号 0000000005
客户简称 安顺金安　销售部门 销售部　业务员 周明
付款条件　客户地址　联系电话
开户银行 建设银行安顺分行柳丁支行　账号 320000123986548321 1　税号 522501003924257633
币种 人民币　汇率 1　税率 13.00
备注

	仓库名称	存货编码	存货名称	规格型号	主计量	数量	报价	含税单价	无税单价	无税金额	税额	价税合计	税率（%）	折扣额	扣率（%）	扣率2（%）	退补标志	客户[illegible]
1	肉制品仓库	0304	景记乡村腊肉		箱	-100.00	0.00	1130.00	1000.00	-100000.00	-13000.00	-113000.00	13.00	0.00	100.00	100.00	正常	0.00
2	调味料仓库	0102	彭诚豆豉辣···		箱	-100.00	0.00	666.70	590.00	-59000.00	-7670.00	-66670.00	13.00	0.00	100.00	100.00	正常	0.00
3																		
4																		
5																		
6																		
7																		
8																		
9																		
10																		
11																		
12																		
13																		
14																		
15																		
16																		
17																		
18																		
19																		
20																		
21																		
22																		
23																		
24																		
25																		
26																		
合计						-200.00				-159000.00	-20670.00	-179670.00		0.00				

单位名称 贵州国德商贸有限公司　本单位税号 522501177923254563　本单位开户银行 工商银行安顺分行体育路支
制单人 周明　复核人 周明　银行账号 751222325126362100 5

图 5-160　红字销售专用发票

2. 退货单

退货单在发票“复核”时由系统自动生成并审核，不需要手动操作。结果如图 5-161。

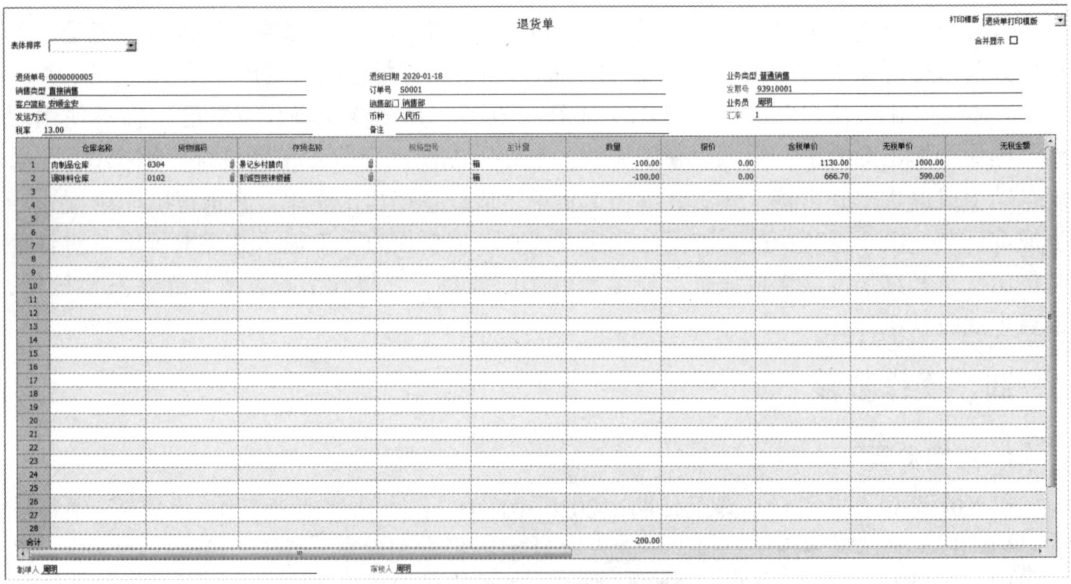

退货单

打印模版 退货单打印模版　合并显示 □

表体排序

退货单号 0000000005　退货日期 2020-01-18　业务类型 普通销售
销售类型 直接销售　订单号 S0001　发票号 93910001
客户简称 安顺金安　销售部门 销售部　业务员 周明
发运方式　币种 人民币　汇率 1
税率 13.00　备注

	仓库名称	货物编码	存货名称	规格型号	主计量	数量	报价	含税单价	无税单价	无税金额
1	肉制品仓库	0304	景记乡村腊肉		箱	-100.00	0.00	1130.00	1000.00	
2	调味料仓库	0102	彭诚豆豉辣椒酱		箱	-100.00	0.00	666.70	590.00	
3										
4										
5										
6										
7										
8										
9										
10										
11										
12										
13										
14										
15										
16										
17										
18										
19										
20										
21										
22										
23										
24										
25										
26										
27										
28										
合计						-200.00				

制单人 周明　审核人 周明

图 5-161　退货单（红字发货单）

3. 红字销售出库单

更换操作员为 C01，登录日期“2020-01-18”，点选“业务工作-供应链-库存管理-出库业务-销售出库单”，单击“生单”下拉按钮选择“销售生单（批量）”，在“销售生单”窗口选中前面生成的红字发货单，单击“确定”。系统提示“生单成功”，对两张红字销售出库单分别进行审核。

4. 正常单据记账

更换操作员为W02，登录日期"2020-01-18"，点选"业务工作-供应链-存货核算-业务核算-正常单据记账"，查询条件可默认，进入"正常单据记账列表"后单击"全选"，单击"记账"。系统弹出"手工输入单价列表"窗口，要求用户输入上次退货入库商品的单价，按资料分别输入"彭诚豆豉辣椒酱"单价（即单位成本）为"500"，"景记乡村腊肉"单价为"880"，如图5-162，单击"确定"，系统显示"记账成功"。

选择	存货编码	存货名称	存货代码	规格型号	部门编码	仓库编码	仓库名称	部门名称	单价	存货自由项1	存货自由项2	存货自由项3	存货自由项4	存货自由项5	存货自由项6	存货自由项7	存货自由项8
	0102	彭诚豆豉辣椒酱				01	调味料仓库		500.00								
✓	0304	景记乡村腊肉				03	肉制品仓库		880.00								
小计																	

图5-162　手工输入单价

5. 红字出库凭证

点选"业务工作-供应链-存货核算-财务核算-生成凭证"，单击"选择"，在弹出的"查询条件"对话框左侧勾选"销售出库单"或按默认全选，单击"确定"进入"未生成凭证单据一览表"，单击"全选"，单击"确定"。返回"生成凭证"窗口，单击"合成"，进入"凭证"窗口，显示红字凭证，确认无误单击"保存"。

6. 红字发票凭证

点选"业务工作-财务会计-应收款管理-应收单据处理-应收单据审核"，查询条件默认，在"应收单据列表"对红字发票进行审核。

点选"业务工作-财务会计-应收款管理-制单处理"，在"制单查询"对话框左侧勾选"发票制单"，其余条件默认，进入"销售发票制单"后单击"全选"，再单击"制单"，进入"凭证"窗口，单击"保存"，系统提示如图5-163。单击"继续"，凭证结果如图5-164。出现提示的原因是，1月3日与安顺金安交易完成，不存在应收账款，现在的逆向业务使安顺金安的应收账款余额出现借方红字，因而系统会提示出现赤字，编制红字收款后，应收账款借、贷方红字相抵，这笔赤字就会消失。

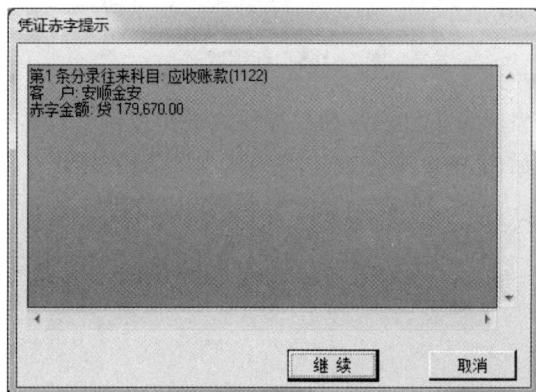

图5-163　赤字提示

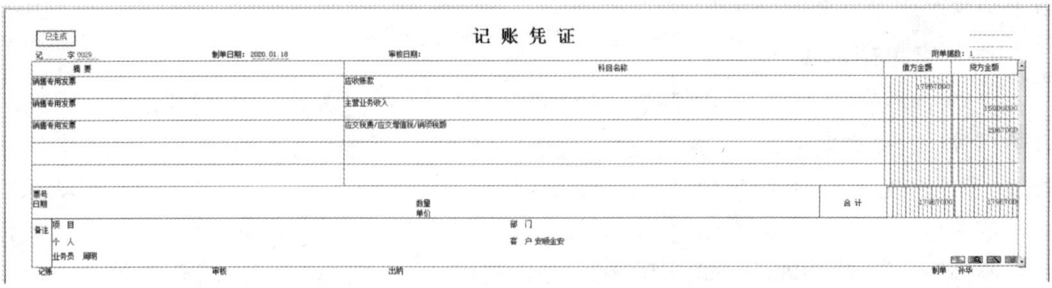

图 5-164　红字发票凭证

7. 红字收款单

更换操作员为 W03，登录日期为"2020-01-18"，点选"业务工作-财务会计-应收款管理-收款单据处理-收款单据录入"，在"收款单"窗口单击"切换"，则单据名称转为"付款单"，单击"增加"，按资料中的"转账支票存根"输入或选择客户、金额、票据号等，在表体单击选择选择款项类型为"应收款"，单击"保存"。结果如图 5-165。

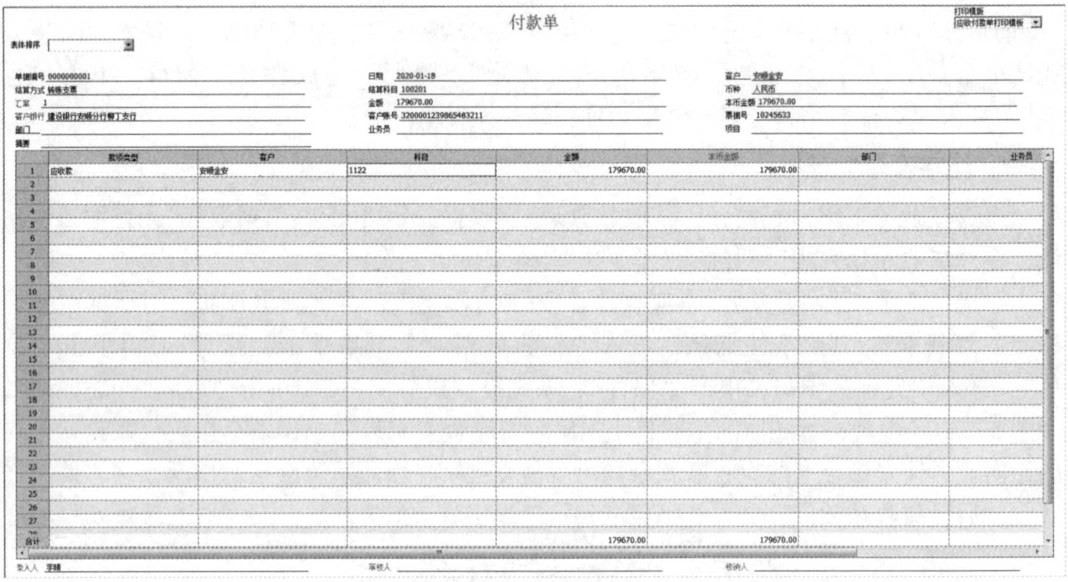

图 5-165　红字收款单

从提高操作效率出发，可把红字收款单操作放在出库单凭证生成之前，这样，将所有凭证生成工作集中至最后由 W02 来完成，减少操作员切换次数。

8. 红字收款单审核

更换操作员为 W02，登录日期"2020-01-18"，点选"业务工作-财务会计-应收款管理-收款单据处理-收款单据审核"，对生成的红字收款单进行审核。

9. 核销处理

本业务无论手工和自动核销都可行，但都需要在核销条件中调整收付款单的"单据类型"，下面以自动核销进行操作。

点选"业务工作-财务会计-应收款管理-核销处理-自动核销",系统弹出"核销条件"对话框,单击"收付款单"选项卡,在"单据类型"栏单击下拉箭头选择"付款单",其余条件默认(如果是手工核销,还必须在核销条件中指定客户),如图5-166,单击"确定",最后弹出的"自动核销报告"中将显示核销金额为"179670"。

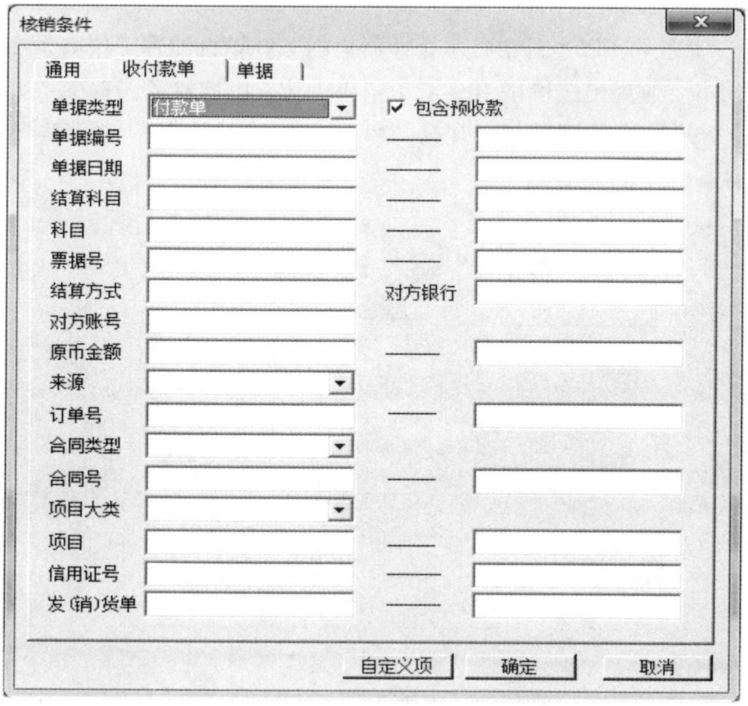

图 5-166　自动核销调整单据类型

10. 红字收款单制单

点选"业务工作-财务会计-应收款管理-制单处理",在"制单查询"左侧勾选"收付款单制单"和"核销制单",进入"应收制单"后单击"全选"并单击"合并",再单击"制单",进入"凭证"窗口,单击第一行分录"银行存款/工行存款"借方金额栏,按下键盘"空格键",将"银行存款/工行存款"金额调整至贷方,再按下"-"键,将其变为正数。单击"保存",结果如图5-167,其中第一行为正数,第二行为红字金额。

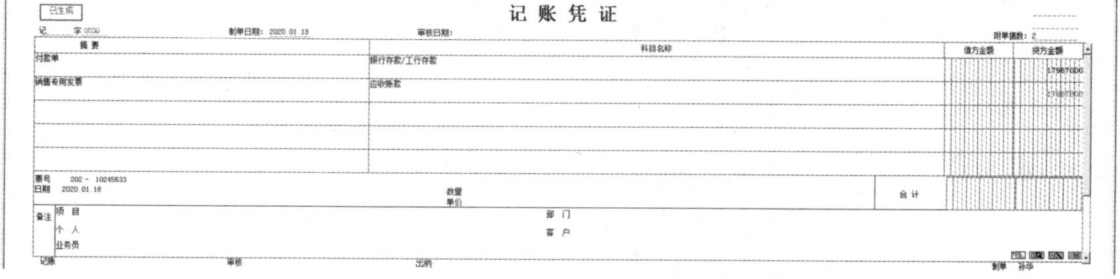

图 5-167　红字收款单凭证

任务二十一　销售折让

一、业务资料

1 月 20 日，安顺承齐以 1 月 7 日本企业所售的 400 箱百池香辣猪肉条商品外包装存在质量问题为由向本企业提出按价格 10%给予销售折让，已向税务局提交"开具红字增值税专用发票申请"，并经税务局审核，开具"红字增值税专用发票通知单"，经双方协商，本企业给予折让，并于当日退回款项。

表格内容如下：

贵州省增值税专用发票　　NO 93910002
开票日期：2020 年 1 月 20 日
4380321341

购货单位	名　称：安顺承齐百货有限公司　纳税人识别号：522502999648936274　地　址、电话：安顺市镇宁县荔云大道 15 号　0851-36881235　开户行及账号：中国工商银行安顺市祺诚支行 7541124578955741222	密码区	1628433/*>3->5325>12475>578/5+532533328>348818>788-3333253266326134 34-<1>+12/4578/432221/*1*>12-34576<+*<6537>/6

货物或应税劳务名称	规格型号	单位	数量	单价	金　额	税率	税额
百池香辣猪肉条	500G	箱			-40400.00	13%	-5252.00
合　计					￥-40400.00		￥-5252.00

价税合计（大写）　⊗（负数）人民币肆万伍仟陆佰伍拾贰元整　（小写）￥-45652.00

销货单位	名　称：贵州盛德商贸有限公司　纳税人识别号：522501177923254563　地　址、电话：贵州省安顺市西秀区体育路 262 号　0851-33993893　开户行及账号：中国工商银行安顺市体育路支行 7512223251263621005	备注	贵州盛德商贸有限公司 522501177923254563 发票专用章

收款人：略　　复核：略　　开票人：略　　销货单位：（章）

图 5-168　红字增值税发票（安顺承齐）

中国工商银行
转账支票存根
NO. 10245634
附加信息
出票日期 2020 年 1 月 20 日
收款人：安顺承齐百货有限公司
金　额：￥45652.00
用　途：退货款
单位主管（略）　会计（略）

图 5-169　转账支票存根（退货款）

二、操作要求和说明

1. 要求

按照资料完成业务，确保单据格式正确。发票使用现结功能。

2. 说明

本业务由 X01 完成红字发票，W02 完成凭证生成。

三、业务分析

销售折让只退部分货款，并不退货，因此在开具红字发票时，不能有数量，也不能生成红字出库单，因此，最后生成的凭证也只有发票凭证，不会有出库单凭证。

首先，参照原来的订单生成发票，但对发票要进行修改，包括与本次折让无关商品记录的删除，还要把与本次折让相关商品"百池香辣猪肉条"数量去掉。而按照系统规定，发票必须有数量，这就需要用到"退补标志"，修改"退补标志"使发票可以去掉数量。

操作要求强调发票采用现结，所以在发票中还要做现结操作。完成发票生成后，在应收中生成发票凭证即完成业务。

如果遇到类似销售定金业务发生折让，因销售定金业务必须先有退货单才可参照生成红字发票，而折让不允许出现退货单，则这类业务只能手动增加红字发票。

四、操作步骤

1. 红字发票

以 X01 登录企业应用平台，登录日期"2020-01-20"，点选"业务工作-供应链-销售管理-销售开票-红字销售专用发票"，单击"增加"，系统弹出"查询条件选择-参照订单"，可按默认条件单击"确定"，在参照生单窗口上半部选中安顺承齐订单记录，下方出现订单的三条商品记录，并默认已有"Y"标志，双击将与本次折让无关的两条商品记录"Y"标志去掉，如图 5-170，单击"确定"，返回发票窗口。

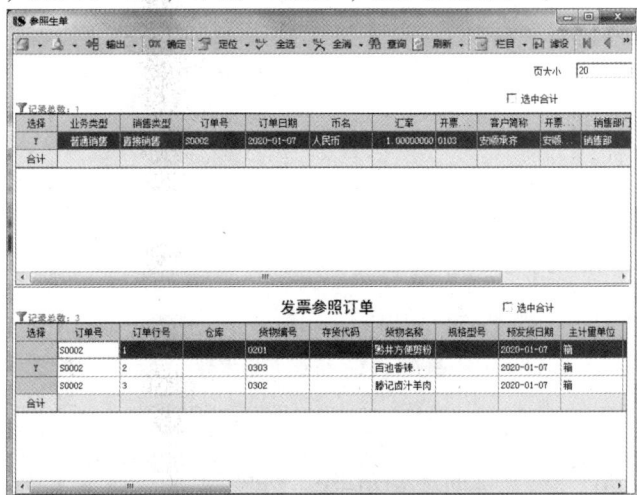

图 5-170 折让发票参照生单

按照资料在发票表头输入发票号。在表体中找到"退补标志"，利用下拉箭头将默认的"正常"修改为"退补"。分别选中数量、无税单价清除数据，输入无税金额为"-40400"，系统自动计算价税合计，修改完毕单击"保存"。单击"现结"按钮，在现结对话框按资料选择结算方式，输入金额（负数）、票据号，如图 5-171，单击"确定"，返回发票窗口。

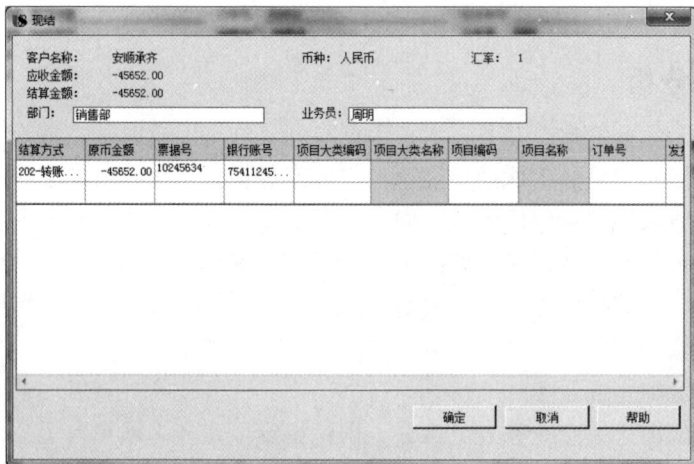

图 5-171　现结设置

在发票窗口单击"复核"，完成红字发票生成。结果如图 5-172。

图 5-172　折让红字发票

2. 凭证生成

更换操作员为 W02，登录日期"2020-01-20"，点选"业务工作-财务会计-应收款管理-应收单据处理-应收单据审核"，在弹出的"应收单查询条件"对话框勾选"包含已现结发票",单击"确定",进入"应收单据列表"。在"应收单据列表"中单击"全选"或直接选中红字发票,单击"审核",系统显示"本次审核成功单据1张"。

点选"业务工作-财务会计-应收款管理-制单处理",在"制单查询"对话框左侧勾选"现结制单",单击"确定",进入"应收制单"窗口后,单击"全选",单击"制单",进入"凭证"窗口。单击第一行"银行存款/工行存款"的"借方金额",按下空格键将银行存款借方金额切换到贷方,再按下"−"键将负数调整为正数。调整完毕,单击"保存",结果如图5-173。

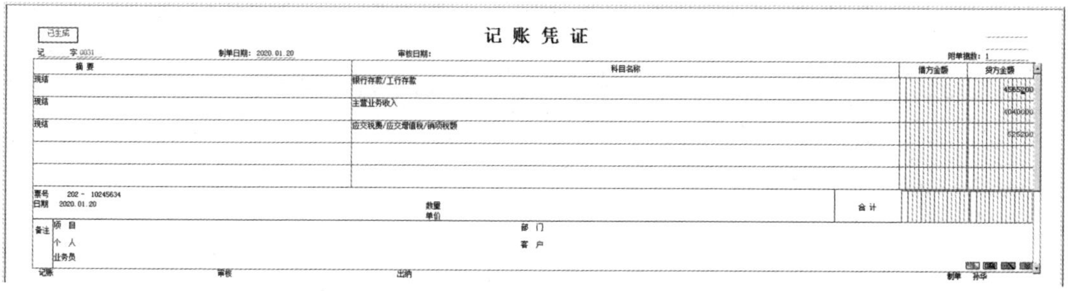

图 5-173　折让凭证

3. 操作拓展

查询条件在操作中出现频率很高,如果设置不正确,可能会找不到业务单据。

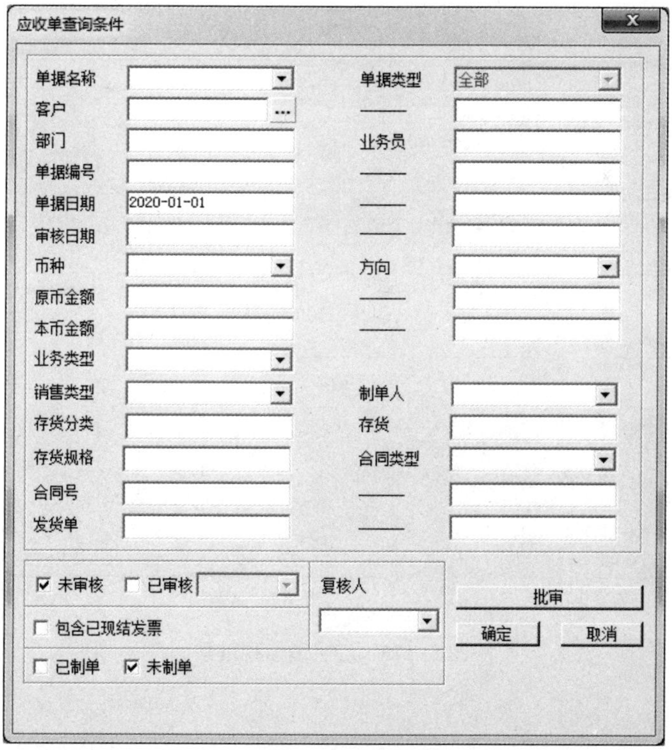

图 5-174　应收单查询条件

以“应收单查询条件”对话框为例，如图 5-174。对话框上部是一些常规条件，一般可默认，但如果涉及特殊业务而搜索不到单据时，可以尝试指定具体业务类型。对话框下半部的几个复选框则是关键项。“未审核”“已审核”“已制单”“未制单”两对选项，如果全部勾选，则系统将不论单据是否制单是否审核全部显示出来。若按默认，则只显示既未审核也未制单的单据。“包含已现结发票”选项若不勾选，则做了现结的发票不会显示在窗口。所以，如果不确定单据目前的状态，可以将所有这些项全部勾选。但若勾选了所有项，仍然找不到单据，单据应是被核销处理了，只有取消核销操作后才能搜索到。

任务二十二　采购退货

一、业务资料

1 月 22 日，本企业仓管部员工发现 1 月 6 日收到的陕西诺连发来商品中，有 50 箱出现霉烂变质，企业因此向陕西诺连提出将 50 箱商品退货，已向税务局提交“开具红字增值税专用发票申请“，并经税务局审核，向陕西诺连开具“红字增值税专用发票通知单”。经双方协商，陕西诺连退还 50 箱商品货款，并承担退货所发生的相关费用，本企业退回霉烂变质商品。

陕西省增值税专用发票

NO 93910003

4390112134　　开票日期：2020年1月22日

购货单位	名　　称：贵州盛德商贸有限公司 纳税人识别号：522501177923254563 地 址、电 话：贵州省安顺市西秀区体育路 262 号 0851-33993893 开户行及账号：中国工商银行安顺市体育路支行 7512223251263621005	密码区	/-43/*3+43<475/22>211>7532 2>456/5+58-25-3<-28>789123 6>+12/23545/457921/*1*>127 4578<+*<258741/*>3697>/85 2432324

货物或应税劳务名称	规格型号	单位	数量	单价	金额	税率	税额
滕记卤汁羊肉	500G	箱	-50	1100.00	-55000.00	13%	-7150.00
合　　计					￥-55000.00		￥-7150.00
价税合计（大写）	⊗(负数)人民币陆万贰仟壹佰伍拾元整				（小写）￥-62150.00		

销货单位	名　　称：陕西诺连有限公司 纳税人识别号：610101123756984121 地 址、电 话：陕西省西安市灞桥区秦西路 153 号 029-80108981 开户行及账号：中国建设银行西安市丁口支行 3211558995463325321	备注	陕西诺连有限公司 610101123756984121 发票专用章

收款人：略　　复核：略　　开票人：略　　销货单位：（章）

第三联　发票联　购货方记账凭证

图 5-175　红字增值税发票

中国建设银行电汇凭证　　　　　　　NO.

50103252

普通□　加急□　　　　　　　　　　日期：2020年1月22日

汇款人	全称	陕西诺连有限公司	收款人	全称	贵州盛德商贸有限公司
	账号	610101123756984121		账号	7512223251263621005
	开户银行	中国建设银行西安市丁口支行		开户银行	中国工商银行安顺体育路支行

| 金额 | （大写）：陆万肆仟叁佰伍拾元整 | 千 | 百 | 十 | 万 | 千 | 百 | 十 | 元 | 角 | 分 |
| | | | | ￥ | 6 | 2 | 1 | 5 | 0 | 0 | 0 |

中国建设银行西安市丁口支行
2020.01.22
办讫章
（2）
汇出（户）行盖章

支付密码：

附加信息及用途：退货款

此汇款支付给收款人

客户签章

第二联　客户回单

图 5-176　电汇凭证

二、操作要求和说明

1. 要求

根据业务资料完成退货操作，确保单据的完整性。

2. 说明

本业务由 G01 完成退货单、红字发票，C01 完成红字入库单，W02 完成凭证。

三、任务分析

与销售退货类似，采购退货是采购流程的逆向业务，其整个流程与采购流程相似，只是所有单据都是红字单据。本笔业务的起点是采购退货单（红字到货单），参照原来的采购订单或到货单并做修改生成，参照退货单生成红字入库单，参照原来的订单或红字入库单（与蓝字发票一样，只能参照这两种单据生成红字发票）生成红字发票并做现付，将红字发票与红字入库单进行采购结算，最后生成发票凭证和入库凭证。

四、操作步骤

1. 采购退货单

以 G01 登录企业应用平台，登录日期"2020-01-22"，点选"业务工作-供应链-采购管理-采购到货-采购退货单"，进入"采购退货单"窗口，单击"增加"旁下拉按钮，选择参照订单或到货单都可，在"拷贝并执行"窗口选中"陕西诺连"单据单击"确定"返回"采购退货单"，修改数量为"-50"，单击"保存"，再单击"审核"，结果如图 5-177。

2. 红字入库单

更换操作员为 C01，点选"业务工作-供应链-库存管理-入库业务-采购入库-采购入库单",单击"生单"下拉按钮,选择"采购到货单(红字)",在"到货单生单列表"中选中此前编制的"退货单"记录,返回"采购入库单"窗口,在单据表头右上角选择仓库为"03,肉制品仓库",单击"保存",再单击"审核"。结果如图5-178。

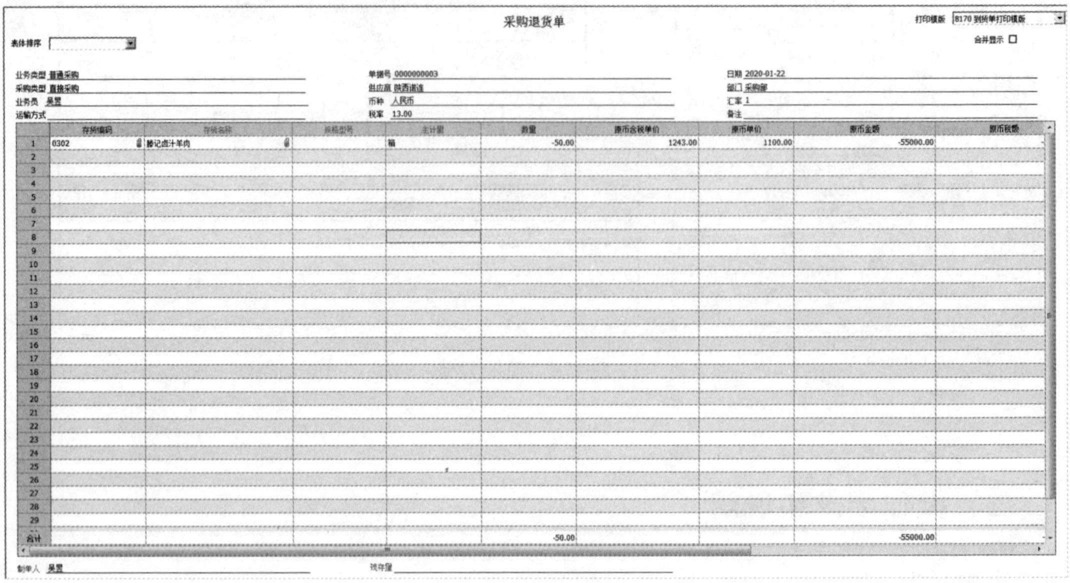

图 5-177 采购退货单

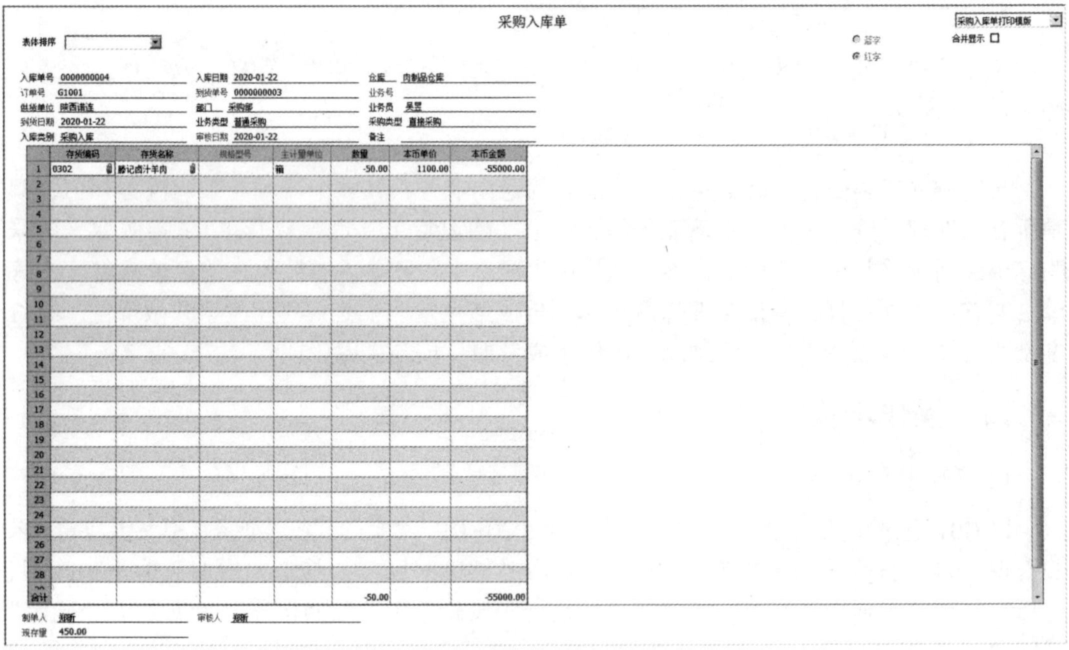

图 5-178 采购入库单

3. 红字发票(现付)

更换操作员为 G01 点选"业务工作-供应链-采购管理-采购发票-红字专用采购发

票"，单击"增加"，单击"生单"旁下拉按钮，选择参照"入库单"生单，在"拷贝并执行"窗口选中"陕西诺连"并确定后，返回"红字专用采购发票"窗口，按照资料输入发票号为"93910003"，单击"保存"。单击"现付"，弹出"采购现付"对话框，按资料中"电汇凭证"选择结算方式、输入票据号及金额等，如图5-179，单击"确定"，返回发票窗口。单击"结算"，完成采购结算，结果如图5-180。

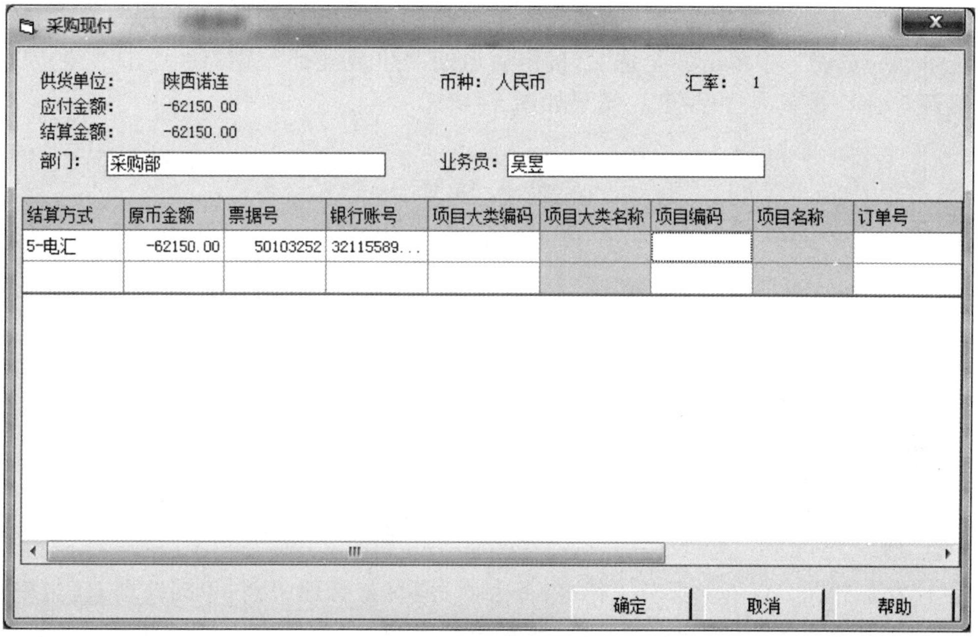

图5-179 采购现付

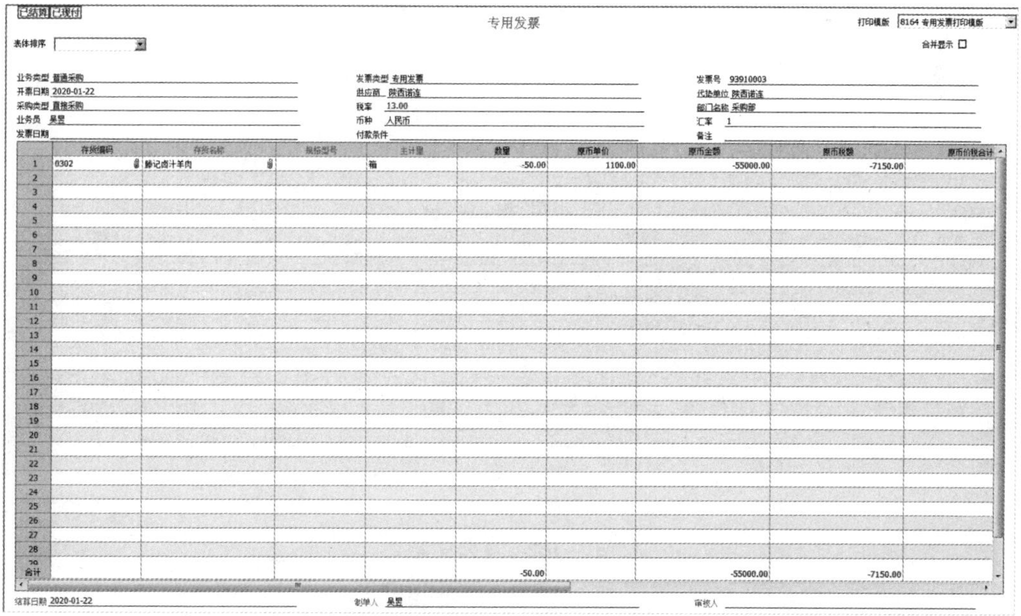

图5-180 红字发票（现付）

4. 凭证生成

（1）入库单凭证。更换操作员为 W02，登录日期"2020-01-22"，点选"业务工作-供应链-存货核算-业务核算-正常单据记账"，查询条件默认，在"正常单据记账列表"窗口单击"全选"，单击"记账"，系统显示"记账成功"。

点选"业务工作-供应链-存货核算-财务核算-生成凭证"，进入"生成凭证"窗口，单击"选择"，在对话框中勾选"采购入库单（报销记账）"，其余条件默认。在"未生成凭证单据一览表"中单击"全选"，确定后返回"生成凭证"窗口。单击"生成"，进入"凭证"窗口，单击"保存"，结果如图 5-181。

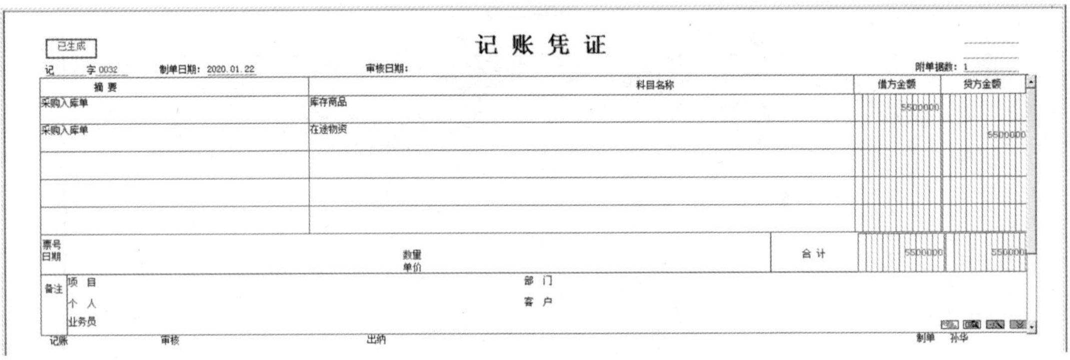

图 5-181　入库单凭证

（2）发票凭证。点选"业务工作-财务会计-应付款管理-应付单据处理-应付单据审核"，"应付单查询条件"勾选"包含已现结发票"，其余条件默认。在"应付单据列表"单击"全选"，单击"审核"，系统提示"本次审核成功单据 1 张"。

点选"业务工作-财务会计-应付款管理-制单处理"，在"制单查询"对话框左侧勾选"现结制单"，进入"现结制单"窗口后单击"全选"，单击"制单"，进入"凭证"窗口，用空格键和"-"键将第三行"银行存款/工行存款"调整为正数，单击"保存"。结果如图 5-182。

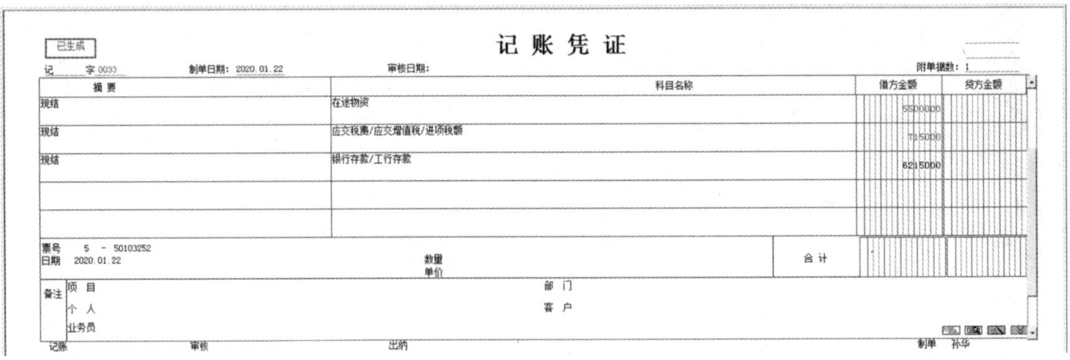

图 5-182　发票凭证

5. 操作拓展

任务二十和任务二十二分别完成了销售退货和采购退货，但在具体业务操作中，销售退货和采购退货还存在很多种情况，情况不同，处理也会有所差异。退货时用户应如何处理取决于退货时所处的流程节点，下面分别按采购和销售单据流程对退货操作做展开。

（1）销售退货。

①销售订单已生成。货还没发出，不存在退货问题，如果订单不准备再执行，又不想在其他业务中参照到这张订单，可在销售订单窗口单击"关闭"将订单关掉。

②销售发货单已生成。虽然发货，但还未出库，可以参照发货单生成退货单将其冲掉，或直接关闭发货单和订单。

③销售发票已生成但出库单还未生成。已生成发货单且发票也已生成，可以参照原来的订单生成红字发票，又由红字发票复核自动生成退货单。需要注意的是，在这种情况下，如果要先生成退货单而不是先生成发票，一般销售业务的退货单不能参照发货单生成，只能参照订单生成，然后再参照"发货单"和"退货单"生成出库单。之后在"应收款管理–转账"下做"红票对冲"，将蓝字发票与红字发票进行对冲，从而告知系统只剩下未退货部分还有应收账款。

④出库单已生成但还未开发票。这是指先进行了销售出库再编制发票的情况。先参照发货单生成退货单，再参照退货单生成红字出库单，再根据实际出库数量开发票。

⑤销售发票已生成且出库单也已生成。参照原来的订单生成红字发票，发票复核时自动生成退货单，参照退货单生成红字出库单，之后在"应收款管理–转账"下做"红票对冲"，将蓝字发票与红字发票进行对冲，从而告知系统只剩下未退货部分还有应收账款。

⑥发票已生成且出库单已生成且已收款。这即是任务二十的情况，按任务二十处理即可。

（2）采购退货。

①采购订单已生成。类似销售订单情况，可以关闭订单或修改订单。

②采购到货单已生成。编制"到货拒收单"将退货的数量冲掉，再根据到货单生成入库单，则入库单数量是未退货的量。

未入库前发生退货编制到货拒收单，入库后发生退货编制退货单。到货拒收单是入库前的红字到货单，编制到货拒收单的结果是入库单的数量将是实际到货数量。而退货单是入库后的红字到货单，编制退货单无法影响已经入库的数量，因此只能参照退货单生成红字入库单。

③采购入库单已生成，还未收到发票。参照采购到货单生成退货单，再参照退货单生成红字入库单，若是全部退货，则可将红蓝入库单进行采购结算对冲两张入库单。若部分退货，则可待发票收到后将红、蓝入库单与收到的发票进行结算，发票上数量为蓝字与红字入库单数量差额。

④采购入库单已生成且发票已生成并进行了采购结算。参照到货单生成退货单，再参照退货单生成红字入库单，生成红字发票，将红字发票与红字入库单进行结算，再将红字发票与蓝字发票在"应付款管理"进行"红票对冲"。

⑤已生成发票但未入库。若是全部退货，则入库单不必生成，参照到货单生成到货拒收单即可。收到对方红字发票后，将红字发票与原来的蓝字发票进行自动结算。若是部分退货，则参照到货单生成到货拒收单，参照到货单生成入库单（入库单数量是到货单数量与到货拒收单数量的差额），将入库单与红蓝发票进行结算。再将红字发票与蓝字发票进行红票对冲。

⑥已入库已生成发票且款已付。此即任务二十二的处理情况，参照任务二十二处理。

任务二十三　付款条件

一、业务资料

1月24日，与安顺勤翔签订购销合同，当日商品已验收入库，同日收到发票。

购 销 合 同

合同编号：G0002

卖方：安顺勤翔有限公司

买方：贵州盛德商贸有限公司

为保护买卖双方合法权益，明确买卖双方的权利义务，根据《中华人民共和国合同法》，本着互惠互利的原则，经双方协商一致，达成如下条款，并共同遵守。

一、货物的名称、数量及金额

货物名称	规格型号	计量单位	数量	单　价（不含税）	金　额（不含税）	税　率	税额
黔井方便剪粉	200G	箱	300	210.00	63000.00		8190.00
彭诚花生辣椒酱	100G	箱	300	490.00	147000.00	13%	19110.00
合　计					￥210000.00		￥27300.00

二、含税合同总金额（大写）：人民币贰拾叁万柒仟叁佰元整（￥237300.00）。

三、付款方式：买方于收到商品后三十日内支付货款，卖方给予的现金折扣按合同总金额计算：10天内付款为2%，20天内付款为1%。

四、交货期：卖方于签订合同当日（2020年1月24日）发出全部商品。

五、交货地点：安顺勤翔有限公司

六、发货方式：买方自提。

卖　方：安顺勤翔有限公司　　　　买　方：贵州盛德商贸有限公司

授权代表：黄达利　　　　　　　　授权代表：吴昱

日　期：2020年1月24日　　　　日　期：2020年1月24日

图5-183　购销合同（安顺勤翔）

贵州省增值税专用发票

开票日期：2020年1月24日

NO 98012306

4951616217

购货单位	名　称：贵州盛德商贸有限公司 纳税人识别号：522501177923254563 地　址、电话：贵州省安顺市西秀区体育路 262 号 0851-33993893 开户行及账号：中国工商银行安顺市体育路支行 75122232351263621005					密码区	90100-->233899078/64*- 5/98446+<6*2645/*005//*41 64114//*923203898&18+2+2> 9678<4115654>9807*+*2><6- </>--444444522524
货物或应税劳务名称	规格型号	单位	数量	单价	金额	税率	税额
黔井方便剪粉	200G	箱	300	210.00	63000.00	13%	8190.00
彭诚花生辣椒酱	100G	箱	300	490.00	147000.00	13%	19110.00
合　计					￥210000.00		￥27300.00
价税合计（大写）	⊗人民币贰拾叁万柒仟叁佰元整				（小写）￥237300.00		
销货单位	名　称：安顺勤翔有限公司 纳税人识别号：522501986632574401 地　址、电话：贵州省安顺市经济开发区北航路 250 号 0851-33272189 开户行及账号：中国建设银行安顺市东条支行 3247917394100325012					备注	安顺勤翔有限公司 522501986632574401 发票专用章

收款人：略　　　　复核：略　　　　开票人：略　　　　销货单位：（章）

第三联　发票联　购货方记账凭证

图 5-184　购货发票（安顺勤翔）

二、操作要求和说明

1. 要求

根据资料完成业务，确保单据的完整性。

2. 说明

本业务由 G01 完成采购订单、到货单、采购发票、采购结算，C01 完成入库单，W02 完成入库凭证、发票凭证。

三、任务分析

本业务是一个附带了付款条件的采购业务，在当前业务处理中除了采购订单外，其他单据处理与普通采购业务没有区别。首先编制采购订单，并在订单中输入付款条件，然后参照订单生成到货单，参照到货单生成入库单，参照订单或入库单生成发票，将发票与入库单进行采购结算，对发票和入库单分别生成凭证。

四、操作步骤

1. 采购订单

以 G01 登录企业应用平台，登录日期"2020-01-24"，点选"业务工作-供应链-采购管理-采购订货-采购订单"，进入"采购订单"窗口，单击"增加"，按资料输入或选择订单编号、客户、部门、业务员、付款条件（此前初始设置中设置的"2/10，1/20，N/30"）及表体存货编码、数量、无税单价等。输入完毕单击"保存"，单击"审核"。结果如图 5-185。

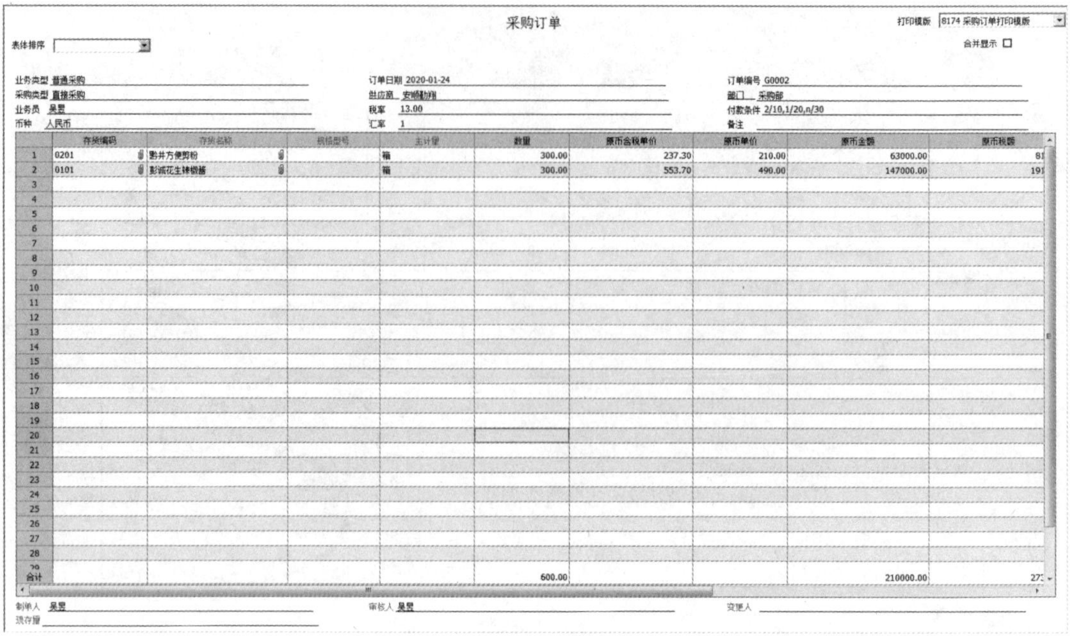

图 5-185　采购订单

2. 采购到货单

点选"业务工作-供应链-采购管理-采购到货-到货单",进入"到货单"窗口,单击"增加",单击"生单",查询条件窗口中选择供应商为"安顺勤翔",进入"拷贝并执行"窗口后选中本笔业务的订单,确定后返回"到货单"窗口,单击"保存",单击"审核"。结果如图 5-186。

图 5-186　采购到货单

3. 采购入库单

更换操作员为 C01，登录日期"2020-01-24"，点选"业务工作-供应链-库存管理-入库业务-采购入库单"，在窗口单击"生单"下拉按钮，并选择"采购到货单（批量）"，查询条件可默认，在"到货单生单列表"中选中本笔业务的到货单，窗口下部出现两条商品记录后，需要用户为每条记录指定"仓库"，输入或选择商品对应仓库并确定后返回"采购入库单"窗口，系统弹出"生单成功"提示，对已生成的两张入库单（一个仓库生成一张入库单）分别进行审核，结果如图 5-187。

图 5-187 采购入库单（第一张）

4. 采购发票

更换操作员为 G01，登录日期"2020-01-24"，点选"业务工作-供应链-采购管理-采购发票-专用采购发票"，进入"专用发票"窗口，单击"增加"，参照订单或入库单生单都可（参照入库单时，要选中两条入库单记录，参照入库单可以在发票上直接结算，参照订单则不能），参照生成信息后返回"专用发票"窗口，输入发票号"98012306"，单击"保存"。结果如图 5-188。

5. 采购结算

若发票是参照入库单生成，则直接在发票上单击"结算"按钮即自动结算。若是参照采购订单生成，则关闭发票窗口，点选"业务工作-供应链-采购管理-采购结算-自动结算"或选择"手工结算"，结算完成关闭窗口。

图 5-188　采购发票

6. 凭证生成

（1）入库凭证。更换操作为 W02，登录日期"2020-01-24"，点选"业务工作-供应链-存货核算-业务核算-正常单据记账"，查询条件默认，进入"正常单据记账列表"后单击"全选"，再单击"记账"，系统显示"记账成功"，确定后单据消失。

点选"业务工作-供应链-存货核算-财务核算-生成凭证"，在窗口单击"选择"，在出现的"查询条件"对话框左侧勾选"采购入库单（报销记账）"或按默认全选，在"未生成凭证单据一览表"中单击"全选"并单击"确定"，返回"生成凭证"窗口。单击"合成"，进入"凭证"窗口，单击"保存"，结果如图 5-189。

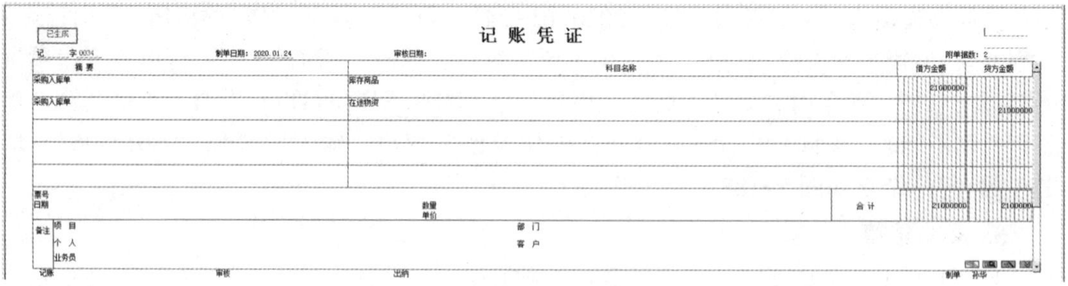

图 5-189　入库单凭证

（2）发票凭证。点选"业务工作-财务会计-应付款管理-应付单据处理-应付单据审核"，查询条件默认，进入"应付单据列表"窗口，单击"全选"再单击"审核"，系统提示"本次审核成功单据 1 张"。

点选"业务工作-财务会计-应付款管理-制单处理","制单查询"对话框单击"确定",在"采购发票制单"窗口单击"全选"或选中单据,单击"制单",进入"凭证"窗口,单击"保存"。

在任务十五采购固定资产中,是参照采购订单生成采购发票,然后再参照到货单生成入库单。而在本业务中,则是先参照到货单生成入库单,再参照订单或入库单生成发票。从操作员切换频率看,两者并无区别,但从结算速度看,如果参照入库单生成发票,则不需要再进入采购结算进行手工或自动结算,显然效率较之前的操作顺序更高。

任务二十四　采购运费

一、业务资料

1月24日,与四川盐花食品有限公司签订购销合同,商品已于当日入库,当日收到发票。

购 销 合 同

合同编号:G0003

卖方:四川盐花食品有限公司

买方:贵州盛德商贸有限公司

为保护买卖双方合法权益,明确买卖双方的权利义务,根据《中华人民共和国合同法》,本着互惠互利的原则,经双方协商一致,达成如下条款,并共同遵守。

一、货物的名称、数量及金额

货物名称	规格型号	计量单位	数量	单价（不含税）	金额（不含税）	税率	税额
景记乡村腊肉	5KG	箱	200	875.00	175000.00	13%	22750.00
百池香辣猪肉条	500G	箱	200	895.00	179000.00		23270.00
合　计					￥354000.00		￥46020.00

二、含税合同总金额（大写）：人民币肆拾万零贰拾元整（￥400020.00）。

三、付款方式：买方于收到商品后三十日内支付货款。

四、交货期：买方于签订合同当日（2020年1月24日）发出全部商品。

五、发货及运：卖方发货,买方承担运费。

卖　　方：四川盐花食品有限公司　　　　　买　　方：贵州盛德商贸有限公司

授权代表：范丽娜　　　　　　　　　　　　授权代表：吴登峰

日　　期：2020年1月24日　　　　　　　　日　　期：2020年1月24日

图5-190　购销合同（四川盐花）

四川省增值税专用发票　　　　　　　NO 98012307

开票日期：2020年4月24日

4390112134

购货单位	名　　称：贵州盛德商贸有限公司 纳税人识别号：522501177923254563 地址、电话：贵州省安顺市西秀区体育路262号 0851-33993893 开户行及账号：中国工商银行安顺市体育路支行 7512223251263621005					密码区	6+78<912/81>325>12472456/ 5+58253<28>7891234>+12/45 78/4579545/457921/*1*>1274 578<+*<258741/*>3697>/852 43232423-323	
货物或应税劳务名称	规格型号	单位	数量	单价	金额	税率	税额	
景记乡村腊肉	5KG	箱	200	875.00	175000.00	13%	22750.00	
百池香辣猪肉条	500G	箱	200	895.00	179000.00	13%	23270.00	
合　　计					￥354000.00		￥46020.00	
价税合计（大写）	⊗人民币肆拾万零贰拾元整					（小写）￥400020.00		
销货单位	名　　称：四川盐花食品有限公司 纳税人识别号：510105963578945612 地址、电话：四川省成都市成华区南巷路258号 028-60714353 开户行及账号：中国工商银行成都市南巷支行 7545133426154538977					备注	四川盐花食品有限公司 510105963578945612 发票专用章	

收款人：略　　　复核：略　　　开票人：略　　　销货单位：（章）

第三联　发票联　购货方记账凭证

图 5-191　采购发票（四川盐花）

贵州省增值税专用发票　　　　　　　N098012308

开票日期：2020年4月24日

4395121536

购货单位	名　　称：贵州盛德商贸有限公司 纳税人识别号：522501177923254563 地址、电话：贵州省安顺市西秀区体育路262号 0851-33993893 开户行及账号：中国工商银行安顺市体育路支行 7512223251263621005					密码区	4578/457921//4578/457921 481951/8956/41854>+2345+ 4>+85/852*+128975414>+85 -471055-2342434/3234-323 /526-458/1529	
货物或应税劳务名称	规格型号	单位	数量	单价	金额	税率	税额	
运费		公里	800	2.5	2000.00	9%	180.00	
合　　计					￥2000.00		￥180.00	
价税合计（大写）	⊗人民币贰仟壹佰捌拾元整					（小写）￥2180.00		
销货单位	名　　称：贵阳速易物流有限公司 纳税人识别号：520103991764571147 地址、电话：贵州省安顺市经济开发区浣溪路5号 0851-33104642 开户行及账号：中国建设银行安顺市腾龙支行 7512223251263621005					备注	贵阳速易物流有限公司 520103991764571147 发票专用章	

收款人：略　　　复核：略　　　开票人：略　　　销货单位：（章）

第三联　发票联　购货方记账凭证

图 5-192　运费发票

二、操作要求和说明

1. 要求

按资料完成采购业务，运费发票与采购发票都在专用采购发票中录入完成，按数量分摊运费，确保业务和单据完整性。

2. 说明

本业务由 G01 完成采购订单、到货单、采购发票、运费发票、采购结算，C01 完成入库，W02 完成入库凭证和发票凭证。

三、业务分析

本业务也是普通采购业务，但较之前业务多了运费分摊，即将运费按照数量或金额在采购的商品间进行分配。

首先，编制采购订单，参照采购订单生成到货单，参照到货单生成入库单，参照入库单（或订单）生成采购发票，再编制运费发票。接下来是采购结算，由于涉及运费分摊，所以采用手工结算，在手工结算时，将入库单和两张发票（运费发票、采购发票）匹配结算，操作要求中要求按数量进行分摊，本业务中两种商品数量相等，也即一种商品分摊1000元不含税运费（若是操作要求中是按金额分配，则是按各种商品的不含税金额占商品总不含税金额的比例将运费进行分摊）。结算后，在入库单记账时生成的商品成本将包含运费。最后，分别生成入库单凭证、运费发票凭证和采购发票凭证，运费发票凭证的"应付账款/一般应付款"属于物流公司，采购发票凭证的"应付账款/一般应付款"属于卖方。由于入库单生成凭证时，其贷方"在途物资"已包含运费金额，因此运费凭证的借方与发票凭证一致，都是"在途物资"和"应交税费/应交增值税/进项税额"，从而使入库单凭证和发票凭证中"在途物资"借贷方发生额正好相等。

四、操作步骤

1. 采购订单

以 G01 登录企业应用平台，登录日期"2020-01-24"，点选"业务工作-供应链-采购管理-采购订货-采购订单"，单击"增加"，按资料输入或选择订单表头与表体项目，输入完成单击"保存"，并审核，结果如图5-193。

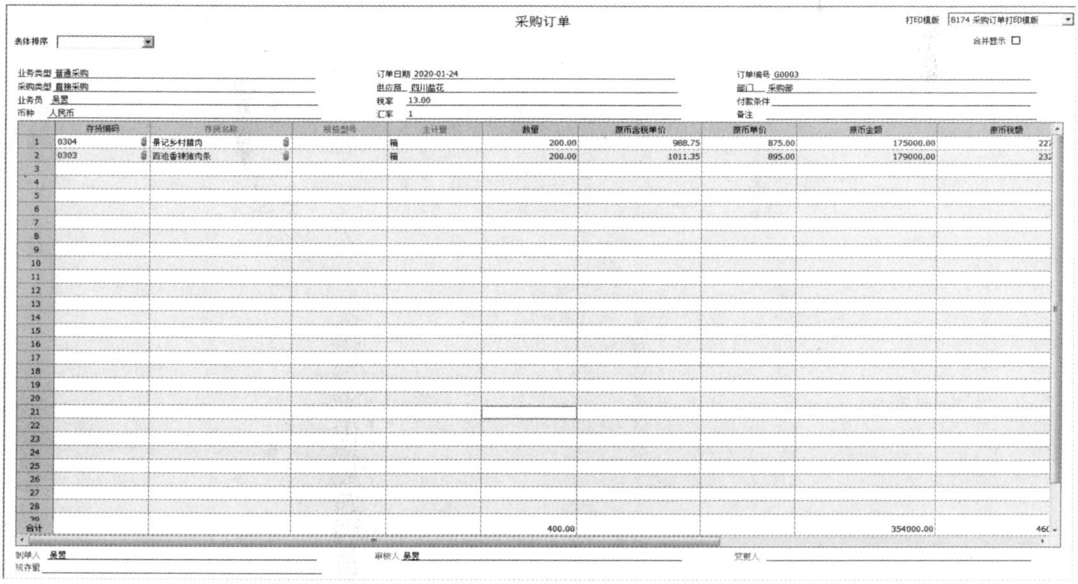

图 5-193 采购订单

2. 到货单

点选"业务工作-供应链-采购管理-采购到货-到货单",单击"增加",参照订单生成到货单信息,单击"保存",并审核,结果如图5-194。

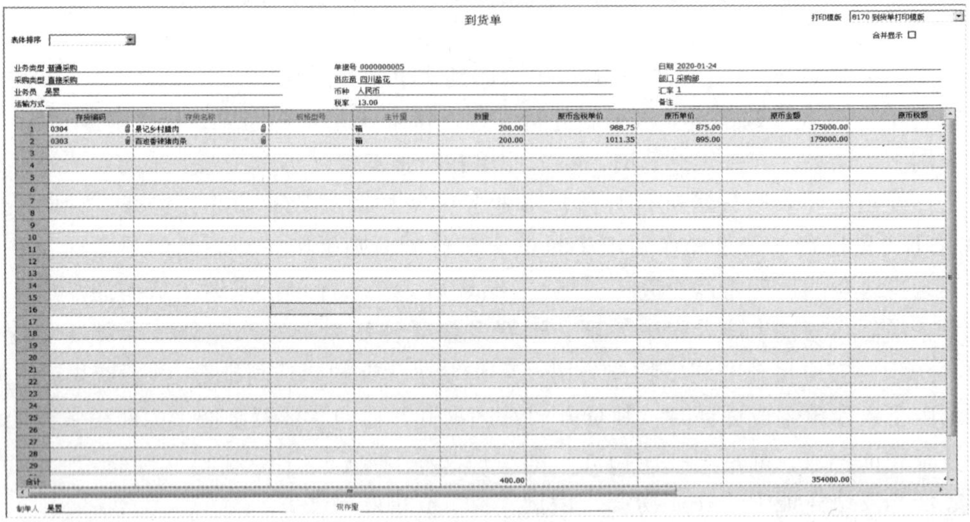

图 5-194 到货单

3. 采购入库单

更换操作员为C01,登录日期"2020-01-24",点选"业务工作-供应链-库存管理-入库业务-采购入库单",单击"生单"下拉按钮,选择"采购到货单(蓝字)"(两种商品属同一仓库,选蓝字和选批量都可),参照到货单生成入库单基本信息后返回"采购入库单"窗口,在表头输入或选择仓库"03,肉制品仓库",单击"保存"并审核单据。结果如图5-195。

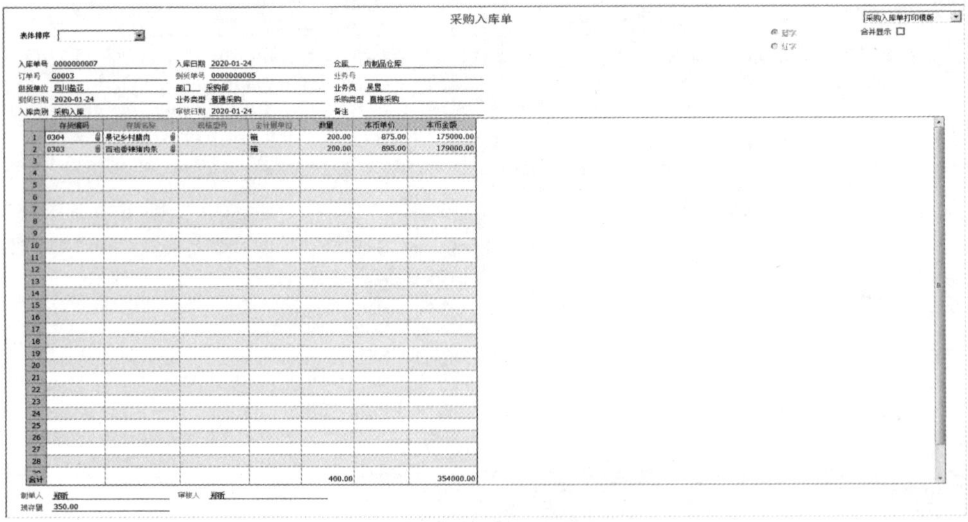

图 5-195 采购入库单

4. 采购发票

更换操作员为 G01，登录日期"2020-01-24"，点选"业务工作-供应链-采购管理-采购发票-专用采购发票"，单击"增加"，单击"生单"，参照入库单或订单生成发票基本信息，参照生成返回"专用发票"窗口后，输入发票号"98012307"，单击"保存"，如图 5-196。

图 5-196　采购发票

5. 运费发票

生成采购发票并保存后不退出发票窗口，单击"增加"，按照资料填制或选择运费发票表头表体项目。

在基础设置时运费的存货档案中已设置其税率为 9%，而当前表头默认 13%，在填制表头时直接在"税率"栏输入"9"，表体增加内容时，将自动带入存货档案税率，如此，表头表体税率一致。若在操作时，错误更改税率，将可能导致系统倒推原币单价，导致整张单据数据错误。运费发票编制完成后单击"保存"，关闭发票窗口。运费发票生成如图 5-197。

6. 采购结算

点选"业务工作-供应链-采购管理-采购结算-手工结算"，在"手工结算"窗口单击"选单"，进入"结算选单"窗口，单击"查询"，查询条件可默认，过滤的结果应有两张发票和一张入库单，如图 5-198（上方三条记录有两条发票号相同，下方两条记录来自同一张入库单）。

图 5-197 采购专用发票（运费）

图 5-198 结算选单

单击"全选"再单击"确定"，返回"手工结算"窗口，窗口上部显示发票与入库单匹配情况，下部显示运费情况。在下方单击"选择费用分摊方式"后的"数量"，将费用分摊方式从"金额"改成"数量"，单击窗口上方"分摊"按钮，系统提示如图 5-199，单击"是"，则系统自动进行分摊。分摊确定后，可看到窗口中分摊费用栏每种商品金额各为 1000，如图 5-200。

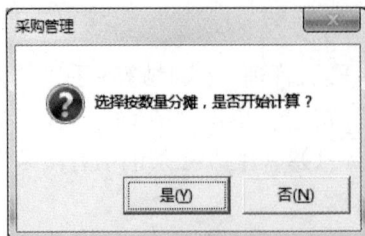

图 5-199 分摊提示

图 5-200　结算分摊结果

在图 5-200 "结算选单" 窗口单击 "结算"，系统弹出提示如图 5-201，单击 "是"，完成结算后，所有单据从窗口消失。

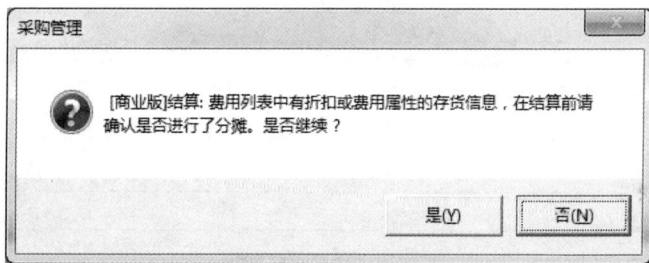

图 5-201　结算（有分摊）提示

7. 凭证生成

（1）入库单凭证。更换操作员为 W02，登录日期 "2020-01-24"，点选 "业务工作-供应链-存货核算-业务核算-正常单据记账"，查询条件默认，在 "正常单据记账列表" 单击 "全选"，单击 "记账"，记账成功后所有单据从窗口消失。

点选 "业务工作-供应链-存货核算-财务核算-生成凭证"，单击 "选择"，查询条件中勾选 "采购入库单（报销记账）" 或默认全选，"未生成凭证单据一览表" 中显示只有一张单据（两种商品同一仓库，只有一张入库单），单击 "全选"，单击 "确定"，返回 "生成凭证" 窗口。单击 "生成"（只有一个入库单，生成与合成结果一样），进入 "凭证" 窗口，单击 "保存"。如图 5-202。

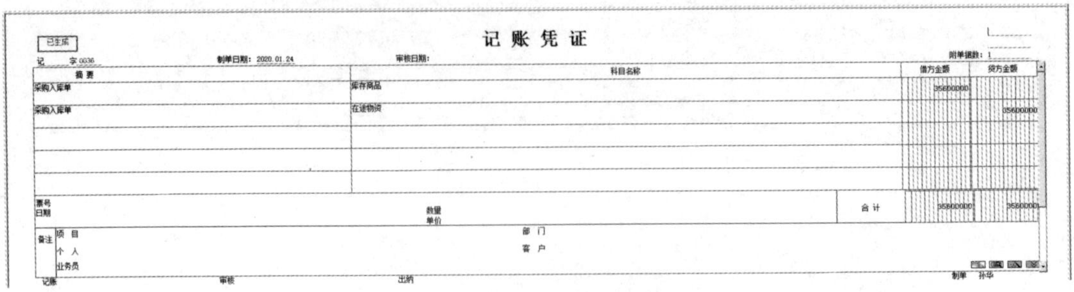

图 5-202 入库单凭证

（2）发票凭证。点选"业务工作-财务会计-应付款管理-应付单据处理-应付单据审核"，查询条件默认，在"应付单据列表"中单击"全选"，再单击"审核"，系统显示"本次成功审核单据2张"。

点选"业务工作-财务会计-应付款管理-制单处理"，"制单查询"对话框左侧勾选"发票制单"，其余条件默认，进入"采购发票制单"窗口，单击"全选"，单击"制单"，进入"凭证"窗口，当前生成两张凭证（分别为运费发票凭证和采购发票凭证，两者借贷方科目完全相同，但辅助项和金额不同），要记得分别保存或单击"成批保存凭证"按钮批量保存。结果如图5-203、图5-204。

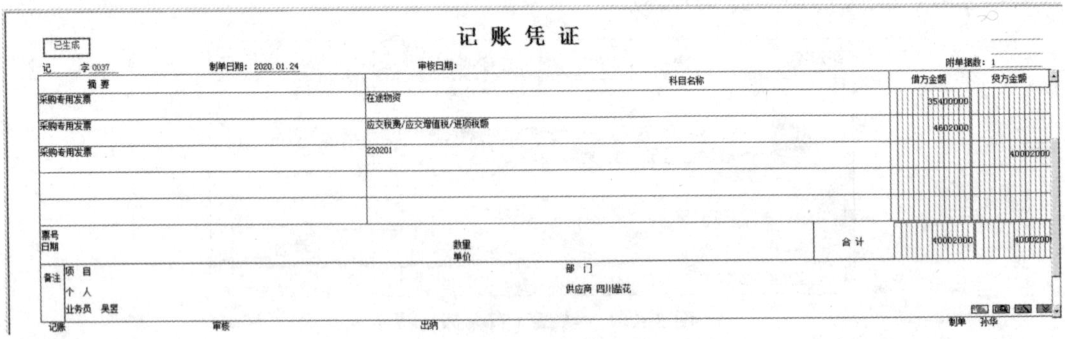

图 5-203 采购发票凭证

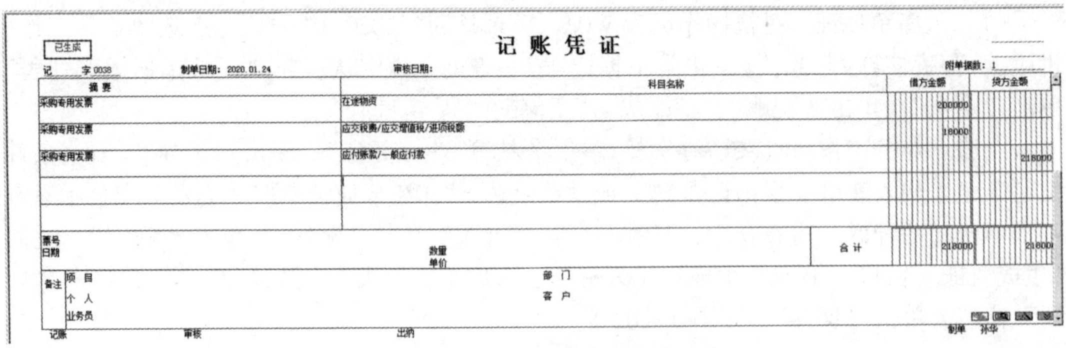

图 5-204 运费发票凭证

任务二十五 现金折扣

一、业务资料

1月28日，向安顺勤翔支付24日所购商品货款。

```
           中国工商银行
           转账支票存根
           NO. 10245635
附加信息
_____
_____

出票日期2020年1月28日
收款人：安顺勤翔有限公司
金  额：￥232554.00
用  途：支付货款
单位主管（略）  会计（略）
```

图5-205 转账支票存根

二、操作要求和说明

1. 要求

按资料完成业务，确保数据完整和凭证金额正确。

2. 说明

本业务由W03完成付款，W02完成核销和凭证。

三、任务分析

本业务是任务二十三的延续，1月24日已完成入库单凭证、发票凭证的生成，现在就只剩下付款和核销。由于企业在10天以内付款，按照1月24日签订合同可享受含税总价款2%的现金折扣，现金折扣通过核销处理，这使本业务中的核销区别于以前业务中的核销。此前的核销只是简单告知系统某张发票上的应收或应付款项已经还了部分或全部，而本业务中的核销除了这一告知外，还需要计算折扣额，然后将付款额与折扣一起与发票上的应付账款进行核销，并在凭证中通过"财务费用"体现折扣。因此，本笔业务核销将能产生分录，体现为凭证即：

借：应付账款/一般应付款
　　贷：财务费用

而付款单凭证为：

借：应付账款/一般应付款
　　贷：银行存款/工行存款

既然核销本身可产生分录，也就可以在制单处理时独立制单，满足"核销生成凭证"的选项设置要求，若用户合并制单，则凭证为：

借：应付账款/一般应付款

贷：财务费用

银行存款/工行存款

本笔业务首先编制一张付款单，对付款单进行审核（审核后可以立即制单，即不与核销合并制单，也可核销后再合并制单）。然后进行核销，核销时系统自动计算现金折扣。最后制单生成凭证。

四、操作步骤

1. 付款单

以 W03 登录企业应用平台，登录日期"2020-01-28"，点选"业务工作-财务会计-应付款管理-付款单处理-付款单据录入"，单击"增加"，按照资料录入付款单表头及表体信息，单击"保存"，结果如图 5-206。

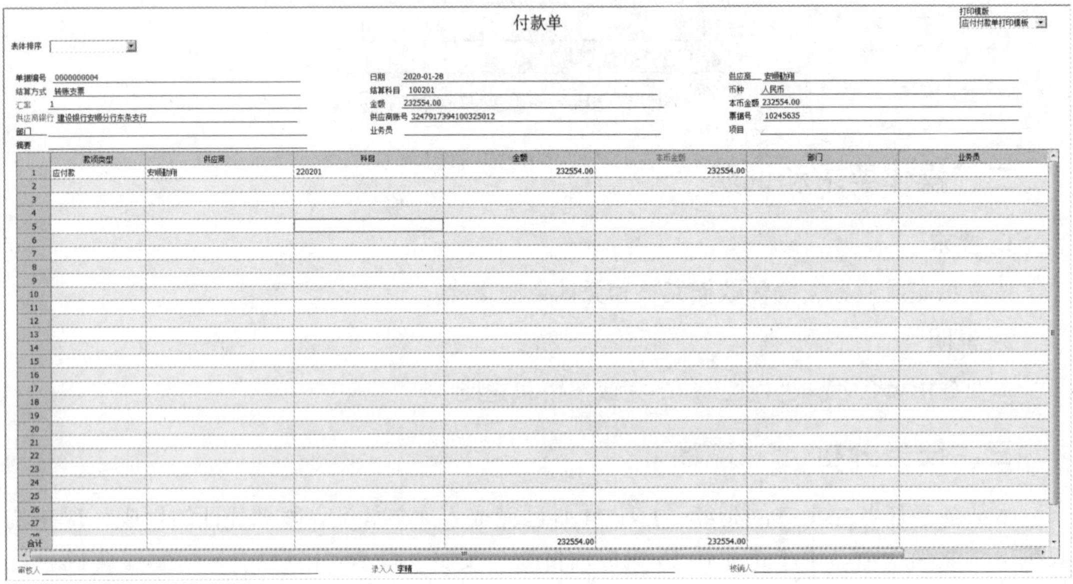

图 5-206　付款单

2. 付款单审核

更换操作员为 W02，登录日期"2020-01-28"，点选"业务工作-财务会计-应付款管理-付款单据处理-付款单据审核"，查询默认，对付款单进行审核，系统提示"本次审核成功单据 1 张"。

3. 核销

点选"业务工作-财务会计-应付款管理-核销处理-手工核销"（涉及折扣计算，只能用手工核销），核销条件中选择供应商为"安顺勤翔"，其余条件可默认。进入"单据核销"窗口，系统已自动计算可享受折扣额为"4746.00"，单击"全选"，再单击"分摊"，如图 5-207，单击"保存"。

单据日期	单据类型	单据编号	供应商	款项	结算方式	币种	汇率	原币金额	原币余额	本次结算	订单号
2020-01-28	付款单	0000000004	安顺勐翔	应付款	转账支票	人民币	1.00000000	232,554.00	232,554.00	232,554.00	
合计									232,554.00	232,554.00	232,554.00

单据日期	单据类型	单据编号	到期日	供应商	币种	原币金额	原币余额	可享受折扣	本次折扣	本次结算	订单号	凭证号
2020-01-24	采购专...	98012306	2020-02-23	安顺勐翔	人民币	237,300.00	237,300.00	4,746.00	4,746.00	232,554.00	G0002	记-0035
合计						237,300.00	237,300.00	4,746.00	4,746.00	232,554.00		

图 5-207　核销

4. 制单

点选"业务工作–财务会计–应付款管理–制单处理"，在"制单查询"对话框左侧勾选"收付款单制单"和"核销制单"，进入"应付制单"窗口，单击"全选"，单击"合并"（也可不合并，分别制单），再单击"制单"，进入"凭证"窗口，在第三行"财务费用"贷方金额按下空格键将数字调整为借方金额，再按下"–"调整为负数，单击"保存"。结果如图 5-208（其中财务费用为红字负数）。

图 5-208　收款及核销凭证

任务二十六　计算工资

一、任务资料

1 月 31 日，计算当月工资，表 5-1 休息日指休息日加班天数，事假指事假天数，其他两项同。

表 5-1　1 月员工工资基本数据

姓名	部门	基本工资	岗位工资	工龄	休息日	节假日	事假	病假
赵琪	总经办	3500	3000	15	4			
钱玲	财务部	3000	1200	10	2			
孙华	财务部	2500	1000	8			1	

续表

姓名	部门	基本工资	岗位工资	工龄	休息日	节假日	事假	病假
李晴	财务部	2500	1000	7	1			
周明	销售部	2500	1200	5	1			
吴昱	采购部	2700	1200	11				1
高勤成	采购部	2000	740	4			1	1
郑昕	仓管部	1800	800	5	3		1	
杜兴仕	仓管部	1300	740	1		1		1
曹林捷	人力资源部	2500	1200	9	2			

当月绩效工资：总经理办公室 700 元，销售部和人力资源部 500 元，其余部门为 400 元。

二、操作要求和说明

1. 要求

按资料计算汇总当月员工工资。

2. 说明

本业务由 W02 完成工资录入和计算汇总。

三、业务分析

企业每月都要计算员工工资，但并不是每次都要录入所有资料中数据。由于本企业是第一次使用 U8 系统，所以需要录入所有数据。以后每月基本工资、岗位工资及工龄不需要录入，只在变动时进行调整即可。企业每月必须录入的数据是加班天数、请假天数及绩效工资等。

首先在系统中手工录入基本工资、岗位工资和工龄；再录入加班天数和请假天数，利用替换功能指定各部门的绩效工资，由系统自动进行数据填列；最后，由系统根据初始阶段设置好的工资公式自动计算汇总其他工资表项目数据。

四、操作步骤

1. 录入工资数据

以 W02 登录企业应用平台，登录日期"2020-01-31"，点选"业务工作-人力资源-薪资管理-业务处理-工资变动"，进入"工资变动"窗口。按照资料录入每个员工的基本工资、岗位工资、工龄等数据。

2. 绩效工资

在"工资变动"窗口，单击"全选"选中所有人员，单击"替换"按钮，单击"将工资项目"后的下拉箭头并选择"绩效工资"，然后在"替换成"后面框中输入"700"，

"替换条件"下第一行单击下拉箭头选择"部门",在中间的空白框单击并选择"=",右边项目单击下拉箭头选择"总经理办公室"。如图 5-209,单击"确定",系统提示"数据替换后将不可恢复,是否继续"单击"是",系统提示"1 条记录被更换,是否重新计算"单击"是",则总经理办公室人员绩效工资已填列。

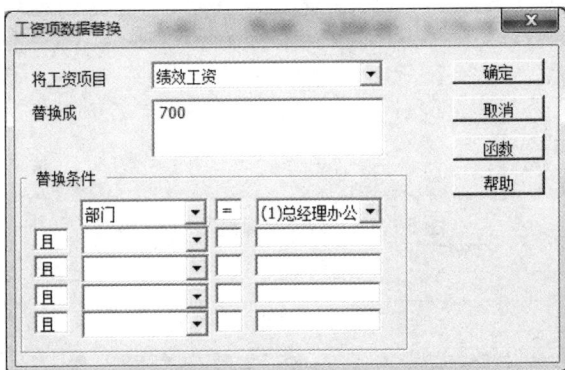

图 5-209 绩效设置-700

按上述流程再设置后两个替换,后两个条件将用到逻辑运算符,单击逻辑运算符"且"可将其变为"或"。其他部门设置可参考图 5-210、图 5-211。

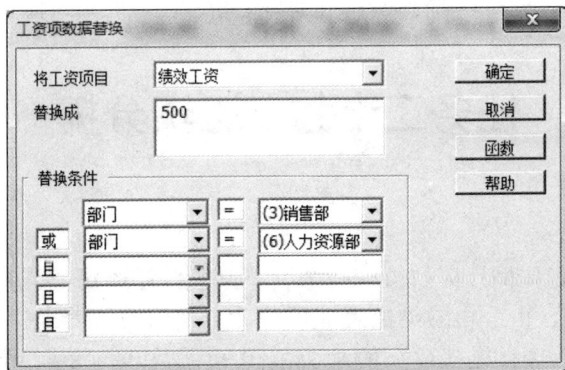

图 5-210 绩效设置-500

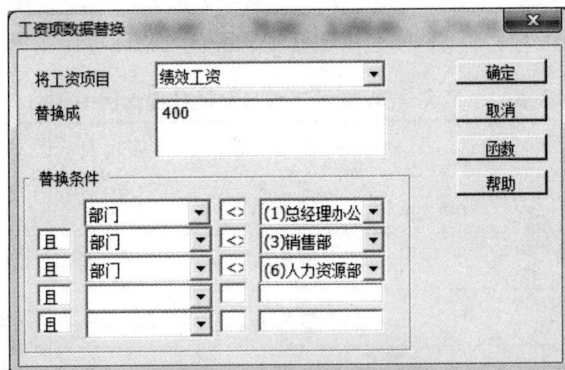

图 5-211 绩效设置-400

3. 计算和汇总

完成前述操作后，单击“计算”，再单击“汇总”，则所有员工工资计算完毕，结果如图 5-212 和 5-213。

工资变动

过滤器 所有项目 定位器

选择	姓名	部门	人员类别	基本工资	岗位工资	绩效工资	工龄	工龄工资	日工资	休息日加班天数	休息日加班工资	节假日加班天数	节假日加班工资	奖金	事假天数	事假扣款	病假天数	病假扣款
	赵琪	总经理办公室	企管人员	3,500.00	3,000.00	700.00	15.00	450.00	319.54	4.00	1,917.24			300.00				
	钱玲	财务部	企管人员	3,000.00	1,200.00	400.00	10.00	300.00	206.90	2.00	620.70			300.00				
	孙华	财务部	企管人员	2,500.00	1,000.00	400.00	8.00	240.00	171.95						1.00	171.95		
	李晴	财务部	企管人员	2,500.00	1,000.00	400.00	7.00	210.00	170.57	1.00	255.86			300.00				
	周明	销售部	销售人员	2,500.00	1,200.00	500.00	5.00	150.00	177.01	1.00	265.52			300.00				
	吴昱	采购部	采购人员	2,700.00	1,200.00	400.00	11.00	330.00	194.48								1.00	
	高勤成	采购部	采购人员	2,000.00	740.00	400.00	4.00	120.00	131.49						1.00	131.49	1.00	26.30
	郑昕	仓管部	仓管人员	1,800.00	800.00	400.00	5.00	150.00	126.44	3.00	568.98				1.00	126.44		
	杜兴仕	仓管部	仓管人员	1,300.00	740.00	400.00	1.00	30.00	95.17			1.00	285.51				1.00	38.07
	曹林捷	人力资源部	企管人员	2,500.00	1,200.00	500.00	9.00	270.00	182.53	2.00	547.59			300.00				
合计				24,300.00	12,080.00	4,500.00	75.00	2,250.00	1,776.08	13.00	4,175.89	1.00	285.51	1,500.00	3.00	429.88	3.00	64.37

图 5-212 工资计算结果（一）

工资变动

过滤器 所有项目 定位器

选择	姓名	部门	人员类别	病假扣款	五险一金计提基数	住房公积金	失业保险	养老保险	医疗保险	应发工资	工资扣税基数	代扣税	应发合计	扣款合计	实发合计	年终奖	年终奖代扣税	工资代扣税	扣税合计
	赵琪	总经理办公室	企管人员		6,500.00	390.00	19.50	520.00	130.00	9,867.24	8,807.74	170.77	9,867.24	1,230.27	8,636.97			170.77	170.77
	钱玲	财务部	企管人员		4,200.00	252.00	12.60	336.00	84.00	5,820.70	5,136.10	4.08	5,820.70	688.68	5,132.02			4.08	4.08
	孙华	财务部	企管人员		3,500.00	210.00	10.50	280.00	70.00	3,968.05	3,397.55		4,140.00	742.45	3,397.55				
	李晴	财务部	企管人员		3,500.00	210.00	10.50	280.00	70.00	4,665.86	4,095.36		4,665.86	570.50	4,095.36				
	周明	销售部	销售人员		3,700.00	222.00	11.10	296.00	74.00	4,915.52	4,312.42		4,915.52	603.10	4,312.42				
	吴昱	采购部	采购人员		3,900.00	234.00	11.70	312.00	78.00	4,630.00	3,994.30		4,630.00	635.70	3,994.30				
	高勤成	采购部	采购人员	26.30	2,740.00	164.40	8.22	219.20	54.80	3,102.21	2,655.59		3,260.00	604.41	2,655.59				
	郑昕	仓管部	仓管人员		2,600.00	156.00	7.80	208.00	52.00	3,592.54	3,168.74		3,718.98	550.24	3,168.74				
	杜兴仕	仓管部	仓管人员	38.07	2,040.00	122.40	6.12	163.20	40.80	2,717.44	2,384.92		2,755.51	370.59	2,384.92				
	曹林捷	人力资源部	企管人员		3,700.00	222.00	11.10	296.00	74.00	5,317.59	4,714.49		5,317.59	603.10	4,714.49				
合计				64.37	36,380.00	2,182.80	109.14	2,910.40	727.60	48,597.15	42,667.21	174.85	49,091.40	6,599.04	42,492.36			174.85	174.85

图 5-213 工资计算结果（二）

任务二十七 工资分摊

一、任务资料

1 月 31 日，按规定比例计提“五险一金”“职工教育经费”“工会经费”，计提“代扣个人所得税”。其中，由公司缴纳的失业保险、工伤保险、养老保险、医疗保险、住房公积金分别按“五险一金计提基数”的 0.7%、0.9%、19%、8%、6%计提。此修改即是将生育保险并入医疗保险。职工个人缴纳的失业保险、养老保险、医疗保险、住房公积金分别按“五险一金计提基数”的 0.3%、8%、2%、6%从职工应发工资中扣除，按应发工资总额的 2.5%计提职工教育经费，按应发工资总额的 2%计提工会经费。

表 5-2 工资分摊-应发工资（分摊计提比例 100%）

部门	人员类别	工资项目	借方科目	贷方科目
总经办，财务部，人力资源部	企管人员	应发工资	660201	221101
销售部	销售人员	应发工资	660104	221101
采购部	采购人员	应发工资	660201	221101
仓管部	仓管人员	应发工资	660201	221101

表 5-3　工资分摊-职工教育经费（分摊计提比例 2.5%）

部门	人员类别	工资项目	借方科目	贷方科目
总经办，财务部，人力资源部	企管人员	应发工资	660201	221107
销售部	销售人员	应发工资	660104	221107
采购部	采购人员	应发工资	660201	221107
仓管部	仓管人员	应发工资	660201	221107

表 5-4　工资分摊-工会经费（分摊计提比例 2%）

部门	人员类别	工资项目	借方科目	贷方科目
总经办，财务部，人力资源部	企管人员	应发工资	660201	221109
销售部	销售人员	应发工资	660104	221109
采购部	采购人员	应发工资	660201	221109
仓管部	仓管人员	应发工资	660201	221109

表 5-5　工资分摊-公司住房公积金（分摊计提比例 6%）

部门	人员类别	工资项目	借方科目	贷方科目
总经办，财务部，人力资源部	企管人员	五险一金计提基数	660201	221108
销售部	销售人员	五险一金计提基数	660104	221108
采购部	采购人员	五险一金计提基数	660201	221108
仓管部	仓管人员	五险一金计提基数	660201	221108

表 5-6　工资分摊-公司失业保险（分摊计提比例 0.7%）

部门	人员类别	工资项目	借方科目	贷方科目
总经办，财务部，人力资源部	企管人员	五险一金计提基数	660201	22110401
销售部	销售人员	五险一金计提基数	660104	22110401
采购部	采购人员	五险一金计提基数	660201	22110401
仓管部	仓管人员	五险一金计提基数	660201	22110401

表 5-7　工资分摊-工伤保险（分摊计提比例 0.9%）

部门	人员类别	工资项目	借方科目	贷方科目
总经办，财务部，人力资源部	企管人员	五险一金计提基数	660201	22110302
销售部	销售人员	五险一金计提基数	660104	22110302
采购部	采购人员	五险一金计提基数	660201	22110302
仓管部	仓管人员	五险一金计提基数	660201	22110302

表 5-8　工资分摊-公司养老保险（分摊计提比例 19%）

部门	人员类别	工资项目	借方科目	贷方科目
总经办，财务部，人力资源部	企管人员	五险一金计提基数	660201	22110402
销售部	销售人员	五险一金计提基数	660104	22110402
采购部	采购人员	五险一金计提基数	660201	22110402
仓管部	仓管人员	五险一金计提基数	660201	22110402

表 5-9　工资分摊-公司医疗保险（分摊计提比例 8%）

部门	人员类别	工资项目	借方科目	贷方科目
总经办，财务部，人力资源部	企管人员	五险一金计提基数	660201	22110301
销售部	销售人员	五险一金计提基数	660104	22110301
采购部	采购人员	五险一金计提基数	660201	22110301
仓管部	仓管人员	五险一金计提基数	660201	22110301

表 5-10　工资分摊-个人住房公积金（分摊计提比例 6%）

部门	人员类别	工资项目	借方科目	贷方科目
总经办，财务部，人力资源部	企管人员	五险一金计提基数	221101	224101
销售部	销售人员	五险一金计提基数	221101	224101
采购部	采购人员	五险一金计提基数	221101	224101
仓管部	仓管人员	五险一金计提基数	221101	224101

表 5-11　工资分摊-个人失业保险（分摊计提比例 0.3%）

部门	人员类别	工资项目	借方科目	贷方科目
总经办，财务部，人力资源部	企管人员	五险一金计提基数	221101	224104
销售部	销售人员	五险一金计提基数	221101	224104
采购部	采购人员	五险一金计提基数	221101	224104
仓管部	仓管人员	五险一金计提基数	221101	224104

表 5-12　工资分摊-个人养老保险（分摊计提比例 8%）

部门	人员类别	工资项目	借方科目	贷方科目
总经办，财务部，人力资源部	企管人员	五险一金计提基数	221101	224102
销售部	销售人员	五险一金计提基数	221101	224102
采购部	采购人员	五险一金计提基数	221101	224102
仓管部	仓管人员	五险一金计提基数	221101	224102

表 5-13 工资分摊-个人医疗保险（分摊计提比例 2%）

部门	人员类别	工资项目	借方科目	贷方科目
总经办，财务部，人力资源部	企管人员	五险一金计提基数	221101	224103
销售部	销售人员	五险一金计提基数	221101	224103
采购部	采购人员	五险一金计提基数	221101	224103
仓管部	仓管人员	五险一金计提基数	221101	224103

表 5-14 工资分摊-代扣个人所得税（分摊计提比例 100%）

部门	人员类别	工资项目	借方科目	贷方科目
总经办，财务部，人力资源部	企管人员	代扣税	221101	222104
销售部	销售人员	代扣税	221101	222104
采购部	采购人员	代扣税	221101	222104
仓管部	仓管人员	代扣税	221101	222104

二、操作要求和说明

1. 要求

按资料完成工资分摊设置，生成工资分摊凭证，生成凭证时，合并科目相同、辅助项相同的分录。

2. 说明

本业务由 W02 完成工资分摊设置和凭证生成。

三、业务分析

本业务在期末完成，但其中的工资分摊设置只在首次使用账套时进行，以后每月只需要根据当月工资变动数据生成凭证即可。首先，在工资分摊中按资料逐一进行各项分摊计提项目设置；然后，在工资分摊中根据设置好的每一分摊计提项目生成对应凭证即可。

四、操作步骤

1. 工资分摊设置

以 W02 登录企业应用平台，登录日期 "2020-01-31"，点选 "业务工作-人力资源-薪资管理-业务处理-工资分摊"，进入 "工资分摊" 对话框，单击 "工资分摊设置"，系统弹出 "分摊类型设置" 界面，单击 "增加"，出现 "分摊计提比例设置" 界面，按资料输入分摊计提类型名称为 "应发工资"，比例为 "100%"，如图 5-214，单击 "下一步"，进入 "分摊构成设置"。

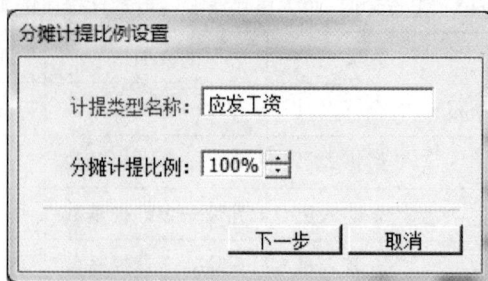

图 5-214　分摊计提比例设置

在"分摊构成设置"界面，双击部门名称，出现搜索按钮，单击搜索按钮，勾选总经理办公室、财务部和人力资源部，单击"确定"，通过下拉按钮选择人员类别为"企管人员"，工资项目为"应发工资"，借方科目为"660201"，贷方科目为"221101"，双击第二行，继续进行其他行设置。应发工资计提设置如图 5-215，单击"完成"，返回"分摊类型设置"界面，界面出现已设置好的"应发工资"分摊类型，单击"增加"，按资料继续增加其他类型。全部完成后在"分摊类型设置"界面单击"返回"，回到"工资分摊对话框"。

在"分摊构成设置"中若错误增加一行而单击"完成"无法返回，可在该行单击鼠标右键调出删行功能。

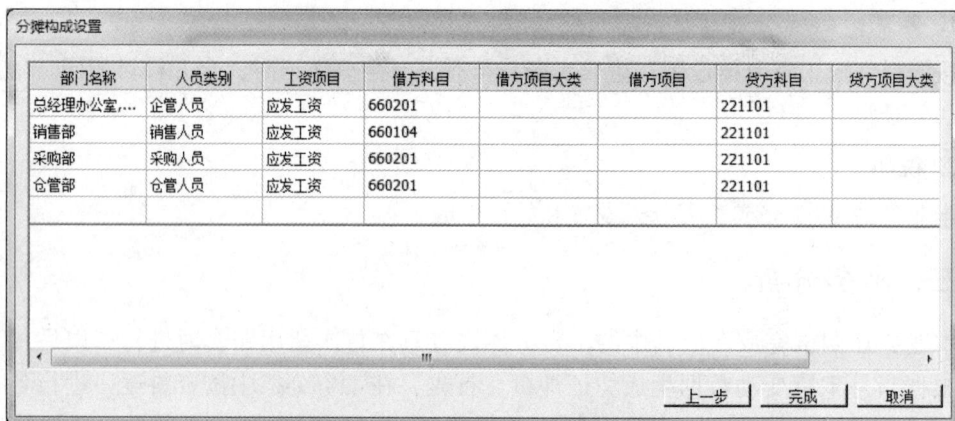

图 5-215　应发工资分摊构成设置

2. 凭证生成

在"工资分摊"对话框左侧勾选此前设置的所有分摊类型（也可每次只选择要生成凭证的类型），单击对话框上方"全选"，选中所有部门，勾选右侧"明细到工资项目"（若不勾选，则此前在分摊计提中设置的工资项目及对应的借贷方科目不会出现，也因而无法计提金额），单击"确定"，进入"工资分摊明细"，当前类型为"应发工资"，勾选"合并科目相同、辅助项相同的分录"，如图 5-216。单击"制单"按钮，进入"凭证"窗口，凭证当前还未设置凭证类别，单击左上"字"前的空栏，选择"记账凭证"，单击"保存"。结果如图 5-217。

☑ 合并科目相同、辅助项相同的分录

类型 应发工资

部门名称	人员类别	应发工资		
		分配金额	借方科目	贷方科目
总经理办公室	企管人员	9867.24	660201	221101
销售部	销售人员	4915.52	660104	221101
人力资源部	企管人员	5317.59	660201	221101
仓管部	仓管人员	6309.98	660201	221101
采购部	采购人员	7732.21	660201	221101
财务部	企管人员	14454.61	660201	221101

图 5-216　应发工资一览表

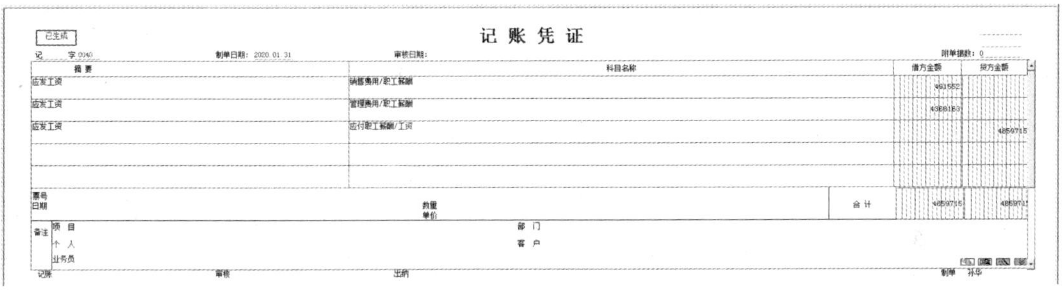

图 5-217　计提工资凭证

凭证保存后，关闭“凭证”窗口，返回“工资分摊明细”窗口，单击类型旁下拉箭头，依次选择其他类型按前述流程分别生成凭证并保存，部分凭证如图 5-218、图5-219、图 5-220、图 5-221。

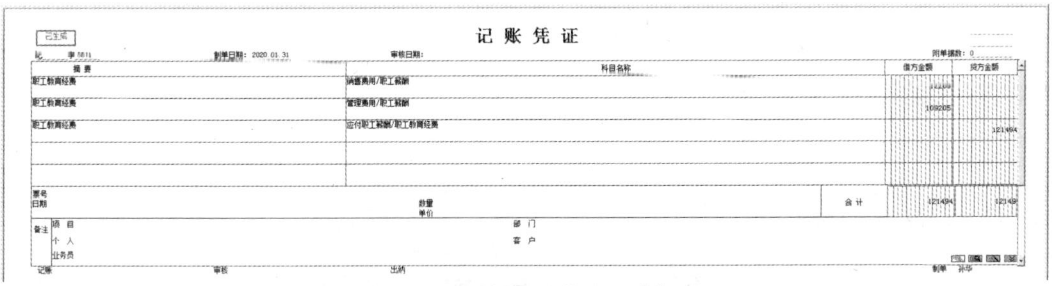

图 5-218　计提职工教育经费凭证

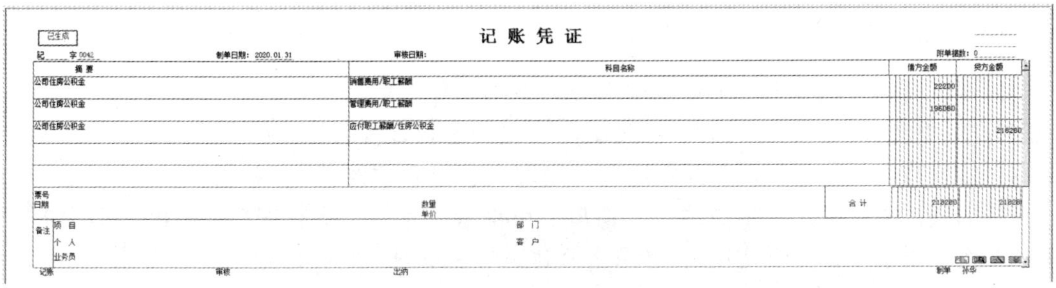

图 5-219　计提公司住房公积金凭证

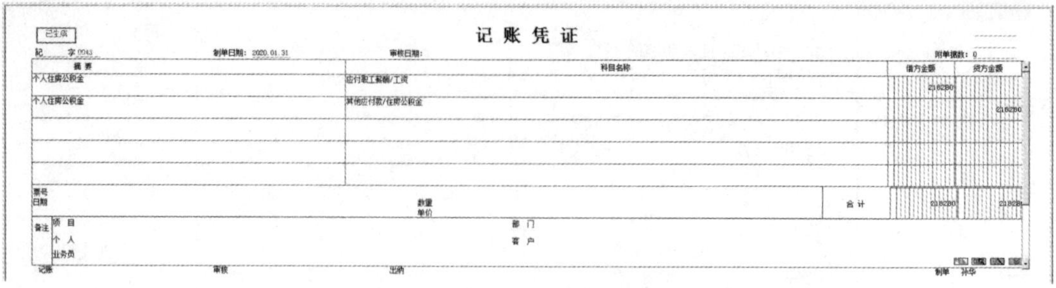

图 5-220 计提个人住房公积金凭证

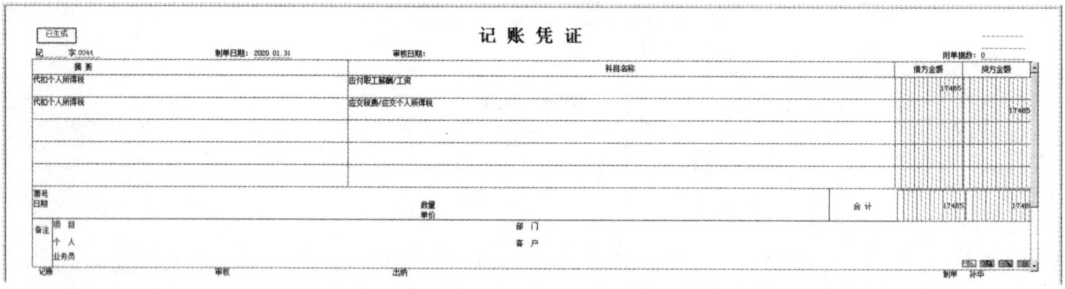

图 5-221 代扣个人所得税凭证

任务二十八 计提折旧

一、任务资料

1 月 31 日,计提本月固定资产折旧。

二、操作要求和说明

本业务由 W02 完成。

三、业务分析

本业务比较简单,主要由系统根据固定资产数据自动计算折旧额,然后由用户生成凭证。

四、操作步骤

以 W02 登录企业应用平台,登录日期"2020-01-31",点选"业务工作-财务会计-固定资产-处理-计提本月折旧",系统询问"是否要查看折旧清单?",单击"是",弹出提示"本操作将计提本月折旧,并花费一定时间,是否要继续",单击"是",系统自动计算折旧额,之后进入"折旧清单"窗口,可查看"本月计提折旧"。关闭"折旧清单"窗口,系统提示"计提折旧完成",单击"确定"后进入"折旧分配表",单击上方"凭证",进入"凭证"窗口,选择凭证类别为"记账凭证",单击"保存"。结果如

图5-222。

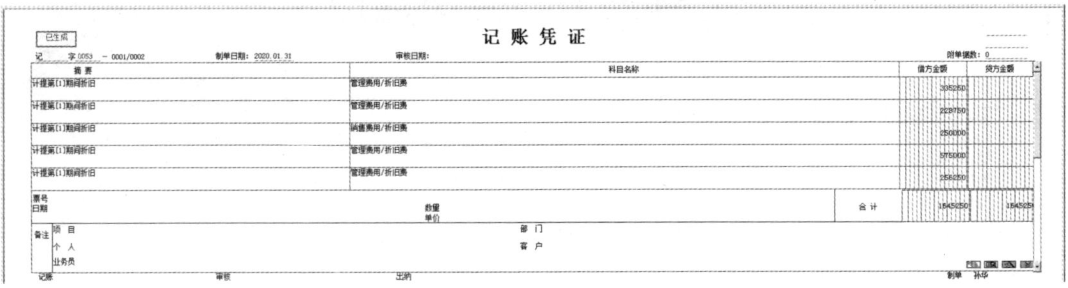

记 账 凭 证

已生成

记 字 0053 - 0001/0002　制单日期：2020.01.31　审核日期：　附单据数：0

摘要	科目名称	借方金额	贷方金额
计提第[1]期间折旧	管理费用/折旧费	335250	
计提第[1]期间折旧	管理费用/折旧费	223750	
计提第[1]期间折旧	销售费用/折旧费	250000	
计提第[1]期间折旧	管理费用/折旧费	575000	
计提第[1]期间折旧	管理费用/折旧费	256250	
票号 日期	数量 单价 合计	1845250	1845250

备注　项目　部门　个人　客户　业务员

记账　审核　出纳　制单 孙华

图 5-222　计提折旧凭证

任务二十九　坏账准备

一、任务资料

1 月 31 日，计提坏账准备。

二、操作要求和说明

本业务由 W02 完成。

三、业务分析

本业务主要由系统自动计算，用户只需生成对应凭证。

四、操作步骤

以 W02 登录企业应用平台，登录日期“2020-01-31”，点选“业务工作-财务会计-应收款管理-坏账处理-计提坏账准备”，系统已计算出结果，单击“确认”按钮，系统询问“是否立即制单”，单击“是”，进入“凭证”窗口，单击“保存”，结果如图5-223。

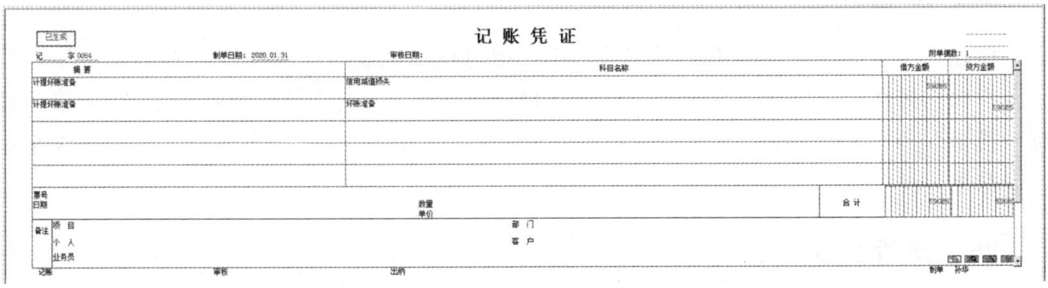

记 账 凭 证

已生成

记 字 0054　制单日期：2020.01.31　审核日期：　附单据数：1

摘要	科目名称	借方金额	贷方金额
计提坏账准备	信用减值损失	59085	
计提坏账准备	坏账准备		59085
票号 日期	数量 单价 合计	59085	59085

备注　项目　部门　个人　客户　业务员

记账　审核　出纳　制单 孙华

图 5-223　计提坏账凭证

任务三十　存货盘点

一、任务资料

1 月 31 日，进行存货盘点，盘点情况见表 5–15。

表 5–15　存货盘点盈亏报告表

单位名称：贵州盛德商贸有限公司　　　　2020 年 1 月 31 日

名称	规格	单位	单价	账存		实存		账实对比			
								盘盈		盘亏	
				数量	金额	数量	金额	数量	金额	数量	金额
彭诚花生辣椒酱		箱	490.00	1100	539000.00	1098	538020			2	980
彭诚豆豉辣椒酱		箱	500.00	500	250000.00	501	250500	1	500		
分析原因：盘盈原因系计量错误 　　　　　盘亏原因系管理不善							审批意见：对仓管部郑昕罚款 500 元 主管部门：				

盘点人签章：略　　　　　　　　主管会计签章：略

二、操作要求和说明

1. 要求

按资料完成盘点业务，按盘点情况和处理意见编制凭证。

2. 说明

本业务由 C01 完成盘点单，W02 完成盘点单凭证，盘盈盘亏凭证。

三、业务分析

首先，要根据盘盈盘亏情况编制盘点单，由盘点单盘盈生成其他入库单、盘亏生成其他出库单，再在存货核算对其他出入库单生成凭证，如果有进项税额转出的，在生成凭证时"插分"，即插入分录。盘盈盘亏处理意见出来后，还需要根据处理意见在总账中编制处理结果凭证。

四、操作步骤

1. 盘点单

以 C01 登录企业应用平台，登录日期"2020-01-31"，点选"业务工作-供应链-库存管理-盘点业务"，进入"盘点单"窗口，单击"增加"，选择盘点仓库为"调味料"

仓库（如果有多个仓库出现盘盈盘亏，则应分别每个仓库编制一张盘点单），出库类别选择“盘亏”，入库类别选择“盘盈入库”，部门选择“仓管部”，单击上方“盘库”按钮，系统弹出将删除已有记录的提示，单击“是”，打开“盘点处理”对话框，其中默认盘点方式是“按仓库盘点”，不必更改，单击“确认”，则返回盘点单时系统自动带出调味料仓库的所有商品（盘点单上两种商品都在调味料仓库）。

按照资料，输入商品“单价”，修改“盘点数量”，如图 5-224，单击“保存”，单击“审核”，系统提示“该单据审核成功”，关闭窗口。此时，系统已自动生成其他出入库单。

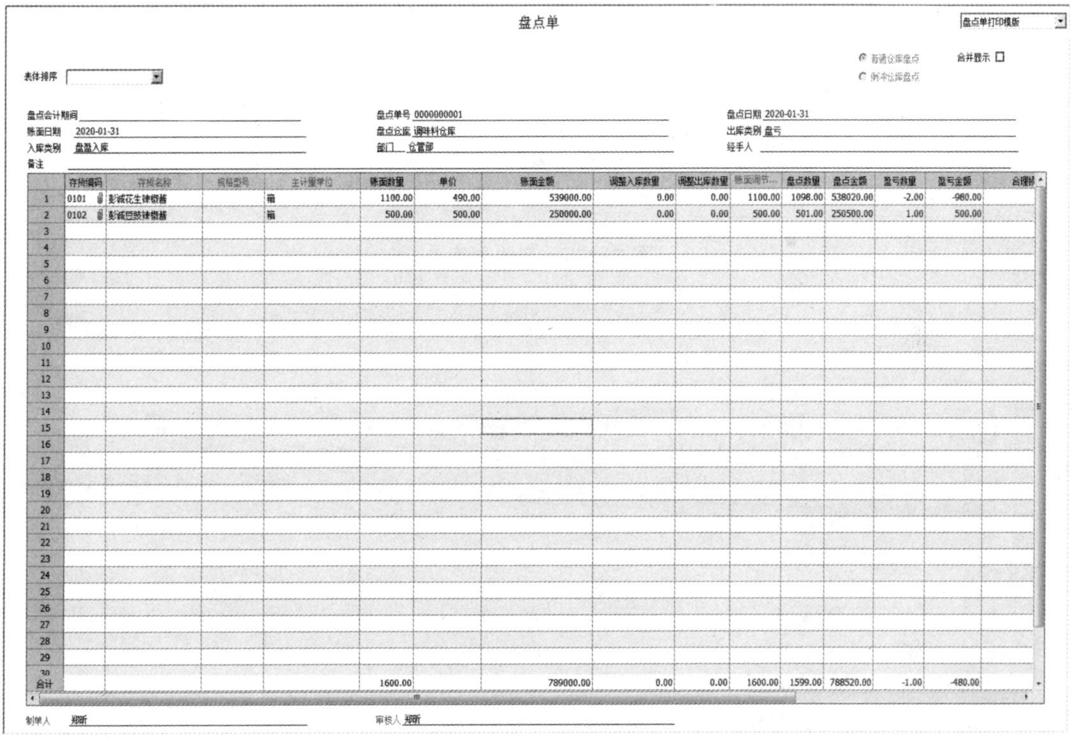
盘点单　盘点单打印模版

普通仓库盘点　倒冲仓库盘点　合并显示

表体排序

盘点会计期间　盘点单号 0000000001　盘点日期 2020-01-31

账面日期 2020-01-31　盘点仓库 调味料仓库　出库类别 盘亏

入库类别 盘盈入库　部门 仓管部　经手人

备注

	存货编码	存货名称	规格型号	主计量单位	账面数量	单价	账面金额	调整入库数量	调整出库数量	账面调节…	盘点数量	盘点金额	盈亏数量	盈亏金额	合理损
1	0101	彭诚花生辣椒酱		箱	1100.00	490.00	539000.00	0.00	0.00	1100.00	1098.00	538020.00	-2.00	-980.00	
2	0102	彭诚豆豉辣椒酱		箱	500.00	500.00	250000.00	0.00	0.00	500.00	501.00	250500.00	1.00	500.00	
3															
4															
5															
6															
7															
8															
9															
10															
11															
12															
13															
14															
15															
16															
17															
18															
19															
20															
21															
22															
23															
24															
25															
26															
27															
28															
29															
30															
合计					1600.00		789000.00	0.00	0.00	1600.00	1599.00	788520.00	-1.00	-480.00	

制单人 郑昕　审核人 郑昕

图 5-224　盘点单

2. 其他出入库单审核

点选“业务工作-供应链-库存管理-入库业务-其他入库单”，进入“其他入库单”窗口，单击“ ”按钮，找到盘盈产生的其他入库单，单击“审核”。关闭窗口。同样方法，审核其他出库单，结果如图 5-225、图 5-226。

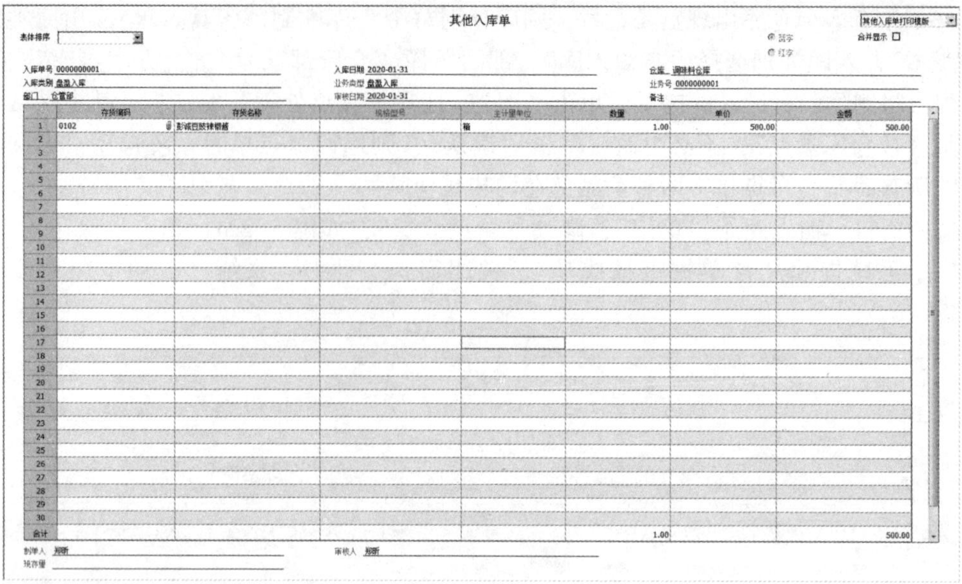

其他入库单

其他入库单打印模版

表体排序　　　　◉ 蓝字　○ 红字　　合并显示 □

入库单号 0000000001　　入库日期 2020-01-31　　仓库 调味料仓库

入库类别 盘盈入库　　业务类型 盘盈入库　　业务号 0000000001

部门 仓管部　　审核日期 2020-01-31　　备注

	存货编码	存货名称	规格型号	主计量单位	数量	单价	金额
1	0102	彭诚豆豉辣椒酱		箱	1.00	500.00	500.00
2							
3							
4							
5							
6							
7							
8							
9							
10							
11							
12							
13							
14							
15							
16							
17							
18							
19							
20							
21							
22							
23							
24							
25							
26							
27							
28							
29							
30							
合计					1.00		500.00

制单人 郑昕　　审核人 郑昕

现存量

图 5-225　其他入库单

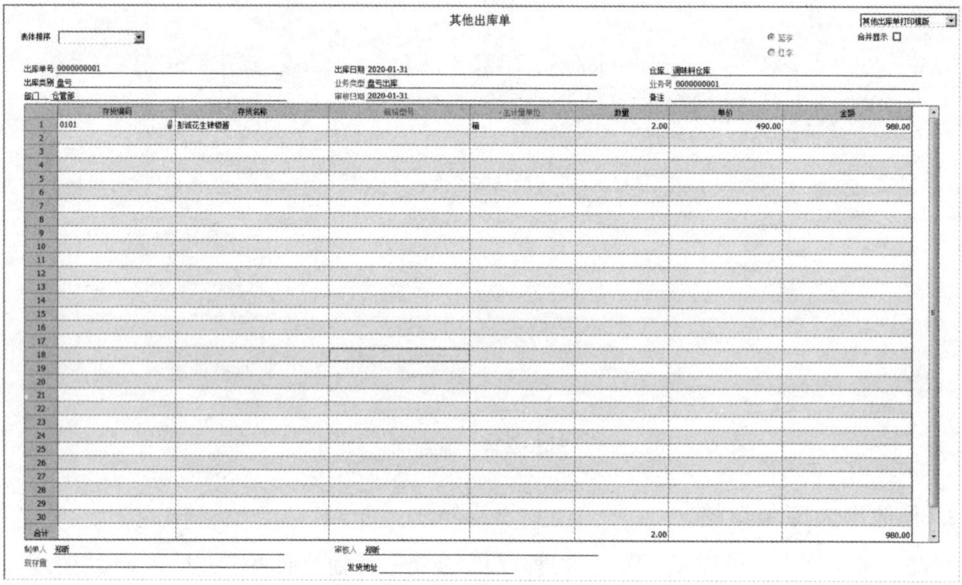

其他出库单

其他出库单打印模版

表体排序　　　　◉ 蓝字　○ 红字　　合并显示 □

出库单号 0000000001　　出库日期 2020-01-31　　仓库 调味料仓库

出库类别 盘亏　　业务类型 盘亏出库　　业务号 0000000001

部门 仓管部　　审核日期 2020-01-31　　备注

	存货编码	存货名称	规格型号	主计量单位	数量	单价	金额
1	0101	彭诚花生辣椒酱		箱	2.00	490.00	980.00
2							
3							
4							
5							
6							
7							
8							
9							
10							
11							
12							
13							
14							
15							
16							
17							
18							
19							
20							
21							
22							
23							
24							
25							
26							
27							
28							
29							
30							
合计					2.00		980.00

制单人 郑昕　　审核人 郑昕

现存量　　发货地址

图 5-226　其他出库单

3. 其他出入库单凭证生成

更换操作员为 W02，登录日期“2020-01-31”，点选“业务工作-供应链-存货核算-业务核算-正常单据记账”，进入“正常单据记账”窗口，单击“全选”，将其他出入库单全部选中，单击“记账”，系统显示记账成功后单据消失。

点选“业务工作-供应链-存货核算-财务核算-生成凭证”，单击“选择”，在“查询条件”对话框左侧勾选“其他入库单”“其他出库单”或按默认全选，单击“确定”。进入"未生成凭证单据一览表"，单击"全选"，单击"确定"，返回"生成凭证"窗口，系统已根据初始设置自动带出其他出入库单借贷方科目，单击"生成"（出入库单各自生成凭证，而不能合并为一张凭证），进入"凭证"窗口，对"其他入库单"凭证直接单击"保存"，结果如图5-227，记录"待处理财产损溢/待处理流动资产损溢"金额。单击"➡"调出"其他出库单"凭证，在"库存商品"分录下增加一条分录，摘要复制上行，科目输入或选择"22210102，应交税费/应交增值税/进项税额转出"，输入贷方金额"127.4（进项税额转出金额＝980×13％＝127.4元）"，将第一行"待处理财产损溢/待处理流动资产损溢"金额删除并按"＝"重新获得正确的金额。单击"保存"，结果如图5-228，记录"待处理财产损溢/待处理流资产损溢"金额。

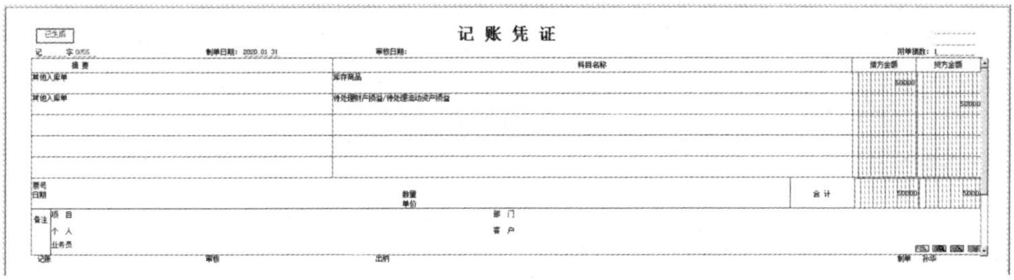

图 5-227　其他入库单凭证

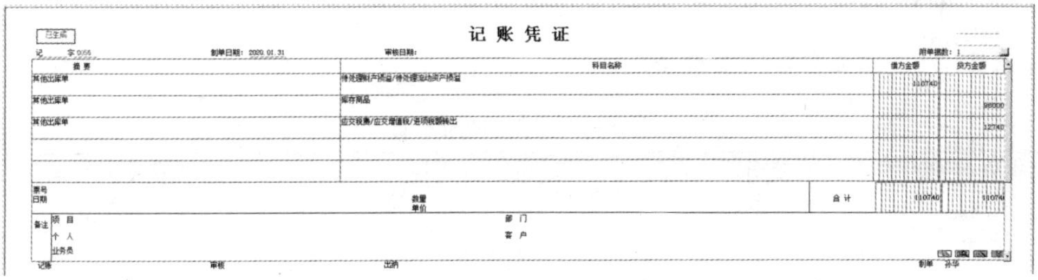

图 5-228　其他出库单凭证

4. 存货盘盈盘亏处理凭证

点选"业务工作-财务会计-总账-凭证-填制凭证"，进入窗口后单击"增加"，先填制存货盘盈处理凭证。输入摘要，根据此前记录的科目"190101，待处理财产损溢/待处理流动资产损溢"盘盈业务的发生额输入至凭证的借方金额栏，该发生额也可利用"余额"按钮查询科目的贷方发生额获得。输入"660206，管理费用"金额在借方，并输入为负数（可在借方金额栏先按下"－"，再按"＝"）。输入完成单击"保存"，结果如图5-229。

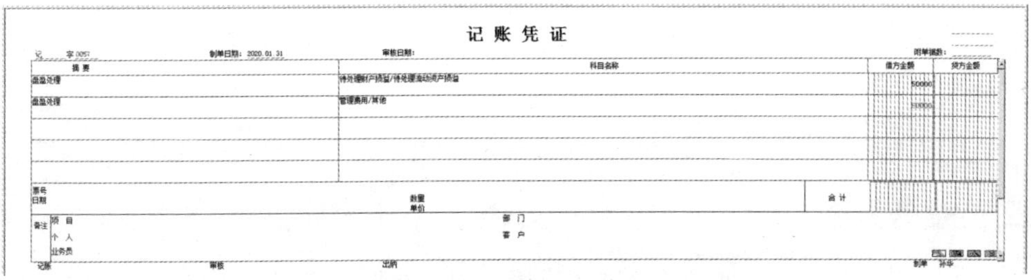

图 5-229　盘盈处理凭证

单击"增加",填制盘亏凭证,借方科目"122101,其他应收款/个人往来",辅助项输入部门为"仓管部",个人为"郑昕",科目借方金额 500,将此前记录的盘亏时待处理流动资产损溢的借方发生额减掉 500,填列为管理费用借方金额,贷方科目"190101,待处理财产损溢/待处理流动资产损溢",按此前记录的待处理流动资产损溢的盘亏发生额填列或直接按"="自动填列,单击"保存",结果如图 5-230。

图 5-230　盘亏处理凭证

任务三十一　跌价准备

一、业务资料

1 月 31 日,计提存货跌价准备。

表 5-17　跌价准备设置

存货分类编码	存货分类名称	跌价准备科目名称	计提费用科目名称
01	调味料	存货跌价准备	资产减值损失
02	方便食品	存货跌价准备	资产减值损失
03	肉制品	存货跌价准备	资产减值损失

表 5-18　存货跌价核算表 (单位:元)

存货编码	存货名称	可变现净值 (单价)
0201	黔井方便剪粉	208
0302	滕记卤汁羊肉	1097

二、操作要求和说明

1. 要求

按资料完成跌价准备设置和期末跌价计提,并生成计提跌价准备凭证。

2. 说明

本业务由 A01 完成跌价准备设置,W02 完成跌价准备计提和跌价准备凭证生成。

三、业务分析

由于在启用账套之初未进行跌价准备设置,因此在期末进行跌价准备计提前,先要进行设置。本业务首先按存货分类分别设置跌价准备科目及其对应的费用计提科目，从而在生成跌价计提凭证时可以自动带出借贷方科目。接下来编制“计提跌价处理单”，通过输入商品的可变现价格（单价），由系统自动计算应提跌价金额，最后生成凭证。

四、操作步骤

1. 跌价准备设置

以 A01 登录企业应用平台，点选“业务工作-供应链-存货核算-跌价准备-跌价准备设置”，进入“跌价准备设置”窗口，单击“增加”，按照资料在第一行选择存货类别为“01，调味料”，设置跌价准备科目为“1471，存货跌价准备”，计提费用科目为“6701，资产减值损失”。单击增加，继续完成其他类别设置，设置完成单击“保存”。结果如图 5-231。

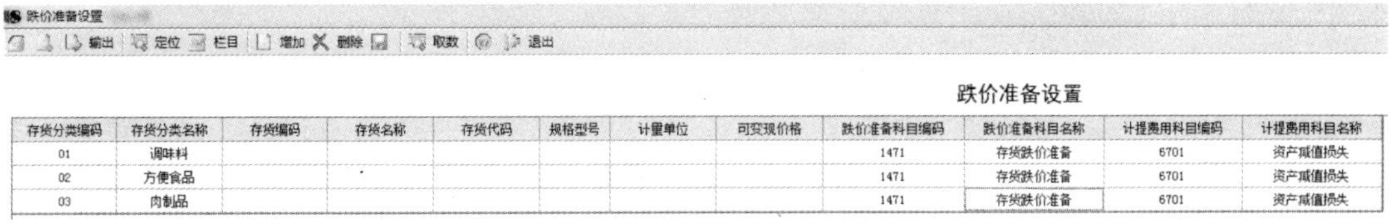

跌价准备设置

存货分类编码	存货分类名称	存货编码	存货名称	存货代码	规格型号	计量单位	可变现价格	跌价准备科目编码	跌价准备科目名称	计提费用科目编码	计提费用科目名称
01	调味料							1471	存货跌价准备	6701	资产减值损失
02	方便食品							1471	存货跌价准备	6701	资产减值损失
03	肉制品							1471	存货跌价准备	6701	资产减值损失

图 5-231 跌价准备设置

2. 跌价准备计提

更换操作员为 W02，登录日期“2020-01-31”，点选“业务工作-供应链-存货核算-跌价准备-计提跌价准备”，进入“计提跌价处理单”窗口，单击“增加”，按资料在第一行输入存货编码“0201”，系统自动带出结存数量、结存单价等信息，在“可变现价格”栏输入“208”，则系统自动计算可变现金额和本次计提金额，单击第二行，继续录入其他存货跌价信息。输入完毕单击“保存”，单击“审核”，结果如图 5-232。

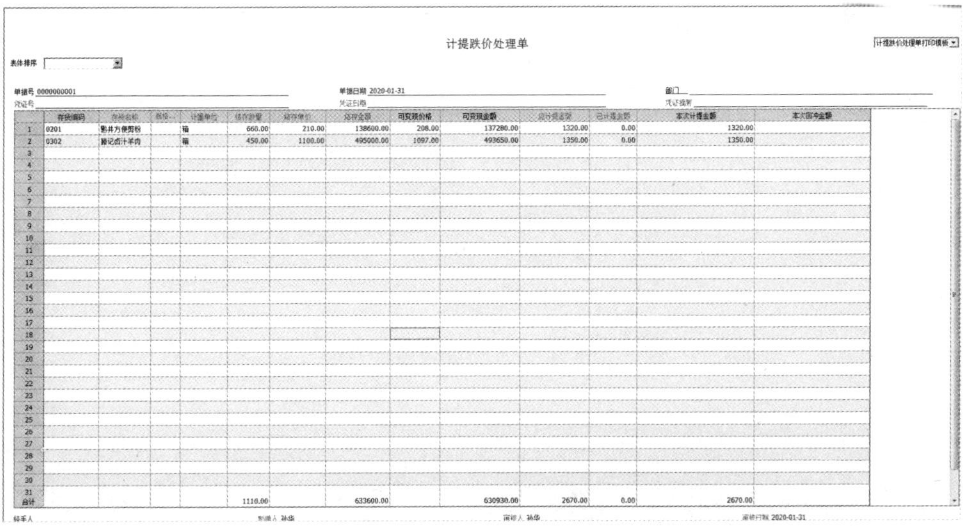

计提跌价处理单

	存货编码	存货名称	规格...	计量单位	结存数量	结存单价	结存金额	可变现价格	可变现金额	应计提金额	已计提金额	本次计提金额	本次回冲金额
1	0201	黔井方便剪粉		箱	660.00	210.00	138600.00	208.00	137280.00	1320.00	0.00	1320.00	
2	0302	腾记卤汁羊肉		箱	450.00	1100.00	495000.00	1097.00	493650.00	1350.00	0.00	1350.00	
3													
4													
5													
6													
7													
8													
9													
10													
11													
12													
13													
14													
15													
16													
17													
18													
19													
20													
21													
22													
23													
24													
25													
26													
27													
28													
29													
30													
31 合计					1110.00		633600.00		630930.00	2670.00	0.00	2670.00	

图 5-232 计提跌价准备

3. 跌价准备制单

点选“业务工作-供应链-存货核算-跌价准备-跌价准备制单”，进入“生成凭证”窗口（观察窗口构成应发现，实质上就是财务核算下“生成凭证”功能窗口），单击“选择”，弹出“查询条件”对话框，框内只有“跌价准备单”一种单据且已默认勾选，直接单击“确定”，进入“未生成凭证单据一览表”，单击“全选”或直接选中单据，单击“确定”，返回“生成凭证”窗口，单击“生成”（只有一张单据，生成与合成结果一样），进入“凭证”窗口，确认无误后单击“保存”。结果如图 5-233。

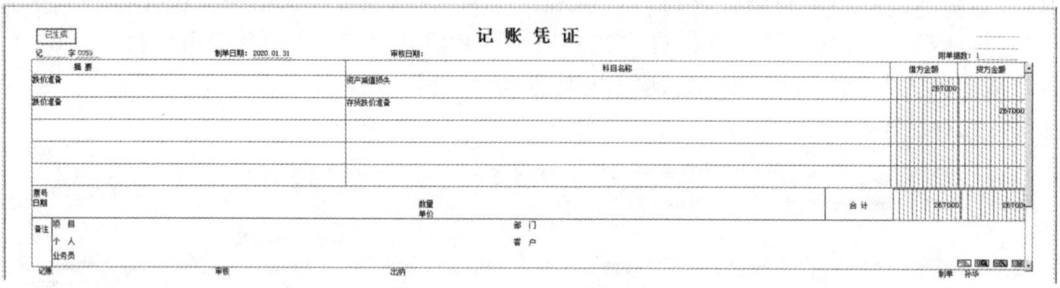
已生成

记账凭证

记 字 0059 制单日期：2020.01.31 审核日期： 附单据数：1

摘要	科目名称	借方金额	贷方金额
跌价准备	资产减值损失	267000	
跌价准备	存货跌价准备		267000
票号 日期	数量 单价 合计	267000	267000

备注 项目 部门
个人 客户
业务员

记账 审核 出纳 制单 孙华

图 5-233　跌价准备凭证

至此，本月日常业务处理全部结束，接下来，企业将进入期末处理阶段。在期末处理阶段将进行增值税结转操作，如果在增值税结转时，还有凭证未记账，则结转数据将会出现错误。因此，在本模块结束时，应对凭证进行批量出纳签字、批量审核和记账，具体操作可参见本模块任务一和任务二。

模块六　期末处理

任务描述

1. 未交增值税自定义转账及转账生成
2. 城市维护建设税、教育费附加、地方教育费附加自定义结转及转账生成
3. 期间损益结转定义及凭证生成
4. 所得税自定义结转及转账生成
5. 所得税结转本年利润凭证生成
6. 法定盈余公积计提、向投资者分配利润自定义结转及转账生成
7. 结转本年利润至未分配利润自定义结转及转账生成
8. 利润分配明细科目结转
9. 凭证审核
10. 凭证记账
11. 子系统结账
12. 总账结账

学习目标

1. 掌握自定义结转定义和转账生成操作
2. 掌握期末对账与结账操作
3. 掌握期末结转操作流程
4. 理解掌握期末子系统结账顺序
5. 理解期末业务处理各业务间的取数依赖关系
6. 理解凭证审核记账在期末取数中的作用

任务一　自定义转账

一、任务资料

1月31日，进行期末自定义结转设置，其中城市维护建设税、教育费附加、地方教育费附加分别按当月增值税的7%、3%、2%计算，企业所得税按当月应纳税所得额的25%计算。企业决定当月按税后利润的10%提取法定盈余公积，按税后利润的20%向投资者分

配利润。

表 6-1　结转未交增值税

转账序号	说明	科目	方向	金额公式
1	结转未交增值税	应交税费/应交增值税/转出未交增值税	借	QM（222101，月）
		应交税费/未交增值税	贷	JG（）

表 6-2　城市维护建设税

转账序号	说明	科目	方向	金额公式
2	城市维护建设税	税金及附加	借	QM（222102，月）＊0.07
		应交税费/应交城市维护建设税	贷	JG（）

表 6-3　教育费附加

转账序号	说明	科目	方向	金额公式
3	教育费附加	税金及附加	借	QM（222102，月）＊0.03
		应交税费/应交教育费附加	贷	JG（）

表 6-4　地方教育费附加

转账序号	说明	科目	方向	金额公式
4	地方教育费附加	税金及附加	借	QM（222102，月）＊0.02
		应交税费/应交地方教育费附加	贷	JG（）

表 6-5　所得税

转账序号	说明	科目	方向	金额公式
5	所得税	所得税费用/当期所得税费用	借	JE（4103，月）＊0.25
		应交税费/应交企业所得税	贷	JG（）

表 6-6　提取法定盈余公积

转账序号	说明	科目	方向	金额公式
6	提取法定盈余公积	利润分配/提取法定盈余公积	借	JE（4103，月）＊0.1
		盈余公积/法定盈余公积	贷	JG（）

表 6-7　分配投资者利润

转账序号	说明	科目	方向	金额公式
7	分配投资者利润	利润分配/应付现金股利或利润	借	JE（4103，月）＊0.2
		应付股利	贷	JG（）

表 6-8　结转本年利润

转账序号	说明	科目	方向	金额公式
8	结转本年利润	本年利润	借	JE（4103，月）
		利润分配/未分配利润	贷	JG（）

表 6-9　结转利润分配明细

转账序号	说明	科目	方向	金额公式
9	结转利润分配明细	利润分配/未分配利润	借	JG（）
		利润分配/提取法定盈余公积	贷	FS（410401，月，借）
		利润分配/应付现金股利或利润	贷	FS（410403，月，借）

二、操作要求和说明

1. 要求

按资料进行期末自定义转账设置。

2. 说明

本任务由 W02 完成。

三、任务分析

企业每个会计期间结束时，要进行一系列结转工作，包括结转增值税、期间损益结转等。对这类工作，U8 系统提供了自定义转账功能，由用户先对各个结转凭证进行摘要、借贷方科目及金额取数公式定义，则生成凭证时由系统根据用户所定义的金额公式自动取数生成凭证。自定义转账工作每期都要进行，但自定义转账设置只在启用账套当期做即可，以后期间只需根据此前定义的转账公式即可生成当期转账凭证。此外，本任务所定义的九个转账公式有部分是年末才进行，这里是将月末视同年末进行处理，以使用户对自定义转账有全面的掌握。

定义金额公式时要使用函数，这里主要用到发生额函数 FS、期末余额函数 QM、取对方科目计算结果函数 JG、净发生额函数 JE。其中，FS 函数即是按照用户在函数向导中指定的参数（如当月、借方或贷方）从账簿中取出指定科目的发生额，期末余额函数按指定参数从账簿中取出指定科目的期末余额，JG（）的作用是计算凭证中对方科目取数，并按对方取数结果来填列本科目金额，所以当借方已经有取数公式时，JG（）函数按借贷必相等的会计等式，即按借方金额填列贷方金额。JE（）函数的作用是获取指定科目指定期间的借贷方发生额差额为当前的金额。以下对自定义转账及转账凭证生成进行分析。

首先，定义结转未交增值税凭证公式，增值税期初无余额，本月增值税进项税发生在借方，销项税在贷方，由于本企业不存在已交税金，销项税额大于进项税额，二级科目"应交增值税"期末余额在贷方，形成应交而未交的增值税，在结转时从应交增值税下级科目"转出未交增值税"借方转出，转入"未交增值税"贷方。应交增值税期末处理时，还可能存在不转出（销项小于进项，多余的进项不转出）、从"转出多交增值税"贷方转出（存在已交税金，且已交的多于应交的）等情况，需要根据具体情况做调整。

在生成结转未交增值税凭证后，应对凭证进行审核、记账。然后，由转账定义公式2、3、4分别生成计提城市维护建设税、教育费附加、地方教育费附加的凭证。这三个公式较简单，都是按未交增值税的一定比例计提。

接下来定义计算所得税公式，当期所得税是按税前利润的25%计算。要获得税前利润，就需要先做期间损益结转，即将所有损益类科目的本期发生额结转到本年利润，由此形成本年利润的本期借方发生额和贷方发生额，贷方是当期收入，借方是当期成本，两者相抵后即是本期税前利润。在完成期间损益结转生成凭证后，应对凭证进行审核、记账，然后利用定义的所得税公式，按本年利润净发生额的25%计算所得税。本年利润没有期初余额，所以按本年利润期末余额的25%计算，结果也一样，但为使公式在以后各期都能直接使用，这里按发生额的净额来取数。

生成所得税凭证后，还需要在总账中填制一张凭证，将此前凭证中的当期所得税从所得税费用的贷方转至本年利润科目的借方，并对凭证审核和记账，由此本年利润科目当前的发生额净额就是税后利润。所以，在定义提取法定盈余公积和分配投资者利润时，分别按本年利润当期净发生额的10%和20%计算提取。

最后，当盈余公积、应付股利提取完毕，将税后利润从本年利润的借方转至未分配利润科目的贷方，再将"提取法定盈余公积""应付现金股利或利润"从其贷方转至未分配利润科目的借方，未分配利润贷方发生额是税后利润，借方是提取的法定盈余公积和应付现金股利或利润，两者相抵后，期末余额就是累计至目前企业的未分配利润。

四、操作步骤

1. 转账目录

以 W02 登录企业应用平台，登录日期"2020-01-31"，点选"业务工作-财务会计-总账-期末-转账定义-自定义转账"，进入"自定义转账设置"窗口，单击"增加"，系统弹出"转账目录"对话框，输入转账序号"1"，转账说明"结转未交增值税"，如图 6-1，单击"确定"，返回"自定义转账设置"窗口。

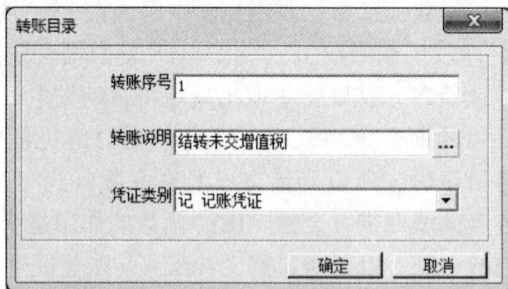

图 6-1 转账目录

2. 分录定义

在"自定义转账设置"窗口，单击"增行"，为"结转未交增值税"凭证进行第一条分录定义。分录摘要已由系统根据转账说明自动填列，输入或选择科目为"22210106，应交税费/应交增值税/转出未交增值税"，方向按默认为"借"，单击"金额公式"栏的按钮，系统弹出"公式向导"对话框，在对话框中选择"期末余额，QM( )"函数，如图6-2。单击"下一步"，输入或选择科目为"222101，应交税费/应交增值税"，其余项目默认，如图6-3，单击"完成"，返回"自定义转账设置"窗口。单击"增行"，增加第二条分录，按第一条分录操作方法进行设置，注意要将方向从默认的借方改为贷方。设置完成后，如图6-4，单击"保存"。

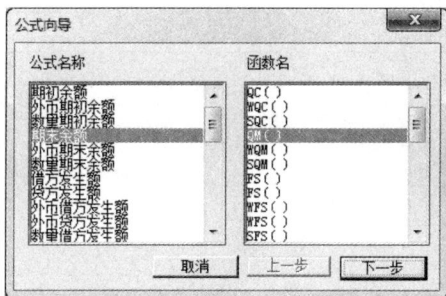

图6-2　函数选择-期末余额

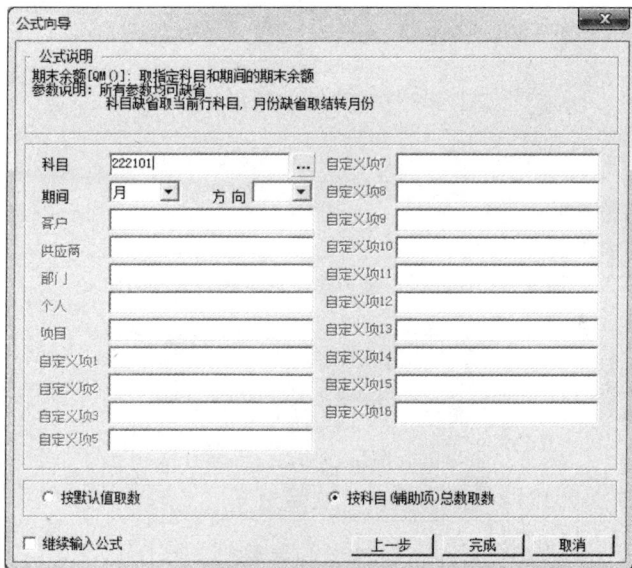

图6-3　结转增值税金额公式参数定义

图6-4　结转未交增值税设置

单击"增加",增加第二个自定义转账公式"城市维护建设税"。输入转账序号及说明后单击"确定",返回"自定义转账设置"窗口后,单击"增行",输入或选择科目"6403,税金及附加",单击金额公式栏按钮,在"公式向导"中选择期末余额函数,单击"下一步",输入或选择科目为"222102,应交税费/未交增值税",其余参数默认,勾选对话框最下方"继续输入公式"按钮,在出现的运算符中选择" * ",如图 6-5。单击"下一步",回到函数选择页面后,单击"常数",如图 6-6。单击"下一步",在对话框常数栏输入"0.07",单击"完成"返回"自定义转账设置"窗口,第一条分录已设置完成,单击"增行"按资料继续设置第二条分录。

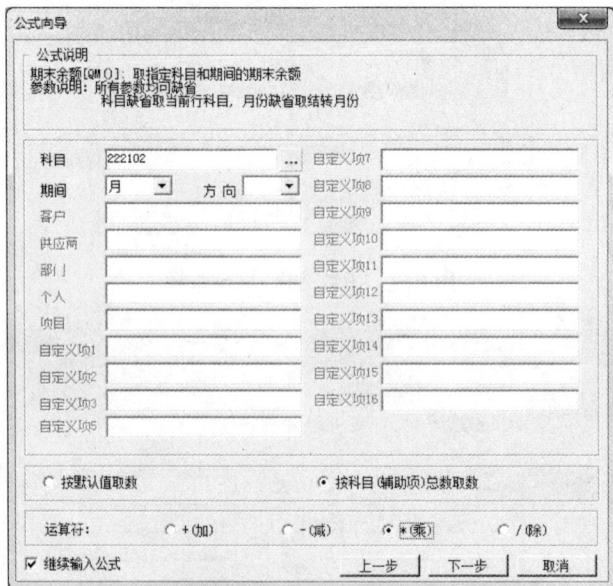

图 6-5 计提城市维护建设税金额公式参数定义

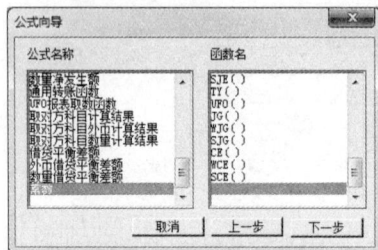

图 6-6 函数选择-常数

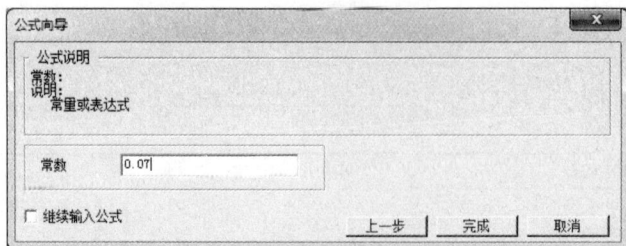

图 6-7 公式向导-常数设定

按前两个公式设置方法继续设置剩余公式，所有公式设置完成后退出窗口即可。在前述公式定义中较多地使用了净发生额函数，如果不采用净发生额函数，也可采用 FS 发生额函数计算出净发生额，但这样公式设置相对冗长，甚至还需在公式中手动加括号。

任务二　转账生成

一、任务资料

1 月 31 日，根据自定义转账设置完成期末所有转账工作，具体包括：

（1）结转未交增值税。

（2）计提城市维护建设税、教育费附加、地方教育费附加。

（3）期间损益结转。

（4）计提所得税。

（5）结转所得税至本年利润。

（6）计提法定盈余公积和向投资者分配的利润。

（7）结转本年利润至未分配利润、结转计提的盈余公积和分配给投资者的利润至未分配利润。

二、操作要求和说明

1. 要求

按步骤完成期末转账凭证生成，期间损益结转分别收入、支出结转，确保凭证数据正确。

2. 说明

本业务由 W02 完成凭证生成和记账，W01 完成凭证审核。

三、任务分析

本业务是根据前一任务设置，自动生成相关凭证，其中还包括定义损益结转和总账填制凭证等，注意结转顺序，按操作要求，期间损益结转分别生成收入结转和支出结转凭证。同时在很多环节上，必须先对此前生成的凭证进行审核、记账后才能继续，否则，数据将出现错误。

四、操作步骤

1. 结转未交增值税

以 W02 登录企业应用平台，登录日期"2020-01-31"，点选"业务工作-财务会计-总账-期末-转账生成"，进入"转账生成"对话框，此前定义的转账公式列表在对话框中。在"结转未交增值税"行的"是否结转"栏双击，出现"Y"标识，如图 6-8，单击"确定"，进入"转账"凭证界面，如图 6-9，单击"保存"，并退出凭证界面。

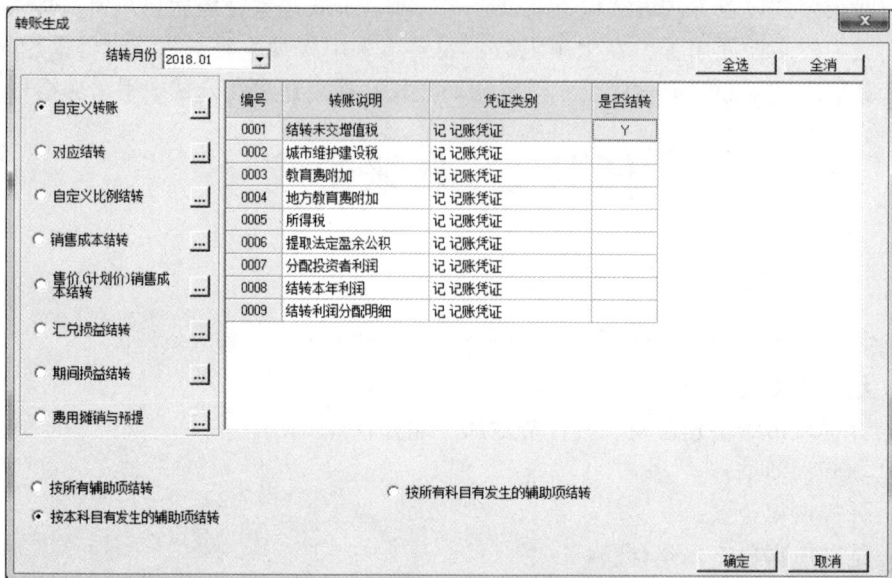

图 6-8　转账生成-结转未交增值税

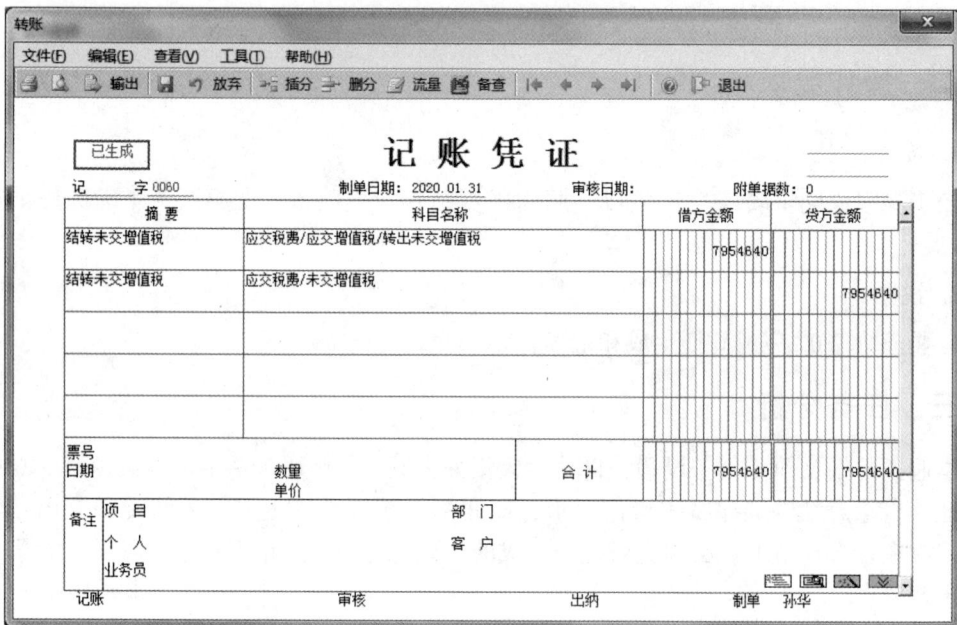

图 6-9　结转未交增值税凭证

2. 计提城建税、教育费附加、地方教育费附加

更换操作员为 W01，对生成的凭证进行审核。审核后更换操作员为 W02，对生成的凭证执行记账。之后，回到"转账生成"对话框，双击"城市维护建设税""教育费附加""地方教育费附加"，如图 6-10，单击"确定"，进入"转账"凭证窗口，依次保存三张已生成凭证。如图 6-11、图 6-12、图 6-13。

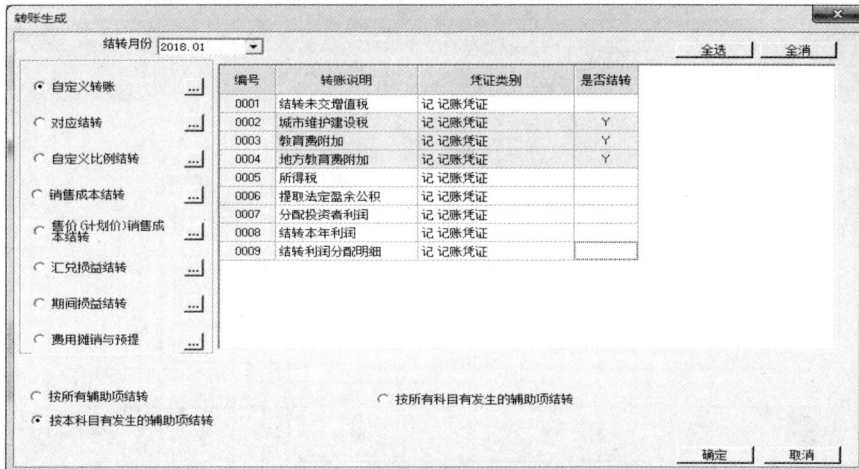

图 6-10　转账生成-计提税金

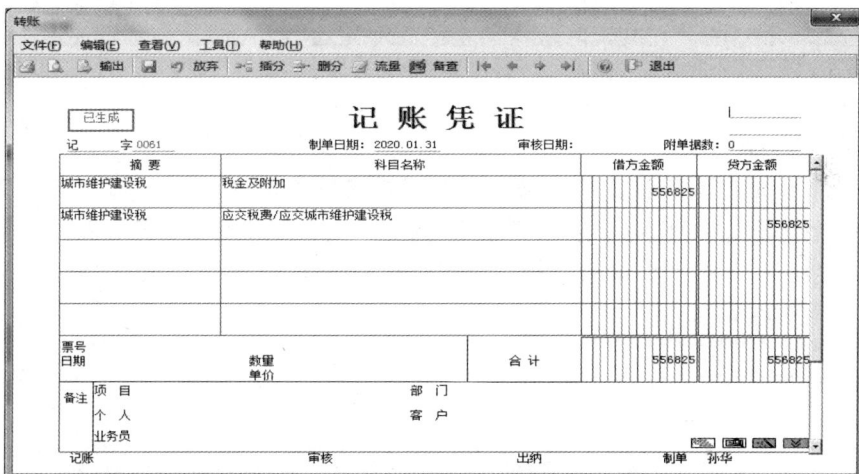

图 6-11　计提城建税凭证

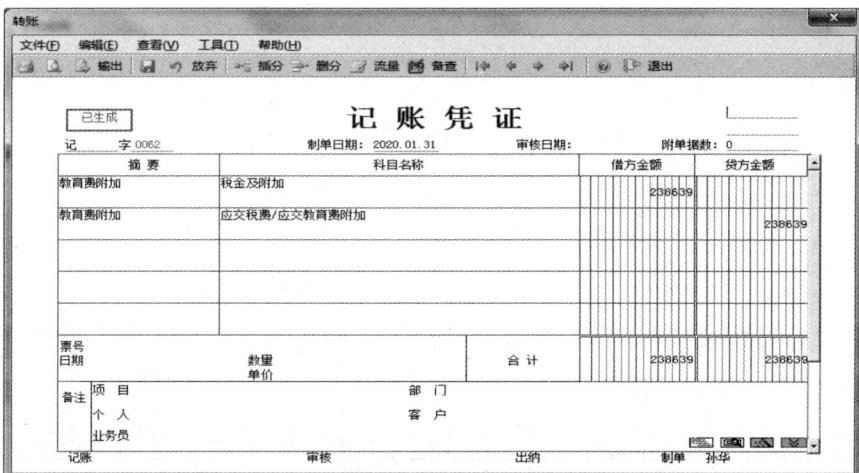

图 6-12　计提教育费附加凭证

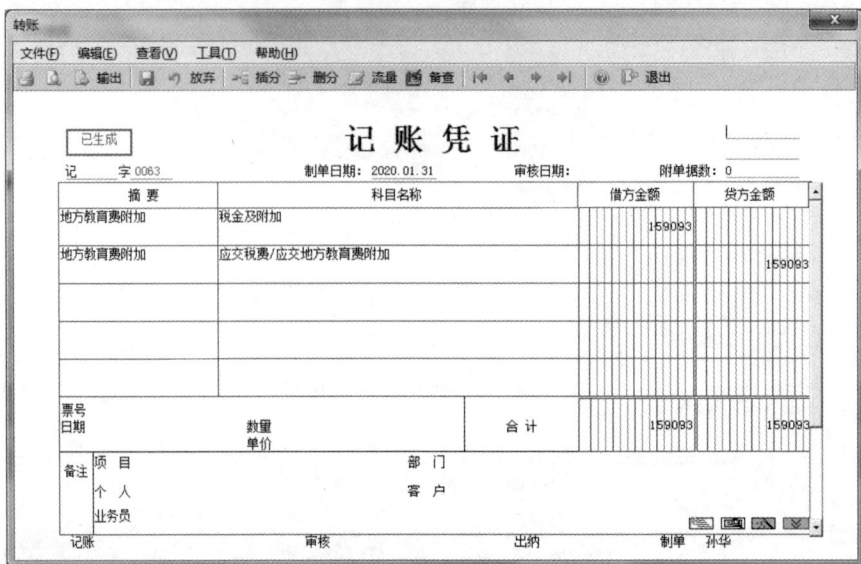

图 6-13　计提地方教育费附加凭证

3. 期间损益结转

更换操作员 W01 对凭证进行审核，审核后更换操作员 W02 对凭证进行记账。点选"业务工作–财务会计–总账–期末–转账定义–期间损益"，进入"期间损益结转设置"对话框，在对话框右上方"本年利润科目"后框内输入或选择"4103，本年利润"，单击"确定"。结果如图 6–14。

图 6-14　期间损益结转设置

点选"业务工作–财务会计–总账–期末–转账生成",在对话框左侧单击"期间损益结转",将上方类型修改为"收入",单击"全选",单击"确定",在"转账"界面单击"保存",结果如图6-15。

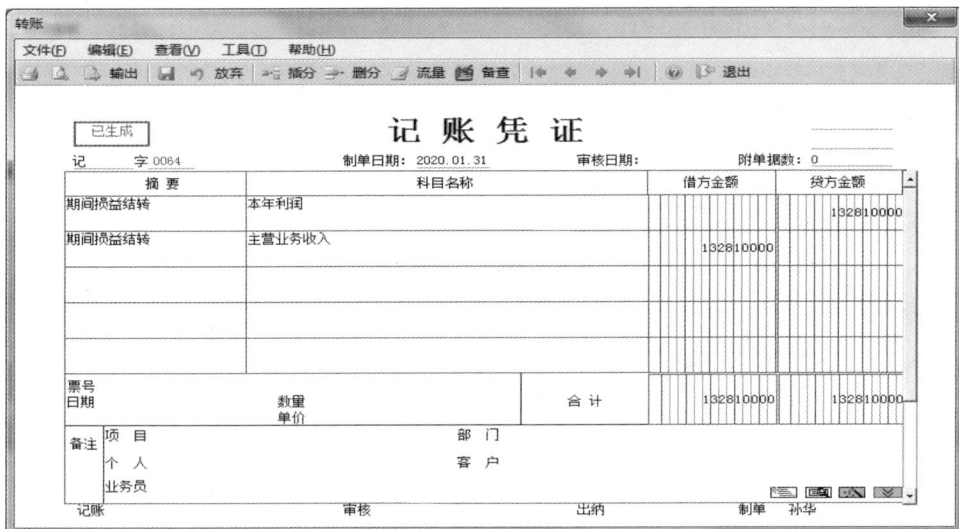

图6-15 期间损益结转凭证–收入

生成收入凭证后退出"转账"界面,返回"转账生成"对话框,将上方类型修改为"支出",单击"全选",单击"确定",系统询问"2020.01月或之前月有未记账凭证,是否继续结转?",单击"是"(若是在结转未交增值税或是损益结转之初遇到时,应单击"否",先对此前凭证审核、记账再继续完成后续工作,但这里的未记账凭证只有结转收入一项,并不影响对支出的结转,因而可以继续生成凭证),在"转账"界面单击"保存"。结果如图6-16。

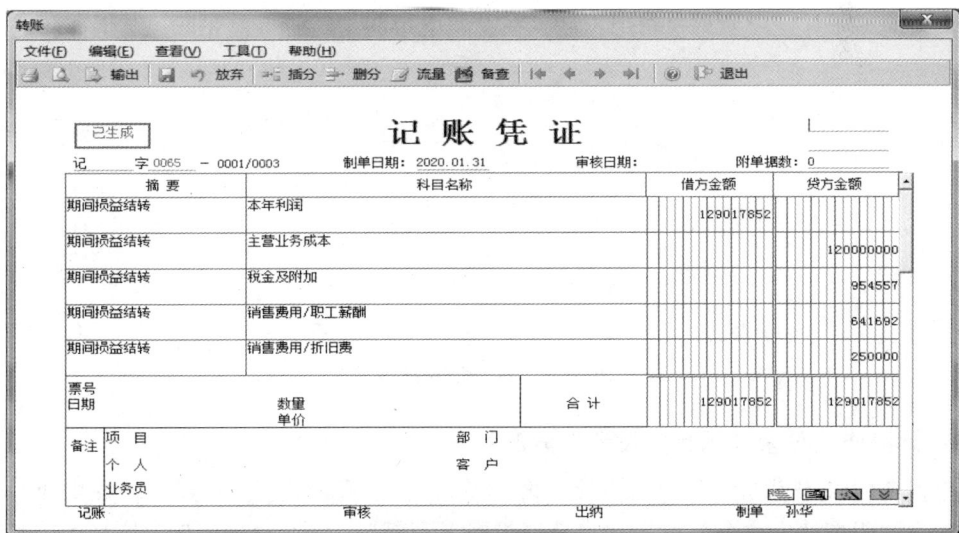

图6-16 期间损益结转凭证–支出

4. 计提所得税

更换操作员 W01 审核此前生成的凭证，再更换 W02 对凭证进行记账。完成后回到"转账生成"对话框，在对话框中双击所得税行"是否结转"，出现"Y"后单击"确定"，在"转账"界面单击"保存"。

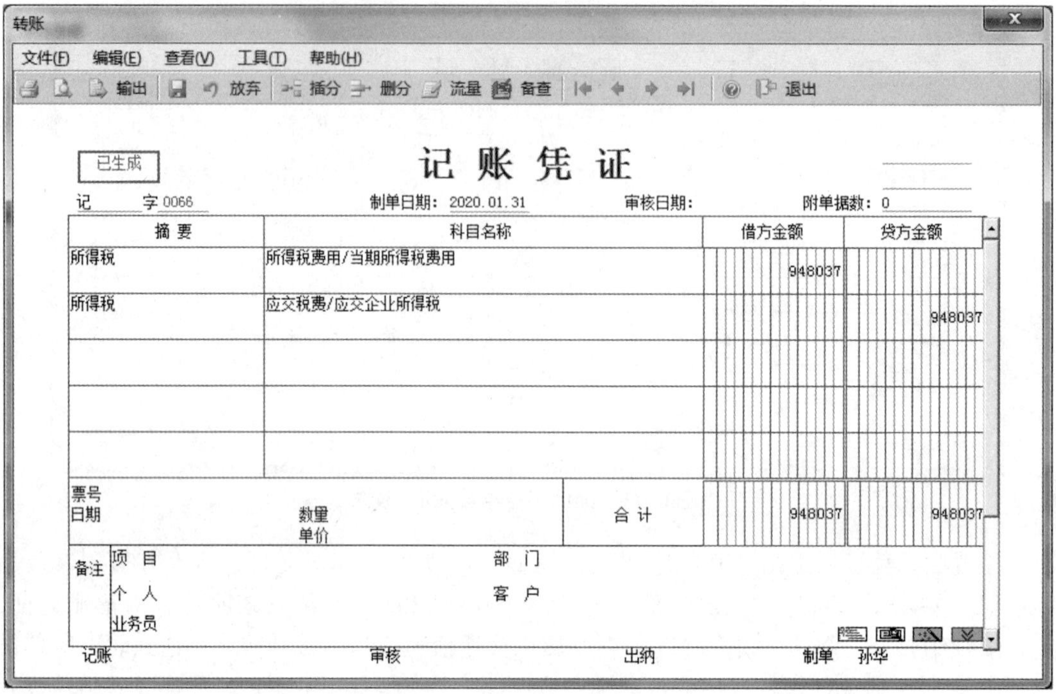

图 6-17　计提所得税凭证

5. 结转所得税至本年利润

记录前一张凭证中所得税费用金额，在总账中填制结转所得税凭证，结果如图 6-18。

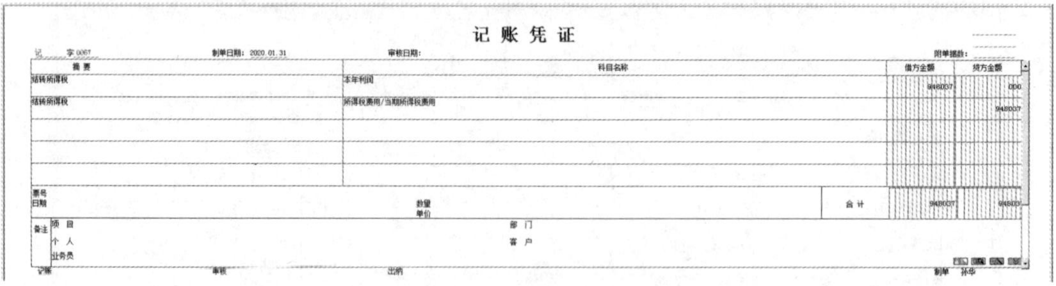

图 6-18　结转所得税凭证

6. 计提法定盈余公积和向投资者分配利润

更换 W01 对已生成凭证进行审核，再更换 W02 对凭证记账，回到"转账生成"对话框，双击"提取法定盈余公积"和"分配投资者利润"，单击"确定"，进入"转账"凭证界面，将两张生成的凭证保存。结果如图 6-19、图 6-20。

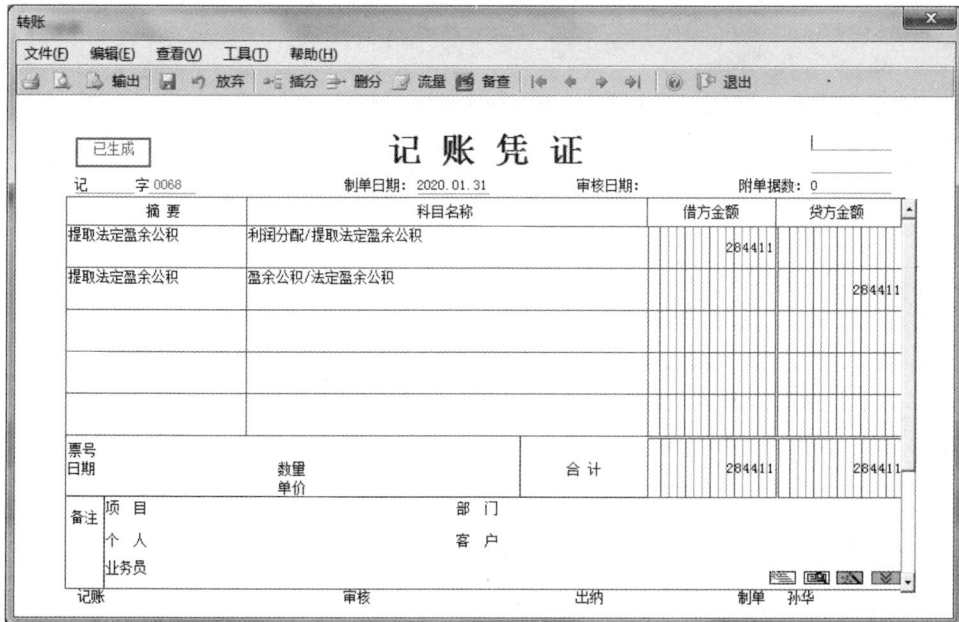

图6-19　提取法定盈余公积

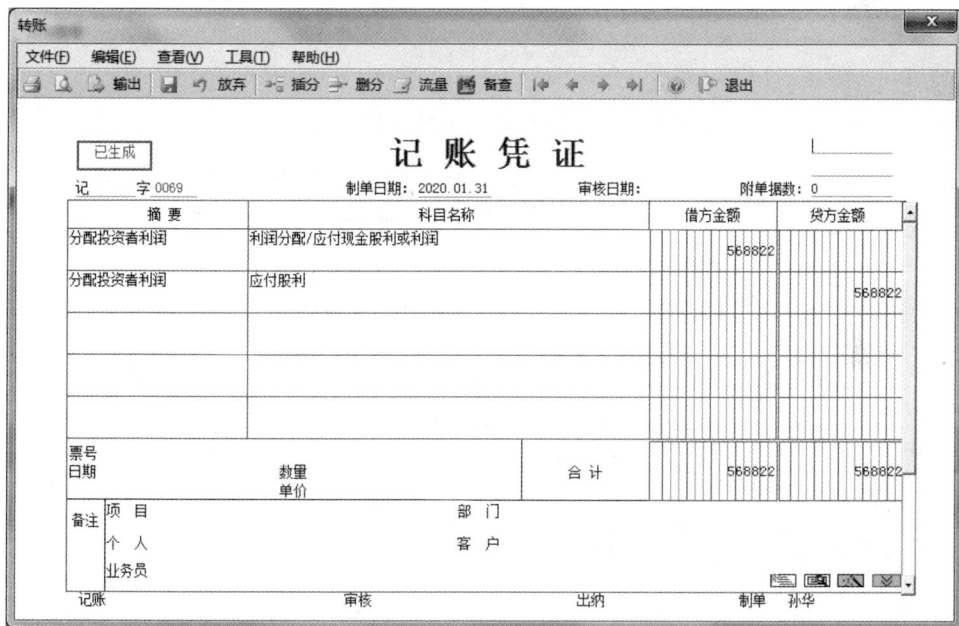

图6-20　分配投资者利润

7. 结转本年利润至未分配利润、结转计提的盈余公积和分配给投资者的利润至未分配利润

更换W01对已生成凭证进行审核，再更换W02对凭证记账，回到"转账生成"对话框，双击"结转本年利润"和"结转利润分配明细"，单击"确定"，进入"转账"凭证界面，保存生成的两张凭证。结果如图6-21、图6-22。

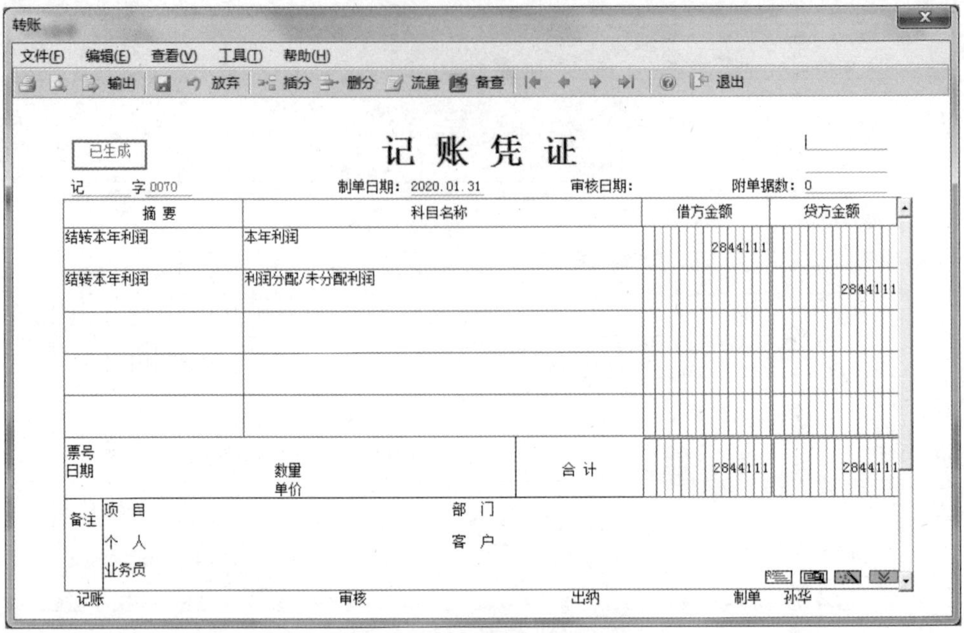

图 6-21　结转本年利润凭证

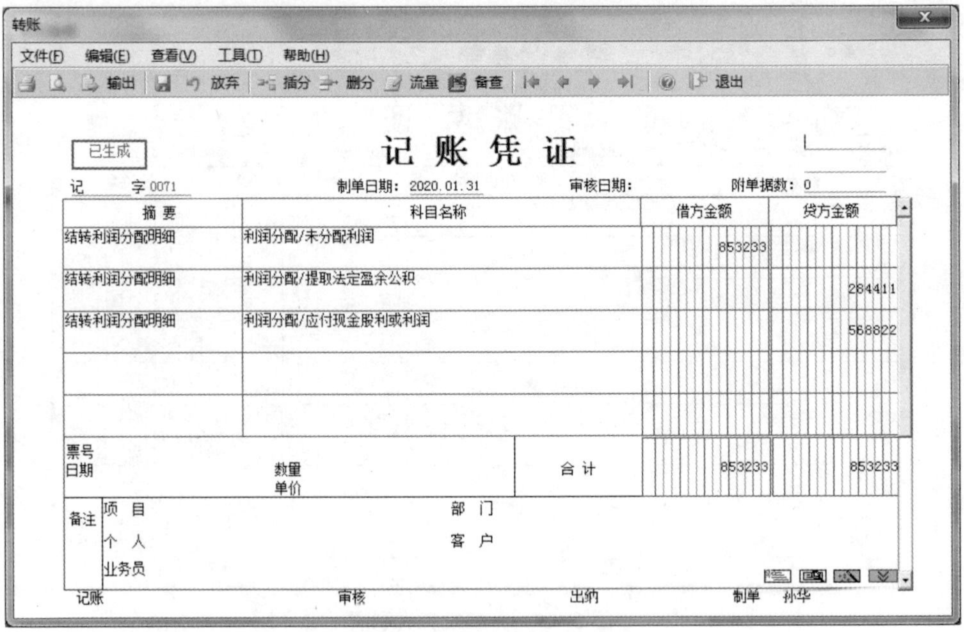

图 6-22　结转利润分配明细凭证

所有凭证生成结束后，对最后两张凭证审核和记账。

任务三 期末结账

一、任务资料

1月31日,对各子系统进行月末处理,总账结账。

二、操作要求和说明

1. 要求

完成所有子系统月末处理和总账结账工作。

2. 说明

本业务由各系统操作员完成。

三、业务分析

完成所有子系统结账及总账结账,在结账时应注意顺序,首先对销售管理和采购管理结账,然后对库存管理结账,之后对存货核算进行期末处理,再进行结账,对应收、应付对账和结账,对固定资产和工资结账,最后才对总账执行对账和结账。子系统结账顺序主要注意供应链四个子系统,必须先将销售、采购结账后才能对库存、存货核算进行结账。

四、操作步骤

1. 销售管理结账

以 X01 登录企业应用平台,登录日期"2020-01-31",点选"业务工作-供应链-销售管理-月末结账",在"结账"对话框选中当前月,单击"月末结账",出现提示如图 6-23,在不考虑数据卸出问题情况下,可单击"否",完成结账。

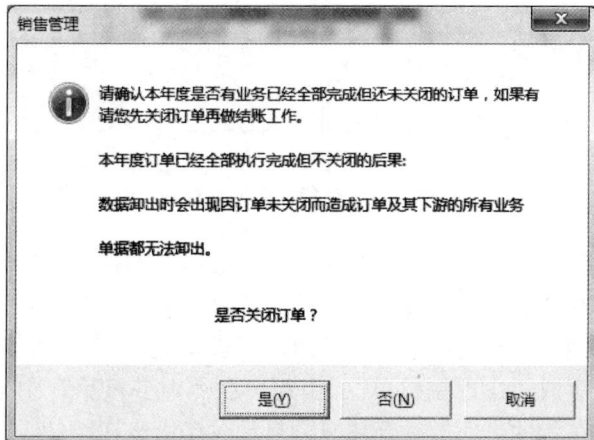

图 6-23 订单关闭提示

2. 采购管理结账

以 G01 登录企业应用平台，登录日期"2020-01-31"，点选"业务工作-供应链-采购管理-月末结账"，在"结账"对话框选中当前月，单击"月末结账"，同样出现关闭订单提示，单击"否"，完成结账。

3. 库存管理结账

以 C01 登录企业应用平台，登录日期"2020-01-31"，点选"业务工作-供应链-库存管理-对账-库存与存货对账"，选择"2020.01"确定后，系统提示"本次对账数据完全正确"。双击库存管理"月末结账"，在"结账"对话框选中当前月，单击"月末结账"，系统提示"库存启用月份结账后将不能修改期初数据，是否继续结账?"，单击"是"，完成结账。

4. 存货核算结账

以 W02 登录企业应用平台，登录日期"2020-01-31"，点选"业务工作-供应链-存货核算-业务核算-期末处理"，打开"期末处理"对话框，单击"检查"，系统提示"检查成功"，单击"处理"，系统提示"期末处理"完毕，单击"确定"返回"期末处理"，如图 6-24，操作完毕，单击对话框右上方"×"关闭该对话框。

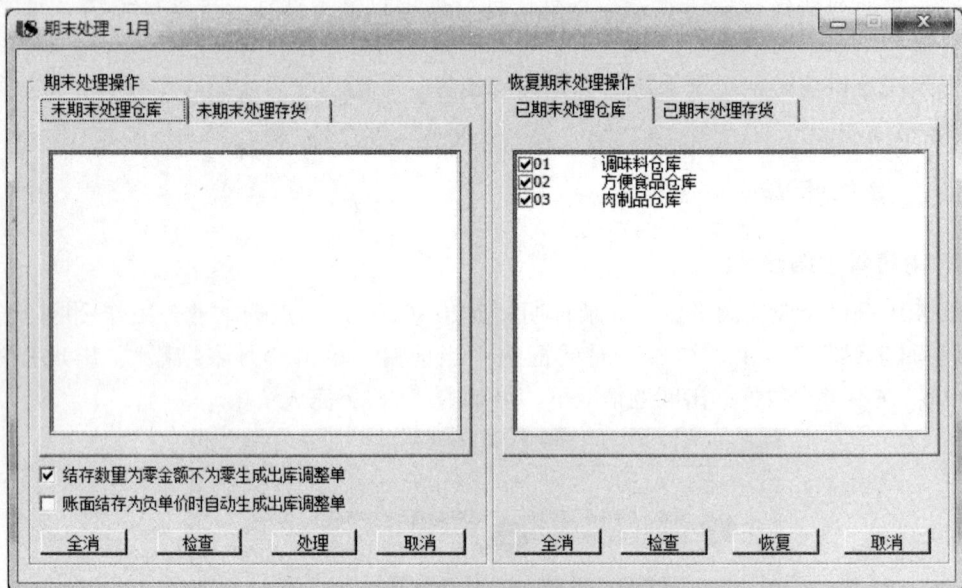

图 6-24　存货核算期末处理

若企业还存在月末未收到发票的入库商品，则在存货核算期末处理后，应在存货核算中生成凭证。企业虽收到发票，但发票结算价格与原来暂估价有差异，且企业初始设置时选择了"结算单价与暂估单价不一致是否调整出库成本"，至期末时该批商品已全部卖完，则在期末处理时，会生成"出库调整单"，由用户在"财务核算"中生成凭证。此外还有数量为零金额不为零存货的出库调整等情况，都是在存货核算期末处理后结账前完成。

对是否存在这类单据进行检查，点选"存货核算-财务核算-生成凭证"，单击"选择"，默认全选，在"未生成凭证单据一览表"若有单据存在，则需要生成凭证，当前企业"未生成凭证单据一览表"为空，表明不存在此类情况。

点选"存货核算-业务核算-月末结账"，在"结账"对话框单击"月结检查"，系统提示"检测成功"，单击"结账"，系统提示"月末结账成功！若想进行下月业务，请在'系统菜单'中选择'重新注册'进行下月处理"，单击"确定"。

5. 应收款管理结账

应收款管理及之后应付、固定资产、薪资管理、总账均以 W02 操作，点选"业务工作-财务会计-应收款管理-期末处理-月末结账"，在"月末处理"对话框双击"一月"行，出现"Y"后，单击"下一步"，系统显示应收款管理处理情况，如图 6-25。若有项目显示为否，则无法继续结账，单击"完成"，系统显示"1 月份结账成功"。

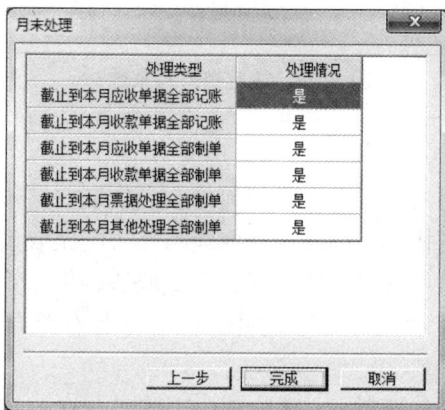

图 6-25 应收款管理月末处理

6. 应付款管理结账

应付款管理与应收款管理结账操作相似，按前述方法操作即可。

7. 固定资产结账

点选"业务工作-财务会计-固定资产-处理-月末结账"，系统弹出如图 6-26 说明信息，单击"开始结账"，显示"月末结账成功完成！"后单击"确定"。系统弹出提示信息，提醒用户固定资产系统登录日期已自动更新为"2020-02-01"，因此，当前只能查看不能做任何修改，单击"确定"。

8. 薪资管理结账

点选"业务工作-人力资源-薪资管理-业务处理-月末处理"，在对话框单击"确定"，系统询问是否继续月末处理，单击"是"，再询问"是否选择清零项"，单击"否"（即是将工资变动表中每月都会变动的数据清零，下月更新，这里可选择不清零）。系统提示"月末处理完毕"后单击"确定"。

9. 总账结账

点选"业务工作-财务会计-总账-期末-结账"，在"结账"对话框单击"下一步"，直至出现"结账"按钮，单击"结账"，则结账完成，再次进入"结账"对话框，可看到

2020.01 "是否结账"栏出现"Y"字样。

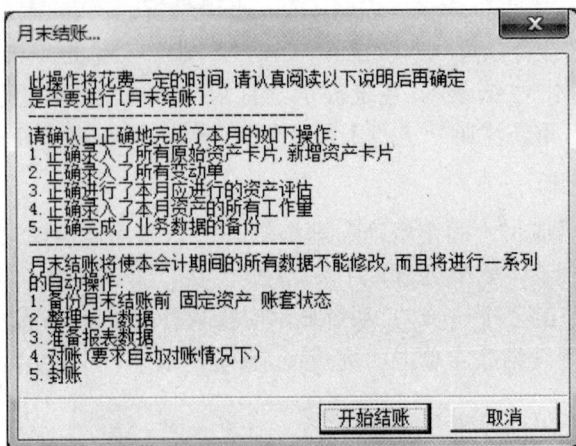

图 6-26　固定资产月末结账

10. 操作拓展

系统结账后，将不能再对当月数据做任何修改。如果在结账后发现错误，则需要取消结账，取消结账是结账的逆操作，因此，在取消结账时应先取消总账结账，再取消其他系统期末结账。同理，取消供应链各子统结账，先要取消存货核算的结账，才能取消其他子系统结账。各子系统下都有"反结账"功能，但名称各有差异，取消结账时可在菜单中查找。

取消总账结账需要用到快捷键"CTRL+SHIFT+F6"，在"结账"对话框，选中要取消结账的月份，按下快捷键，系统提示输入操作员口令（当前默认无口令），确认后即可取消结账。

模块七 报表处理

● 任务描述

1. 利用报表模板生成资产负债表
2. 利用报表模板生成利润表
3. 自定义报表格式设置
4. 自定义报表公式设置
5. 自定义报表数据生成

● 学习目标

1. 掌握利用报表模板生成资产负债表和利润表的方法
2. 掌握对资产负债表和利润表中相关公式修改的操作
3. 掌握自定义报表格式设计具体操作
4. 掌握自定义报表格式设计下公式定义的具体操作
5. 掌握自定义报表数据计算操作
6. 理解 UFO 格式状态与数据状态的区别

任务一 资产负债表

一、任务资料

1 月 31 日，企业编制生成资产负债表。

二、操作要求和说明

1. 要求

利用系统报表模板生成资产负债表，确保公式正确。

2. 说明

本业务由 W01 完成。

三、操作步骤

在登录平台前，先载入新报表模板。将新报表模板文件夹下的资产负债表模板文件（zcfzb. rep）拷贝入"C：\U8SOFT\UFO\zh-CN\ufmodel\xkjzd2007"，系统提示"原文件夹中已有同名文件，是否覆盖?"，选择"复制和替换"，即覆盖原模板文件。以 W01 登录企业应用平台，登录日期"2020-01-31"，点选"业务工作-财务会计-UFO 报表"，进入"UFO 报表"窗口后，

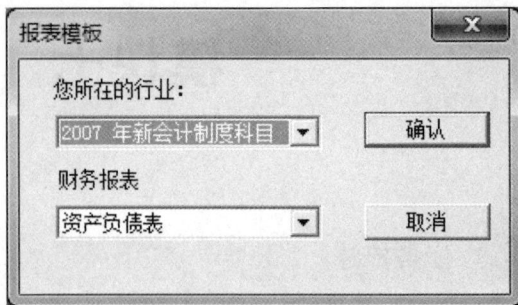

图 7-1　报表模板设定

单击"新建"按钮，单击"格式"菜单下"报表模板"，系统弹出"报表模板"对话框，单击下拉箭头选择所在行业为"2007 年新会计制度科目"，财务报表为"资产负债表"，如图 7-1，单击"确认"，系统提示"模板格式将覆盖本表格式，是否继续?"，单击"确定"。则系统模板自动覆盖，可看到大部分期末数和上年年末余额单元格已设置公式。

报表模板中，其他货币资金、其他应收款、固定资产、应付票据的期末余额和上年年末余额等项目公式缺失，需要为以上各项目设置公式后，才能进行报表取数工作。

1. 公式设置

资产负债表是时期报表，需要用到期末余额（QM）、期初余额（QC）两个函数，其中，上年年末余额栏公式设置时使用期初余额函数。资产负债表中除合计项目外，一般公式设置方法基本相同，以下以货币资金期末余额及上年年末余额公式设置为例。

货币资金余额=库存现金总账科目余额+银行存款总账科目余额+其他货币资金总账科目余额。操作如下：

单击货币资金期末余额栏，按"="，进入"定义公式"对话框，单击"函数向导…"按钮，在弹出的"函数向导"对话框左侧"函数分类"中点选"用友账务函数"，在右侧"函数名"中找到并单击"期末（QM）"，单击"下一步"，进入"用友账务函数"对话框，单击"参照"按钮，出现"账务函数"对话框，账套号、会计年度、方向、截止日期等项均按默认，科目栏设置为"1001"，单击确定，返回"用友账务函数"对话框，此时对话框中"函数录入"栏已填制相关参数，单击"确定"，返回"定义公式"对话框，如图 7-2。

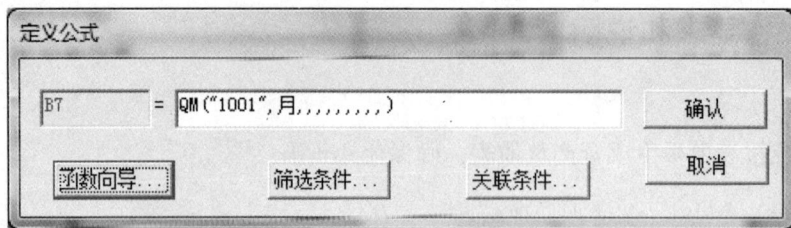

图 7-2　货币资金公式定义

仍然在"定义公式"对话框中，在公式末尾输入"+"，然后单击"函数向导…"，对"1002（银行存款）"进行设置，在银行存款部分设置完成后，仍然在公式末尾输入"+"，并完成对其他货币资金科目取数设置，全部设置完成后，单击"确认"，返回报表模板。

货币资金上年年末余额公式与期末余额公式除了函数不同外，其余全部相同。复制货币资金期末余额公式并粘贴至货币资金上年年末余额栏，双击上年年末余额公式单元，弹出"定义公式"对话框，将公式中所有的 QM 改为 QC，单击"确认"返回报表模板。各项目公式设置结果如下：

货币资金期末余额公式：

=QM("1001",月,,,,,,,,)+QM("1002",月,,,,,,,,)+QM("1012",月,,,,,,,,)

货币资金上年年末余额公式：

=QC("1001",月,,,,,,,,)+QC("1002",月,,,,,,,,)+QC("1012",月,,,,,,,,)

其他应收款期末余额公式：

=QM("1131",月,,,,,,,,)+QM("1132",月,,,,,,,,)+QM("1221",月,,,,,,,,)

其他应收款上年年末余额公式：

=QC("1131",月,,,,,,,,)+QC("1132",月,,,,,,,,)+QC("1221",月,,,,,,,,)

固定资产期末余额公式：

=QM("1601",月,,,,,,,,)-QM("1602",月,,,,,,,,)-QM("1603",月,,,,,,,,)+QM("1606",月,,,,,,,,)

固定资产上年年末余额公式：

=QC("1601",月,,,,,,,,)-QC("1602",月,,,,,,,,)-QC("1603",月,,,,,,,,)+QC("1606",月,,,,,,,,)

应付票据期末余额公式：

=QM("2201",月,,,,,,,,)

应付票据上年年末余额公式：

=QC("2201",月,,,,,,,,)

2. 报表取数

单击左下角"格式"，则"格式"状态切换为"数据"状态。单击"数据"菜单下"关键字-录入"，进入"录入关键字"对话框，如图 7-3，确认对话框中日期正确，单击"确认"，退出对话框。

系统询问"是否重算第 1 页"，单击"是"，则系统根据公式自动计算所有报表数据并显示。若数据过大导致某些栏目出现"#"，可用鼠标拖动表格线改变列宽。如果想要重算数据，还可单击"数据"菜单下"表页重算"或"整表重算"。资产负债表生成结果如图 7-4。

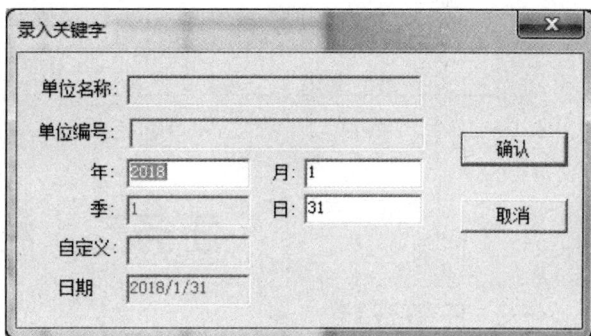

图 7-3　录入关键字

	A	B	C	D	E	F
1			资产负债表			
2						会企01表
3	编制单位：	2020 年	1 月	31 日		单位：元
4	资　产	期末余额	上年年末余额	负债和所有者权益	期末余额	上年年末余额
5				（或股东权益）		
6	流动资产：			流动负债：		
7	货币资金	1769524.08	1185240.00	短期借款		
8	交易性金融资产			交易性金融负债		
9	衍生金融资产		演示数据	衍生金融负债		
10	应收票据	52,000.00	52,000.00	应付票据		
11	应收账款		113,539.15	应付账款	402,200.00	287,350.00
12	应收款项融资			预收款项		
13	预付款项			合同负债		30,000.00
14	其他应收款	500.00	3500.00	应付职工薪酬	58,559.13	56,484.55
15	存货	2,493,450.00	3,182,600.00	应交税费	98,747.19	428,170.45
16	合同资产			其他应付款	11,618.16	5,929.94
17	持有待售资产			持有待售负债		
18	一年内到期的非流动资产			一年内到期的非流动负债		
19	其他流动资产			其他流动负债		
20	流动资产合计	4,315,474.08	4,536,879.15	流动负债合计	571,124.48	807,934.94
21	非流动资产：			非流动负债：		
22	债权投资			长期借款	2500000.00	2500000.00
23	其他债权投资			应付债券		
24	长期应收款			其中：优先股		
25	长期股权投资			永续债		
26	其他权益工具投资			租赁负债		
27	其他非流动金融资产			长期应付款		
28	投资性房地产			预计负债		
29	固定资产	5192450.00	5185102.50	递延收益		
30	在建工程			递延所得税负债		
31	生产性生物资产			其他非流动负债		
32	油气资产			非流动负债合计	2500000.00	2500000.00
33	使用权资产			负债合计	3071124.48	3307934.94
34	无形资产			所有者权益（或股东权益）：		
35	开发支出			实收资本（或股本）	4,500,000.00	4,500,000.00
36	商誉			其他权益工具		
37	长期待摊费用			其中：优先股		
38	递延所得税资产			永续债		
39	其他非流动资产			资本公积	420,000.00	420,000.00
40	非流动资产合计	5192450.00	5185102.50	减：库存股		
41				其他综合收益		
42				专项储备		
43				盈余公积	216,425.82	213,581.71
44				未分配利润	1,300,373.78	1,280,465.00
45				所有者权益（或股东权益）合计	6,436,799.60	6,414,046.71
46	资产总计	9507924.08	9721981.65	负债和所有者权益(或股东权益)总计	9,507,924.08	9,721,981.65

图 7-4　资产负债表

任务二　利润表

一、任务资料

1 月 31 日，企业编制生成利润表。

二、操作要求和说明

1. 要求

利用系统报表模板生成利润表，确保公式正确。

2. 说明

本业务由 W01 完成。

三、操作步骤

将新报表模板文件夹下的利润表模板文件（lrb. rep）拷贝入 "C：\ U8SOFT \ UFO \ zh-CN \ ufmodel \ xkjzd2007"，覆盖原模板文件。与资产负债表生成操作相同，在 "UFO 报表" 窗口，单击 "新建" 按钮，单击 "格式" 菜单下 "报表模板"，选择行业为 "2007 年新会计制度科目"，财务报表为 "利润表"，单击 "确认"，再单击 "确定"。模板显示后，单击 "格式"，切换至 "数据" 状态，单击 "数据" 菜单下 "关键字-录入"，进入 "录入关键字" 对话框，确认对话框中月份正确，单击 "确认"，退出对话框。系统询问 "是否重算第 1 页?"，单击 "是"，则数据自动计算完成，结果如图 7-5。

	A	B	C
1	利润表		
2			会企02表
3	编制单位：	2020 年　　　　1 月	单位：元
4	项　　目	本期金额	上期金额
5	一、营业收入	1,328,100.00	
6	减：营业成本	1,200,000.00	
7	税金及附加	9,545.57	
8	销售费用	8,916.92	
9	管理费用	74,382.88	
10	研发费用		
11	财务费用	-4,746.00	
12	其中：利息费用		
13	利息收入		
14	加：其他收益		
15	投资收益（损失以 "-" 号填列）		
16	其中：对联营企业和合营企业的投资收益		
17	以摊余成本计量的金融资产终止确认收益（损失以 "-" 号填列）		
18	公允价值变动收益（损失以 "-" 号填列）	演示数据	
19	净敞口套期收益（损失以 "-" 号填列）		
20	信用减值损失（损失以 "-" 号填列）	-590.85	
21	资产减值损失（损失以 "-" 号填列）	2,670.00	
22	资产处置收益（损失以 "-" 号填列）		
23	二、营业利润（亏损以 "-" 号填列）	37921.48	
24	加：营业外收入		
25	减：营业外支出		
26	三、利润总额（亏损总额以 "-" 号填列）	37921.48	
27	减：所得税费用	9,480.37	
28	四、净利润（净亏损以 "-" 号填列）	28441.11	
29	（一）持续经营净利润（净亏损以 "-" 号填列）		
30	（二）终止经营净利润（净亏损以 "-" 号填列）		
31	五、其他综合收益的税后净额		
32	（一）不能重分类进损益的其他综合收益		
33	（二）将重分类进损益的其他综合收益		
34	六、综合收益总额	28441.11	
35	七、每股收益		
36	（一）基本每股收益		
37	（二）稀释每股收益		

图 7-5　利润表

利润表的本期数主要利用发生额函数（FS）从账簿中提取数据。与余额函数不同，发生额函数在设置时，必须指定方向，其中，收入类应指定为借方，费用类应指定为贷方，所以，此前，在填制凭证时也要求各损益类科目必须按固定方向填入凭证，如在模块五的任务二十五中，系统自动生成的财务费用原本填制在贷方，也需要将其调整至借方并按负数填列。利润表中的上期数主要利用 SELECT 函数，关于该函数的具体用法参见本模块任务三。

任务三　自定义报表

一、任务资料

1 月 31 日，企业基于资产负债表和利润表编制财务指标分析表，并对部分指标设置行业参考值。财务指表分析表格式如图 7-6，财务指表分析表指标公式见表 7-1。

财务指标分析表

单位名称：xxxxxxxxxxxxxxxxxxxxxxxxxxxxx　　　　　日期

项目	指标	指标值	参考值
偿债能力	流动比率		2
	速动比率（%）		113.9%
	现金比率（%）		20.2%
	资产负债率（%）		65%
	产权比率（%）		185%
	权益乘数		2.86
	长期资本负债率		
	利息保障倍数		2.6
营运能力	存货周转率（次）		4.4
	应收账款周转率（次）		10.2
	流动资产周转率（次）		2.6
	营运资本周转率（次）		
	总资产周转率（次）		1.8
盈利能力	营业净利率（%）		10%
	总资产净利率（%）		4.15%
	总资产报酬率（%）		9%
	净资产收益率（%）		16.2%

图 7-6　财务指标分析表格式

表 7-1 财务指标分析表指标计算公式

指标	公式
流动比率	"资产负债表.rep"->B20/"资产负债表.rep"->E20
速动比率	(ptotal("资产负债表.rep"->B7:B12) + "资产负债表.rep"->B14)/"资产负债表.rep"->E20
现金比率	ptotal("资产负债表.rep"->B7:B8)/"资产负债表.rep"->E20
资产负债率	"资产负债表.rep"->E33/"资产负债表.rep"->B46
产权比率	"资产负债表.rep"->E33/"资产负债表.rep"->E45
权益乘数	"资产负债表.rep"->B46/"资产负债表.rep"->E45
长期资本负债率	"资产负债表.rep"->E32/("资产负债表.rep"->E32+"资产负债表.rep"->E45)
利息保障倍数	("利润表.rep"->B26+"利润表.rep"->B11)/"利润表.rep"->B11
存货周转率(次)	"利润表.rep"->B6 * 2/("资产负债表.rep"->B15+"资产负债表.rep"->C15)
应收账款周转率(次)	"利润表.rep"->B5 * 2/ptotal("资产负债表.rep"->B10:C12)
流动资产周转率(次)	"利润表.rep"->B5 * 2/ptotal("资产负债表.rep"->B20:C20)
营运资本周转率(次)	"利润表.rep"->B5 * 2/(ptotal("资产负债表.rep"->B20:C20)−ptotal("资产负债表.rep"->E20:F20))
总资产周转率	"利润表.rep"->B5 * 2/ptotal("资产负债表.rep"->B46:C46)
营业净利率	"利润表.rep"->B28/"利润表.rep"->B5
总资产净利率	"利润表.rep"->B28 * 2/ptotal("资产负债表.rep"-> B46:C46)
总资产报酬率	("利润表.rep"->B26+"利润表.rep"->B11) * 2/ptotal("资产负债表.rep"-> B46:C46)
净资产收益率	"利润表.rep"->B28 * 2/ptotal("资产负债表.rep"->E45:F45)

二、操作要求和说明

1. 要求

按资料设计财务指标分析表格式,并编制指标计算公式。

2. 说明

本业务由 W01 完成。

三、业务分析

1. 格式设计

UFO 报表系统将报表状态区分为"格式"状态和"数据"状态,所有的报表文字、框线、背景颜色及关键字设置等都是在格式状态完成,同时格式状态还包括公式设计。而数据状态则是录入关键字的值并由系统根据关键字取值计算报表数据。

在本任务中，主要利用 UFO "格式" 菜单中各项功能。首先，利用 "表尺寸" 功能指定报表的行数和列数，然后按资料中格式利用 "组合单元" 将部分单元格全并为整体，利用 "区域画线" 功能绘制表格线条，利用 "行高" 和 "列宽" 功能设置表格的行高和列宽，利用 "单元属性" 功能设置单元类型（单元内容是数值还是表样，格式有无逗号分隔、有无百分号，小数位数等）、字体图案（字体、字型、字号、背景颜色、图案等）、对齐（水平和垂直位置）、边框（有无边框等）。然后插入关键字，关键字是报表中的特殊数据，如果企业一个报表文件中包含若干个表页，则能区分这些表页的指标就是关键值，如每个表页日期不相同，表页日期就可设为关键字。格式设计里只负责指定报表中有哪些关键字，而每个表页的关键字取值则在数据状态下录入。在基本格式设计好后，可以按资料将文字（包括参考值下的数值）录入表格，这些在格式状态下录入的文字被称为 "表样"，即它们在未来每个期间的表页中都是固定不变的。

2. 公式设计

UFO 报表公式用到很多函数，在资产负债表编制时主要用到期末余额函数 QM、期初余额函数 QC，区域求和函数 ptotal，利润表中主要用到发生额函数 fs、累计发生额函数 lfs、本表其他表页取数函数 select。期初、期末余额函数、发生额函数（累计发生额类似）在期末自定义结转中已使用过，这里主要对其他几个函数使用进行分析。

ptotal 的作用与 Excel 中 sum 函数用法类似，用于求取一个连续区域的和，如 ptotal（C3：C5）即是求 C3、C4、C5 三个单元格的和。但有时，我们需要对其他表中的数据求和后填列到当前表页，这就需要在 ptotal 函数中指出该张表格的具体存放的路径、名称和具体表页，如应收账款周转率公式：" 利润表 . rep" ->B5 * 2/ptotal（" 资产负债表 . rep" ->B10：C12）。由于事先将财务指标分析表与资产负债表、利润表存放在硬盘同一个文件夹下，因此，公式中略去了报表文件所在的路径。又因为本次取数都是取的利润表和资产负债表的第一张表页，因此对具体表页的指定也从公式略去。假设资产负债表和利润表都保存在 D 盘名叫 "报表" 的文件夹下，并且要取数的表页是这两个文件的第二张表页，则完整的公式表达为：" D:\ 报表 \ 利润表 . rep" ->B5@2 * 2/（ptotal（" D：\ 报表 \ 资产负债表 . rep" ->B10：C12@2）。其中，括在半角双引号中的部分是指出资产负债表、利润表所在的位置以及文件的名称，rep 是 UFO 报表文件的扩展名，"@2" 是指出找到指定的文件后，要去文件的第二个表页取数。这个公式表达的意思是 "从 D 盘报表文件夹下的利润表文件中第二个表页取出 B5 单元格的数据，然后乘以 2 作为分子。再对 D 盘报表文件夹下资产负债表文件中第二个表页的 B10、B11、B12、C10、C11、C12 单元格求和（B10：C12 是一个连续区域，B10 是区域的左上角单元，C12 是区域的右下角单元格）作为分母。本表（财务指标分析表）的 C14（应收账款周转率）单元格取值等于这两个数相除"。

select 函数用于在本表中的其他表页取数，其基本格式为 "select（<区域> [，<页面筛选条件>]），即用一个页面筛选条件指定要取数的表页，然后从指定表页的指定区域取数。以利润表 B6 单元格营业收入上期数公式为例，该单元格公式为 "select（? B6，年 @ =年+1 AND 月@ =月）"，其中 "? B6" 是要从找到的表页中取 B6 单元格的数。这里，"?" 的作用是相对引用，在此公式中有无 "?" 对公式执行结果没有影响，加 "?"

的作用是如果复制这条公式到其他单元格，则公式中引用的单元格即 B6 的行号和列号会按相对位置发生变化，如果不加"?"则是绝对引用，无论在任何单元格复制粘贴公式，B6 永远是 B6。"年@ ＝年+1"中的"年@"是指当前表页的年这个关键字的值，就本账套业务而言，"年@"取值就是"2020"，后一个年则是指要搜索的表页中关键字"年"的取值，即指定搜索的表页年份加 1 等于 2020，由此，要搜索的是 2019 年的表页，条件中的"AND"是并且，即要同时满足两个条件才锁定表页，后一个条件"月@ ＝月"，"月@"是指当前表页的月，后一个月是指定搜索的表页关键字"月"的取值，其表达的含义是指定表页的月和当前的表页月完全相等。将两个条件合起来理解，select 将从 2019 年 1 月的 B6 单元格取数。

3. 数据计算

格式和公式设计完成后，就可以切换到"数据"状态，在关键字录入中输入单位名称、日期等关键字取值，从而让系统可以确定当前表页时间。系统检测到设置的公式后，就会对报表进行计算，并显示计算结果。在数据状态，还可以根据单位名称和日期的显示位置设置关键字的偏移量，偏移量用于调整关键字显示的具体位置。

四、操作步骤

1. 新建报表

以 W01 登录企业应用平台，点选"业务工作–财务会计–UFO 报表"，进入"UFO 报表"窗口，单击"文件"菜单下"新建"，屏幕出现空表。

2. 表尺寸

单击"格式"菜单下"表尺寸"，输入行数为"22"，列数为"4"，单击"确认"。则空表缩小至指定行列数。

3. 组合单元

鼠标拖动选中第 1 行整行，单击"格式"菜单下"组合单元"，在对话框中单击"整体组合"，则第 1 行被合并为一个整体。按此方法将"A4：A11""A13：A17""A19：A22"区域分别设为组合单元，将第 12、18 行分别设置为组合单元。

4. 行高和列宽

选中第 1 行至第 11 行，单击"格式"菜单下"行高"，输入"8"，或通过对话框中按钮调整为"8"也可。按此操作，将 12 行和 18 行以外的其他行行高都设为"8"，第 12、18 行行高设为"2"。

选中第 1 列，单击"格式"菜单下"列宽"，输入"35"，按此操作将第 2 列设置为 60，第 3、4 列设置为 45。

5. 区域画线

选中第 3 至第 11 行，单击"格式"菜单下"区域画线"，画线类型"网线"及样式按默认，单击"确认"，按此操作对 13 至 17 行、19 至 22 行执行画线。

6. 单元属性

选中第 1 行，打开"单元属性对话框"，单击"字体图案"选项卡，修改设置如图 7-7。单击"对齐"对话框，将水平和垂直方向均设为"居中"。设置完成单击"确定"。

按此操作，将第 3 至 11 行、第 13 至 17 行、第 19 至第 22 行单元格（含组合单元）字号设为"14"，将第 4、6、8、10、14、16、20、22 行（不包含组合单元）背景色设置为"浅灰"，对第 12、18 行按资料设置图案。按照资料设置各单元格居中、居左或居右。

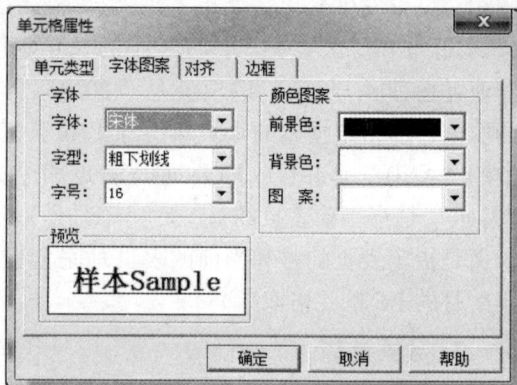

图 7-7　标题单元属性-字体图案

7. 设置关键字

单击 A2 单元格，单击"数据"菜单下的"关键字-设置"，在对话框中选中"单位名称"，单击"确定"。单击 C2 单元格，在该单元格设置关键字"日期"。

8. 表样文字输入

按资料中表格将所有文字（包括数字）全部输入单元格。对所有文字带有"%"行的指标值栏进行单元属性的设定，勾选"百分号"，并设置小数位数为"4"。

9. 保存文件

单击"文件"菜单下的"保存"，将该报表保存在指定位置，最好与资产负债表、利润表保存在同一文件夹。

9. 公式编辑

单击 C4 单元格，按下"="，出现"定义公式"界面，可直接按资料输入公式，公式中所有符号均为半角。如果资产负债表、利润表未与本文件存放在同一个路径，则可按下列方式取得资产负债表和利润表路径：

在"定义公式"界面单击"关联条件"，在对话框中选择当前关键值和关联关键值为"月"，单击"关联表名"后按钮，在弹出的"打开"对话框搜索找到"资产负债表.rep"，如图 7-8，单击"确认"。

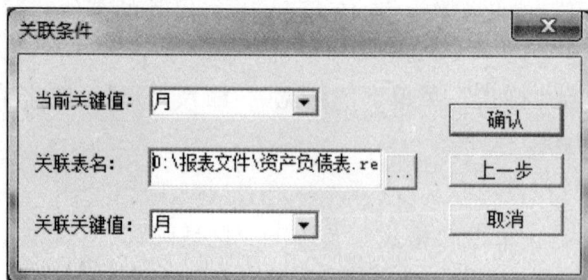

图 7-8　关联条件

返回"定义公式"界面时，出现的公式为"Relation 月 with" D：\ 报表文件 \ 资产负债表.rep" ->月"，将双引号之前的部分删除，将"->"后的"月"去掉，其余保留，即保留结果为"" D：\ 报表文件 \ 资产负债表.rep" ->"，然后输入公式的其他内容。

10. 数据状态

单击左下角"格式"，切换为数据状态，单击"数据"菜单下的"关键字-录入"，在对话框中输入单位名称为"贵州盛德商贸有限公司"，日期为"2020/1/31"。系统询问"是否重算第 1 页"，单击"是"，系统将自动计算报表数据。如果以后更新了公式，也可以单击"数据"下的"表页重算"或"整表重算"重新计算报表数据。

单击"数据"菜单下的"关键字-偏移"，对"日期"设置一定的偏移量，使其位于标题正下方，如图 7-9 设置供参考。

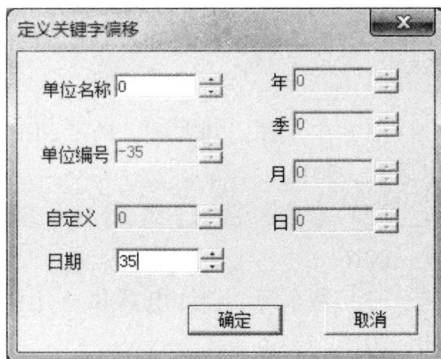

至此，财务指标分析表操作全部完成，结果如图 7-10。

图 7-9 关键字偏移设置

财务指标分析表

单位名称：贵州盛德商贸有限公司　　日期：2020/1/31

项目	指标	指标值	参考值
偿债能力	流动比率	7.56	2
	速动比率（%）	319.02%	113.9%
	现金比率（%）	310%	20.2%
	资产负债率（%）	32.30%	65%
	产权比率（%）	47.71%	185%
	权益乘数	1.48	2.86
	长期资本负债率	0.28	
	利息保障倍数	-6.99	2.6
营运能力	存货周转率（次）	0.42	4.4
	应收账款周转率（次）	12.21	10.2
	流动资产周转率（次）	0.30	2.6
	营运资本周转率（次）	0.36	
	总资产周转率（次）	0.14	1.8
盈利能力	营业净利率（%）	2.14%	10%
	总资产净利率（%）	0.30%	4.15%
	总资产报酬率（%）	0.35%	9%
	净资产收益率（%）	0.44%	16.2%

图 7-10 财务指标分析表编制结果

主要参考文献

［1］牛永芹，刘大斌，杨琴.ERP 财务业务一体化实训教程［M］.北京：高等教育出版社，2016.

［2］苏红，吕薇，朱丹萍.小企业会计电算化［M］.上海：立信会计出版社，2016.

［3］翟东晖.会计电算化应用教程——基于 U8V10.1［M］.北京：人民邮电出版社，2015.

［4］李爱红.ERP 财务供应链一体化实训教程［M］.北京：高等教育出版社，2016.

［5］张爱华.会计信息系统实训教程［M］.上海：上海财经大学出版社，2017.

［6］王剑盛.会计信息化［M］：大连：东北财经大学出版社，2017.